高速铁路岗位培训教材

CRH2C二阶段、CRH380A（L）型
动车组机械师

中国铁路总公司劳动和卫生部
中国铁路总公司运输局

中国铁道出版社有限公司
CHINA RAILWAY PUBLISHING HOUSE CO., LTD.

内 容 简 介

本书为高速铁路岗位培训教材之一，全书共分十五章，内容包括：高速动车组概况，车体及车端连接，车内设施及给排水卫生系统，转向架，高压及牵引系统，供风及制动系统，辅助电气系统，动车组网络控制系统，车内环境控制系统，行车安全设备，车体、车内设施及转向架检修，供风及制动系统检修，高压及牵引系统检修，电气装置及控制系统检修，检修工具、设备及仪器仪表使用。

本书可作为高速铁路职工岗位培训教材，也可供高速铁路动车组维修和运用管理人员学习，对各类职业院校相关师生学习也有重要的参考价值。

本书内容如有不符最新规章标准之处，以最新规章标准为准。

图书在版编目（CIP）数据

CRH2C 二阶段 CRH380A(L)型动车组机械师 / 中国铁路总公司劳动和卫生部，中国铁路总公司运输局编．—北京：中国铁道出版社，2015．12（2022．3 重印）
高速铁路岗位培训教材
ISBN 978-7-113-20755-7

Ⅰ．①C… Ⅱ．①中… ②中… Ⅲ．①高速动车-岗位培训-教材 Ⅳ．①U266

中国版本图书馆 CIP 数据核字（2015）第 167355 号

书　　名：**CRH2C 二阶段 CRH380A(L)型动车组机械师**
作　　者：中国铁路总公司劳动和卫生部　中国铁路总公司运输局

责任编辑：王明容　　**编辑部电话**：(010)51873138　　**电子邮箱**：jiliang@tdpress.com
封面设计：王镜夷
责任校对：苗　丹
责任印制：高春晓

出版发行：中国铁道出版社有限公司（100054，北京市西城区右安门西街 8 号）
网　　址：http://www.tdpress.com
印　　刷：国铁印务有限公司
版　　次：2015 年 12 月第 1 版　2022 年 3 月第 6 次印刷
开　　本：787 mm×1 092 mm　1/16　**印张**：18.75　**字数**：471 千
书　　号：ISBN 978-7-113-20755-7
定　　价：65.00 元

前言

随着我国高速铁路的快速发展，动车组保有量不断增加，新车型不断增多，对动车组运用、检修人员的岗位技术业务和操作技能提出了更高要求。为满足各型动车组运用、检修人员岗位培训的需要，中国铁路总公司劳动和卫生部、运输局在原铁道部开发的 CRH_1、CRH_2、CRH_5 型动车组司机、动车组机械师岗位培训教材的基础上，组织编写了高速铁路动车组系列岗位培训教材。本套教材是高速铁路岗位培训教材的重要组成部分。

本套教材分为动车组司机与动车组机械师两个系列，涵盖了目前投入运营的高速铁路动车组主要车型。教材紧扣动车组司机、动车组机械师《铁路职业技能培训规范》，内容包含了培训规范的主要能力模块。本着岗位培训实际、实用的原则，教材在内容组织上，对动车组各系统的工作原理只作基本介绍，不作深入阐述，重点突出了动车组实际运用、检修以及故障处理等相关内容。

本套教材适用于动车组司机、动车组机械师岗前培训、岗位适应性培训或职工自学使用。需要重点说明的是，今后随着动车组技术的不断发展和现场运用的实际需要，动车组技术参数、系统软件及组成部件会发生更新和升级，这会导致动车组运用、检修相关规程或操作程序发生变化，可能会与本教材当前表述不一致，建议在实际培训教学中，教师编制教学讲义或现场教学应以最新规程规定和新版操作手册说明为准。

本书为 CRH_{2C} 二阶段、$CRH_{380A(L)}$ 型动车组机械师岗位培训教材。全书共分十五章，内容包括 CRH_{2C} 二阶段、CRH_{380A}、CRH_{380AL} 型动车组各系统结构原理、运用检修以及故障诊断与处理等。为便于教学使用，书中各章均配有复习思考题。

Preface

本书由武汉铁路局负责编写，主编：冷广台、贺实学；参加编写人员：林杰、雷宏奇、张子君、陈振虹、燕智杰、付鹏飞、魏强、孙凯、明强、熊志高、秦娟兰。动车组机械师各分册第一章内容由广铁集团陈振虹统一编写。

本书由中国铁路总公司劳动和卫生部、运输局组织审定，主要审定人员有：盛健龙、郭小青、刘彬、韩钧、杨林、宋国良、任广强、刘鹏飞、李宝峰、宋文彬、王旭庆。在本书编写、审定过程中，还得到相关厂家、铁路局的大力支持和帮助，在此一并表示感谢。

编　者

2015 年 5 月

目录

Contents

Contents

Contents

第一章　高速动车组概况

本章介绍高速动车组概况，主要包括高速铁路的特点及其发展概况、我国 CRH 高速动车组概况、动车组运用与维修三部分。

第一节　高速铁路的特点及其发展简介

1964 年 10 月 1 日世界第一条高速铁路——日本东海道新干线正式开通后，高速铁路一般定义为最高速度 200 km/h 及以上的铁路运输系统。随着技术的不断发展，国际铁路联盟（UIC）1996 年在互通运营指导文件进行了更确切的定义，适度提高了新建线的标准，规定“新建线路达到 250 km/h 及以上，既有线改造达到 200 km/h 及以上的铁路为高速铁路”。后虽又有研讨对标准进行调整，但最终决议还是维持不变。

我国目前沿用了此标准，但在我国高速铁路相关建设及运用维护工作中，综合考虑了技术管理特别是核心设备换代方面的实际情况，我国《铁路技术管理规程》高速铁路部分与普速铁路部分主要按 200 km/h 进行划分。

一、高速铁路特点

高速铁路具有其他交通运输系统难以比拟的多项优势，得到世界各国的普遍重视。

（一）旅客直接需求方面

1. 安全性

安全性是旅客最为关切的核心因素之一。铁路行车事故造成的旅客伤亡人数大大低于公路和民航运输。铁路的高安全性是由轨道交通系统的基本运行原理决定的，以列车的自动导向为例，极大规避了人工参与导向次生的误操作问题、酒后驾车等各类安全风险。

高速铁路安全性更优于普通铁路，高速铁路问世以来发生的旅客伤亡事故屈指可数，日本近 40 年、法国 10 多年基本未发生过列车颠覆和旅客死亡事故。

2. 旅行总时耗

不同交通运输方式适用的范围不同。据统计分析，目前高速铁路在 100～1 000 km 范围内，与公路和航空运输相比具有明显的旅行总时耗优势，而此范围能涵盖大部分旅行需求。

与汽车运输比，高速铁路速度快，在大于 100 km 的范围内优势明显。自驾里程大于 100 km时，旅客改乘高速列车的现象并不少见。与航空运输比，高速铁路节省机场往来及安检等附增时间，在总里程小于 1 000 km 的情况下，与飞机相比具有明显的优势。

3. 正点率

航空运输受气候影响大，风、雨、雪、雾等各类异常天气下往往晚点。高速公路在风、雨、雪、雾等各类异常天气下极易受到干扰，堵塞情况也时有发生。高速铁路在气候适应性上要强得多，基本上可全天候行车。

高速铁路线路为全封闭、系统自动进行导向，由于采用了多项高新技术，列车运行速度可控，列车整体调度精准，大大减少了不确定性。一旦列车发车，从原理上可保证其正点运行。据统计日本高速列车 50 年平均误点 48 s。在大雾天气下，前行列车位置不通过司机瞭望来实现防护，而是由列控系统自动获取位置信息并进行防护计算，极大地减小了大雾天气下可视范围降低带来的影响。

4. 舒适度

高速列车乘坐座椅空间整体比汽车、飞机大。此外，列车上就餐、给排水及卫生系统配备齐全，使用空间大。高速列车运行平稳，运行过程中过曲线时旅客无汽车的明显晃动感，亦无飞机起降及遇气流时的强烈颠簸感。与飞机比，乘降手续少、乘坐时噪声低且对电子设备使用无特殊限制。

（二）国家宏观战略方面

从国家层面，除考虑到前述旅客直接需求外，我国幅员辽阔，各地区资源分布、经济发展不平衡，运输需求巨大。此外，针对我国公路、航空运输还不是很发达，石油供给紧张，环境污染等问题日益凸显的现状，发展高速铁路也适应我国国情。

1. 运输能力方面

根据相关资料统计，高速铁路在日开行旅客列车为 192～240 对时，如每列车平均乘坐 800 人，年均单向输送能力将达 5 600～7 000 万人。同等占地面积情况下，双线高速铁路的运能是双向四车道高速公路的 3 倍。航空的运能则远低于高速铁路运能。日本东海道新干线年运量 1.7 亿人次，是原来东京—大阪间航空空运量的 10 倍、高速公路的 5 倍，但运输成本只是其 1/5～2/5。

2. 能源消耗(石油消耗)方面

据统计，各种交通运输工具平均每人公里的能耗，高速铁路与汽车及飞机之比为 1∶5.8∶5.3。高速铁路能耗最低。

更为突出的是，电力驱动的高速列车不直接消耗石油，具有重大国防意义。战斗机、大炮、军舰等国防装备目前主要还是以石油做动力。石油属于战略能源，关系到国家安全。石油为不可再生资源，一般认为，如果国家进口石油的比例超过 70%，受其他国家间接牵制太大，存在战略风险。

同样的行程使用高速列车，国家需提供 1 单位的能源。若改成航空运输，虽然旅客承担的价格有可能更低，但需以国家提供 5.3 个单位的石油能源为前提。若改成小汽车运输消耗更大。

所以通过建设高速铁路优化运输结构，国家整体上可节约使用汽车或飞机承运时 4/5 的石油。高速铁路运输能力大，节省的石油极为可观，可有效降低石油进口比例，提升国家的战略安全。

所以优化国家的战略能源结构，必须大力发展高速铁路等低能耗交通运输系统。

3. 环境保护方面

在环境污染方面，电力驱动的高速列车运行污染物排放比其他交通运输方式小得多。特别是在雾霾空气的治理方面，根据其他发达国家的经验，减少汽车污染物的排放是关键因素。电力驱动的高速列车运行中本身基本不污染环境，表 1-1 是将发电厂发电污染折算至高速列车后的数据。即便如此，其污染物排放数量级仅为汽车的百分之几。

此外，高速铁路占地较少；在噪声污染方面，铁路运输也具有一定的优势。所以，从环境保护方面来看，高速铁路属于绿色交通运输方式。

表 1-1　每人公里排放污染物量对比(g)

污染物	汽车	高速列车
CO	9.3	0.06
NO_x	1.7	0.43
CH	1.1	0.03

4. 社会效益方面

高速铁路具有极高的社会效益。如建设高速铁路后，节约整体社会交通运输耗时。将旅客从其他交通运输方式转乘至高速列车节省的旅行时间折算旅客的工作时间，极大减少社会的工作消耗，等效为社会增创大量财富。

初步统计京沪高速铁路一年可节约 10 亿 h。据日本新干线的相关统计，旅客由于从既有线改乘新干线高速列车，每年可节约旅行时间 3 亿 h，即每年节省的时间效益相当于当时修建东海道新干线所需的全部费用。此外，高速铁路可减少高速公路的交通堵塞和事故给国民经济带来的巨大损失，减少给很多家庭带来的巨大伤害。欧共体成员国用于解决公路堵塞的费用约占国民生产总值的 2.6%～3.1%，相当于整个欧洲高速铁路网的全部投资；用于处理公路事故的费用也占国民生产总值的 2.5%。

此外，高速铁路系统加强了各地经济文化交流，对促进地方经济发展及民族团结上均具有重大意义。高速铁路投资亦可作为国家宏观经济调控的手段，带动基建、冶金等一大批行业的发展。

(三)小　　结

总之，从国家战略层面及从旅客直接需求层面，高速铁路具有特殊的优越性。石油危机和大气污染问题，迫使各国纷纷大力发展高速铁路。发展高速铁路属于国家行为。世界多个国家甚至一些发展中国家，都正在发展或者正在规划高速铁路，如俄罗斯、印度、巴西、科威特、南非、埃及、委内瑞拉等。

目前许多国家正在推进领土范围内交通高速铁路化，进一步提高运行速度目前仍然具有极大的市场需求驱动，随着技术的发展，高速铁路运营速度必然进一步提升。

此外，国家间联合规划，形成互联互通高速铁路网络趋势明显，一批跨国线路也在规划和建设中。

二、世界主要国家高速铁路及高速列车发展概况

(一)日　　本

日本是世界上首个建立商业运营高速铁路的国家。

20 世纪 50 年代，人们普遍认为铁路是“夕阳产业”。在高速铁路方面，全世界还处于谨慎观望阶段，对其运营安全性普遍存在担忧。报纸上甚至评论高速铁路是运行时需系安全带、车内不能随意走动的“危险”的交通工具。

作为英、美、德、法等国学生的日本在世界运营线路最高运行速度仅 160 km/h 的情况下大力推进了 210 km/h 运营高速铁路的建设。

日本高速铁路称为新干线(Shinkansen)，东海道新干线在 1959 年动工，于 1964 年日本东京奥运会开幕前夕通车，使用日本 0 系光号 16 辆全动车编组高速列车担当，高速列车创新性地采用了全动力分散方式动车组(图 1-1)。

新干线建成后，大量客流转向新干线，甚至迫使东京至名古屋的航班停运，极大地促进了日本沿线城市的发展，后日本政府开始大力建设其他新干线。日本新干线的建设扭转了世界铁路“夕阳产业”的

图 1-1　世界首列高速列车——日本 0 系高速列车

命运,各国铁路界为之震惊,新干线成为日本的名片(图 1-2),被誉为“日本经济起飞的脊梁”。

图 1-2　新干线——日本的名片

新干线的成功给英、法、德、美、苏高速铁路技术研究予极大的刺激,但从新干线开通至1981 年的 15 年间,全世界仅日本有一条真正意义上的高速铁路。此外,虽然国土面积不大,1964～2009 年日本一直是全世界高速铁路里程最长的国家。

日本新干线高速列车随着日本新干线的建设也不断升级,其特征如下:

1. 车型多,形成系列化。

日本是高速铁路车型最多的国家之一,且头型极为丰富(图 1-3)。

日本高速列车大致可划分为两大类,如图 1-4 所示。

(1)0 系(1964 年)、100 系(1985 年)、200 系(1980 年)、300 系(1990 年)、400 系(1990 年)、500 系(1997 年)、700 系(1997 年)、800 系(2004 年)、N700 系(2007 年、摆式)。此类高速列车主要运行于东海道、山阳、九州新干线。

(2)E1 系(1994 年)、E2 系(1995 年,2002 年升级至 E2-1000)、E3 系(1995 年)、E4 系(1997 年)、E5 系 FASTECH360(2006 年)、E6 系。此类高速列车主要运行于东北等新干线。

其中,FASTECH360 是为了研究以 360 km/h 速度营运的可行性而设计的倾摆式交流传动动车组,引入风阻制动机构,定型为 E5 系。2011 年 3 月 5 日起开始商业化运营,目前最高运行速度 320 km/h(图 1-5)。

图 1-3　新干线高速列车头型

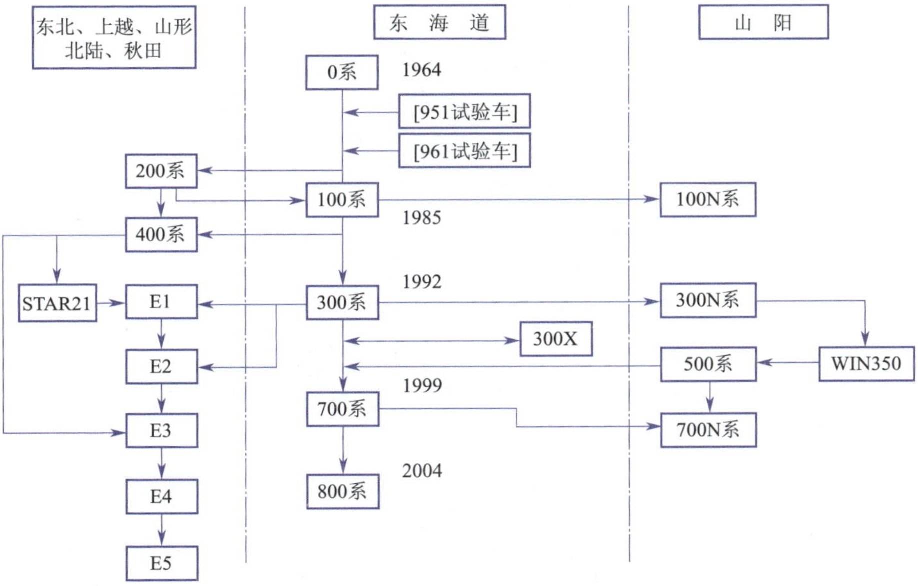

图 1-4　日本高速列车的发展

图 1-5　FASTECH360(2006)高速列车

2. 动力分散、轻量化。

针对日本地理环境较差、土质松软、山地河流较多的情况，为减轻对轨道等基础设施的要求，日本一开始就选择了动力分散方式，且大力推进高速列车的轻量化设计。日本高速列车轴重基本在 14 t 以下，而欧洲高速列车基本在 17 t 以上。

（二）法　　国

法国是继日本之后世界第二个商业运营高速铁路的国家，也一直是世界上高速列车运营速度最高的国家。

法国高速列车也称 TGV（法文“Train à Grande Vitesse”，即超高速列车的缩写），高速铁路称为 TGV 高速铁路系统。日本新干线后，法国以极高的热情推进本国铁路的高速化。前期尝试使用燃气轮机作为动力，至 1976 年才转向电力驱动研究。

1981 年，法国东南线开通，使用 TGV-PSE 高速列车，最高运行速度 270 km/h。TGV 运营亦取得了巨大的成功，促进了铁路网的扩张，在法国南部、西部和东北部陆续建成多条新线路，并逐渐与邻国相连。TGV 高速列车的发展如图 1-6 所示。

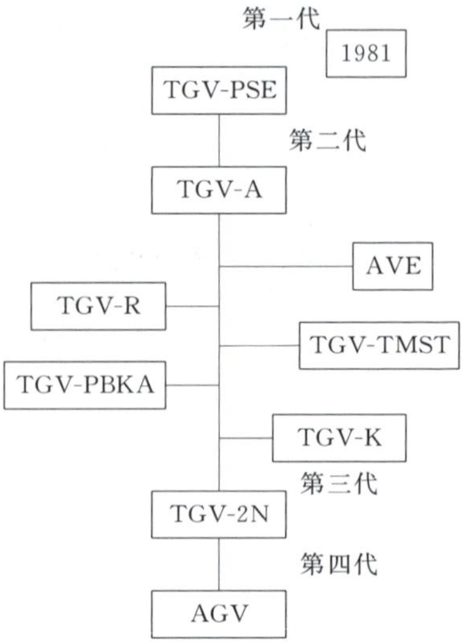

图 1-6　TGV 高速列车的发展

法国高速列车模式与日本不同，前期一直致力于动力集中模式。另外，采用绞接式转向架，满足跨国直通运行是其突出特征，此外 TGV 拥有多项专有技术。

法国高速列车屡次创造世界轮轨最高速度纪录。TGV 高速列车外形上强劲有力、速度感十足。V150 试验列车如图 1-7 所示。

图 1-7　创造了时速 574.8 km 世界记录的 V150 试验列车

法国新一代高速列车称为 AGV（法文“Automotrice à Grande Vitesse”即高速动车组的缩写），目标营运速度 360 km/h。动车采用动力分散方式永磁电机驱动（图 1-8）。

图 1-8　AGV 高速列车

（三）德　　国

德国是世界上首个研制电力机车的国家，1903 年创造了 210 km/h 的试验速度纪录；1988 年创造了 406.9 km/h 的速度纪录。

日本新干线也促进了德国推进本国高速铁路的发展。由于磁浮及轮轨技术方案的争议，在轮轨系统建设上热情不够，直至 1981 年法国的东南线成功开通运营，德国才加快了轮轨高速铁路建设和研究。

凭借德国雄厚的工业实力，德国高速列车以其先进的技术、舒适的乘坐环境占有一席之地。德高速列车称为 ICE（Inter City Express，城际快车的缩写）。1988 年 5 月 1 日，ICE-V 创造了 406.9 km/h 的世界速度。1991 年，德国推出 ICE-1 列车，是德国第一代高速列车。

德国高速列车在动力配置上与法国类似，前期擅长动力集中式，后期转入动力分散式动车组研究。在 2000 年，推出动力分散 ICE-3 高速列车，速度可达 320 km/h，如图 1-9 所示。

图 1-9　ICE-3 高速列车

以 ICE-3 为基础，德国西门子公司推出 Velaro 高速列车平台，可以根据运营商的具体需求定制。“Velaro”衍生自“高速”的西班牙文词组 Velocidad Alta。2007 年，启动了 Velaro 柔性平台项目，突出其通用性、灵活性。目前已生产出应用于德铁的 Velaro D（图 1-10）以及出口至土耳其的 Velaro TR 等高速列车。

德国高速列车发展及演变如图 1-11 所示。

图 1-10　Velaro D 高速列车

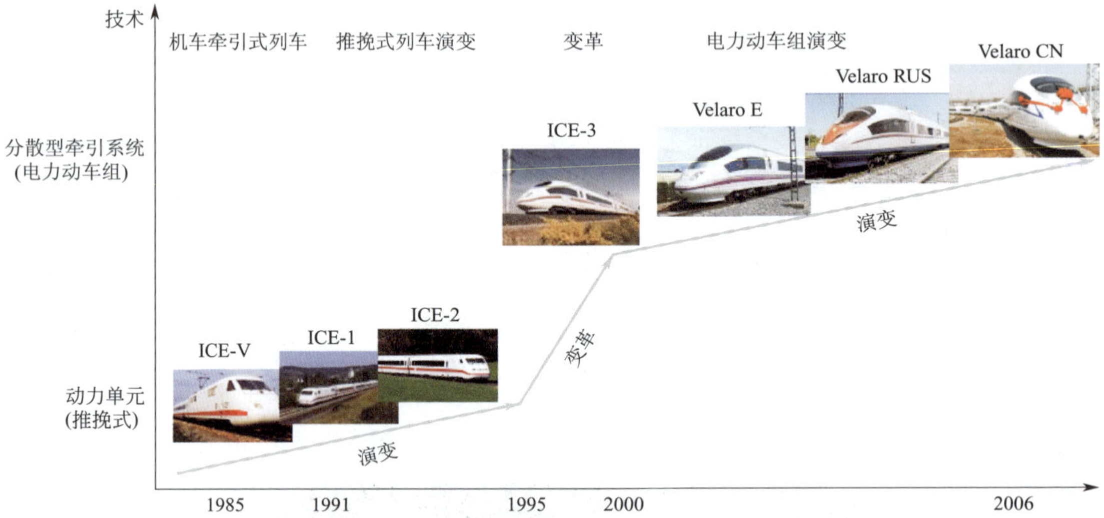

图 1-11　德国高速列车的发展

（四）意　大　利

意大利是欧洲首个进行铁路高速化的国家，意大利首条高铁罗马—佛罗伦萨高速铁路在 1970 年动工，1977 年首段通车。模式与德国类似，全部修建新线，客货列车混用。意大利采用摆式列车模式提速。意大利高速列车简写为 ETR(Electrico Treno Rapido，高速电动车组)。

1960 年，意大利国家铁路局和菲亚特轨道车辆集团合作测试了一套可以倾斜单一座位的特殊系统，1969 年研制出了第一台摆式列车原型 ETR Y 0160(首款命名为 Pendolino 的车型，Pendolino 潘多利诺即意大利语“小摆钟”)，1974 年研制出完整 ETR401 摆式列车(图1-12)。1985 年发展至 ETR450，后又升级至 ETR460 和 ETR480。

菲亚特铁路公司的 Pendolino 系列摆式列车在欧洲广泛使用，如为芬兰提供的 SM3 摆式列车(图 1-13)基于 ETR460 设计，按其特定要求和当地严寒气候进行更动。菲亚特铁路公司于 2000 年被法国阿尔斯通收购。

新一代摆式列车车型 ETR600 和 ETR610(图 1-14)已于 2006 年起交付。

此外，意大利于 2008 年采购了 25 列法国 AGV575 高速列车，编号为 ETR1000。

图 1-12　ETR401 摆式列车

图 1-13　SM3 摆式列车

图 1-14　ETR610 摆式列车

（五）瑞　典

受日本新干线和法国 TGV 的影响，瑞典推进了铁路的提速。

由于瑞典铁路弯道多、曲线半径小，考虑到全面改造基础设施或新建高速铁路投入较大，所以瑞典国有铁路决定开发一种能在既有线上以较高速度运行的列车，采用了摆式列车实现高速运行客货混用方案。

瑞典国有铁路(SJ)和 Adtranz 公司经过多年的研究实验，研制成功了 X2000 动力集中摆式列车(图 1-15)，并于 1990 年投入运用。X2000 使用径向转向架，机车部分不设置车体倾摆功能。

此后，瑞典还研制了 XZ、XCE 等型号的摆式列车。X2000 对瑞典铁路具有重要的意义，1990 年投入运营即令当时陷入低潮的瑞典铁路客运重新发展，成为瑞典高速列车的代表作。

图 1-15　X2000 摆式列车

由于 X2000 摆式列车在站间距短的城郊地区营运成本较高，Adtranz 公司于 2000 年开发了 Regina 动车组(图 1-16)。Regina 动车组编组灵活，可以采用两节或三节短编组运行，亦可以三个单元编组成一列车(6～9 节)的重联方式运行，是理想的中短途客运和城际交通用车。Adtranz 公司 2011 年被庞巴迪收购。

图 1-16　Regina 动车组

随着世界高速铁路发展浪潮的到来，西班牙、韩国、俄罗斯、美国等多个国家也开始大力发展本国的高速铁路。西班牙、韩国等国引进了其他国家先进的技术，再开发了自主品牌。最新产品有西班牙 Talgo-350(2006)交流传动 350 km/h 倾摆式动车组(图 1-17)、韩国 HEMU-430X 交流传动 370 km/h 动车组(图 1-18)等。

图 1-17　西班牙 Talgo-350 高速列车

图 1-18　韩国 HEMU-430X 高速列车

三、我国高速铁路发展概况

（一）前期储备阶段

我国长期以来运输需求巨大，铁路运能严重不足对经济的制约日趋严重。20 世纪 90 年代初，发达国家高速铁路时速已达 250 km/h，而我国客车平均旅行速度还在 50 km/h 左右，最高速度仅 100 km/h 左右。实现我国铁路现代化的战略决策，一方面组织多次实施既有线提速改造，一方面研究发展高速铁路。

在 2004 年《中长期铁路网规划》发布之前，我国高速铁路建设前期进行了长时间的基础研究工作。从 1990 年起，我国组织了高速铁路成套技术研究攻关，进行了广深线提速改造，修建了秦沈客专，实施了六次大提速。1991～2003 年，铁道部组织下达数百项课题研究，广泛涉及高速铁路的发展模式、基础理论、专业技术、设计与施工、运输组织和检测技术等领域，为后期发展奠定了基础。以京沪高速铁路为例，1990 年铁道部完成了《京沪高速铁路线路方案构想报告》并提交全国人大会议讨论。铁道部组织了 456 个课题研究，1995 年全部完成设计。

1994 年，我国第一条准高速铁路广州—深圳线建成并投入运营，旅客列车速度为 160～200 km/h。通过科研与试验、引进和开发，为我国高速铁路建设做了前期准备。1998 年广深线铁路电气化提速改造完成，设计最高速度为 200 km/h，为研究通过摆式列车方式在中国铁路既有线实现提速的可行性，我国于同年从瑞典引入速度 200 km/h 的 X2000 摆式列车（图 1-19）运营于广深线并取得了巨大成功，特别是其先进的运用维修理念对我国铁路机车车辆的检修体制产生了极大的冲击。广深铁路被视为中国由既有线改造踏入高速铁路的开端。

图 1-19　广深线 X2000 摆式列车

由于中国铁路长期运输能力严重不足制约我国经济发展，在 1996～2000 年进行的三次中国铁路大提速的基础上，我国正式制定了《“十五”期间铁路提速规划》，将高速铁路建设列入规划。《“十五”期间铁路提速规划》提出：到“十五”末期，初步建成以北京、上海、广州为中心，连接全国主要城市的全路快速客运网，总里程达 16 000 km；客运专线旅客列车最高速度达到 200 km/h 及以上，实现高速铁路、部分繁忙干线客货分线；而用于高速铁路车辆的交流电传动、动车组技术研究也同步进行，并开展 270 km/h 高速动车组（DJJ2）的研制。

1999 年 8 月 16 日，第一条真正意义上的高速铁路——秦沈客专正式开工建设，2003 年正式开通运营。全线设计速度达到 200～250 km/h。在高速铁路勘测、设计和施工技术方面，为后期高速铁路建设做准备。

在高速列车核心装备制造方面，我国前期探索性研制了多种型号高速列车，如北海号、北亚号、长白山号、春城号、大白鲨号、罕露号、金轮号、晋龙号、庐山号、神州号、先锋号、新曙光号、中原之星等，其中，以后期研发的“蓝箭”及“中华之星”高速列车影响最为深远。

“蓝箭”高速列车（图 1-20）是为满足广深线“小编组、高密度、高速度”的公交化客运要求，由株洲电力机车厂、株洲电力机车研究所、长春客车厂和广铁集团于 1999 年共同研制的新一代交流传动高速电动旅客列车组，最大速度 220 km/h。

图 1-20　“蓝箭”高速列车

继“先锋号”在秦沈客专创造的 292 km/h 速度纪录后，“中华之星”高速列车又在秦沈客运专线创造了 321.5 km/h 速度纪录，如图 1-21 所示。

图 1-21　“中华之星”高速列车

“蓝箭”和“中华之星”分别于 2001 年和 2005 年在广深线和秦沈客运专线上投入试验性商业运营。

(二)中长期铁路网规划发布及实施阶段

2004 年 1 月国务院常务会议讨论并原则通过历史上第一个《中长期铁路网规划》，正式宣布规划建设里程超过 1.2 万 km 的“四纵四横”主骨架客运专线网，客车速度目标值达到 200 km/h 及以上，以及三个地区的城际客运系统(环渤海地区、长江三角洲地区、珠江三角洲地区)。自规划实施后，大批高速铁路相继开工建设。

高速列车方面，在“全面引进技术，联合设计生产，打造中国品牌”的原则主导下，通过招标采购方式，采用引进国外先进、成熟、经济、适用、可靠的高速列车设计、制造技术，实现了我国铁路客运的高速化。

2007 年实行的中国铁路第六次大提速，首次在各主要提速干线(如京沪线、京广线、京哈线、胶济线等)大规模开行速度高达 200～250 km/h 的中国铁路高速动车组(CRH)列车，达到了目前世界上既有线提速改造的先进水平。

2008 年 8 月，中国首条设计速度达 350 km/h 的高速铁路——京津城际铁路通车运营。

2008 年 11 月正式发布《中长期铁路网规划(2008 年调整)》。新方案将客运专线规划目标由 1.2 万 km 调整为 1.6 万 km，并将城际客运系统扩展到长株潭、中原城市群、武汉城市圈、关中城镇群、海峡西岸城镇群等经济发达和人口稠密地区。

经过 10 多年的高速铁路新线建设和对既有铁路的高速化改造，京广、京沪、哈大、兰新等具有代表性的高速铁路线的陆续开通运营，我国已经拥有世界上最大规模的高速铁路网。2014 年达 1.6 万吨，占世界高铁运营里程的 60%。

第二节　我国 CRH 高速动车组概况

高速铁路属于超大规模集成系统，高速铁路由工务工程、牵引供电、通信信号、高速列车(动车组)、运营调度系统、客运服务系统六大子系统有机组合而成。高速铁路的技术体系主干如图 1-22 所示。

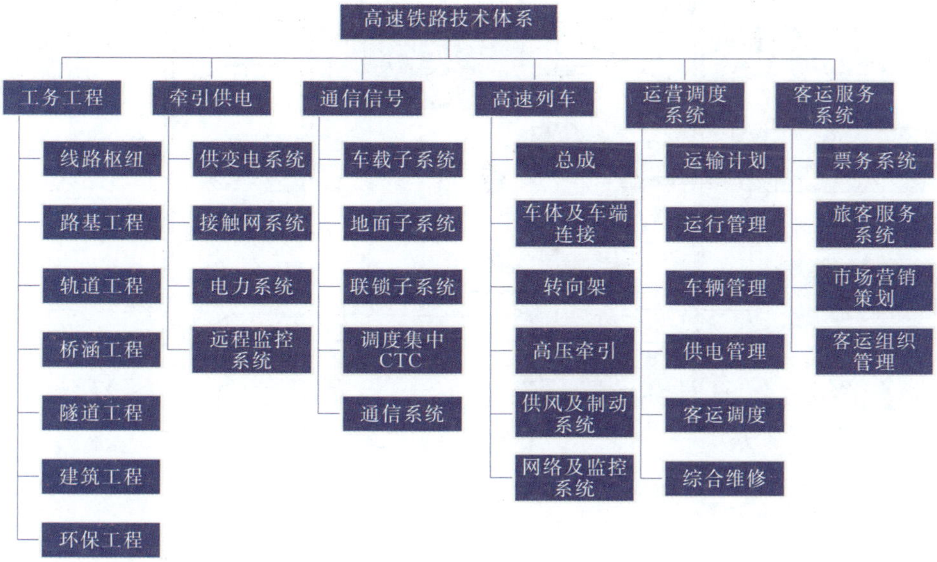

图 1-22　高速铁路技术体系主干

各系统间既相对自成体系，又相互关联。其相关关系如图 1-23 所示。高速列车与运营调度、列车运行控制系统三者之间关系密切。

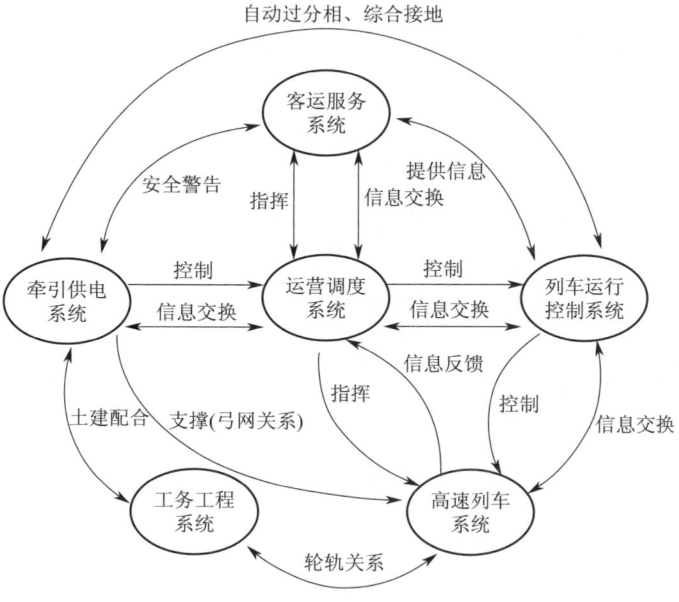

图 1-23　各系统相关关系图

高速铁路包括四大类核心技术。首先是线路技术，需保证全天候列车高速运行冲击下线路高平顺度。第二是列控技术，高速铁路列控系统属于复杂、大跨度、高可靠性安全控制系统。第三是弓网高速受流技术，列车高速运行时动态取流、保证受流质量和系统的维护性。第四也是最核心的元素则是高速列车技术，高速列车是当代高新技术的集成。高速列车方面涉及各系统技术接口如图 1-24 所示。本节重点讨论我国 CRH 高速动车组概况。

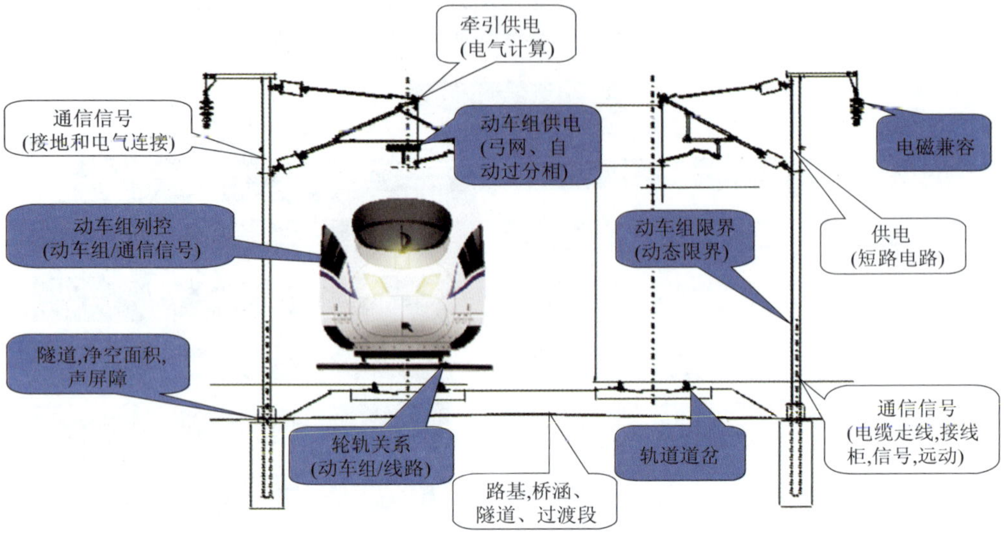

图 1-24　各系统技术接口概况典型示意图

一、动车组的定义及组成

(一)动车组与高速列车

所谓动车组就是由若干动车和拖车或全部由动车长期固定连挂在一起组成的列车。其特征是固定编组、自带动力、可双向运行。

动车组原意是驱动单元的组合(Powered Car Train-set)，由于我国高速铁路采用的动车组全部为电动车组，我们通常讲的动车组 EMU 实际上是狭义的电动车组 EMU(Electrical Mutiple Unit)。动车组是对传统机车车辆模式进行特定改进而提出的概念。传统列车由机车驱动，中间车厢不带动力。此种方式到站时经常需要将机车与中间车厢解编，在返回方向重新连挂机车，导致整备时间长，限制运输能力的进一步提高。高速铁路对这种模式进行了特定改进，提高运输效率，取消传统机车与车辆间的频繁摘挂，把动力单元固定的组合在一起，终到站后不再需要对列车进行任何摘挂作业，可双向运行，为了达到这个目标，设置两个司机室。

动车组与高速列车是独立概念，没有必然联系。低速城际列车亦可以采用动车组形式。我国高速列车采用动车组的形式，不进行严格区分。

采用动车组形式的高速列车，可较彻底地解决车端因需频繁拆解带来的安全可靠性较低的问题。

(二)动力集中与动力分散

高速动车组的牵引动力的配置分为动力集中和动力分散两种形式，如图 1-25、图

1-26 所示。

传统的机车车辆模式就是牵引动力集中式配置。列车由一台或几台机车在列车首尾进行驱动。此种方式在黏着一定的情况下，为保证头车牵引力，机车需要适当提高轴重，避免黏着破坏。动力分散则将动力分散至中间车厢上。低速运行时动力集中与动力分散方式无明显优劣。

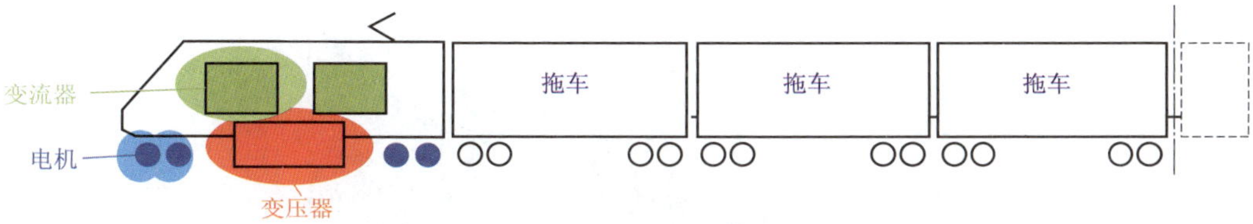

图 1-25　动力集中式动车组

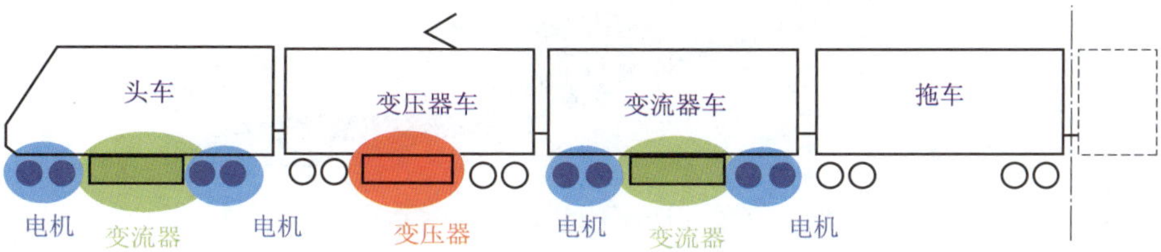

图 1-26　动力分散式动车组

但随着列车运行速度的提高，轮轨问题转换为主要矛盾。首先动力集中方式机车过重对轨道产生冲击大。第二，动力集中方式的头车黏着接近饱和而其他车厢黏着未充分利用且速度越高，可用黏着力越小，黏着利用矛盾越突出。

此外动力集中于头车对动力设备功率造成了限制，难以满足进一步提高速度的要求。如前所述，德、法等国高速列车均由动力集中逐步转向动力分散式。

（三）动力分散式动车组牵引单元

动力分散式动车组由各动拖车编组成列车的时候，一般先组成牵引单元，再由牵引单元编组成列车。牵引单元配置后，制动系统结构设置、控制系统结构设置也要与牵引单元相匹配，形成动车组基本骨架。

（四）动车组组成

动车组按系统可分为 12 个系统，包括车体及车端连接、转向架、高压牵引系统、辅助电气系统、供风及制动系统、网络及监控系统、旅客信息系统、车内环境控制系统、给排水及卫生系统、车内设施、驾驶设施、列控车载设备。

二、各平台动车组发展简介

我国 CRH 高速列车通过引进、消化、吸收及自主创新的方式，推动我国铁路动车组设计、制造业的现代化。自 2004 年、2005 年分两个批次引进了四种动车组，形成 CRH$_{1}$、CRH$_{2}$、CRH$_{3}$、CRH$_{5}$ 型动车组四种技术平台。

第一阶段主要为技术平台基础车型的消化吸收，联合设计制造了 CRH$_{1A}$、CRH$_{2A}$、CRH$_{3C}$、CRH$_{5A}$ 型动车组。第二阶段进行了速度升级，研制生产 CRH$_{380}$ 系列动车组。主要车型包含 CRH$_{380A(L)}$、CRH$_{380B(L)}$、CRH$_{380CL}$、CRH$_{380D}$ 型等新一代高速动车组。在此过程中，根据我国运用需求进行了长编组升级，卧铺车升级，高寒、抗风沙高寒动车组研制，城际动车组研制，各型综合检测车及试验列车研制等。

（一）CRH$_{1}$ 平台

CRH$_{1A}$ 型动车组由青岛四方庞巴迪铁路运输设备有限公司在青岛设计制造，如图 1-27 所示。

图 1-27　CRH$_{1A}$ 型动车组

CRH$_{1A}$ 型动车组以庞巴迪公司为瑞典铁路生产的皇后系列（Regina）动车组（图 1-28）为原型，最高运营速度 180 km/h 或 200 km/h；在北欧地区使用广泛，运营数量大，技术成熟，是理想的中短途客运和城际交通用车。

相对于原型车，CRH$_{1A}$ 型动车组根据我国运用需求由原短编组调整为 8 辆编组，并对转向架轴箱定位结构进行了较大的改动。

图 1-28　皇后系列动车组原型车

在 CRH$_{1A}$ 型动车组的基础上，后期进行（图 1-29）16 节长编组升级为 CRH$_{1B}$ 型动车组。此外又进行了卧铺车版本升级为 CRH$_{1E}$ 型动车组。

由于 CRH$_{1A}$ 平台动车组不具备升级能力，后全新设计了 CRH$_{380D}$ 型动车组（图 1-30）。

随着城际动车组的不断推出，在此基础上升级了 CRH$_{1A}$ 型动车组，改用铝合金车体，彻底解决压力波保护问题，如图 1-31 所示。

图 1-29　CRH_{1E} 型动车组

图 1-30　CRH_{380D} 型动车组

图 1-31　CRH_{1A}（铝合金车体）

CRH_1 平台动车组以其易用性、体系规范性以及高自动化水平见长。

（二）CRH_2 平台

CRH_{2A} 型动车组由青岛四方机车车辆股份有限公司制造生产，如图 1-32 所示。

原型车为 E2-1000 型动车组（图 1-33），设计速度 315 km/h，运营速度 275 km/h。

CRH_{2A} 型动车组转向架引进时未采用 E2-1000 型动车组的支撑拉板式轴箱定位装置，而采用了 500 系转臂式定位装置。

在 CRH_{2A} 型车的基础上，后期进行了长编组 CRH_{2B} 型动车组（图 1-34）及卧铺车 CRH_{2E} 型动车组升级。同时又进行了 300 km/h 速度等级 CRH_{2C} 型动车组的升级，如图

1-35 所示。CRH$_{2C}$ 型特别是其二阶段动车组进行了较大改进，为 CRH$_{380A(L)}$系列动车组奠定了基础。随后研制生产了 CRH$_{380A(L)}$型动车组(图 1-36)。

图 1-32　CRH$_{2A}$ 型动车组

图 1-33　E2-1000 型动车组

图 1-34　CRH$_{2B}$ 型动车组

随着城际动车组的不断推出，青岛四方机车车辆股份有限公司在此基础上研发了 CRH$_{6A}$ 型动车组(图 1-37)。

此外，青岛四方机车车辆股份有限公司还研制了抗风沙高寒 CRH$_{2G}$ 型动车组等。

图 1-35　$\mathrm{CRH_{2C}}$ 型动车组

图 1-36　$\mathrm{CRH_{380A}}$ 型动车组

图 1-37　$\mathrm{CRH_{6A}}$ 型动车组

(三)$\mathrm{CRH_{3}}$ 平台

$\mathrm{CRH_{3C}}$ 型动车组由唐山轨道客车有限责任公司在国内制造生产，如图 1-38 所示。

$\mathrm{CRH_{3C}}$ 型动车组以西门子公司为西班牙生产的 Velaro E 动车组为原型车开发研制，最高运行速度达到 350 km/h，引进过程中主要对车体进行了加宽设计。

图 1-38 CRH$_{3C}$ 型动车组

后期唐山轨道客车有限责任公司与长春轨道客车股份有限公司联合进行了长编组及速度提升的 CRH$_{380BL}$ 型动车组(图 1-39)升级。

图 1-39 CRH$_{380BL}$ 型动车组

随着城际动车组需求的增大，唐山轨道客车有限责任公司在 CRH$_{3C}$ 型动车组的基础上设计生产了 CJ-2 型城际动车组(图 1-40)，调整了牵引功率，进行了较大程度的国产化，降低了生产成本。

图 1-40 CJ-2 型城际动车组

长春轨道客车股份有限公司在 CRH$_{380BL}$ 型的基础上，研发了 CRH$_{380BG}$ 型高寒型动车组。此外，在 CRH$_{380BL}$ 型的基础上，采用了永济的网络、牵引与辅助系统，重新进行集成设计，设计生产了 CRH$_{380CL}$ 型动车组(图 1-41)。

随着城际动车组需求的增大，长春轨道客车股份有限公司也在 CRH$_{380BL}$ 型动车组的基础上设计生产了 CJ-1 型城际动车组(图 1-42)，调整了牵引功率，进行了较大程度的国产化，降低了成本。

图 1-41　CRH$_{380CL}$ 型动车组

图 1-42　CJ-1 城际动车组

CRH$_{3}$ 平台动车组运行速度较高，设计安全余量大，技术先进，系统检测及保护较多。但设计理念较为复杂，结构相对其他车型来说也较为复杂。

(四)CRH$_{5}$ 平台

CRH$_{5A}$ 型动车组由长春轨道客车股份有限公司在国内制造生产，如图 1-43 所示。

图 1-43　CRH$_{5A}$ 型动车组

CRH$_{5}$ 型动车组原型车 SM3(图 1-44)，并不属于阿尔斯通公司 TGV 技术平台产品，该车型为阿尔斯通收购菲亚特公司为芬兰制造的摆式动车组。

该原型车设计速度 220 km/h；技术成熟、是欧洲广泛使用的 Pendolino 系列列车之一；适合高寒地区使用。引进过程中改动较大，去除了转向架的摆式机构，采用空气弹簧二系悬挂升级原钢簧。列车头型进行升级，换用了 Pendolino 4 头型(图 1-45)。

此外，长春轨道客车股份有限公司在 CRH$_{5A}$ 型动车组基础上设计生产了抗风沙高寒动车组 CRH$_{5G}$ 型。CRH$_{5A}$ 型动车组由于未有 300 km/h 等级速度升级能力，后期未有 CRH$_{380}$ 系列的升级车型。

图 1-44　SM3 动车组

图 1-45　Pendolino 4 动车组头型

在综合检测列车方面，各平台动车组均有涉及。其中以四方平台动车组种类最为齐全，借助各速度等级动车组 CRH2A、CRH2C、CRH380A 型均研制有综合检测车，此外还包含更高速度动车组 CRH380AM 型动车组(图 1-46)。

图 1-46　CRH380AM 型动车组

目前我国各型动车组正在逐步推进客服、操作界面的统型工作，升级为统型动车组。此外，在技术上，CRH380D、CRH380C 型以及城际动车组出现了多技术平台融合的情况。

我国高速铁路的建设中，多技术平台集成，高速、长距离，复杂运用环境得到的宝贵实际运用数据，车型的持续优化改进，运营维护实践等，促进了业界对高速铁路系统各个角度的研究和改进，获得整体性的优化和认识。随着我国高速列车技术的不断发展，必将形成具有完整体系的中国高速列车标准。

三、我国 CRH 动车组的技术特点

与世界其他国家高速列车相比较，我国高速列车具有如下几大特点。

（一）均为动力分散式动车组

我国在技术引进阶段，瞄准了动力分散式动力配置方案，减少轮轨冲击、黏着利用充分并提高载客量。此外，我国采用新建专线的高速铁路方案，未采用摆式列车提速方案。

（二）互联互通基础较好

从外部技术接口上看，我国接触网电压统一为交流 25 kV，与欧洲相比，避免车载设备需兼容多电压制式的问题。此外，我国列控系统 CTCS 也进行了系统规划，兼容性较高，避免车载需设置多套信号系统的问题，为高速列车互联互通奠定了有力基础。尽管在互联互通上还存在速度等级、接触网网高、牵引供电能力、分相间距、不同供应商列控兼容等问题，但整体基础较好。

（三）采用无摇枕转臂式转向架

CRH 系列动车组均采用无摇枕高速转向架技术。为便于维护，结构全部采用转臂式。

此外采用空簧做二系悬挂，提高旅客舒适度，保证良好的曲线通过性能及旅客乘坐的舒适性。

（四）车体结构轻量化

为了节省牵引功率，降低高速所引起的动力作用对线路结构、机车车辆结构产生的损伤，并提高旅客乘坐舒适度，需要最大限度地降低高速动车组的轴重。因此，国外各国高速列车车体的主要材料是铝合金和不锈钢，从发展趋势看，铝合金将成为动车组车体的主导材料。CRH_1 平台动车组前期采用不锈钢车体，后也调整为铝合金车体。

（五）采用混合制动技术

列车的制动功率与列车速度的三次方成正比，高速列车对制动系统提出了极高的要求。

采用电、空混合制动模式，电制动由于能量可再生使用，且大大减少空气制动磨耗件的消耗，优先使用电制动。高速运行区段电制动力不足，采用空气制动进行补偿。此外，均设置有防滑保护机构。

空气制动方面均采用电控直通式空气制动系统作为制动系统的主体。

（六）采用交—直—交结构主电路结构

早期的电力牵引传动系统均采用交—直传动，用直流电动机驱动。由于直流电动机的单位功率重量较大，使高速列车既要大功率驱动又要求减轻轴重的矛盾难以克服。

我国 CRH 各平台动车组均采用交—直—交结构传动系统。牵引能力强，特性好。交流牵引电机为具有额定输出功率大；结构简单、体积小、重量轻、易维修；速度控制方便；效率高等一系列优点。

(七)采用先进的列车控制及诊断系统

列车自动控制系统对保证高速列车安全运行、提高动车组运用检修效率有十分重要的作用。我国高速列车平台先进、成熟,自动控制及诊断系统较为完善。在我国长期使用过程中又对系统不断进行优化提升,有力地保障动车组的运行安全。

四、我国动车组生产工厂及编号概况

针对我国动车组目前存在多平台、多车型的情况,从整体上掌握动车组的概况在动车组相关工作中具有重要意义。本节介绍我国目前实行的动车组相关编号规则,并借以明确相应的研制生产单位情况。日前处于考核运行的 CJ-1、CJ-2 城际动车组未纳入此编号规则。

(一)动车组型号及车组号编号规则

我国动车组型号及车组号标志于动车组头车两侧外墙上,如图 1-47 所示。动车组型号及车组号标识用于识别车型及同车型不同列的动车组。

图 1-47　型号和车组号标志示意图

型号及车组号格式定义如下。

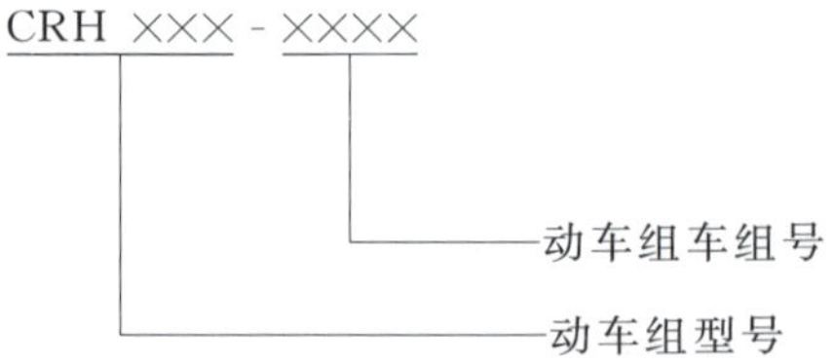

1. 动车组型号部分

动车组型号分技术序列代码命名方式和速度目标值命名方式两种。

(1)技术序列代码命名方式

动车组型号及车组号示意如下:

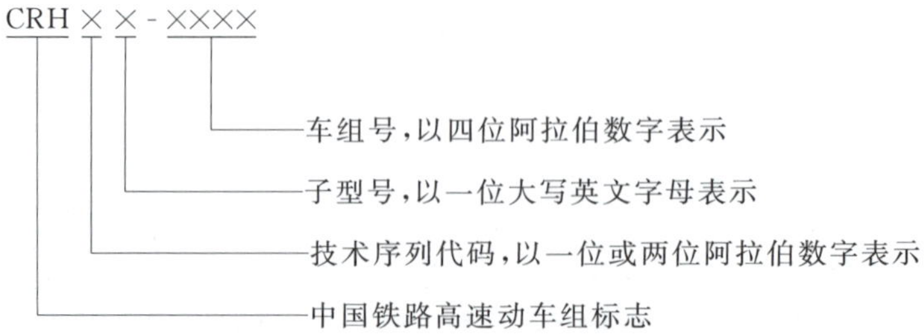

技术序列代码以阿拉伯数字表示,由 1 开始顺序排列,见表 1-2。

表 1-2　技术序列代码

代　码	研制生产单位	备　注
1	青岛四方庞巴迪铁路运输设备有限公司	
2	青岛四方机车车辆股份有限公司	
3	唐山轨道客车股份有限责任公司	
5	长春轨道客车股份有限公司	
6	青岛四方机车车辆股份有限公司/南京浦镇车辆有限公司	城际动车组
7 及后续	预留	

子型号以一位大写英文字母表示，由 A 开始顺序排列，见表 1-3。

表 1-3　子型号

代　码	速　度	编　组	备　注
A	200～250 km/h	8 辆	座车
B	200～250 km/h	16 辆	座车
C	300～350 km/h	8 辆	座车
D	300～350 km/h	16 辆	座车
E	200～250 km/h	16 辆	卧车
F	160 km/h	8 辆	城际动车组
G	200～250 km/h	8 辆	耐高寒座车
H	200～250 km/h	8 辆	耐风沙及高寒座车
I	预留		
J			综合检测车
K 及后续	预留		

(2)速度目标值命名方式

主要针对 CRH380 系列动车组，动车组型号及车号示意如下：

CRH ××× × × - ××××

- ×××× —— 车组号，以四位阿拉伯数字表示。
- 第二个 × —— 子型号，缺省或以一位大写英文字母表示。
- 第一个 × —— 技术平台代码，以一位大写英文字母表示。
- ××× —— 速度目标值，以三位阿拉伯数字表示。
- CRH —— 中国铁路高速动车组标志。

动车组设计的最高运行速度目标值由三位阿拉伯数字表示，例如：380 代表设计最高运行速度目标值为 380 km/h。

技术平台代码含义见表 1-4。

表 1-4 技术序列代码

代码	研制生产单位	编组	备注
A	青岛四方机车车辆股份有限公司	8 辆	座车
B	唐山轨道客车有限责任公司/长春轨道客车股份有限公司	8 辆	座车
C	长春轨道客车股份有限公司	8 辆	座车
D	青岛四方庞巴迪铁路运输设备有限公司	8 辆	座车
E	预留		
F	预留		

子型号以一位大写英文字母表示，由 G 开始顺序排列。缺省时为基本型。子型号代码与技术序列代码命名方式下的子型号保持完全一致。新增 L、M 两项含义见表 1-5。

表 1-5 新增 L、M 代码含义

代 码	备 注
L	基本型的 16 辆编组动车组
M	更高速度等级试验列车改为综合检测动车组

2. 动车组车组号

动车组车组号部分以四位阿拉伯数字表示，按照动车组的制造工厂，具体号段分配见表 1-6。

表 1-6 动车组号段

动车组制造工厂	速度 250 km/h 及以下	速度 350 km/h 及以上	检测、试验等特殊用途
青岛四方庞巴迪铁路运输设备有限公司	1 001～1 499	1 501～1 999	0101～0199
青岛四方机车车辆股份有限公司	2 001～2 499 (CRH2C 型保持不变，仍包含在其中)	2 501～2 999	0201～0299
唐山轨道客车有限责任公司	3001～3499 (CRH3C 型保持不变，仍包含在其中)	3 501～3 999	0301～0399
青岛四方机车车辆股份有限公司/南京浦镇车辆有限公司	城际动车组： 四方 4001～4499 浦镇 4501～4999		四方 0401～0449 浦镇 0451～0499
长春轨道客车股份有限公司	5 001～5 499	5 501～5 999	0501～0599

(二)各车厢的车种及车辆号编号规则

动车组中车辆的车种及车辆号标识于各个车厢上，用于区分各个车厢。如图 1-48 所示。

图 1-48 车辆车种及车辆号示意图

车辆车种及车辆号格式定义如下：

×× ×××× ××

- 编组顺位代码，以两位阿拉伯数字表示，由 1 位头车至 2 位头车的代码为 01，02，…，00
- 动车组车组号
- 车种代码，以两位或三位大写英文字母表示

动车组中的车辆车种代码是车种名称的汉语拼音缩写，车种代号、车种名称及英文见表 1-7。示例：ZYS 264201

ZYS——车辆车种代码，一等/商务座车；

2642——动车组车组号；

01——车辆编组顺序号。

表 1-7　车种代号、车种名称及英文

序号	车种代号	车种名称	英　　文
1	ZY	一等座车	First Class Coach
2	ZE	二等座车	Second Class Coach
3	WR	软卧车	Soft Sleeper Coach
4	WY	硬卧车	Hard Sleeper Coach
5	CA	餐　车	Dining Coach
6	SW	商务车	Business Coach
7	ZEC	二等座车/餐车	Second Class/Dining Coach
8	ZYS	一等/商务座车	First Class/Business Coach
9	ZES	二等/商务座车	Second Class/Business Coach
10	ZYT	一等/特等座车	First Class/Premier Coach
11	ZET	二等/特等座车	Second Class/Premier Coach
12	JC	检测车	Detection Car

第三节　动车组运用与维修

一、动车组的运用及其基本要求

动车组列车运行图是动车组运用工作的主要依据。动车组的运用涵盖了一体化管理、信号、行车组织、列车运行图、动车组的周转、动车组运转制度及乘务员乘务制度、运用安全管理等多方面的内容。

运用工作是动车组实现高速铁路运输功能的最终环节。动车组的安全、正点、高效运用是动车组相关设计生产，运营维护等各项工作的最终目的。动车组在实际运用过程中出现的问题也为设计生产、运营维护工作的改进提出新的需求及优化方向。动车组运用的基本要求是安全、正点、高效。

(一)安　　全

安全是任何运输系统特别是客运系统基本要求。对于高速动车组运用维修部门,严防部件松脱、严防动车组走行及车顶高压系统故障、严防电气火灾。卡控动车组在设备故障、设计缺陷、批次产品质量问题、作业失误等各类特殊情况下的运行安全。特别重视设备故障后可能引发的安全问题,确保应急处置快速准确。此外,重视设备在各类特殊运营场景下的故障安全,如弓网故障后的处理。

(二)正　　点

高速铁路系统车机工电辆客运之间相互协作需要以运行图做基础,出现晚点后,扰乱运输秩序。列车运行正点需要以设备的可靠性做保障,必要时设备进行冗余设置。此外合理编制运行图,做好应急预案,如做好热备车安排等。在万不得以的情况下,通过合理的运输组织调配,尽量将晚点影响降低至最低。

(三)高　　效

在安全正点的基础上,不断提高动车组运用效率,不断加强基础工作,完善运用维修管理制度。

二、修程修制的基本概念

修程修制指的是在一定维修思想指导下,制定出的一整套维修的原则和规范,包括维修方式、维修计划、维修机构、组织管理原则等。

随着技术的发展,轨道交通车辆设备集成规模越来越大,涉及各系统的工作人员数量越来越大。那么动车组维修整体上所遵循的整体思路,即为动车组的修程修制。

动车组的各类检修如图 1-49 所示。

图 1-49　动车组各类检修

因动车组的维修与车辆当前制造工艺水平、具体运用环境、运用维修能力的布局等密切相关,故修程修制的制定是一个持续改进、不断完善的过程。如何既能保证车辆的运用质量,提高车辆可用性,提高维护效率,降低检修成本是修程修制改进的目标。设备越复杂,规模越大,研究修程修制的意义越大。

从维修制度发展的历史上看,早期工业设备由于结构简单,故障影响范围小,一般采用粗放式的事后维修的方式,平常很少进行系统的维护。这种检修制度称为故障修。

随着生产的发展,设备的复杂化以及工业生产对设备依赖性的提高,某些部件故障可能导致对生产的巨大影响,为预防此类事情的发生,开始研究设备养护制度。组织定期对设备进行维护保养,可以减少设备故障,尽早发现问题。此种维修制度称为预防性维修。预防性维修即在动车组及其部件发生故障前,通过检查、检测、必要的修理等工作使动车组及其部件处于规定状态，以预防故障的发生。通过强化设备的检修保养工作可以减少线上故障发生的几率。提高设备的安全性、可靠性。

我国目前按照计划性预防修为主的原则，建立我国高速动车组修程修制体系。为了保证安全性，不允许超期车组上线运行。此外，建立分级检修的概念，将检修分成不同的等级，级别越高，检修越深入，相应的时间间隔设置也越长。

以计划性预防修为主的修程修制度不仅仅是从设备维护的角度提出来的，其意义还在于维护工作的组织。动车组的维护涉及多系统、多人员的分工协作。为了减少因检修周期杂乱而导致的影响运用的情况的出现，采用相对集中进行维护的模式，各系统供应商协商一致，在某些统一的周期进行维护。一般由动车组集成商根据前期积累的维护经验，提出来“标准周期”，各子供应商据此调整各自设备的各项目维修周期，允许存在个别例外。

并不是维修越勤、修理范围越大、故障就越少，相反会由于频繁拆装可能带来次生问题。动车组预防性维修包括各级定期维修和状态修。随着动车组诊断系统及地面辅助诊断设备等手段的提高，故障规律及分析手段提升，需不断优化检修周期，扩大状态修的范围，根据设备实际情况进行适当检修，减少盲目检修。

三、我国动车组的修程修制

动车组的维修在确保车辆运行安全方面起着重要的作用。与传统列车相比，动车组集成设备规模大，维护检修工作的复杂性提高。检修项目多，周期较为分散。检修计划编制和检修作业组织的复杂性提高，对信息系统需求越来越大。

（一）动车组修程修制概况

我国各型 CRH 动车组均实行计划性预防修的检修体制，基本上划分成五个等级（图 1-50），其中：一、二级检修为运用检修，在动车组运用所内进行；三、四、五级检修为高级检修，在具备相应车型检修资质的检修单位（动车基地或主机企业）进行。等级越高，需要做的检修越深入。

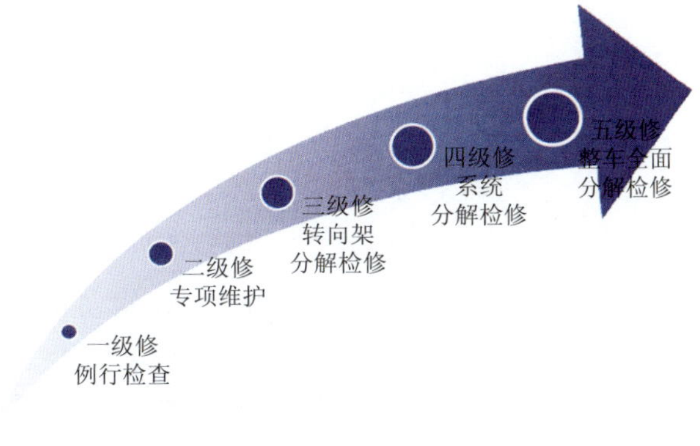

图 1-50　我国动车组的检修级别划分

我国 CRH 动车组各型动车组检修周期情况见表 1-8。动车组运用检修及高级检修采用以走行公里周期为主（走行公里以动车组管理信息系统为准）、时间周期为辅的检修模式。

以走行公里周期为主线，使车组根据使用走行公里的多少得到适量的检修。此外为保证少量低利用率车组得到安全保养，引入最低维修频度卡控安全时间限度。以 CRH_{3C} 型动车组为例，以车组年走行40万km的用车频度设置最低维护频率。以二级检修中的M1修为例，除了每10万km进行一次维护以外，若在90天(10万km/40万km每年)内车组走行公里未达到10万km，也需进行一次M1修，确保动车组得到基本保养。实际执行过程中根据具体的情况还可做出一些调整。

表1-8 我国CRH各型动车组运用初期实行的检修周期情况

<table>
<tr><th>修程
车型</th><th>一级检修</th><th>二级检修</th><th>三级检修</th><th>四级检修</th><th>五级检修</th></tr>
<tr><td>CRH1A</td><td rowspan="3">≤(4 000+400)km
或运用48 h</td><td rowspan="3">另行
公布</td><td rowspan="3">(120±10)万km
或3年</td><td rowspan="3">(240±10)万km
或6年</td><td rowspan="3">(480±10)
万km或12年</td></tr>
<tr><td>CRH1B</td></tr>
<tr><td>CRH1E</td></tr>
<tr><td>CRH5A</td><td>≤(5 000+500)km
或运用48 h</td><td>另行
公布</td><td rowspan="5">(120±12)万km
或3年</td><td rowspan="5">(240±12)万km
或6年</td><td rowspan="5">(480±12)
万km或12年</td></tr>
<tr><td>CRH3C</td><td rowspan="4">≤(4 000+400)km
或运用48 h</td><td rowspan="4">另行
公布</td></tr>
<tr><td>CRH380B</td></tr>
<tr><td>CRH380BL</td></tr>
<tr><td>CRH380CL</td></tr>
<tr><td>CRH2A</td><td rowspan="7">≤(4 000+400)km
或运用48 h</td><td rowspan="7">另行
公布</td><td rowspan="7">$60^{+2.5}_{-5}$万km
或1.5年</td><td rowspan="7">120^{+5}_{-10}万km或3年</td><td rowspan="7">(240±10)
万km或6年</td></tr>
<tr><td>CRH2B</td></tr>
<tr><td>CRH2E</td></tr>
<tr><td>CRH2C(一阶段)</td></tr>
<tr><td>CRH2C(二阶段)</td></tr>
<tr><td>CRH380A</td></tr>
<tr><td>CRH380AL</td></tr>
</table>

注：1. 动车组检修周期采用以走行公里周期为主、时间周期为辅的检修模式，先到为准；
2. 二级检修项目允许按二级检修维修卡片规定的检修周期延后10%组织施修(有调整检修周期范围的除外)；
3. 高级检修间隔不超过一个三级检修周期。

(二)一至五级检修概况

1. 运用维修

动车组运用维修除包括动车组的运用检修(动车组一级检修和二级检修)外，还包括临修、整备及各项管理活动。

(1)一级检修——快速例行检查

一级检修是对运用动车组的车顶、车下、车体两侧、车内和司机室等部位实施快速例行检查、试验和故障处理的检修作业，可称为库检。一级检修利用库内三层工作平台进行，重点为走行、车顶高压、制动等。此外还同时进行吸污上水、车内外保洁等整备作业。

检修股道接触网的供断电对一级检修作业流程影响较大，一般据此为主线安排一级检修生产节拍。

(2)二级检修——专项维修

二级检修是对动车组各系统、零部件实施的周期性维护保养、检测、试验。在运用所作业条件下，开展相对深入的专项维护工作。二级检修一般要打开各裙板等各类外部盖板。进行清洁、润滑及测试作业，重点项目有空心轴探伤、踏面修形等。

二级检修可采用集中扣车检修或分散至一级检修中进行均衡修的模式进行。在运行初期一般采用集中修的方式确保作业质量。

为便于生产组织，一般按作业条件，作业部位相近的原则对不同的项目进行打包处理。

季节性检修等各类整治，形成稳定项目后，逐步纳入专项修管理框架进行管理，属于需于特殊时段开展的特殊周期专项修。

2. 高级检修

三、四、五级检修为高级检修，扣车时间较长，各部件分解较深入，并可实施在运用缺乏作业条件或者耗时较长的改造。

动车基地一般设置于动车组或高速线路集中的枢纽站区，具备区域辐射（覆盖）作用。目前设置有北京、上海、武汉、广州、成都、西安、沈阳（三级检修）七个检修基地，如图 1-51 所示。

图 1-51 全路动车基地（段）布局示意图

转向架是动车组安全的核心，动车组三级检修以转向架检修为中心展开，对转向架进行分解检修。此外结合扣车时间对制动系统等进行状态检查和功能测试。

四级检修实现对关键系统的分解检修，相对三级检修，进一步扩大分解检修系统的范围，包含制动系统、电机的分解检修等。

五级检修对整车进行全面分解检修，包括了动车组分解、清洗、检查、修复，最后还对车体进行油漆，基本恢复至新车状态。

高级检修整体周期循环图如图 1-52 所示。

持续优化动车组修程，减少过度检修。修程修制是相互联系的有机整体，进行优化调整时分清主次，重视各级修程周期间的协调关系。

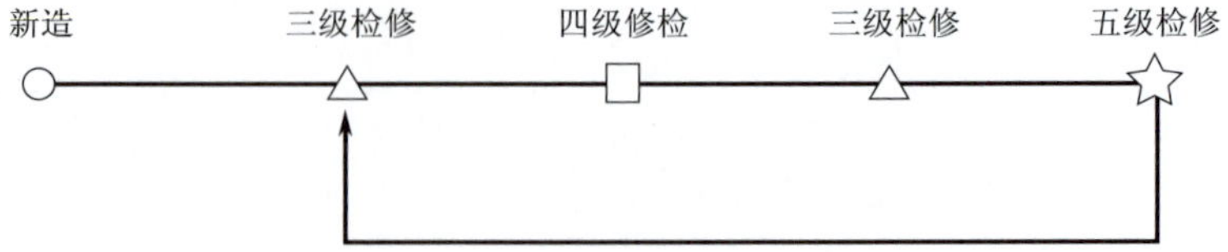

图 1-52 高级检修周期循环图

通过采用换件修等方式，不断改进施修方案，减少库停耗时，提高检修效率。

（三）其他维护

前述定期检修属于计划性检修，作业内容相对固定的维护，动车组必然在运用检修过程中存在临时性的故障、临时性普查以及技术更新改造等维护项目，此类计划外的维护根据实际情况开展。

复习思考题

1. 简述高速铁路的定义。
2. 简述高速铁路具有哪些突出特点。
3. 简述我国 CRH 动车组的特点。
4. 简述我国动车组的型号及车组号定义、车种及车号定义规则。
5. 简述我国动车组各级检修基本定位。

第二章　车体及车端连接

本章主要介绍车体结构及车体附件、侧拉门、车窗、车钩、头罩、车端设备等。

第一节　车体结构及车体附件

一、车体结构及特点

动车组比传统机车车辆的运营速度有大幅度的提高，车体结构需承受旅客的重量及各种设备的重量，另外动车组在高速运行过程中，还要分别承受纵向、横向、垂向和扭转等作用力，动车组车体结构需具有足够的强度和刚度。因此，动车组车体结构经过科学的设计，具有以下几个方面的显著特点：

1. 为了减小列车高速运行的空气阻力，车体外形采用流线型设计。

2. 为了提高乘坐舒适度，减少车体的振动和降低车内噪声，在局部的大型中空挤压型材内部壁上添加热熔减振材料，车体采用气密结构设计。

3. 为了降低列车的运行能耗，采用轻质材料，车体采用轻量化设计。

(1)采用密度低的铝合金材料，具有强度高、焊接性好、挤压加工性能好、耐腐蚀性好等特性。

(2)采用了铝合金筒形整体承载结构，在满足结构轻量化的前提下，同时具有强度大、刚度好的特点。

二、车体性能指标

车体的主要性能指标参见表 2-1。

表 2-1　车体性能指标

名　称			性能指标
垂向载荷	车体结构重量		车辆重量中减去转向架重量、设备重量、内部装饰品等的重量
	乘客重量		每位乘客约 80 kg、最大乘客数是按照相关规定确定
	设备重量		该设备的重量
	动载荷		(受到惯性力的部分的重量)×0.1
纵向载荷	车端压缩载荷	压缩	100 t
冲击载荷			(车辆重量＋乘客重量)×0.3
车体内压力载荷			车厢内压力为 8.0 kPa

续上表

名　称	性能指标
密封度	车厢内压力从 4 kPa 到 1 kPa 为止的下降时间为 50 s 以上
相当弯曲刚度	0.784×109 N·m^2 以上
车体弯曲固有振动频率	10 Hz 以上

三、车体材料

车体使用材料为铝合金板和铝合金挤压成形型材。表 2-2 列出了车体材料牌号和适用标准。

表 2-2　车体材料

使用部位	材料牌号	类别、适用标准
车顶	A6N01S	铝合金中空挤压成形型材、JISH4100
侧墙(车体结构)	A6N01S	铝合金中空挤压成形型材、JISH4100
边梁	A6N01S	铝合金中空挤压成形型材、JISH4100
枕梁	A7N01S	铝合金挤压成形型材、JISH4100
横梁	A6N01S	铝合金挤压成形型材、JISH4100
气密地板	A6N01S	铝合金挤压成形型材、JISH4100

四、车体结构主要部件

(一)车　顶

车顶是由大型中空薄壁挤压型材构成,并且双层型材间设置薄壁斜筋结构。型材间的焊接主要是车体纵向的连续自动焊接。车顶与侧墙的结合方式采用车内侧段焊和车外侧连续焊接两种方式。

客室顶板由中顶板、侧顶板构成。

中顶板采用了粘贴密胺类抗振支持材料,这种材料具有较好的隔热性能。

通过台顶板采用了轻质及高刚度的铝制复合面板,表面敷贴防火板,设置了空调的出风口、筒灯和扬声器。

乘务室的顶板和多功能室顶板采用了铝板表面敷贴防火板。

(二)侧　墙

侧墙是由大型中空薄壁挤压型材经自动氩弧焊接而成,型材间的焊接是沿车体纵向进行自动连续焊接,在保证刚度、强度的基础上,省略了侧墙内侧的立柱。CRH2C二阶段动车组的侧墙与车顶、侧墙与底架边梁的结合方式为车内侧采用点固焊接,车外侧采用连续焊接。CRH380A(L)型动车组侧墙与车顶、侧墙与底架边梁的结合方式为连续焊接,结合处外侧为气密焊接。

行李架及侧顶板安装槽直接设置在型材上,一起挤压成形。

为了降低侧门噪声，侧门出入口采用了低噪声化的挤压成形型材。

通过对侧门出入口上部的雨槽进行加长，就会避免水滴从雨槽的两端流入进出入口。

(三)端　　墙

端墙采用中空型材结构，提高了端墙的刚度和隔声、抗振能力。中空铝型材之间相互插接，与端角柱和门口立柱采用搭接结构；端角柱与车顶连接的拱形梁材料为 A6N01S-T5；门口立柱、门上横梁和下部横梁均为挤压型材，材料为 A7N01S-T5；R700 圆弧处端角柱采用拼焊结构。端墙设搬运卫生间模块的开口和可拆卸的结构盖板；开口处采用板梁和中空型材连接结构，结构盖板和与固定端墙间采用螺栓连接并作气密处理。

另外，每车一位端墙安装有脚踏，便于登顶。

(四)底　　架

底架主要由牵引梁、枕梁、缓冲梁、边梁、横梁、金属地板等结构组成，材料为铝合金型材或铝板。其中边梁及地板由长大铝合金型材纵向焊缝整体拼接而成。枕梁采用材料为 A7N01S-T5 的厚壁中空型材焊接构成宽 800 mm，高 200 mm 的箱状结构，用来提高抗扭曲和弯曲的刚度。

(五)司机室结构

为使列车满足 350 km/h 的速度运行，列车头部结构由沿着头部形状构成环状的纵骨架(厚 6 mm 铝板)和横骨架焊接而成司机室骨架，外部焊接外板(厚 4 mm)构成。为了降低列车在进入隧道时因气压波引起的噪声，把头部形状断面面积的变化率变得平缓。

司机室的车窗骨架是由铝合金挤压型材经加工后制成，呈曲面状。

五、车体附件

(一)车头排障装置(图 2-1)

图 2-1　车头排障装置

车头排障装置由排障板与缓冲板构成，距轨道面 150 mm。排障板具有足够强度，以保证在高速运行时有效排除轨道内侧的障碍物。另外，排障板的下部装有辅助排障橡胶，下缘距轨道面 20 mm，用于清除轨道上的较小体积的障碍物。辅助排障橡胶磨耗限制：距轨面 20～30 mm。

缓冲板是 5 张铝板叠层结构，装在排障板的后方，吸收因变形引起的冲击能量。而且，为了检修时不影响拆卸安装作业，在缓冲板上开有缺口。维护时主要注意各部件功能良好，悬挂螺栓不允许松动，且各焊接部位无疲劳开裂现象。

(二)设备舱(图 2-2)

设备舱的作用是保护车下设备免受飞石和冬季冰雪的破坏，采用平滑结构，降低列车运行阻力及噪声，由底板、端板、裙板、骨架、防雪板组成，断面外形与车体统一，设备舱下面安装底板，侧面安装裙板，端部安装端板，转向架上部安装防雪板。设备舱是以骨架、车体下边梁、车下设备等为安装依托而形成的整体框架结构。

图 2-2　车下设备舱构造图

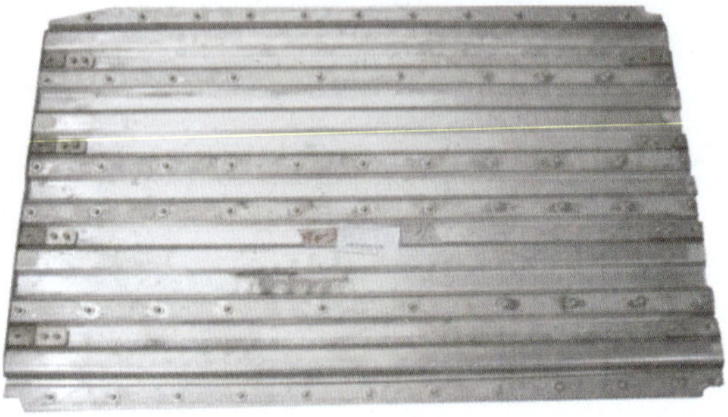

图 2-3　动车组底板

1. 底板(图 2-3)

为保证强度,底板采用不锈钢板,设置为波浪形,并铆接加强筋板。底板采用螺栓固定,螺栓数量冗余保证底板安装结构的安全可靠。

2. 裙板

裙板的主要作用是保护车下设备的侧面、降低动车组运行阻力及噪声。为实现轻量化及形状统一,采用 A6N01S-T5 挤压成形。裙板分为中部裙板、端部裙板及转向架裙板。

(1)中部裙板(图 2-4)

根据功能要求在相应的部位设置必要的检查盖,对于频繁操作的检查盖(如注水口等部位),将检查盖开关轨道嵌入裙板内部。对于操作不频繁的检查盖(如外接电源部位),设置成向外侧打开的折页结构,上部采用螺栓固定。

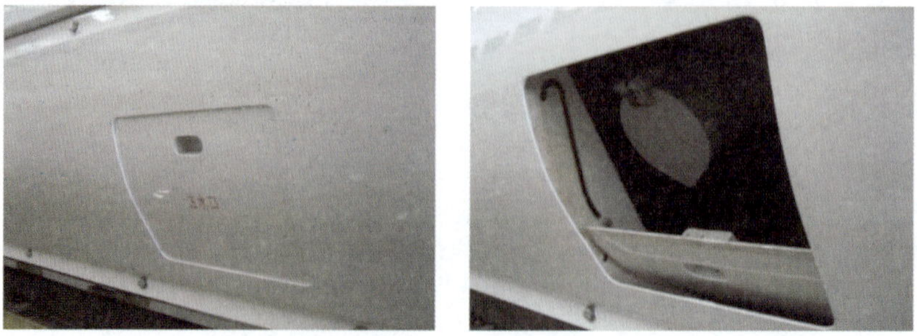

图 2-4　中部裙板

在车下需进风冷却的设备进气口对应的裙板上设置裙板活门(图 2-5)。裙板活门设计安全可靠,设计采用三级安全措施。

①活门两侧采用弹力转舌锁固定，只能用特制的钥匙才能打开门锁。

②中间设安全碰锁，可以防止活门因弹力转舌锁失效而打开活门。

③当三把锁全部失效后，裙板与车体之间的吊带可防止活门自行打开脱落。

(2)端部裙板(图 2-6)

根据车下端部设备布置(污物箱、水箱、空压机等)分别在裙板上设置上翻式结构(注水口、污物箱排污口检查门：滑道＋滚轮结构)，外翻式检查盖(折页＋螺栓固定结构)。

图 2-5　裙板活门

因在车端部两侧位置设置车体间减振器，端部裙板为车体间减振器安装设置缺口。并在裙板上根据要求设置登车脚蹬。

(a) 排污口检查盖图

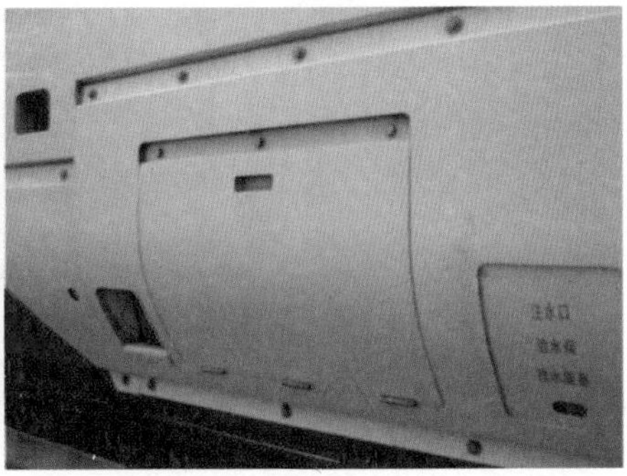

(b) 空压机检查盖

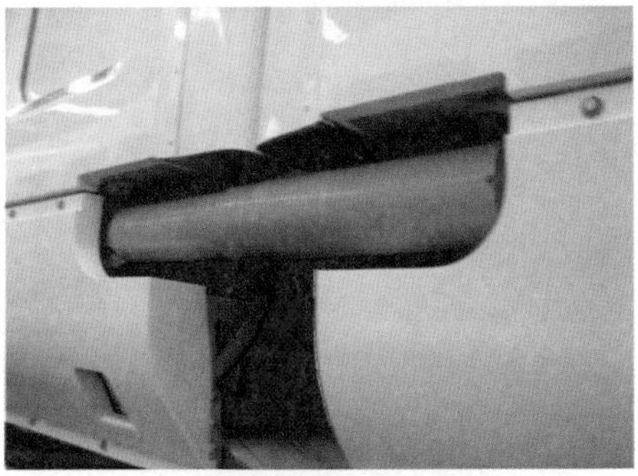

(c) 车端减振器处裙板

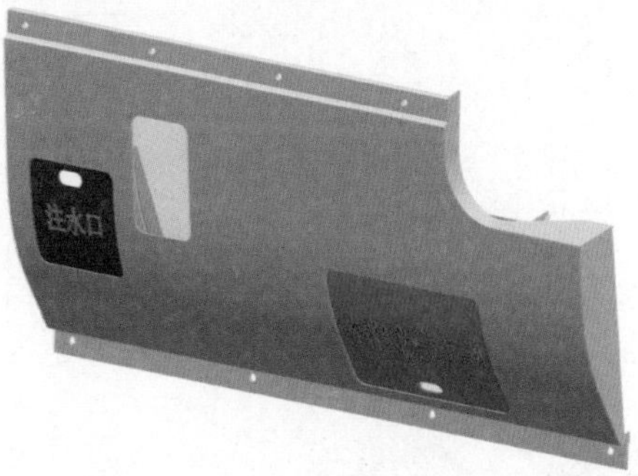

(d) 注水口处裙板

图 2-6　端部裙板

(3)转向架部裙板(图 2-7)

为不影响转向架工作状态，同时便于转向架的检修，除裙板两端为了安装保留外，中间距轨面 550 mm 以下全部加工除去。

3. 设备舱端板

(1)转向架两端的端板(图 2-8)

为了防止车下设备被行驶中带起的飞石击打损坏，改善转向架区域的流场和噪声环境，转向架前后设置端板。为便于更换，端板采用了螺栓＋钩头的固定方式。为确保强度，端板采用波浪形式，整体成形结构。

图 2-7 转向架部位裙板

图 2-8 端板

根据需要在端板上设有转向架制动供风塞门(BC)检查盖，采用上下可滑动及插销结构。如图 2-9 所示。

(a) 检查盖关闭时状态

(b) 检查盖打开时状态

图 2-9 制动供风塞门检查盖

(2)车头部端板

头车和尾车排障器的背面设置防止积雪的端板。由于内置车载元件，为避免电磁干扰采用了 FRP 制端板材料，为调整车载天线设置了检修盖。为防止行驶时产生飞石，雪灾等因素造成前头端板破损，端板进行局部加厚处理。

4. 设备舱骨架

骨架主要是由底板、裙板及端板连接成框架的结构。

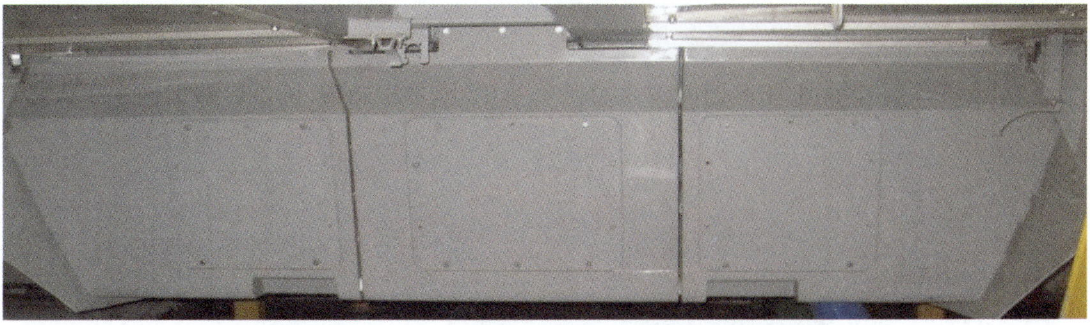

图 2-10 车头部盖板

(1)骨架结构可分为以下三种:

① 利用车下设备的安装座

此类骨架(盖板托架)结构简单,采用高强度的铝型材和圆头方颈螺栓+HARD-LOCK 螺母进行固定,安装可靠,不会因为车下设备的振动及铝合金的屈服而松动。

② 不能利用车下设备安装座的

此类骨架(安装梁)上部制作成"U"形,与车体上"C"形滑槽的横梁相连接,材料为高强度的型材及板材焊接而成,局部设置加强筋板,必要时中间设置加强立柱。

③ 端部骨架分为枕内端部骨架及枕外端部骨架

枕内端部骨架结构较复杂,采用高强度铝型材及板材焊接而成。

图 2-11 枕内端部骨架安装示意图

枕外端部骨架结构相对简单,采用强度适中且挤压性能优良的铝型材焊接而成。

(2)骨架的安装:

骨架安装采用螺栓+HARD-LOCK 螺母(具有很强的锁紧防松功能)的结构形式。此结构不会因为车下设备的振动及铝合金安装座表面的屈服而松动。为了分散骨架安装座的载荷,尽可能的增加安装座,使每个安装座的载荷降低。

为了将裙板与车下设备及骨架连成一个整体,设置了安装梁。安装梁采用安装组件+特殊垫圈+ HARD-LOCK 螺母的连接方式。

(3)为了保证焊接状态良好,对骨架上的焊缝应进行必要的探伤。

图 2-12 枕外端部骨架安装图

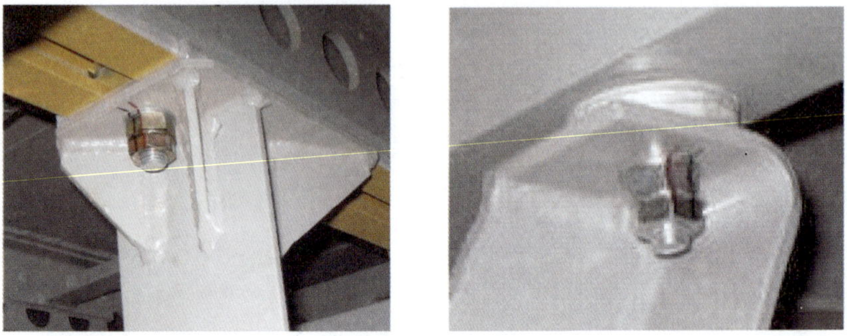

图 2-13 螺栓＋垫圈＋被连接件＋垫圈＋HARD-LOCK 螺母安装图

(三)防 雪 板

为防止转向架上部底架积雪，设置不锈钢材料的防雪板，使转向架上部平滑化以提高防积雪的能力。

(四)其　　他

为了防止人员从车端钻入设备舱，根据车端部设备的布置情况选择性的设置防护栏杆。

为了保证设备舱的密封，将牵引变压器所占区域与设备舱其他区域隔开(变压器区域不密封)，在变压器两端共设置了四块隔板。

在牵引变流器进气滤网检修的位置设置了可拆卸隔板。

(五)车外标记

车体外部设置有动车组车型、车号、车长度、顶车、检修、自重载重定员、制造厂铭牌等标记。

六、地板构造

地板构造为二层地板结构：一是下部的车体气密地板，二是上部的车内地板，两层地板之间有一定间距，以保证地板中间的空调通风管道及座椅配线的空间。

车体气密地板是由大型挤压成型型材焊接组成，并焊接在车内地板托架。气密地板在沿车体纵向的方向上有高度差，中部较低，两端较高。

为了确保地板中间通风管道的空间，两端部分型材把肋板的朝向改成朝下。

第二节　侧　拉　门

一、概　　述

侧拉门机构由上部驱动装置、电磁阀组件、旋转杆式压紧装置、下导轨以及供气管路等组成，门板采用隔音复合结构，设有夹层中空玻璃。

侧拉门在构造上力求简化，门板和车体外表面存在 35 mm 的错差。侧拉门门口部分与地板为同一平面，导轨安装在门袋内。关门时压紧装置将门板向车外方向压紧，保持了气密性，在构造上还具有防冻性能。

侧拉门的有效宽度设定为 720 mm 和 1 010 mm 两种规格。另外，门的驱动机构为带有缓冲机构的直动式气缸，气缸的构造以及动作速度，充分考虑了防夹功能。CRH$_{380A}$ 统型动车组还设置障碍物检测功能，在车门关闭时如检测到障碍物则车门返回并处于打开状态，防止夹伤旅客或夹坏物品。能检测最小障碍物尺寸为 30 mm×60 mm。

侧拉门装置的开启和关闭通过操作集控装置实现，集控装置设置在司机室、监控室和乘务员室。关闭侧拉门之后各个车厢侧面外部的显示灯会熄灭，司机台的关门显示灯会亮起。各车门能用钥匙从车内部锁闭。如图 2-14所示。

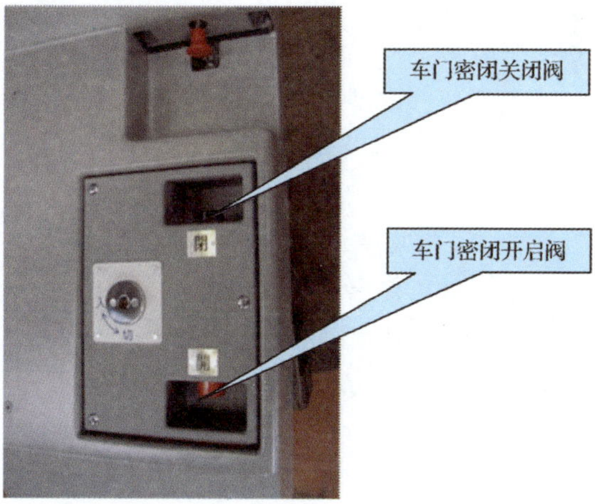

图 2-14　车门操纵按钮

侧拉门压紧装置为气压旋转杆式(CRH$_{2C}$ 二阶段为油压式)，通过锁紧气缸来顶住门的构造，当速度达到 30 km/h 以上时压紧装置会启动，将门和车体紧密贴近，保持气密性。在运行速度达到 5 km/h 以上时，因为关门保护电路在起作用，乘务员即使是在操作门开关时，侧拉门也不会打开。在紧急情况下，可通过操作车内门罩板上部的气阀，将门压紧气缸里的空气进行排空，可以手动开门。如图 2-15 所示。

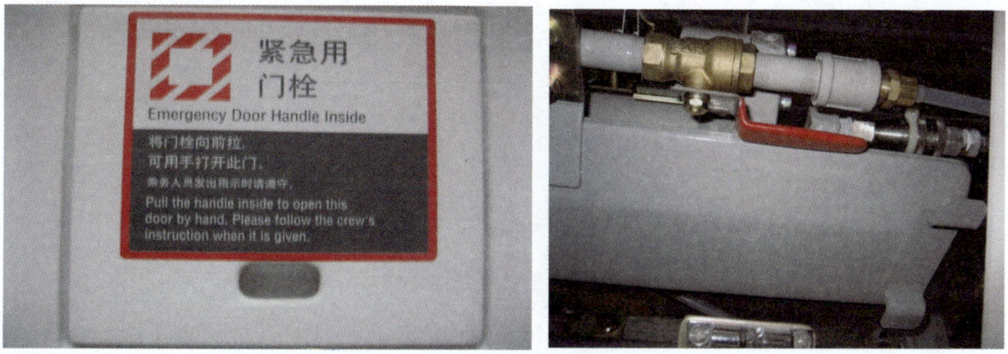

图 2-15　车门紧急开门阀

二、主要技术参数

(一)主要规格

1. 尺寸

进出口宽度×高度:790 mm(轮椅使用者用门为 1 080 mm)×1 850 mm

有效开口宽度:720 mm(轮椅使用者用门为 1 010 mm)

拉门行程:771 mm(轮椅使用者用门为 1 061 mm)

2. 电源 :DC 100^{+10}_{-30} V

3. 使用空气压力: 780~880 kPa

(二)门 机 构

动作方式:直动式复动缸

气缸直径:ϕ30 mm

缓冲气缸直径:ϕ20 mm

活塞直径:ϕ12 mm

缓冲行程:150 mm

(三)锁紧气缸参数

型号:AC-2C 型锁紧气缸

动作方式:单动弹簧复位型气缸

气密状态下的连杆角度:死点前 3°±2°

锁紧气缸直径:ϕ40 mm

锁紧气缸活塞轴直径:ϕ16 mm

锁紧气缸活塞行程:40 mm

复位弹簧力(全行程时):391 N

连杆轴扭矩(全行程时):24 N·m

压紧杠杆比:1.22

压紧杠杆旋转角度:52.8°

(四)开关门/压紧电磁阀参数

型号:5HR-08M-10L2 V-X

额定电压:DC 100 V

绝缘等级:JRIS E4115,F 级

功耗:9.7W

线圈电阻:1 030 Ω

侧门结构见图 2-16。

三、侧拉门控制原理

1. 关动作

司机室或乘务员室按压关门按钮,发出关门指令,通过 103 线,使 142Z 线(一位侧)或 143Z 线(二位侧)被加压,由此,用于关门电磁阀的关门指令继电器(DVCR1:一位侧,DVCR2:二位侧)被励磁。DVCR 被励磁后,用于关门电磁阀的继电器(DVR11、12、13:

一位侧、DVR21、22、23：二位侧）为非励磁。由此，DVR11、31（一位侧）或 DVR21、41 的接点被打开，关门电磁阀 DV11、31（一位侧）或 DV21、41（二位侧）变为非励磁，门被关上。

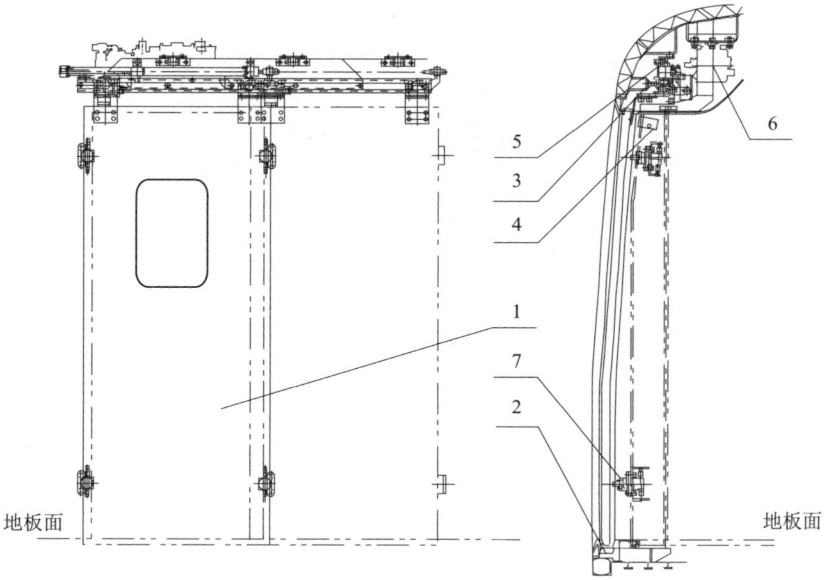

图 2-16　侧门结构图

1—门板组件；2—排水部件；3—复位弹簧装置；4—隔离锁；5—驱动装置；6—气压液压转换装置；7—压紧装置

在关门状态下（DIRR 励磁），速度达到 30km/h 以上时，压紧电磁阀 DV12、32（一位侧）或 DV22、42（二位侧）被励磁，按压气缸把门压紧保持气密。

2. 开动作

司机室或乘务员室按压关门按钮，发出关门指令，142 线（一位侧）或 143 线（二位侧）被加压，由此，用于关门电磁阀的打开指令继电器（DVOR1：一位侧，DVOR2：二位侧）被励磁。DVOR 被励磁后，用于关门电磁阀的继电器（DVR11、12、13：一位侧、DVR21、22、23：二位侧）被励磁。关门压紧检测继电器（DPSR1、3：一位侧，DPSR2、4：一位侧）变为非励磁，当速度在 30 km/h 以下（30DLR 励磁）的状态时，压紧电磁阀变为非励磁，油压被释放，通过内部装有的弹簧，按压气缸得到松缓。由于压紧装置的油压降低，压力开关 PS1、3（一位侧）或 PS3、4（二位侧）的接点被连接，关门电磁阀变为 ON，完成开门动作。

并且，以速度 5 km/h 作为安全关门的条件，以速度 30 km/h 作为按压动作的条件。

3. 车侧灯

根据关门开关（DS1、3：一位侧，DS2、4：二位侧），来检测门的开关状态，由于关门开关的接点为关（关门状态），关门连动辅助继电器（DIRR11、12、31、32：一位侧、DIRR21、22、41、42：二位侧）被励磁。关门连动辅助继电器被励磁后，作为车侧灯亮灯条件的 DIRR 接点变为打开，车侧灯灭灯。

4. 上下车门语音控制装置

伴随关门电磁阀继电器的动作，侧拉门开关时，从扬声器发出声音。在一位侧、二位侧分别设有扬声器，进行开关一侧能够自动识别。

第三节　司机室门

本节内容仅适用于 CRH2C 二阶段动车组。

每个司机室设备左右各一个司机室侧门，全列车共计 4 个。外观见图 2-17。

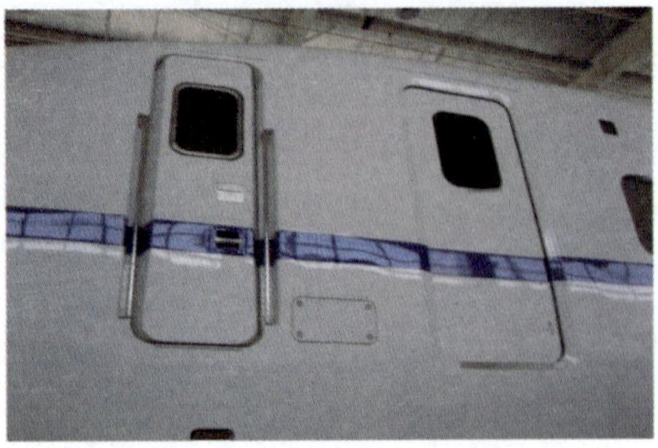

图 2-17　司机室侧门外观

一、司机室侧门结构

(1)司机室侧门采用充气密封式折页门。

(2)司机室侧门包括门板、活动窗、门框、铰链、门锁装置、充气密封胶条、门止挡、空气阀及其配管等。见图 2-18。

(3)门板采用三维曲面外形结构。外形尺寸为 1 820 mm×616 mm。外门板表面进行防腐处理；内门板及骨架采用耐候钢板。门板一侧装有两幅不锈钢折页，另一侧装有门锁，门锁为上中下三点锁闭。中部锁盒内装有充气密封胶条用空气阀。

(4)门板强度能够承受 8 kPa 的均布载荷，同时承受一个作用于门板中心的 800 N 的集中力而不产生永久变形。

(5)机构耐久性。折页及门锁机构应能可靠循环操作 15 万次。

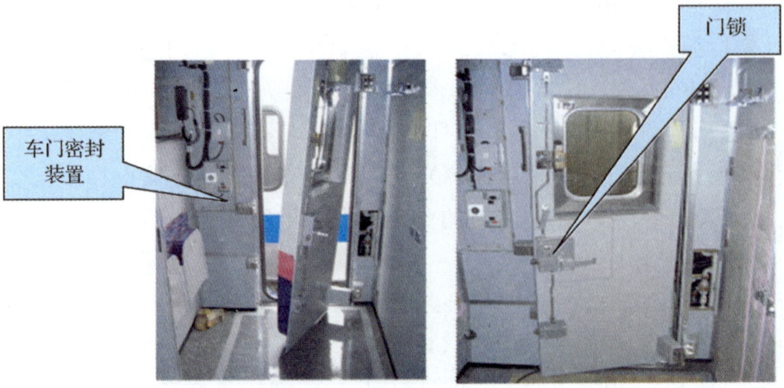

图 2-18　司机室侧门内侧

二、司机室门的使用

1. 司机室侧门关门

从车内关门：手握中部锁盒上的手柄将门关上，此时，中部锁舌将空气阀打开，充气密封胶条开始充气，侧门密封。然后旋转内动手把关闭位置，门完全关闭。

从车外关门：手握门板外部内嵌式手把将门关上，此时，中部锁舌将空气阀打开，充气密封胶条开始充气，侧门密封。然后用钥匙插入平滑锁的锁眼中旋转90°，将门锁闭。

2. 司机室侧门的开门

从车内开门：旋转内动手把到开门位置，手握中部锁盒上的 手柄向下旋转，此时，中部锁舌收回，空气阀自动关闭，充气密封胶条开始充气没然后将门拉开。

从车外开门：用钥匙插入平滑锁的锁眼中旋转90°，推开平滑锁上部盖板，将手伸进开口部，按下滑杆，此时，中部锁舌收回，空气阀自动关闭，充气密封胶条开始放气，然后将门推开。

三、司机室侧门门锁

司机室门锁，是3点锁闭的构造，外侧锁为降低噪声采用的是平滑锁。为了提高司机的上下效率，为自动锁闭方式。

第四节　车　　窗

车窗为气密构造，全部为固定窗。客室车窗包括紧急窗和普通窗。客室车窗能够承受12 kPa静载荷。疲劳强度满足±4.5 kPa，100万次；±6 kPa，20万次，车窗玻璃及框架无损坏，中空玻璃露点未改变。司机室窗采用曲面电加热玻璃。司机室前窗能够承受16 kPa静载荷。抗冲击强度满足1 kg铝弹580 km/h冲击，不穿透、不脱框、背面无飞溅。抗击裂强度满足20 g铝弹440 km/h冲击，无损坏。

一、客室车窗

客室车窗为气密性构造，窗玻璃采用了夹层中空玻璃，和车体外侧之间过渡平滑，降低气动噪声。

客室四角部位设有紧急逃出用的紧急窗，在发生紧急状态时，乘客能够使用安全锤砸破紧急玻璃窗逃出。紧急窗上设有红色圆形标记，指示紧急逃生时敲击位置，红色圆形标记具有夜光功能，以便于在照明系统故障时操作。

玻璃的构成，见表2-3。窗玻璃为平面玻璃，由褐色的能够吸收紫外线的玻璃构成，能够抗6 kPa的内外压。各个车厢室内的四角上设置紧急逃出窗。

表2-3　玻璃的构成

玻璃的构成	有效开口(mm)	玻璃尺寸(mm)	备　注
LP6P4A16HP4P3	650×1 400	34.5×674×1 424	
LP6P4A16HP4P3	650×800	34.5×674×824	
TP8P3A15.5HP4TP4	650×1 400	36×674×1 424	紧急窗
TP8P3A15.5HP4TP4	650×800	36×674×824	紧急窗
LP6P4A16HP4P3	650×1 200	34.5×674×1 224	
LP6P4A16HP4P3	650×600	34.5×674×624	

注：LP、P表示化学钢化玻璃；A表示干燥空气层；HP表示褐色吸热化学钢化玻璃；TP表示物理钢化平板玻璃。

二、乘务员室窗(图 2-19)

乘务员室窗结构与客室普通窗结构相同。

图 2-19　乘务员室窗

三、司机室窗

司机室前窗以及侧窗为曲面夹层窗，为降低噪声使车体外表面和玻璃形成平滑状态，玻璃端部采用阶形加工。前窗玻璃内夹有电加热丝，并附有温度传感器对温度进行监控。侧面玻璃内侧贴有遮光膜。见图 2-20。

CRH380A 统型动车组司机室两侧设紧急逃生侧窗，侧窗尺寸 500 mm×400 mm，采用固定式，附近配置破窗锤。确保在紧急情况下，司机能够从侧窗撤出司机室。紧急窗上设有红色圆形标记，指示紧急逃生时敲击位置，红色圆形标记具有夜光功能，以便于在照明系统故障时操作。司机室紧急逃生窗玻璃结构同客室紧急窗玻璃。

动车组雪天露天存放后投入运营，首先清扫前窗玻璃的积雪，列车通电后检查前窗玻璃电加热功能是否正常，待前窗玻璃视野恢复后，列车方可启动。

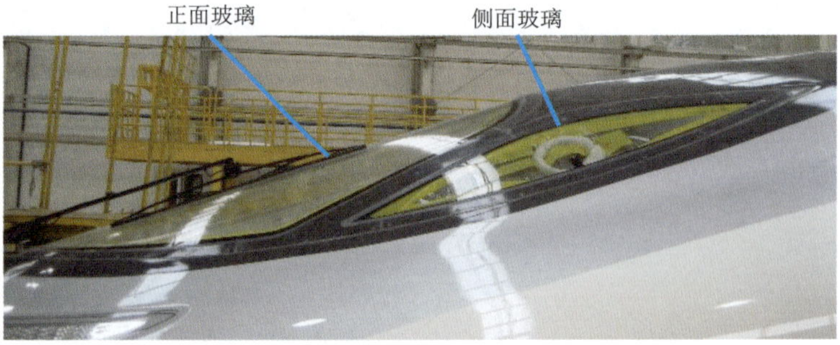

图 2-20　司机室窗

第五节　车钩缓冲装置

一、CRH2C 二阶段、CRH380A(L)型动车组车钩及缓冲装置

(一)概　　述

动车组每节车厢两端安装密接式车钩，用于分离、合并。司机室端采用全自动柴田式车钩缓冲装置，高度为(1 000±10)mm，可以实现自动连挂，并通过气缸推动解钩杆转动来实现动车组分离。中间车钩缓冲装置采用半自动柴田式密接车钩，车钩中心线距轨面高度为(1 000±10)mm。

车钩安装有电气连接器。车钩连接面的凸锥设计成圆柱形，钩舌设计成半圆柱形。空气管与钩体采用刚性连接。

缓冲器是由橡胶缓冲器相互压缩组成的，具有较大的容量。

（二）头部车钩缓冲装置技术参数

1. 车钩的强度：拉伸载荷在 160 t 左右（约 1 570 kN）、压缩载荷约 310 t（约 3 040 kN）。

2. 司机室端车钩缓冲器

最大载荷：拉伸：980 kN，压缩：980 kN

能量吸收：拉伸：23.5 kJ，压缩：23.5 kJ

行程：拉伸：90 mm，压缩：90 mm

（三）中间车钩缓冲装置技术参数

1. 车钩的强度：拉伸载荷约 160t（约 1 570 kN）、压缩载荷约 310t（约 3 040 kN）。

2. 缓冲器性能

（1）最大载荷：

拉伸：CRH_{2C} 二阶段为 785 kN，$CRH_{380A(L)}$ 型为 980 kN

压缩：980 kN

（2）能量吸收：

拉伸：CRH_{2C} 二阶段为 6.8 kJ，$CRH_{380A(L)}$ 型为 10.7 kJ

压缩：CRH_{2C} 二阶段为 10.78 kJ，$CRH_{380A(L)}$ 型为 10.7 kJ

（3）行程：

拉伸：CRH_{2C} 二阶段为 27.4 mm，$CRH_{380A(L)}$ 型为 41.1 mm

压缩：CRH_{2C} 二阶段为 41.1 mm，$CRH_{380A(L)}$ 型为 52.7 mm

（四）车钩结构

车钩结构示意图参见图 2-21、图 2-22。

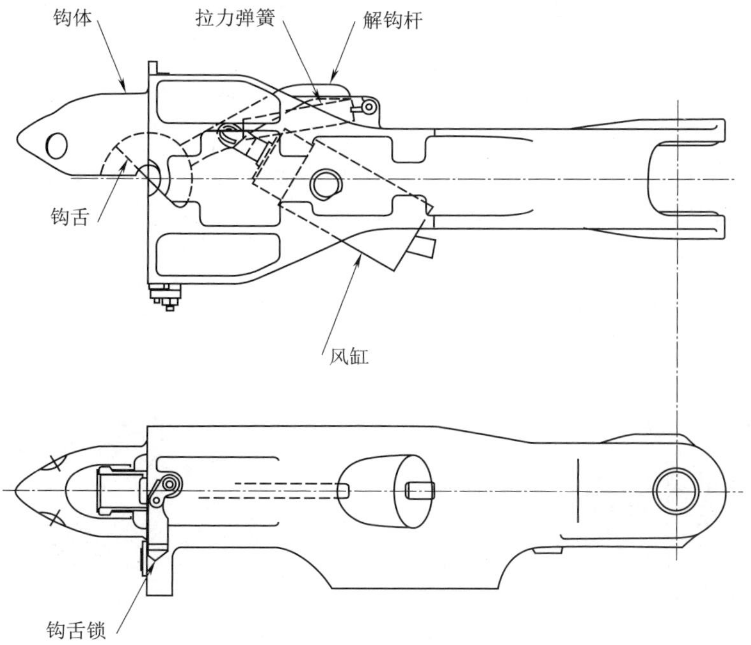

图 2-21　自动车钩结构示意图

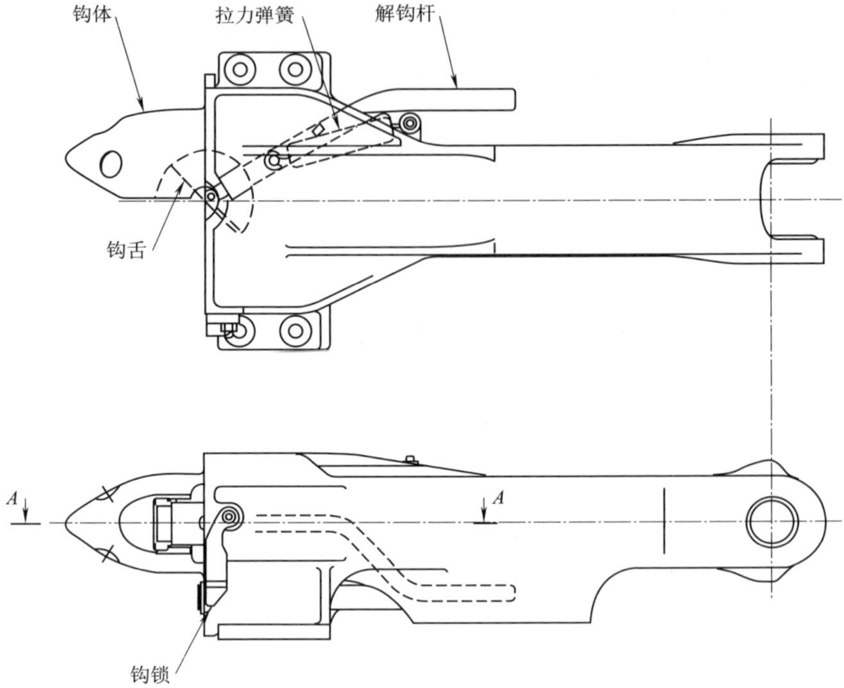

图 2-22　中间车钩结构示意图

(五)过渡车钩

过渡车钩是在救援和回送时,连挂机车和动车组的部件。CRH380A 统型动车组用过渡车钩包括三个部分:1 000 mm 高的 10 型车钩模块、1 000 mm 高的柴田式车钩模块、880 mm 高的 15 号车钩模块。过渡车钩模块两两组合便可以实现不同车辆之间的相互救援连挂。

1 000 mm 高的 10 型车钩模块和 880 mm 高的 15 号车钩模块组合可以实现机车、客车与动车组连挂;1 000 mm 高的 10 型车钩模块和 1 000 mm 高的柴田式车钩模块组合可以实现 CRH380A 统型动车组与 CRH2 及 CRH380A/AL 型动车组的连挂。

使用速度不高于 120 km/h,最大连接辆数为 16 辆。车钩质量为:10 型车钩模块42. 9 kg,柴田式车钩模块 32. 1 kg,15 号车钩模块 42. 41 kg。车钩强度:纵向拉伸屈服强度≥500 kN、纵向压缩屈服强度≥550 kN。

过渡车钩结构见图 2-23。

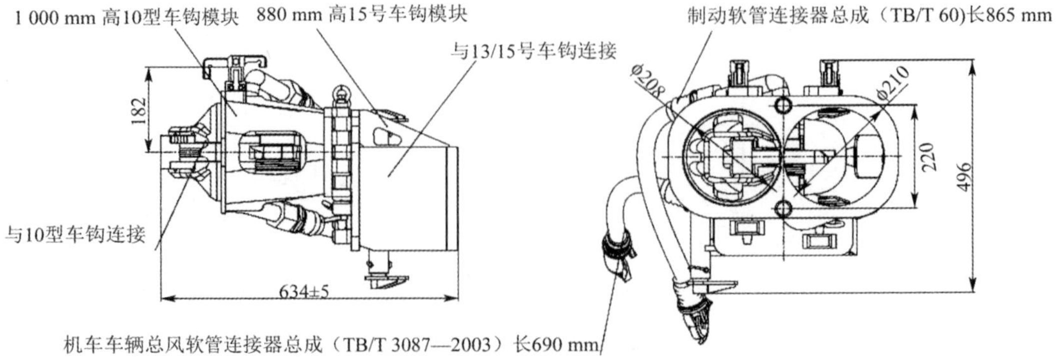

图 2-23　过渡车钩

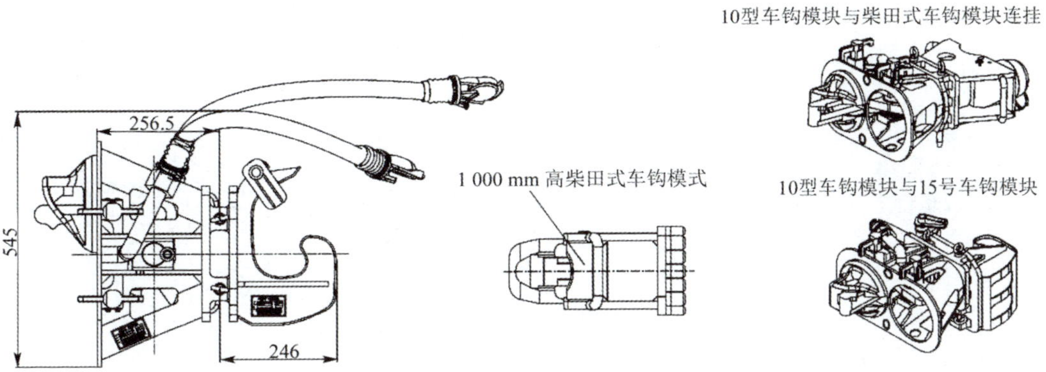

图 2-23　过渡车钩(续)

二、CRH$_{380A}$ 统型车钩缓冲装置

(一)概　　述

CRH$_{380A}$ 统型动车组中间车钩缓冲装置与 CRH$_{2C}$ 二阶段、CRH$_{380A(L)}$型相同。司机室端采用全自动 10 型车钩缓冲装置,高度为(1 000±10)mm,可以实现自动连挂,通过气缸推动钩头内部的钩舌板转动来实现动车组分离。

(二)车钩缓冲装置技术参数

1. 前端车钩缓冲装置技术参数

最大载荷:拉伸:≥1 000 kN,压缩:≥1 500 kN;

摆角大小:最大水平摆角:±25°;最大垂直摆角:±6°;主动对中角±7°(±1°);

气液缓冲器:初压力为 70 kN;行程≤100 mm;阻抗力≤1 000 kN;容量约 20 kJ;

牵引环弹簧:初压力为 85 kN;阻抗力≤600 kN;行程≤30 mm;容量约 10 kJ。

2. 中间车钩缓冲装置技术参数

车钩的强度:拉伸载荷约 160 t(约 1 570 kN)、压缩载荷约 310 t(约 3 040 kN)。

缓冲器性能:

最大载荷:拉伸时≤1 200 kN,压缩时≤1 200 kN;

能量吸收:拉伸时≥10.7 kJ,压缩时≥13.9 kJ;

行程:拉伸时≤44 mm,压缩时≤56 mm。

3. 车钩结构

车钩结构示意图如图 2-24 所示。

(三)司机室端车钩缓冲装置原理

司机室端车钩缓冲装置位于动车组的头尾两端,用于实现动车组之间的机械、电气和风路的自动连接和自动分解,并可以手动分解。主要由连挂系统、缓冲系统、安装吊挂系统等模块组成。连挂系统采用了 10 型机械车钩,配置了电气车钩承载机构和风管连接器;缓冲器采用大容量气液缓冲器、环簧和橡胶轴承,拉伸方向的缓冲通过环簧和橡胶轴承来实现,压缩方向的缓冲通过气液缓冲器和橡胶轴承来实现,可以满足高速连挂时的能量吸收功能;安装吊挂系统采用橡胶支持和机械对中方式,可以提供钩缓装置的水平支撑和机械对中,同时保证钩缓装置的转动性。

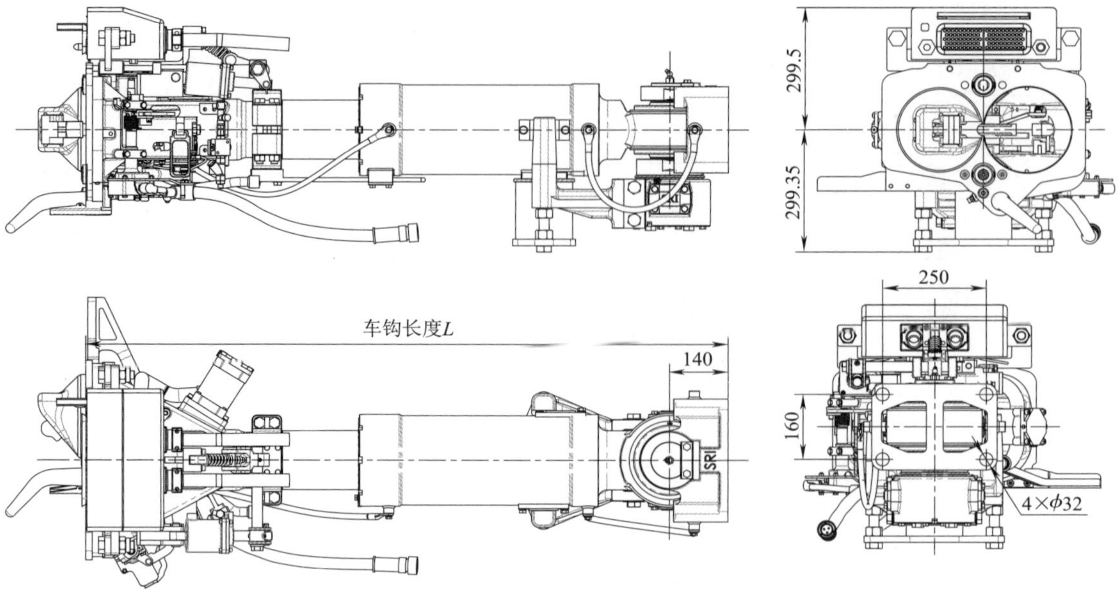

图 2-24 10 型密接式自动车钩结构示意图

1. 连挂系统

连挂系统用于实现车辆间的机械和风路的连接,同时承载电气车钩实现电路连接。该系统分别由机械车钩、电气车钩承载装置两大部分组成,见图 2-25。

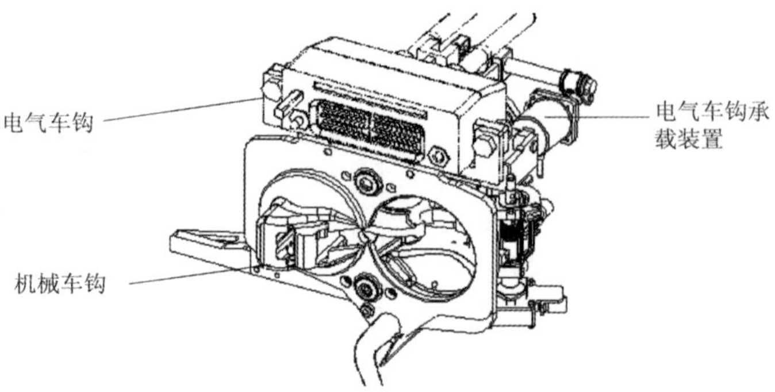

图 2-25 连挂系统结构图

2. 机械车钩

该机械车钩为欧洲标准 10 型车钩,用于实现车钩之间的机械和风路的连挂分解,结构如图 2-26 所示。

10 型车钩上部安装有列车管连接器(BP 连接器),下部安装有总风管连接器(MRP 连接器)、解钩风管连接器(UC 连接器)和连挂导引杆,该连挂导引杆可以增加车钩可连挂的范围。车钩的原理如图 2-27 所示。

车钩在牵引状态,车钩的连挂杆分别钩住对方车钩的钩舌板,这样两钩钩舌板和两个连挂杆形成一个平行四边形,由于该平行四边形两对边力大小相同,产生的转动力矩方向相反,因此该平行四边形机构总能保持平衡。通过这个稳定的四边形结构,两个连挂杆可以将列车间的纵向牵引力传递到车钩的钩舌板,并通过钩舌板的中心轴传递到钩体上。当车钩承受受压荷载时，平行四边形结构不受力，车钩间的压荷载通过车钩的连挂面顶靠进行传递。机械车钩主要部件参见图 2-28。

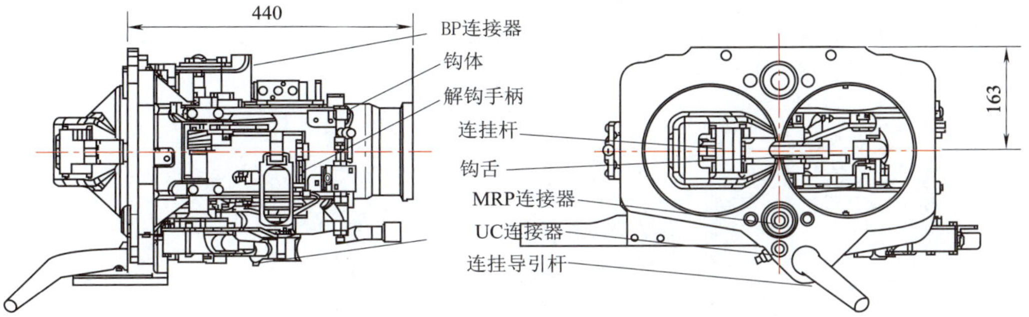

图 2-26　10 型车钩结构

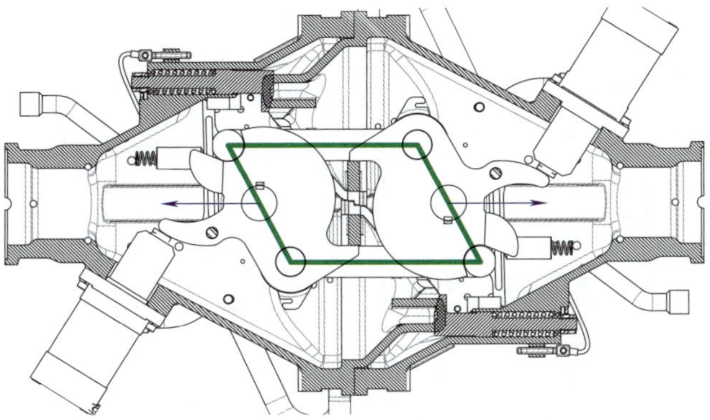

图 2-27　车钩的牵引原理

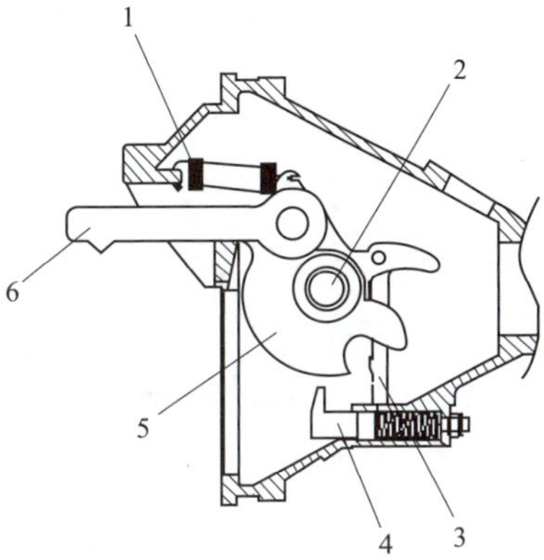

图 2-28　机械车钩

1—钩舌弹簧；2—钩舌主销；3—锁杆；4—触发器；5—钩舌；6—连挂杆

10 型车钩在解钩时，司机可以远程操作向解钩气缸充气压，解钩气缸直接推动车钩内机构旋转实现解钩；同时也可以人工手动拉动车钩侧面的解钩手柄实现解钩。

3. 信号反馈装置

在机械车钩的侧面安装有机构指示器，该装置可以探测到车钩的连挂状态，如解钩、连挂，并将连挂状态以通断的电信号方式传递到车体。该装置将机械车钩内部连挂零部件的动作转移到车钩侧面的解钩手柄上，在解钩手柄转轴下部安装有两个行程开关，通过与旋转轴同心的凸轮旋转控制行程开关的通断，来实现对连挂状态的检测。

4. 电气车钩推送装置

电气车钩可以安装在承载装置上，用于实现列车之间的电气信号的连接，当机械车钩连挂完成后，承载装置带动电气车钩自动推出实现电气连挂，当机械车钩分解后，承载装置带动电气车钩被自动推回实现电气分解。

电气车钩承载装置安装在机械车钩的上部，由一个气缸推动杆系结构，使电气车钩实现伸出和回缩，见图 2-29。

当列车连挂时，机构连挂完成后，承载装置推送风缸充风带动电气车钩再伸出，在此过程中，电气车钩防雨盖开盖顶杆顶推对面电气车钩外壳端面，实现防雨盖的自动打开。承载装置杆系结构在气缸的推动下最终到达锁定位置，此时，如果推送气缸中的风压意外消失，由于锁定机构的机械锁定作用，使杆系结构无法反向旋转，即电气车钩被固定连挂位置，如图 2-30 所示。

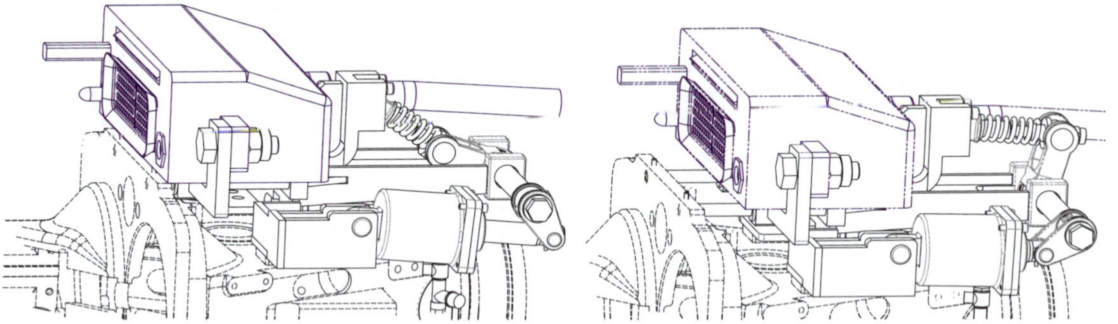

图 2-29 电气车钩伸出和缩回示意图

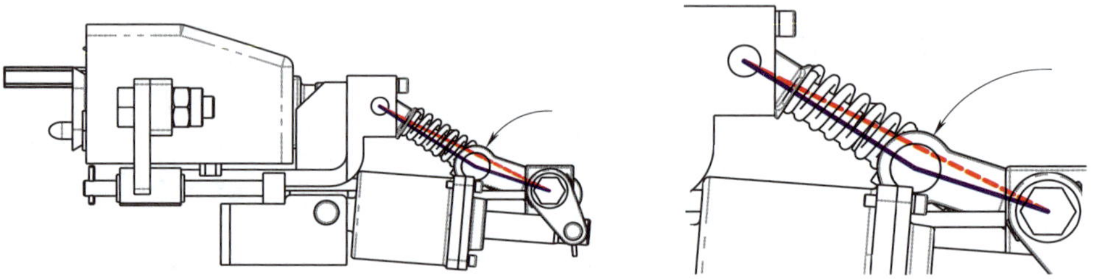

图 2-30 电气车钩连挂状态机械锁定原理图

在解钩的过程中，气缸反向充入风压，主动使杆系结构反向旋转，解除锁定状态，并带动电气车钩回退，在回退过程中，电气车钩防雨盖顶推杆与对方电气车钩脱离顶推关系，防雨盖自动关闭。最终，电气车钩被推回分解位置。

5. 缓冲系统

车钩缓冲器采用拉压独立的缓冲装置，受拉时环弹簧元件发生缓冲作用；受压时气液缓冲器芯子起到缓冲作用。

缓冲装置在受拉时，环弹簧受到挤压，发生径向变形，同时在车钩轴向产生行程，在此过程中内外环弹簧之间发生摩擦吸收冲击能量。缓冲装置在受压时，气液缓冲器吸收冲击能量，车钩轴向产生行程，缓冲器最大工作行程为 100 mm。

6. 安装吊挂系统

安装吊挂系统主要起到三个作用，分别是，将自动车钩连接到车体，并传递牵引力，使用悬臂结构支承起整个自动车钩，当自动车钩在水平方向偏离中心线时，自动将其回复到中间位置，便于车钩的连挂。其结构如图 2-31 所示。

安装吊挂系统的回转机构由安装座、钩尾销、拉环、橡胶关节轴承等结构组成，橡胶关节轴承安装在拉环和钩尾销之间，其作用是保证自动车钩能够在水平面和垂直面内一定范围内灵活转动。

自动车钩的支撑与钩高调整是由支承机构实现。当需要调整钩高时，先将支架下面锁紧螺母松开，然后调整支架下面的螺栓至合适位置，最后将锁紧螺母锁紧，即可实现钩高的调整。

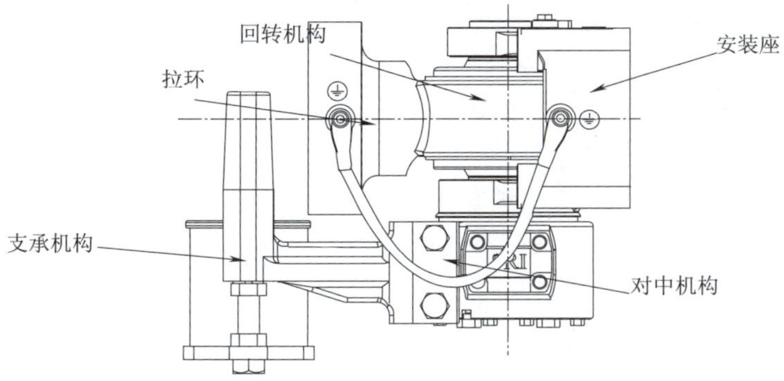

图 2-31　安装吊挂系统示意图

7. BP 阀

BP 阀门（制动管）安装在机械车钩的顶部。其作用是将加压空气连接至下一车厢中的制动回路。

8. MRP 阀（主风管）

MRP（主风管）阀门位于机械车钩的下部。当两个车钩被连挂时，阀杆被压回，以此打开阀门的气流。密封可以实现车钩间的气密连接。

在对车辆解钩时，弹簧会推动阀杆，以关闭气流。

9. UC 阀门

用于传送解钩空气的 UC（解钩）阀门置于气动车钩 MRP 的下方。其作用是在解钩时将解钩空气连接至下一车钩。密封可以实现车钩之间的气密连接。在对车辆解钩时，弹簧会将阀杆和阀盘推回，从而关闭阀门。

第六节　头 罩 装 置

前罩开闭机构由三部分组成：开闭装置、锁紧装置、头罩三部分组成，如图 2-32 所示。

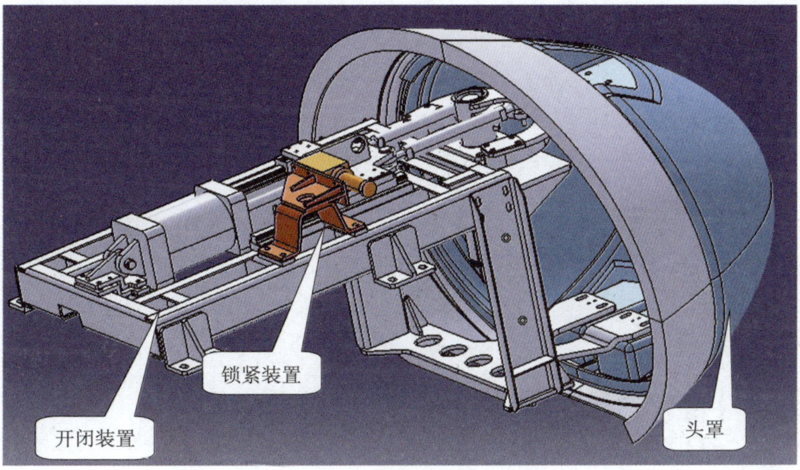

图 2-32　前罩开闭机构组成

开闭装置:装置的主体部分,它由主体框架、悬挂支架、安装翼、主推气缸、精密直线导轨组成。

锁紧装置:起辅助保护作用,主要由框架和锁紧气缸组成。

头罩:采用玻璃钢(FRP)材质成型,通过螺栓、定位销与上下安装翼连接,左右头罩通过定位销紧密闭合。

使用时在轴承、滑轨处定期涂抹润滑油。维护时要注意各部位的功能良好,开闭罩打开顺利,并且保证开闭罩无缺裂。焊接部位要无开裂,连接螺栓无松动。

第七节 车端设备

一、风 挡

外端墙上安装有压缩形外风挡、内风挡、防雪风挡等车端设备。

图 2-33 外风挡

(一)外风挡(图 2-33)

外风挡可以减小运行时产生的噪声,减小制动时产生的纵向冲击。

(二)内 风 挡

在车辆间的连接部位,设有气密式的内风挡。

气密式内风挡由固定在车体上的风挡橡胶和内部饰板两部分组成。通路两侧及顶部的内饰板设置有平滑的渡板及可动式镶板,可以确保乘客通过的舒适性;底部的渡板结构采用渡板附着在踏板上的形式。

内风挡不仅为旅客提供了车辆间的贯通通道,也是构成整车气密空间的关键组成部分。内风挡具有良好的隔声、隔热、气密、水密和伸缩性。

(三)防雪风挡(图 2-34)

在大雪天气,轨道上的积雪会被列车卷起粘附在内外风挡下方,当附着的大块积雪在振动及风力的作用下掉落时则会激起碎石和冰块飞溅,为此,在车钩的下部设置了外形较为光滑、不易附着冰雪的防雪风挡,以防运行时因为掉落积雪而引起的碎石等异物的飞溅。

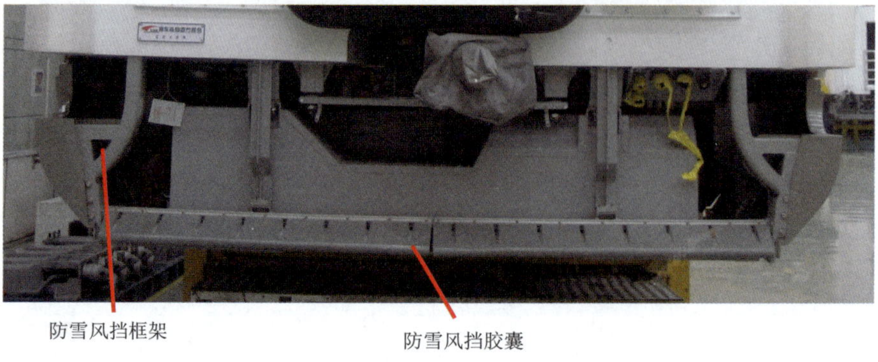

图 2-34 防雪风挡

为了防止风挡前端部的下垂或因粘雪而损伤，将防雪风挡尽量做短，并在下侧设置风挡压板。为了防止损伤，下侧压板安装螺栓的固定方法，采用从下侧插入螺栓，上侧用特殊的螺母（W 螺母）进行固定。

二、车体间减振器

为了提高动车组高速运行稳定性和乘车舒适感，阻碍运行中车体间相对运动，在车体之间设置了车体间减振器。

复习思考题

1. 动车组有几种车窗？
2. 动车组有几种风挡？各有什么作用？
3. 动车组有几种侧门？

第三章　车内设施及给排水卫生系统

动车组车内设施主要包括：司机室、车厢内装、配电盘、内部门、客室座椅、行李架、厨房及餐饮区设备等；给排水卫生系统包括卫生间、盥洗室、开水炉等设备。

第一节　司　机　室

司机室设置在动车组每列编组的头车（01 车和 00 车）上，两个司机室具有相同的结构和功能，一般由运行前端司机室对动车组进行控制。司机室布置了动车组的主要操纵设备，对全列的牵引、制动、空调、车门和广播等系统进行控制，同时可监控列车运行状态，以保证列车安全、高速、准时运行。

司机室设计符合人机工程学设计原则，除了保证正常的功能性要求，还尽可能地使整个司机室整洁、美观、舒适。

下面主要以 $CRH_{380A(L)}$型为例对司机室设备进行介绍。CRH_{2C} 二阶段动车组司机室设备布局略有不同。

一、司机室布局

司机室划分为三个区域：设备舱、操控区、电气柜。如图 3-1 所示。

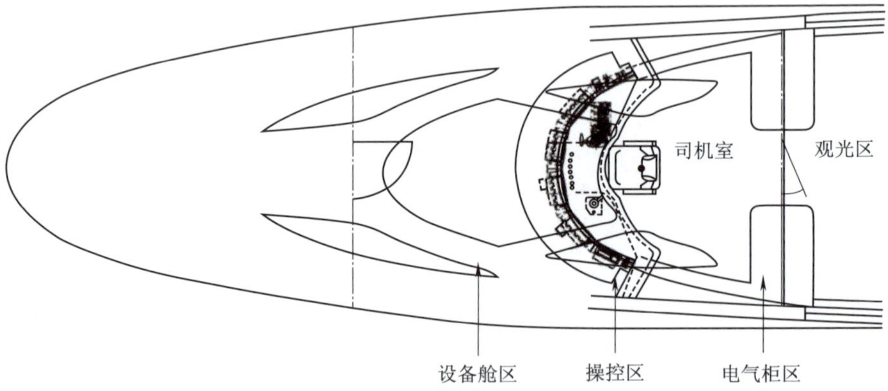

图 3-1　司机室区域划分图

（一）设　备　舱

设备舱里主要安装行车不经常操作的设备，主要设备有司机室空调室内机（CRH_{2C} 二阶段动车组无此设备）、辅助制动发生器、救援用电源变换装置、风笛、车内压力释放阀、配管单元箱等。如图 3-2 所示。

从操纵台右侧检修门可进入设备舱，进行设备检修、维护。

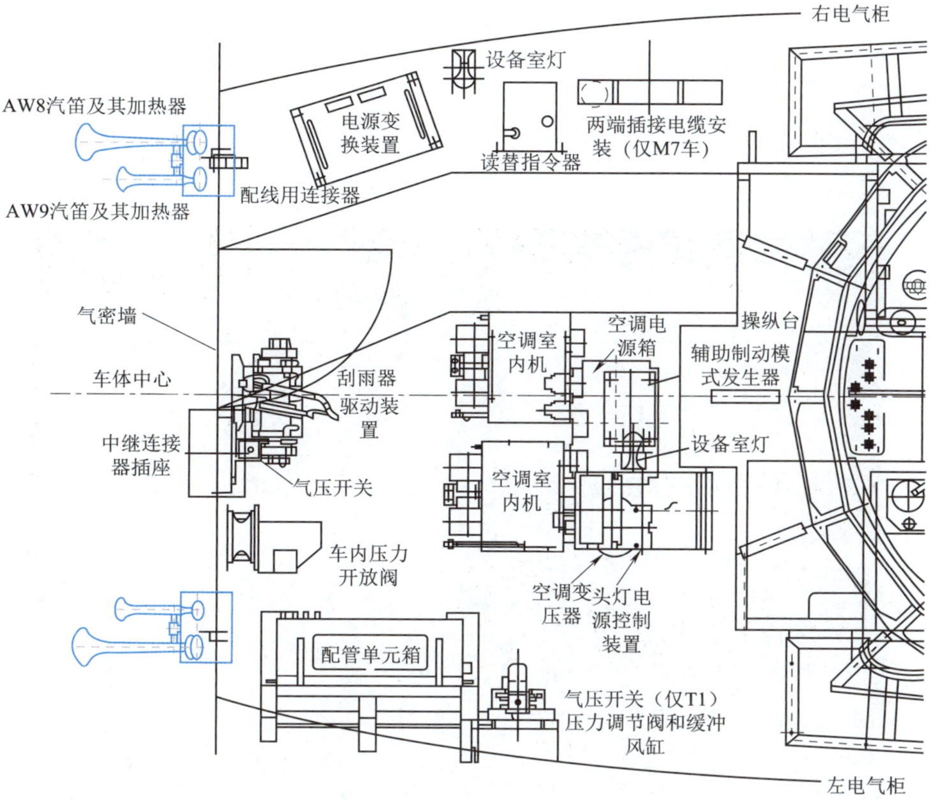

图 3-2　设备舱布置图

（二）操 控 区

操控区主要包含操纵台和司机座椅两部分。操控区如图 3-3 所示。

图 3-3　CRH380A(L)型动车组司机室操控区

操纵台由仪表盘、台面、下部中间台体、下部左台体、下部右台体组成。在操纵台上设置有常用的控制和指示元件，主要有司机控制器、制动控制器、ATP 显示器、MON 显示器、CIR 显示器、开关门按钮、刮雨器开关等设备。

司机座椅具有上下高度调整、前后移动调整、座椅转动调整、靠背倾斜度调整、扶手角度调整、靠枕高度调整、体重调整等调节功能。座椅下方设有设备箱，供日常的工具存放(CRH2C二阶段动车组无此工具箱)。

(三)电 气 柜

司机室电气柜位于司机的左右两侧，其中设置有列车控制所需的电子和电气、空气和机械设备。电气柜分为四个部分，设备组件按功能分组安装于其中。如图3-4所示。

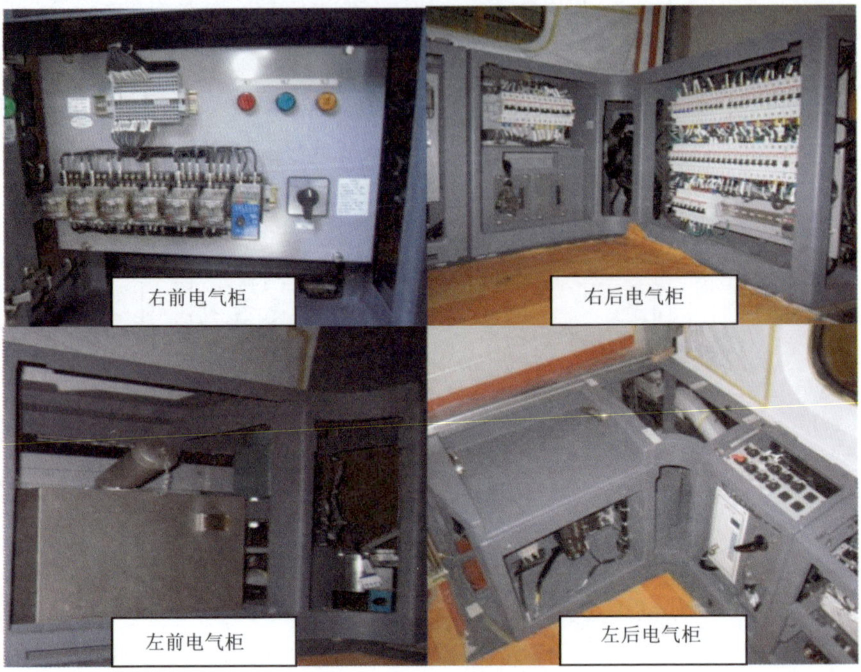

图3-4 CRH380A(L)型动车组司机室电气柜布置图

右前电气柜主要布置了头罩开闭控制盘、司机室电暖气、24 V电源等设备以及接线端子台等电气元件。

右后电气柜主要布置了司机室配电盘1、保护接地开关、IC卡控制装置、司机室配电盘2、司机室端子排盘、接地开关盘、接线端子台、大型端子台等设备。

左前电气柜主要布置了刮雨器系统的相关设备。包括刮雨器水泵、刮雨器用水箱、刮雨器控制装置、压力开关等，另外，左前电气柜还布置有司机室转换开关盘2、接线端子台等设备。

左后电气柜主要布置了救援切换开关、司机室控制放大器、司机室转换开关盘1、灭火器、前照标识灯接触器盘、牵引制动数据记录装置、接线端子台、LJB接线端子盘1、LJB接线端子盘2等电气设备。

二、操 纵 台

为了确保司机的视野，操纵台安装在高地板上，略高于司机室普通地板。

操纵台上安装与驾驶活动密切相关的设备，台面上安装司机控制器、制动控制器及开关盘，操纵台前面的仪表盘上安装故障显示灯，ATP设备显示器、MON列车信息显示器、CIR显示器、关门指示灯、双针压力表、电压表等设备。司机室的设备布局如图3-5所示。

仪表盘面板上方安装遮阳帽檐，有效防止在显示器画面上形成光线反射。

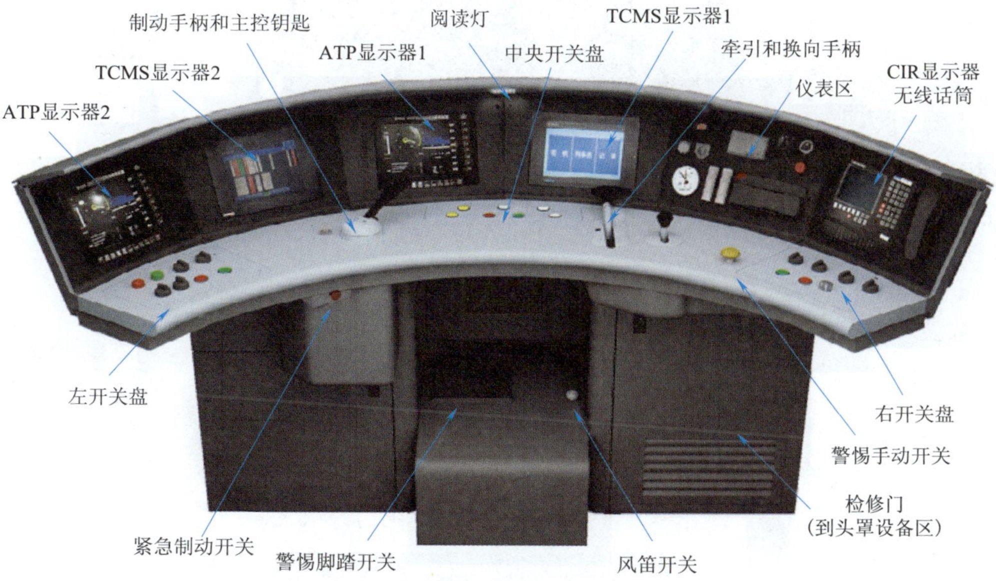

图 3-5 CRH380A 统型动车组司机室操纵台布置图

三、司机室温度与空气调节

司机室温度调节由客室空调送风和司机室专用设施共同完成。当客室空调送风不能满足司机室温度要求时,可由司机室专用设施进行温度调节。

司机室专用设施包括司机室空调和暖风机,司机室空调和暖风机仅能对司机室空气温度进行调节,无换气功能,司机室内新鲜空气送风工作由客室空调换气装置完成。

四、司机室玻璃窗

司机室的前窗采用了防眩目的透明安全玻璃,并设置遮阳装置,保证刺眼的直射光不会影响司机的操作。

司机室前窗设有刮雨器、自动加热器。自动加热器通过温度传感器和电热丝来调节温度,防止前窗结霜、结冰,保证了司机的瞭望要求。

CRH380A 统型动车组为安全考虑,在司机室侧窗设置了应急窗,供司机在紧急情况下击碎应急窗逃生。

五、头　　灯

CRH380A(L)型动车组司机前窗玻璃下方左右两侧设置有前照灯和标志灯,如图 3-6 所示。车辆在启动状态时,前照灯就会自动打开。制动手柄解锁端车头前照灯点亮,反向车头红色标识灯亮。两侧操纵台的制动手柄都未开锁时,两端车头均为红色标识灯亮。

CRH2C 动车组头灯布置有所不同,如图 3-7 所示。

前照灯灯泡采用氙气灯泡,红色标志灯使用 LED 显示灯组件。

前照灯近光灯和远光灯通过操纵台上的头灯减光开关控制。司机室开关盘上设有前部标识灯强制开关,主控钥匙未插入状态,需要强制点亮前照灯时可使用此开关强制性点开启前照灯。

图 3-6　CRH380A(L)型车头灯布置图(远光灯亮)

图 3-7　CRH2C 二阶段头灯布置图(红色标识灯亮)

第二节　内　　装

内装结构主要包括:顶板、地板、墙板、间壁及罩板。内装采用轻量化、模块化结构,采取了隔音降噪措施,满足防火及环保性能要求。

一、顶　　板

动车组顶板分为客室顶板和端部顶板,端部顶板包括通过台走廊顶板、乘务员室顶板等。客室顶板由中顶板和侧顶板构成。顶板结构如图 3-8 所示。

中顶板采用铝塑复合装饰板,采用螺钉与车顶安装型材固定,采用抗振支持材料对中顶板进行支撑。

侧顶板材料为玻璃钢材质,组装了 LED 灯、扬声器等结构。

通过台顶板使用了轻质且刚度高的铝制复合面板,表面采用敷膜处理。通过台顶板上一般设置有空调出风口、筒灯和扬声器等设备。如图 3-9 所示。

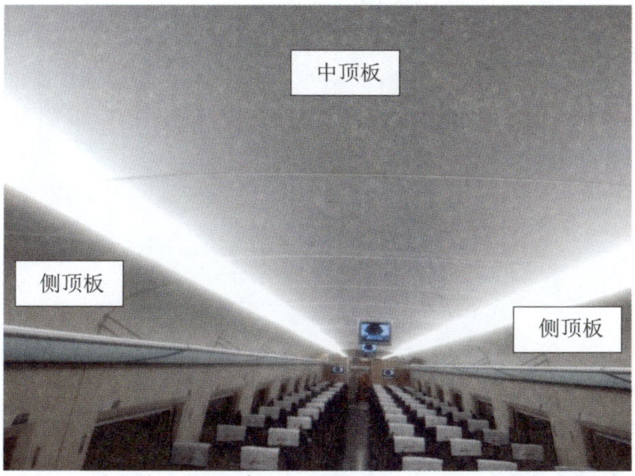

图 3-8　客室顶板

图 3-9　通过台顶板

乘务室的顶板为铝板表面敷膜处理，均通过大头防松螺钉固定在车顶对应位置的顶板骨架上。

二、地　　板

地板分为客室地板和通过台地板。

客室地板是下部为气密地板和上部为铝蜂窝地板的二层地板结构，确保了地板中间的空调风道及座椅配线空间。

铝蜂窝地板总厚度 21.7 mm。在转向架上部，牵引变压器的上部，使用面板为铁面板的蜂窝地板。地板衬垫使用极难燃级的橡胶垫板，同时降低噪声传播。

客室蜂窝地板中预埋安装座椅用的丝套，座椅可用螺栓直接安装于预埋丝套上。

通过台地板基本结构与客室地板相同，为了提高隔音性能，上部地板采用铁面板的铝蜂窝地板。

地板安装采用浮筑结构，安装时先在车体地板支座上安装减振器，地板则通过固定螺钉扎在减振器的铝型材上，通过这种结构，使车内地板与车体形成了一种浮筑结构，提高隔音降噪和减振性能。如图 3-10 所示。

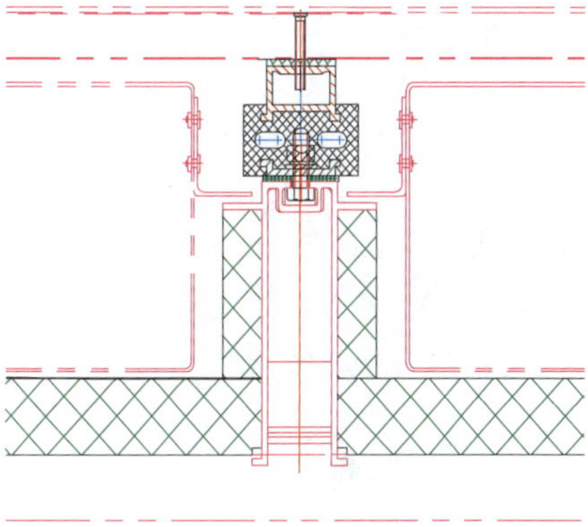

图 3-10　浮筑地板安装结构

地板表面铺装橡胶类地板布，厚度为 2.5 mm。地板布粘贴在蜂窝地板上，具有耐磨、防火、寿命长、不开裂、防滑和无毒的特性，以及美观、易于清洁的特点。

三、间　　壁

间壁板采用三明治式复合蜂窝结构，表面覆膜，与车体侧墙通过减振器连接，与地板通过螺钉直接固定在补强板上。此外为了防止车厢的高频振动、在门袋部分设置了骨架，提高端墙隔板的刚性。安装结构如图 3-11 所示。

四、墙　　板

墙板主要采用玻璃钢材料，它包括端部墙板、窗下墙板和窗口墙板等组成，通过插接和螺钉固定在车体型材上，其中窗口墙板带有卷帘机构，具体的结构如图 3-12 所示。

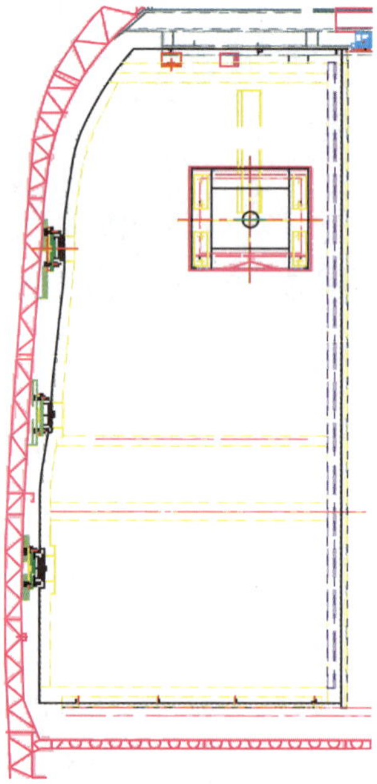

图 3-11　端墙隔板安装结构

图 3-12　墙板结构

五、隔热降噪

客室中顶板采用泡沫复合装饰板结构，与弹性抗振支撑材料粘接后安装，具有隔热抗振性能。

墙板为 FRP6 装饰板，表面为喷漆处理，背面贴满碳纤维隔热、隔音材料与车体连接，有效实现隔声、吸声、隔热等功能。

侧拉门及外端防火门的门袋部分、盥洗间和厕所部分的地板中间以及车头部分机器室的地板处，喷涂了一层 3 mm 厚沥青浆，达到防锈、绝缘、隔热、隔音的目的。地板与车体地板之间区域夹有超细玻璃丝棉，提高隔热和吸音性能。

六、内装表面处理

车厢内装每一部分材料的表面都有详细的美工要求，实现了旅客乘坐环境的整体美工效果，最大程度上满足旅客的审美需求。

为满足不同旅客的乘坐体验，在VIP及观光区域对内装效果进行不同于普通车厢的特殊设计。如图3-13所示。

图3-13　观光区内装效果

第三节　内　部　门

内部门包括内端门、小间门、防火门等。

一、内 端 门

在各客室两端设置自动感应式电动内端门。通过顶板内光电开关的检测自动进行开、关。

内端门采用电控电动式移门。门板主结构为玻璃，三面铝型材包边，门上部分的夹玻璃型材同时起到携门装置功能。如图3-14所示。

图3-14　内端门

（一）内端门结构

内端门由门扇部件、传动机构、门控器、检测开关、转换开关等组成。

1. 门扇部件

门扇部件包括：承载小车、前后挡、下挡组件、夹层钢化玻璃、扣手、后挡胶条、下滑块、门锁等零部件。

承载部件包括：上导轨组件、门控器组件、开关组件、传动机构、缓冲头组件、隔离锁组件等零部件。

传动机构包括：从动带轮、齿形皮带、支架、电机、皮带夹紧机构等零部件。

承载小车包括:携门架组件、压紧块组件、承载轮组件、防跳轮组件等零部件。

2. 电控系统

电子门控器(EDCU)、红外传感器、手动电动切换开关、关到位隔离开关、电机等。

(二)内端门操作

操作方式分为手动操作、电动操作,由手动/电动切换开关进行切换。

1. 手动操作

手动/电动切换开关拨到 OFF 位置,即断开电控系统输入电源,此时门系统处于手动操作状态。

2. 电动操作

手动/电动切换开关拨到 ON 位置时,电控系统上电,门系统将以低速进行第一次关门,初始化系统参数,初始化完成后,进入电动操作状态。

开门:电动操作是在门没有机械锁闭,手动/电动切换开关拨到 ON 位置,门系统有电时,门处于自动状态。传感器探测到有物体,将发出开门信号通知 EDCU,EDCU 接收到开门信号后,控制电机开门。

关门:门开到位后,传感器未探测到有物体时,EDCU 控制延时 4 s 后(0～10 s 可调)自动关门。在关闭途中遇到障碍,门扇会自动返回至开到位位置,4 s 后自动关闭。

3. 障碍检测

门板在关闭过程中碰到障碍物,门会再次自动打开,然后再重新关闭。如果障碍物依然存在,将重复这一过程,3 次关门动作失败之后,门将保持打开,并给出故障指示。30 s 以后门将关闭,故障指示消失并正常运行,如果仍遇到障碍物则重复以上过程。

当门运动至最后 20 mm 的位置时,障碍检测功能失效。

门板在开门过程中碰到障碍物,将自动停在那个位置然后重新关闭,并将继续通过传感器系统正常打开,3 次开门试图并且没有达到全开后,门控器给出故障指示,并继续通过传感器正常开门,30 s 以后故障指示消失。当门运动至最后 20 mm 的位置时,障碍检测功能失效。

4. 门隔离

当门处于关到位时,操作隔离锁可以将门系统进行机械锁闭。隔离锁上的隔离开关动作后,电控系统电源被切断。

二、小 间 门

(一)乘务员室、监控室拉门

乘务员室门及监控室门采用把手锁,门锁采用通用钥匙开闭。门板上设有乳白色聚碳酸酯玻璃窗和换气用的通风板。见图 3-15。

(二)配电室拉门[以 CRH380A(L)型为例]

配电室拉门为手动拉门,采用把手锁,可以用通用钥匙开闭。门板上设有透明玻璃窗和换气用的通风板。见图 3-16。

(三)厨房拉门

厨房拉门为手动拉门,采用把手锁,用专用钥匙开闭。门板上设有乳白色聚碳酸酯玻璃窗和换气用的通风板。见图 3-17。

图 3-15　CRH380A(L)型车监控室门

图 3-16　配电室拉门[CRH380A(L)型车]

图 3-17　厨房拉门[CRH380A(L)型车]

(四)卫生间拉门(图 3-18)

卫生间拉门不设窗户,设置了换气用的通风板。同时设门把手和在内侧锁闭的暗锁。残疾人卫生间门加宽,通过电动按钮开关进行开闭和开启。

(五)司机室后端门[以 CRH380A(L)型为例]

司机室后端门设于头车司机室与观光区之间。

1. 司机室门的打开

在司机室侧:握住把手,沿顺时针方向转动把手大约 30°,此时门锁打开,向外推门即可打开。

在 VIP 观光区侧:握住把手,同时使用钥匙沿逆时针转动锁芯,直到转不动为止,此时门锁打开,向内拉门即可打开。

2. 司机室门的关闭

在司机室侧:握住把手向内拉门,当门碰到门框时,门关闭并锁闭。

在 VIP 侧观光区侧:握住把手向外推门,当门碰到门框时,门关闭并锁闭。

三、防 火 门

出于消防安全的考虑,动车组在车厢端部外端墙设置了不锈钢拉门。在出现火灾等紧急情况时,可手动操作拉门实现车厢间空间隔离。见图 3-19。

图 3-18　卫生间拉门

图 3-19　不锈钢防火门

第四节　客室设施

客室设施包括座椅、餐桌、吧桌、行李架、垃圾箱、灭火器、安全锤、扶手等。

一、客室座椅

一等车客室设 2+2 宽幅软座座椅；二等车客室设 2+3 软座座椅。观光区及 VIP 包间设置了 VIP 座椅。一、二等车的座椅均采用可旋转 180°的结构，使乘客总是可以面对动车组行驶方向乘坐。座椅靠背可由个人手动控制从 8°～30°(二等车座椅从 0°～24.5°)任意角度调节和锁定，靠背的倾斜不会干扰到后面的活动空间。各座椅都设有供乘客使用的小桌，且侧窗窗台设有放置饮料瓶的台面。

(一)二等车座椅

二等车座椅间距设为 1 000 mm，设置为 2+3 的结构，座椅靠背带倾斜装置。另外，为了防止从坐垫和靠背的间隙落入垃圾，设有座椅罩。如图 3-20、图 3-21 所示。

图 3-20　二等车座椅布置

（二）一等车座椅

一等车座椅布置间距为 1 200 mm，采用 2+2 座椅布置形式。座椅的设计充分考虑了轻量化，座椅背面设置有杂物袋和脚踏，满足乘客的不同需要。端部座椅的脚踏和杂物兜安装在客室端部墙壁上。座椅侧扶手设有内置式的可折叠小桌，中间扶手设置了耳机插孔。如图 3-22 所示。

图 3-21　二等车座椅

（三）VIP 座椅[以 CRH380A(L)型为例]

CRH380A(L)型动车组设置有 VIP 座椅。VIP 座椅具备坐、躺功能，电动控制操作；其中腿靠能独立调节，并设有坐姿、半躺、全躺、复位到坐姿一键操作的功能，并且坐姿到躺姿可无级调节；并在断电故障或系统故障下可手动复位；整椅可以通过手动方式实现整体旋转 180°，变换座椅朝向。座椅温馨的颜色设计和高级的座椅皮套，为乘客空间创造了舒适的乘车体验。

座椅左侧扶手内设电视，前端设插座；右侧扶手内设折叠式茶桌，右侧扶手靠座位侧面设座椅控制面板、呼叫按钮及音频插口；座椅后部设书报夹；座椅私密罩右内侧设阅读灯座，后罩顶部设扶手。如图 3-23 所示。

图 3-22　一等车座椅

图 3-23　VIP 座椅

二、行李架

行李架采用铸铝托架、前后型材、夹层圆弧钢化玻璃、双拉杆结构，如图 3-24 所示。

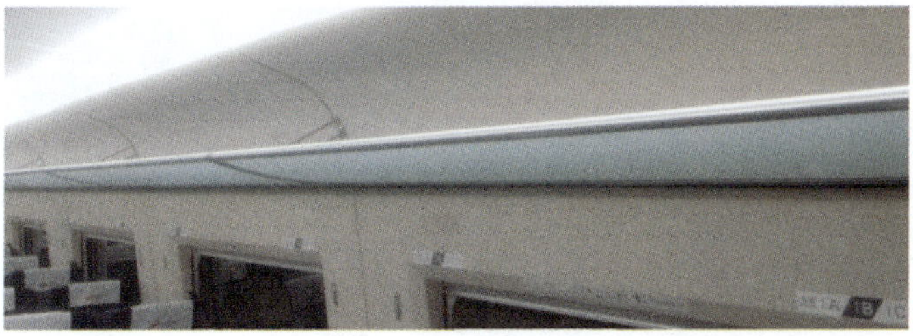

图 3-24　行李架

图 3-25 垃圾箱

三、垃圾箱

在每辆动车组的端部设置了1～2个垃圾箱。由于垃圾实施分类回收，垃圾投入口盖分为一般垃圾、罐2类。垃圾箱室配置了2类的分类回收用垃圾袋安装用框架。如图3-25所示。

作为除臭措施，在垃圾箱内设置了臭氧产生器，实施除臭。

四、多功能室（仅CRH2C二阶段）

为了满足特殊乘客的需要，CRH2C二阶段动车组在7号车设置了多功能室。在室内设置了折叠座椅，放倒就成为床，在车体侧墙上设置了窗户，在上部设置了行李架，在顶板上设置了40 W荧光灯、扬声器及调风板，在前面设置了镜子及紧急蜂鸣开关等。

五、广播影视系统

为满足旅客长时间乘坐需求，动车组配备了广播及影视系统。广播及影视系统可实现以下主要功能：

1. 司乘人员的联络通话；
2. 司乘人员对全车进行广播；
3. MON对广播的控制；
4. 收音机广播控制；
5. 自动报站和手动报站；
6. 通过乘客信息显示器显示停靠站信息、速度信息、外温信息、广告文信息及紧急文信息，如图3-26所示；

图 3-26 乘客信息显示器

7. 一等座席：能通过座椅接收器选择收听MP3、视频伴音、FM广播等音频节目，通过车载电视收看视频节目；
8. 二等座席：能通过车载电视收看视频节目，通过客室区扬声器收听视频伴音、背景音乐或FM广播。

广播系统共有人工公共广播、自动公共广播及娱乐音频三种输入。三种输入的优先顺序为：人工公共广播优先于自动公共广播，自动公共广播优先于娱乐音频。

六、其　　他

为了满足乘务工作需要，动车组上配备乘务员座椅；为了满足旅客的不同需求，动车组还配备了餐桌、餐车座椅、吧台、沙发等；为了满足运行安全需要，还配备了灭火器、安全锤等设施。如图3-27、图3-28所示。

图 3-27　餐吧车布置效果图

图 3-28　灭火器及安全锤

第五节　厨房设施

动车组的 5 号车为餐车(CRH380AL 型动车组 9 号车为餐车),餐车中设有配餐室。配餐室内设有提供冷、热配餐的厨房设备。厨房设备主要包括:洗池模块、操作台模块、加热区厨柜及微波炉、小推车模块、冷冻冷藏及保温模块等。如图 3-29 所示。

图 3-29　厨房设施

一、洗池模块

厨房内侧设有洗池柜,洗池柜为整体式,设置外装式水龙头;洗池柜内一端设置 40 L 抽屉式垃圾箱,另一端嵌有消毒柜;洗池台面上设有电开水炉,为厨房提供开水。

二、厨柜、小推车

厨房内设有微波炉柜,用于放置微波炉,柜体下部为储物柜,上部为小吊柜。厨房端部设有小推车柜,上部为储藏柜,柜体下部设有两个小推车。

小推车尺寸为 970 (*H*)×620(*D*)×300(*W*),采用铝合金制作,前后均设门,上面设饮料存放架,内部设隔板用于盒饭的存放,小推车滚轮设脚踏锁定和解除功能,小车上下四个角设置防撞角。

微波炉使用及配置受动车组供电功率限制,根据动车组功率配置及客服需要进行配置。

三、冷藏及保温模块

冷藏柜采用整体式或分体式结构,冷藏温度为 2~8 ℃可调,本机单独控制。

展示柜为独立制冷系统的整体式展示柜,展示温度 2~8 ℃度可调,内部设置 LED 照明。

保温柜内部保温温度为 60~110 ℃可调,用于保存加热后的食品。

第六节 随车备品

根据《铁路动车组运用维修规程》规定,动车组随车备品包括随车工具、行车备品、应急备品和客运备品等。

随车工具主要包括动车组运行中检查及故障处理需要使用的常用工具,如红外线测温仪、钳形电流表、第四种检查器及组合工具套装等。

行车备品包括动车组应急救援及防护时使用的响墩、火炬、短接铜线、信号旗及信号灯等。

应急备品主要包括运行途中应急故障处理时使用的过渡车钩、风管、接地杆、验电笔、绝缘靴、绝缘手套、安全带及铁鞋等。

客运备品主要由紧急用渡板、应急梯、防护网、扩音器及座椅套等。

第七节 给排水及卫生系统

CRH380A(L)型动车组每车均设置给水系统(CRH2C 二阶段动车组在 1、2、3、5、7、8 号车配备)。下面以 CRH380A 为例讲解,如图 3-30 为 CRH380A 型动车组给排水及卫生系统布置。

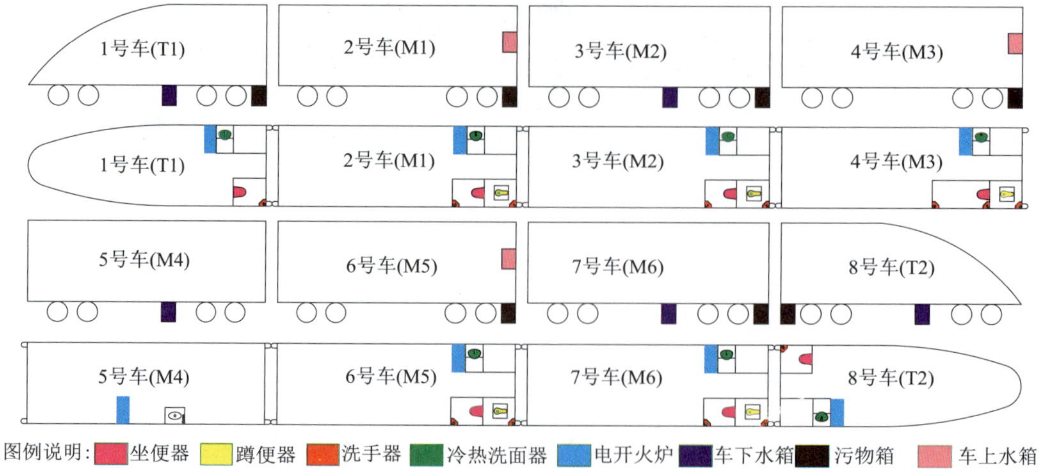

图 3-30 CRH380A 型动车组给排水及卫生系统布置图

给水系统分为车上水箱供水系统及车下水箱供水系统两种方式。2、4、6 号车配置 400L 车上水箱，5 号餐车配置 700L 车下水箱，其他车配置 400L 车下水箱。均采用电动水泵供水的方式，为卫生间便器与水阀、盥洗室水阀、电开水炉供水。如图 3-31 所示。

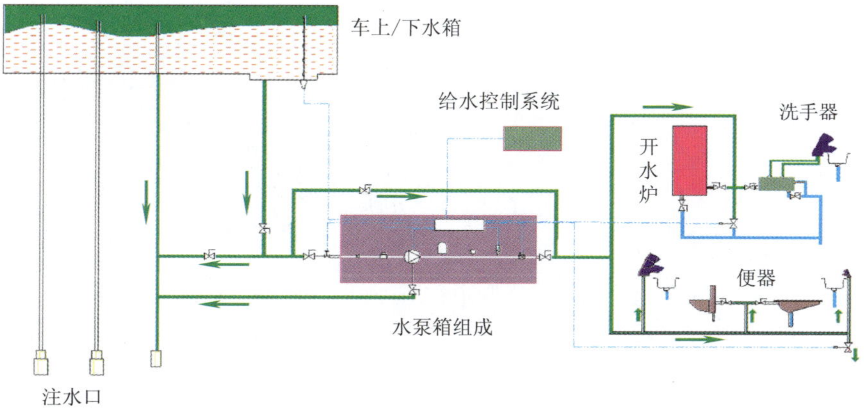

图 3-31　给水卫生系统图

CRH380A 型动车组在 1、8 号车均设有一个座式卫生间，2、3、4、6、7 号车均设有 1 个坐式卫生间和 1 个蹲式卫生间，除 5 号车外每车均设有 1 个盥洗室，供乘客使用。卫生系统采用真空集便系统收集来自便器的污物，盥洗等废水通过水封排至车外。

一、给水装置

车上水箱供水系统主要由车上水箱、车上水泵装置、车上水泵电控箱、注水管路、溢水管路、供水管路、排水管路、防冻装置、液位开关等组成。如图 3-32 所示。

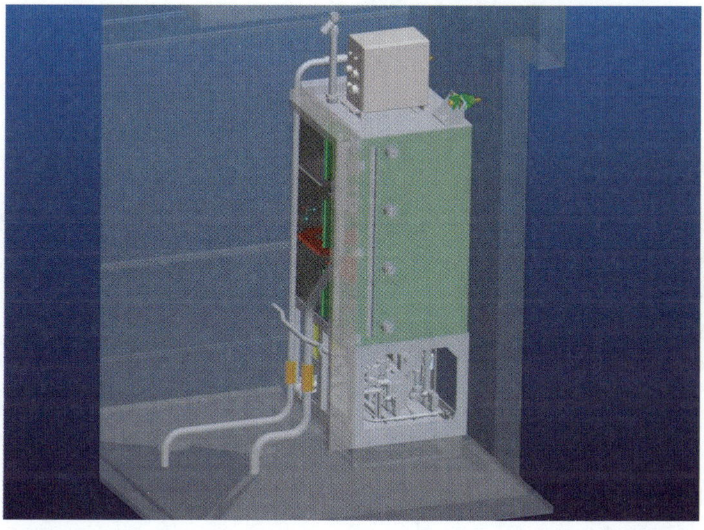

图 3-32　车上供水装置结构

车下水箱采用轻量化、集成化设计。水箱装置组成包括箱体组成、水泵组成、供水管路、注水管路、溢水管路、排水管路、保温层和外箱、电伴热装置部件，与车体横梁相连接固定。如图 3-33所示。

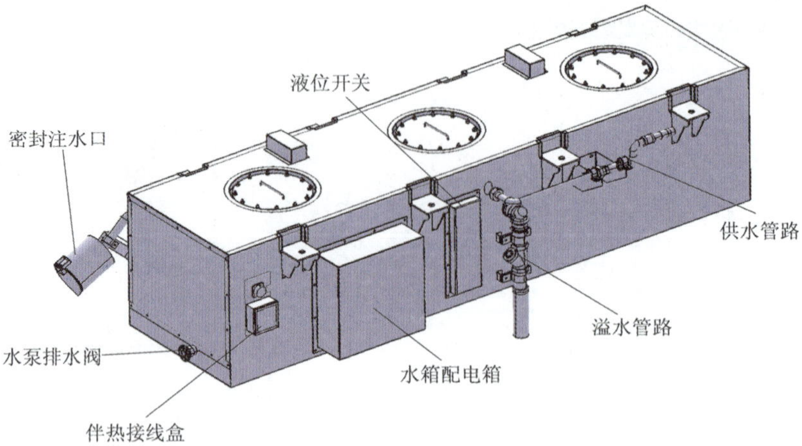

图 3-33　车下水箱装置结构

给水系统利用扬程压力开关控制水泵的启停，水泵间歇工作，控制系统采用 PLC 控制。系统具有供水控制、水箱液位指示、大流量保护、吸气保护、缺水保护、泄漏保护、给水系统故障报警、防冻排空等功能。为保证系统在低温环境下的正常使用，水箱、水泵、管路设有防寒及电加热装置。

图 3-34　盥洗室

二、盥 洗 室

盥洗室主要由温水器、洗面台及镜子组成。如图3-34所示。

动车组在每个盥洗室均设置一个温水器，采用储水加热方式，为乘客提供温度相对恒定的盥洗温水，通过按压冷热节水阀即出温水。温水器设有温度调节旋钮，加热温度在 30～75 ℃范围内连续可调，以适应不同的乘客需求。为防止异常工况下发生危险，温水器设有缺水、超温及干烧保护功能，温水器面板设有状态指示灯，用以查看其工作状态。温水器结构如图 3-35所示。

温水器通水路径如图 3-36 所示。

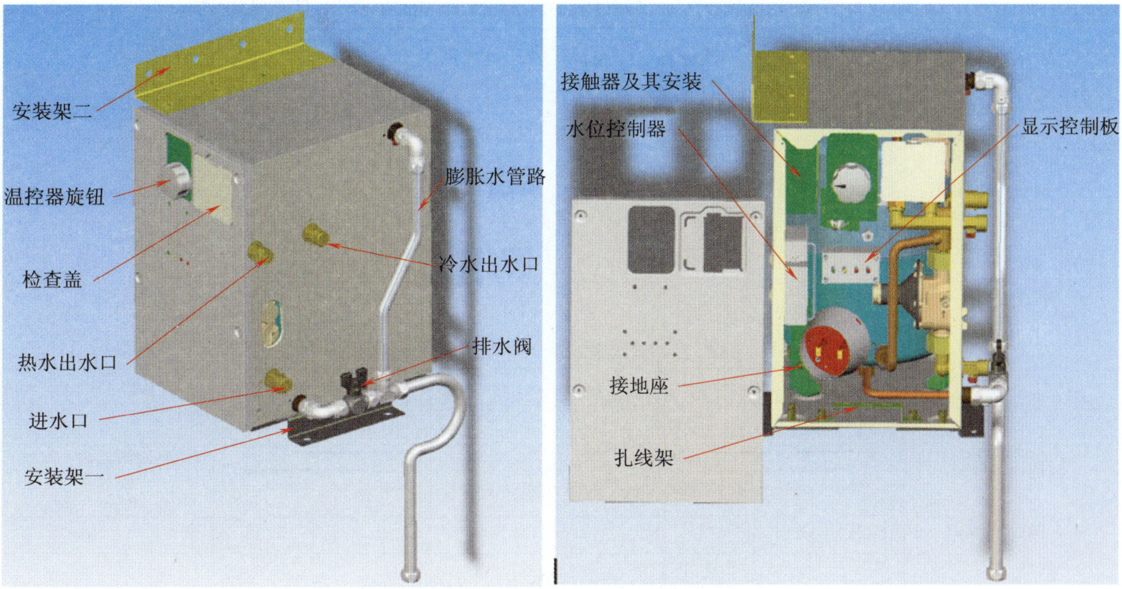

图 3-35　温水器结构组成图

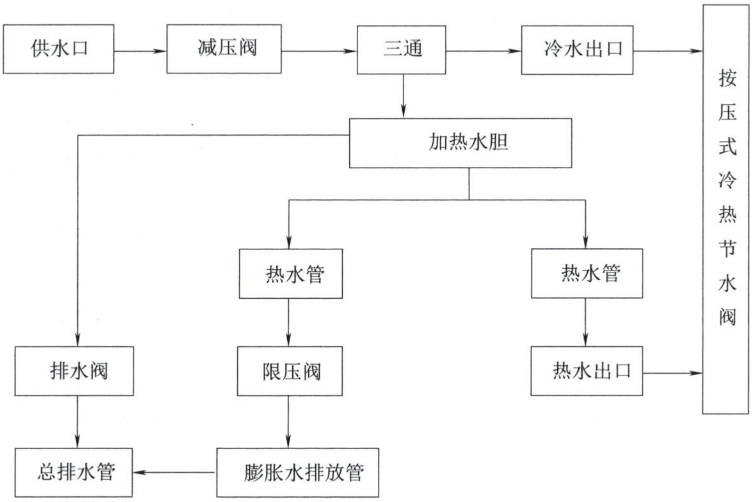

图 3-36　温水器通水路径

三、电开水炉

开水炉由柜体、电气控制箱、辅助控制箱、产水箱、储水箱、加热腔、水位传感器、电磁阀等器件组成，其结构如图 3-37 所示。

开水炉将输入的单相交流电源经空气开关、平波电抗器、电源滤波器进入电控箱，经单相整流桥整流成 560 V 左右直流电，由功率模块组成的半桥逆变器把直流电转变成 25 kHz 左右的高频交流电，供给感应线圈，在产水箱腔体中产生涡流并使之发热，将水烧开。

开水炉在微处理器的程序作用下，能根据产水箱水位的变化，控制电磁阀的开/关，逆变器的启/停，具有断水保护、缺水自动进水、水位显示等功能。

开水炉通过单片微处理器设置了自动保温程序，在储水箱满水位时能自动进入保温状态，即开水炉停止工作 3 min 后，能自行开启加热 8 s，这样保证储水箱中水温达到 95℃以上。

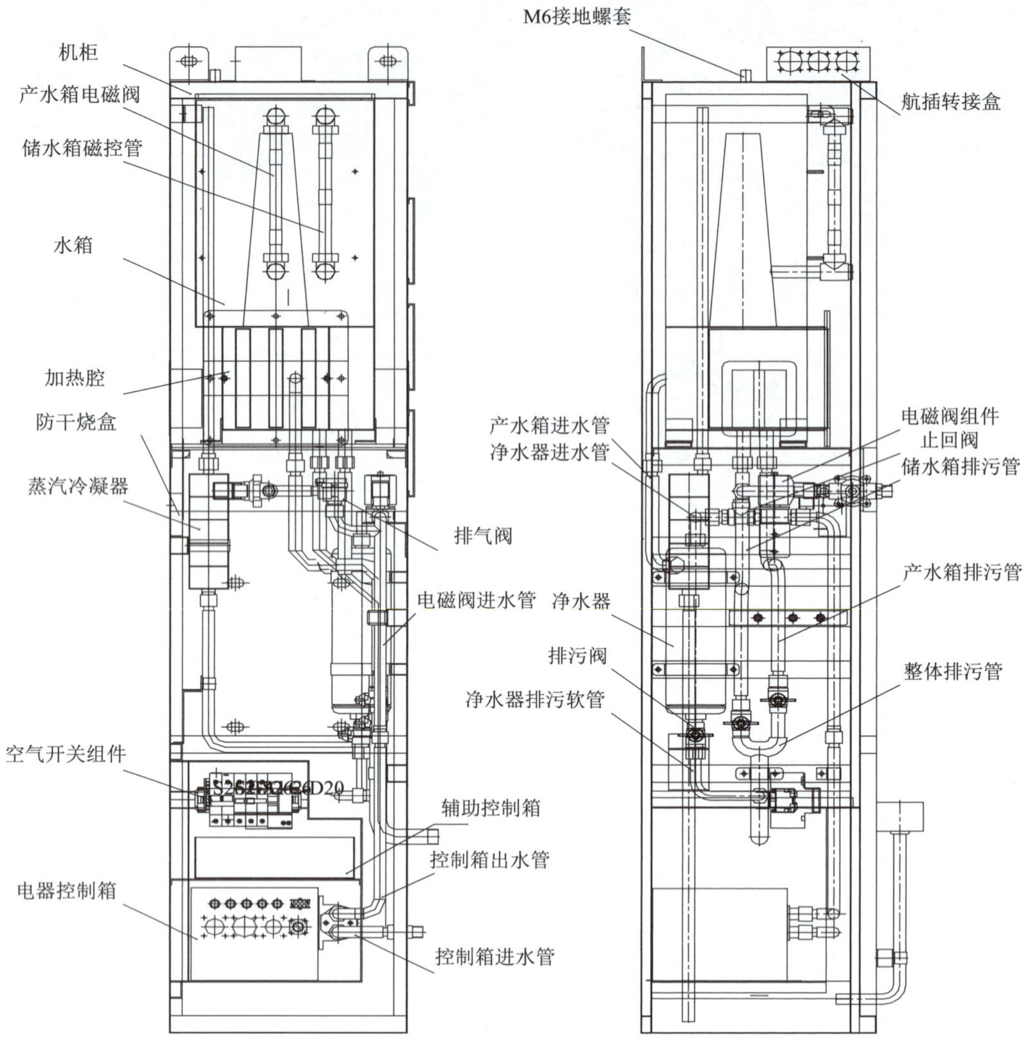

图 3-37 电开水炉内部结构图

四、卫 生 间

CRH380A(L)型动车组，除了餐车外每车均设置了卫生间(CRH2C 二阶段动车组在奇数车设置卫生间)，卫生间采用真空集便系统，分为坐式便器卫生间和蹲式便器卫生间。如图 3-38 所示。

卫生间采用整体 FRP 型式，安装了大理石台面、按压延时洗手装置、便器冲洗按钮、紧急呼叫按钮、坐垫盒、扶手、镜子、便纸支架等。动车组便器为真空保持式，当按压便器冲洗按钮时，便器排污管内抽真空，将污物吸入车下中转箱内并在便器部分设置了瓣阀，防止污物箱内的恶气回流。在卫生间顶部增加了开孔，为卫生间提供新风。同时，卫生间内通过排气格栅持续排气。

为减少污物的附着，坐式卫生间便器内表面采用特殊聚四氟乙烯涂层，蹲式便器便斗采用不锈钢材质。便器使用清水高压冲洗，分两次冲洗，首次冲洗耗水不超过 0.4L/次，二次冲洗耗水不超过 0.2L/次。

同时，残疾人卫生间的拉门设置了按钮式的自动门，卫生间内安装了坐便器、婴儿护理台、可折叠扶手等。

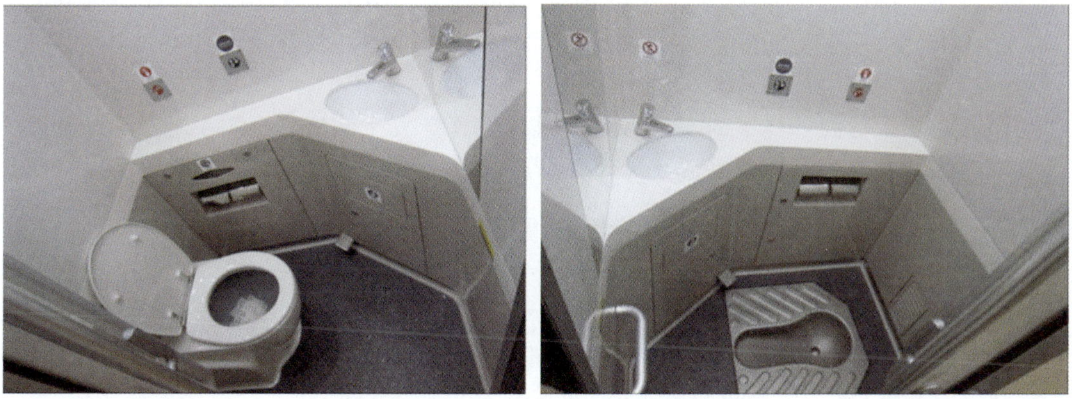

图 3-38　坐式卫生间及蹲式卫生间

五、排污系统

卫生系统采用独立控制式真空集便系统收集来自便器的污物，车上盥洗废水通过排水管路经车底水封装置排至车外。残疾人卫生间如图 3-39 所示。

图 3-39　CRH380A 统型动车组残疾人卫生间

真空集便系统主要由污物箱（含中转箱及真空发生器）、便器、水增压器、气动控制单元、电气控制单元、管路等组成。各便器独立工作，便器与中转箱之间一一对应，用风控制各自独立。结构如图 3-40 所示。（CRH2C 二阶段动车组同一车厢的便器共用一个中转箱）

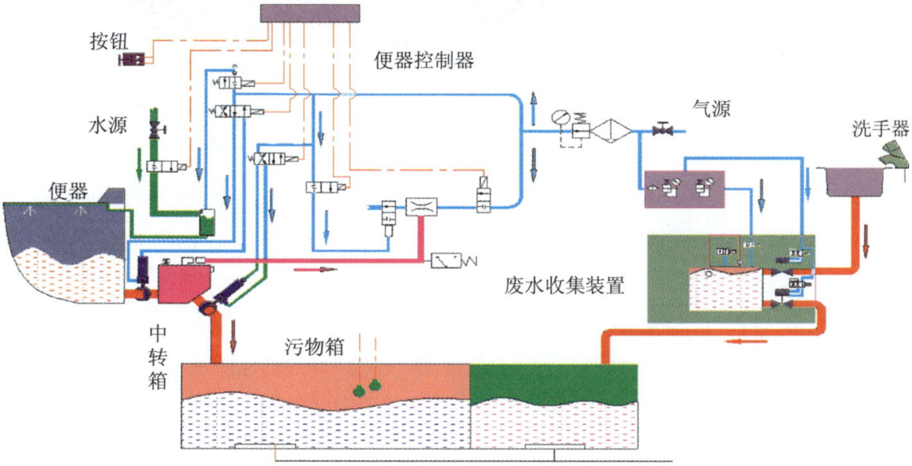

图 3-40　排污系统图

按压便器冲洗按钮，真空发生装置开始工作，中转箱内真空度达到设定值后，水增压单元提供压力水冲洗便器，便器蝶阀打开，污物在负压作用下进入中转箱，蝶阀关闭，水增压单元提供压力水对便器进行二次冲洗，水增压单元补水，冲洗循环结束。当便器连续使用达设定次数(6 次)或中转箱内污物达到设定液位时(约 7 L)，系统会向中转箱注入正压空气，污物在正压的作用下进入污物箱。

为保证系统在低温环境下的正常运用，污物箱、真空发生装置、管道阀、排污阀、水封及管路等设有防冻装置。列车冬季停放且无保温措施时，须进行防冻排空操作，并通过吸污设备排空污物箱。

(一)污 物 箱

污物箱采用不锈钢材质，有效容积为 450 L。CRH380A 型动车组 1、8 号车污物箱配置有 1 个中转箱及 1 个真空发生装置，2、3、4、6、7 号车污物箱配置有 2 个中转箱及 2 个真空发生装置，且污物箱两端各设一个排污阀。

为了避免冲水或清空过程中在箱内产生的正压对污物箱造成损害，污物箱配备了通气阀。

打开箱体两侧的任意一个检查口盖，可对其内部进行清理及检查。在紧急情况下，可通过检查口盖清空污物箱。双中转箱污物箱结构如图 3-41 所示。

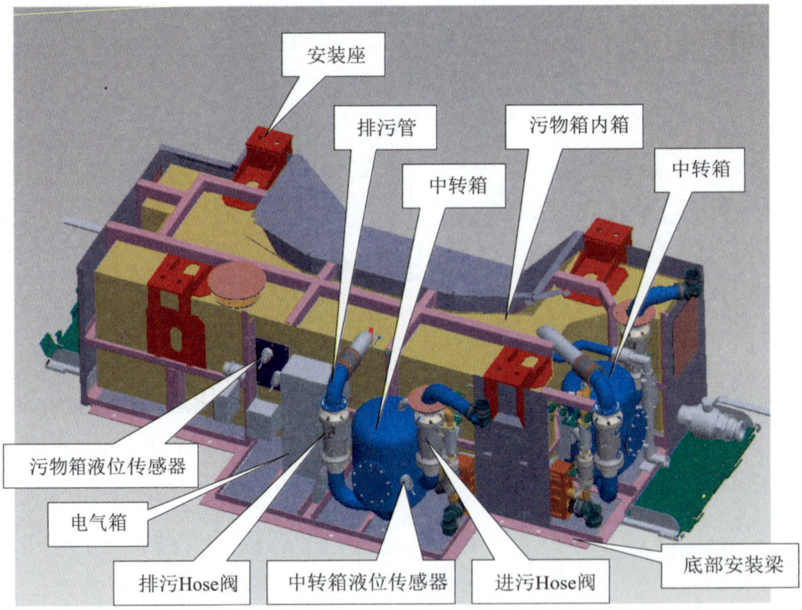

图 3-41　双中转箱污物箱结构图

中转箱容积为 20 L，设定真空度为－50 kPa，设有 DN50 进污 Hose 阀、DN50 排污 Hose 阀、控制抽真空用 DN20Hose 阀、液位开关等；可以承受不小于 180 kPa 的压力。为保证冬季的正常使用，中转箱设自控温电伴热线，可自动根据外温调节加热功率。中转箱的真空度通过真空发生器产生，真空发生器安装于污物箱侧壁。

污物箱装有两个液位开关，用于指示污物箱 80％和 100％两种液位，可在卫生系统电气控制单元、车下液位显示器及 MON 监控器上显示。当污物箱液位达 80％时，便器可正常工作；当污物箱 100％满时，本车所有便器不可用。

（二）水封装置

卫生间和洗脸间车下以及餐车开水炉车下均设有水封装置。如图 3-42 所示。

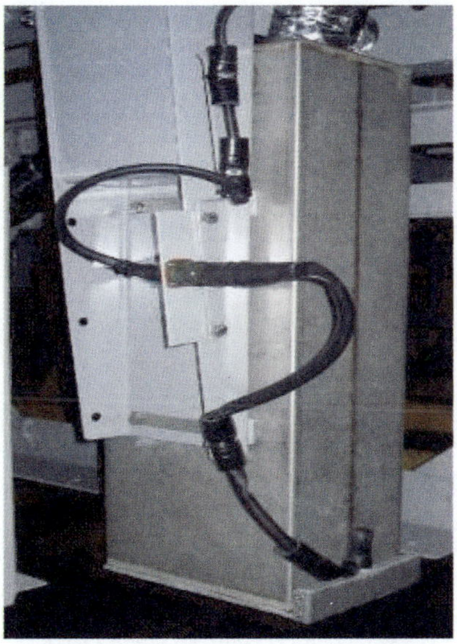

图 3-42 水封装置外形图

为了防止堵塞，造成车内积水事故，需定期对车下水封装置进行脏物清理。

复习思考题

1. 动车组司机室如何划分区域？区域分别设置了哪些设备？
2. 动车组内部门有哪些？分别有什么作用？
3. 动车组给排水及卫生系统由哪些设备组成？

第四章　转　向　架

转向架是动车组车辆系统中最重要的组成部件之一，其结构设计是否合理直接影响车辆的运行品质，动力性能和运行安全。

对铁路车辆，转向架具备如下功能：

(1)承载：承受转向架以上各部分的重量(包括车辆自重、旅客载重、客服重量及动态载荷等)，并使轴重均匀分配；

(2)导向：保证车辆顺利通过曲线；

(3)缓冲：缓和线路不平顺对车辆的冲击，保证车辆具有良好的运行平稳性；

(4)牵引(动力转向架)：保证必要的轮轨黏着，并把轮轨接触处产生的轮周牵引力传递给车体、车钩，牵引列车前进；

(5)制动：产生必要的制动力，使车辆在规定的距离内减速或停车。

第一节　转向架结构

一、技术参数

(一)概　　述

动车组动车转向架型号为 SWMB-400，拖车转向架型号为 SWTB-400。动车转向架和拖车转向架的主要结构基本一致，采用 H 型构架、无摇枕、空心轴轮对、铝合金轴箱体及前盖和铸铝齿轮箱结构。主要参数如表 4-1 所示。

1. 轮对

为检修探伤操作方便及减轻重量，采用了合金钢空心车轴，原形车轮直径为 ϕ860 mm。制动采用盘式制动，动车转向架采用轮盘方式，拖车转向架采用轮盘和轴盘并用方式。

2. 轴箱轴承

使用自密封式的双列圆锥滚子轴承(油脂润滑方式)。

3. 轴箱定位装置

采用转臂式定位方式。

4. 牵引装置

牵引装置为单连杆方式。

5. 基础制动装置

采用气动式制动夹钳以及浮动式闸片，可以使制动力分布更为均匀，有效地减少热斑、颤振，并可以进一步减轻重量。

表 4-1　转向架主要参数

项目 \ 转向架形式	动车转向架 SWMB-400	拖车转向架 SWTB-400
转向架重量(t)	7.265	端部车(不带排障装置):6.52 端部车(带排障装置):6.543
固定轴距(mm)	2 500	
车轮直径(mm)	新轮 φ860(最小使用直径 φ790)	
轴承中心间距(mm)	2 000	
转向架最大长度(mm)	3 416	一般转向架:3 416
		车头转向架:3 566
转向架最大宽度(mm)	3 102(两空气弹簧最大横向距离)	
空气弹簧左右间隔(mm)	2 460	
空气弹簧有效直径(mm)	φ520	
驱动方式	平行挠性齿轮连轴节,1 级减速齿轮方式	—
齿轮比	2.379	—
轴箱轴承	φ130 自密封圆锥滚珠轴承	
制动方式	空气制动,轮盘方式	空气制动,轮盘与轴盘并用方式
制动夹钳装置	RZKK Type18	RZKK Type12
制动倍率	8.46	
闸片	浮动式粉沫冶金闸片	
轴箱定位方式	转臂式轮对轴箱定位	

(二)速度传感器配置

动车转向架由安装在牵引电机上的 PG、SS 传感器获得信号,轴端不配置速度传感器。

拖车转向架由配置在 2、8 轴端的速度传感器 AG37 和 4、6 轴端的速度传感器 AG43 来获得检测滑行用的速度信号。

除 AG37、AG43 之外,还配置了车载设备用速度传感器 AG43、GEL247V、HS22G1A(CRH380A 统型车)或其他类型(注:车载用速度传感器依据其采用的车载设备而确定)。另外 CRH380AL 型动车组在 5、13 车 4 位轴端配置有受电弓压力调节用的速度传感器。

二、转向架结构

(一)动车转向架

动车转向架主要由构架、轮对组装、轴箱装置、一系悬挂、二系悬挂、牵引驱动装置、基础制动装置和踏面清扫装置等部分组成,分别配置在除头车外的中间车。具体结构如图 4-1 所示。

(二)拖车转向架

拖车转向架可分为中间转向架和端部转向架两类,两者结构基本相同,只是端部转向架上装有排障器。中间转向架主要由构架、轮对组装、轴箱装置、一系悬挂、二系悬挂、基础制动装置、踏面清扫装置等部分组成;端部转向架除与中间转向架组成相同外,又安装了速度传感器,其配置在动车组头车。具体结构如图 4-2 所示。

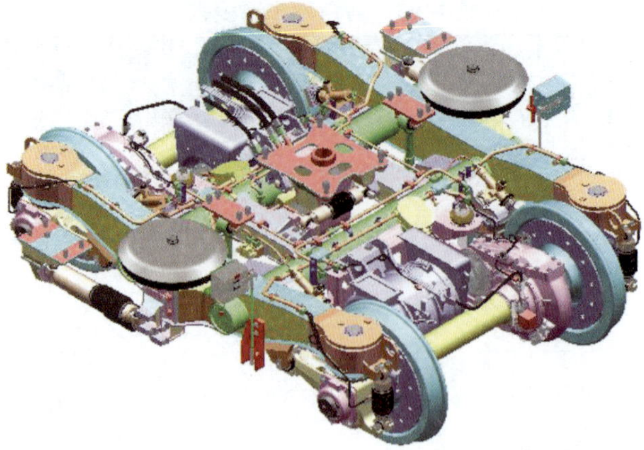

(a)

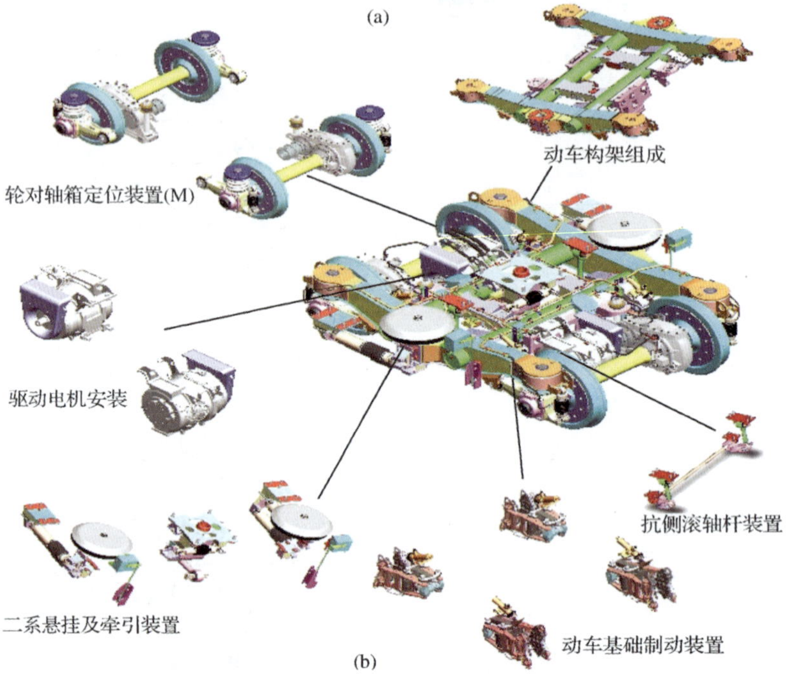

(b)

图 4-1　动车转向架

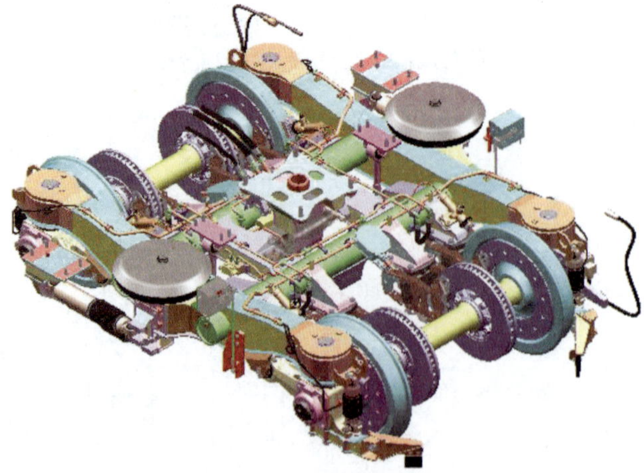

(a)

图 4-2　拖车转向架

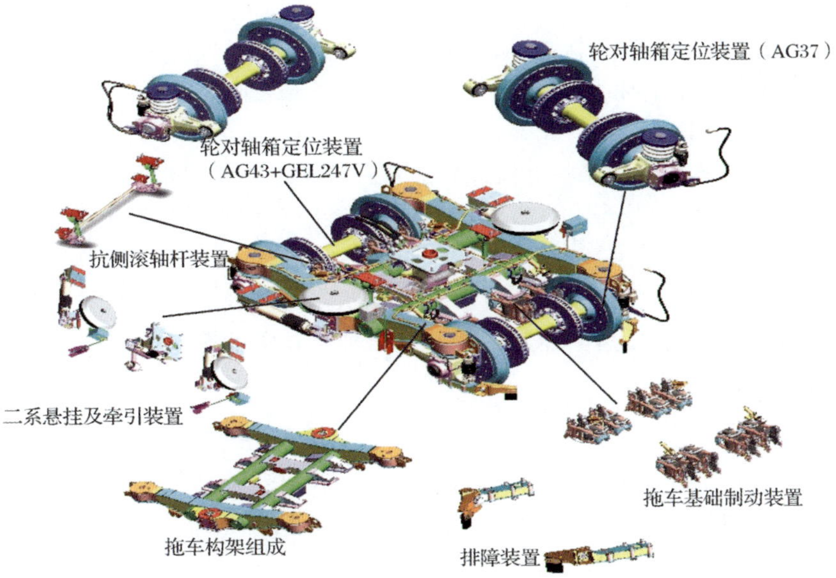

(b)

图 4-2　拖车转向架(续)

第二节　转向架主要部件

一、构架组成

构架为钢板焊接结构，主体框架呈 H 形，由两侧梁、横梁、纵向连接梁、空气弹簧支承梁及其他焊接附件构成。侧梁为箱形断面，横梁采用无缝钢管型材。

1. 侧梁

动车转向架和拖车转向架的构架侧梁为相同结构。其材质为耐候钢板，侧梁端部轴箱弹簧筒与侧梁主体相连接的断面形成平滑过渡，减缓应力集中。

2. 横梁

采用与侧梁相同牌号的耐候管材。侧面设有空气弹簧座，其内腔为空气弹簧辅助空气室。

动车转向架的横梁上焊有牵引电机吊座、齿轮箱吊座、轮盘制动吊座等。靠车端方向的牵引电机座还兼作牵引装置的单牵引拉杆座。

拖车转向架的横梁上焊有轴盘制动吊座，轮盘制动吊座等。与动车转向架一样，靠车端方向焊有单拉杆座。

二、轮对轴箱组成

(一)轮　　对

轮对组装主要包括车轮、车轴、制动盘(轮盘、轴盘)、齿轮箱及轴承等。轮对分为动车轮对和拖车轮对，动车轮对一侧安装齿轮箱装置，而拖车轮对则安装两套轴盘。此外，拖车轮对因轴端安装不同的速度传感器齿轮而略有不同。

（二）轴 箱 体

轴箱体、后盖由锻压铝合金制造，前盖由铸造铝合金制成，以此来达到减重目的。

轴箱体组成分为轴箱体和压盖两部分，轴箱体和压盖之间夹有橡胶定位节点，装配后安装在转向架的构架上。

前盖可用来安装速度传感器。后盖设有迷宫式结构以防止雨水及尘埃等的侵入。

前盖上设有橡胶盖，橡胶盖上有吸潮器，吸潮器能防止因轴承温度上升引起的压力增加及防止漏油。

另外，各种车轴箱体的侧面设置有对轴箱轴承状态进行监视的轴承温度传感器。当轴承温度达到一定值以上时，温度熔断器就熔断并发出轴温异常报警。

（三）轴箱轴承

1. 结构

轴箱轴承为外径 ϕ240 mm，内径 ϕ130 mm 的自密封式双列圆锥滚子轴承，润滑方式为脂润滑。

轴承单元的结构如图 4-3 所示。轴承由外圈、内圈组合件、通孔、油封、前盖、后盖、隔板构成，为内部封入油脂的自密封型轴承单元。

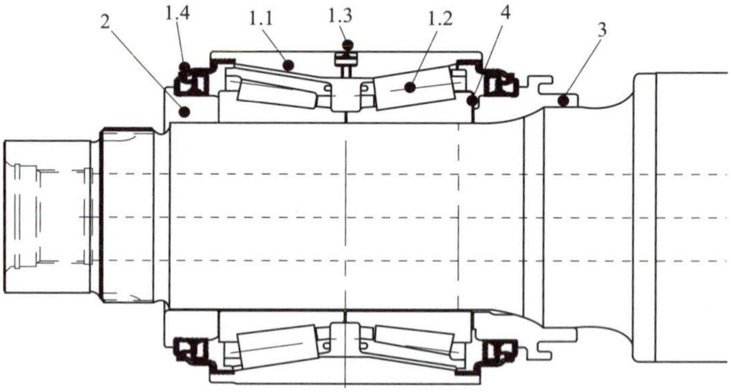

图 4-3　轴承结构图

1.1—外圈；1.2—滚子；1.3—通孔；1.4—油封（密封装置）；2—前盖；3—后盖；4—隔板

尺寸检查处的图面尺寸和管理基准值，见表 4-2。

表 4-2　尺寸检查部位的图面尺寸和管理基准值

项目		设计值（图面尺寸）（mm）	管理基准值（mm）	
			新品时	补修时
轴承	外径尺寸	$\phi240_{-0.070}^{0}$	$\phi240_{-0.070}^{0}$	$\phi240_{-0.078}^{+0.008}$
	内径尺寸	$\phi130_{-0.032}^{-0.014}$	$\phi130_{-0.052}^{-0.020}$	$\phi130_{-0.052}^{-0.011}$
油封圈	外径尺寸（跟油封接触部）	$\phi170_{-0.063}^{0}$(h8)	$\phi170_{-0.063}^{0}$(h8)	$\phi170_{-0.063}^{0}$(h8)
	内径尺寸	$\phi130_{-0.040}^{0}$(M7)	$\phi130_{-0.060}^{-0.006}$	$\phi130_{-0.060}^{+0.010}$
后盖	外径尺寸（跟油封接触部）	$\phi170_{-0.063}^{0}$(h8)	$\phi170_{-0.063}^{0}$(h8)	$\phi170_{-0.063}^{0}$(h8)
	内径尺寸	$\phi160_{-0.040}^{0}$(M7)	$\phi160_{-0.060}^{-0.006}$	$\phi160_{-0.060}^{+0.010}$

续上表

项目		设计值(图面尺寸)(mm)	管理基准值(mm)	
			新品时	补修时
车轴	跟轴承配合部	$\phi130^{+0.068}_{+0.043}$(p6)	$\phi130^{+0.068}_{+0.043}$(p6)	$\phi130^{+0.068}_{+0.043}$(p6)
	跟后盖配合部	$\phi160^{+0.125}_{+0.100}$(s6)	$\phi160^{+0.125}_{+0.100}$(s6)	$\phi160^{+0.125}_{+0.100}$(s6)

(四)NSK 轴箱轴承

1. 结构

NSK 密封双列圆锥滚子轴承,润滑方式为脂润滑。其结构以及各零件的名称如图 4-4 所示。

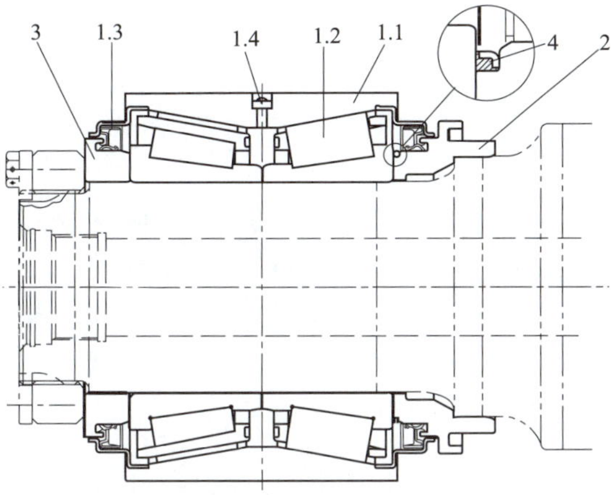

图 4-4 轴承结构图

1.1—外圈;1.2—内圈组件(内圈、滚子、保持架);1.3—密封圈;1.4—注脂孔;2—后盖;3—油封圈;4—中间密封圈

各零件的尺寸检查位置,以及管理基准值见表 4-3。

表 4-3 管理基准值

项目		管理基准值(mm)	
		新品时	检修时
轴承单元	外径尺寸	$\phi240^{+0.010}_{-0.066}$	$\phi240^{+0.008}_{-0.078}$
	内径尺寸	$\phi130^{-0.018}_{-0.042}$	$\phi130^{-0.011}_{-0.052}$
油封圈	内径尺寸	$\phi130^{-0.004}_{-0.050}$	$\phi130^{+0.010}_{-0.060}$
后盖	内径尺寸	$\phi160^{-0.004}_{-0.050}$	$\phi160^{+0.010}_{-0.060}$
车轴	轴承单元安装部位的外径尺寸	$\phi130^{+0.068}_{+0.043}$	$\phi130^{+0.068}_{+0.043}$
	后盖安装部位的外径尺寸	$\phi160^{+0.125}_{+0.100}$	$\phi160^{+0.125}_{+0.100}$

(五)轴箱定位装置

1. 构成

轴箱定位装置采用了转臂式定位方式。

转臂方式由定位转臂、定位节点、轴箱弹簧(螺旋弹簧)、一系垂向减振器、防振橡胶、弹簧夹板等构成。定位节点具备相应的纵向、横向定位刚度。垂向载荷由轴箱弹簧全部承担。

2. 转臂式轴箱具备以下特点：

(1)根据定位节点,可以选择轴箱纵向、横向刚度。

(2)垂向采用轴箱顶置钢弹簧,弹簧刚度选择范围大,并且与纵向、横向刚度几乎无关,可以单独设计。

(3)因为没有滑动部分或磨损部件,可以减少维修工作。

(4)与其他轴箱定位方式相比较,部件数少。

三、一系悬挂装置

动车组转向架一系悬挂装置主要包括轴箱弹簧及防雪罩、垂向减振器、弹性定位节点、轮对提吊等零部件。

(一)轴箱弹簧装置

轴箱弹簧用于动车转向架及拖车转向架,安装在轴箱和转向架构架之间。圆弹簧组传递垂直方向的力。

轴箱弹簧安装在轴箱体上部。它包括一个圆簧组(由内、外圈弹簧组成)、弹簧座(上、下)、橡胶座、绝缘座。它为双圈螺旋弹簧,内、外弹簧的旋向相反。

轴箱弹簧有上、下夹板。上夹板内侧还套上了防止电气腐蚀的绝缘罩,上部镶嵌了防尘帽。

轴箱弹簧外安装有防雪罩。

(二)轴箱垂向减振器

为了减少垂向的高频波振动,在转向架构架与轴箱体之间,安装了一系垂向减振器。减振器使用的密封垫采用高级合成橡胶,工作油(减振器油)采用优质的矿物油。活塞杆使用硬质镀铬合金并进行表面研磨。暴露在一系垂向减振器外部的部分,全部进行了防腐处理,并涂有油漆。

一系垂向减振器伴随转向架的振动而进行伸缩,根据活塞速度产生相应的阻尼力。

(三)橡胶弹性定位节点

动车组转向架的橡胶弹性定位节点为金属—橡胶硫化的弹性元件。其芯轴固定在构架的定位座上,外套及芯轴橡胶与轴箱转臂连接,提供轮对轴箱的纵向、横向定位刚度。轮对与构架间的横向及纵向相对位移依靠节点橡胶的变形实现,是直接影响车辆运行稳定性和曲线通过性能最主要的悬挂件。

(四)轮对起吊装置

转向架构架端部,安装有轮对提吊装置,可用于整体转向架起吊时连接轮轴及构架。

四、二系悬挂装置

车体悬挂装置是转向架支撑车体的装置,由非线性空气弹簧、牵引装置、半主动横向减振器、抗蛇行减振器、抗侧滚扭杆装置等构成。另外,通过牵引装置将转向架的牵引力传递到车体。由于是无摇枕转向架,通过抗蛇行减振器提供转向架回转力矩。为了弥补空气弹簧垂向刚度下降导致抗侧滚刚度降低,加装了抗侧滚扭杆装置。

(一)组成部件

1. 牵引装置(中心销)

安装在车体上的中心销和转向架构架上的牵引拉杆座上,牵引拉杆组成两端带有橡胶节点,是传递牵引力的装置。如图 4-5 所示。

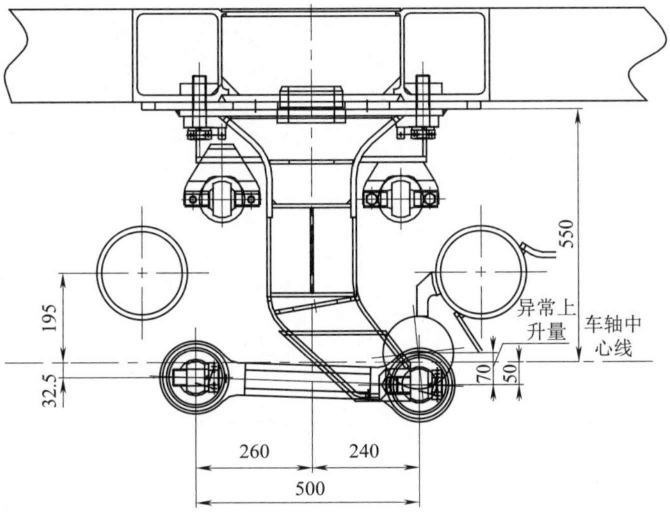

图 4-5　牵引装置(单连杆)换个实物图

特点如下:

①转向架的转向依靠两端的橡胶节点产生变形。

②转向架横向的复原力除依据空气弹簧的横向刚度之外,也依据牵引拉杆两端的橡胶节点的刚度。

③占用空间比其他的牵引装置小;由于零件数量少,因此重量较轻。

④由于滑动部分少,减少了磨耗。

⑤转向架和车体的分离通过拆除中心销下部连接螺栓来实现。

2. 空气弹簧

动车组转向架采用了空气弹簧能在列车直线通过时柔和调节,能够防止在列车曲线通过时缓和因超速离心力导致的撞击,是一种协调式"非线性空气弹簧"。

空气弹簧有效直径为 ϕ527 mm,具有固定节流孔。橡胶囊是被内部风压压入上盖板和下盖板的密封部的自密封类型。

空气弹簧向上、下移动量分别为是 70 mm、40 mm。为使转向架在空气弹簧无风时能够行驶,在下盖板的上面设置聚四氟乙烯制的摩擦板,在上盖板的下面设置不锈钢板,在列车发生故障时也能通过弯道。

3. 横向止挡

为了限制车体横向移动量,设置横向止挡,单侧间隙为 40^{+2}_{0} mm。

4. 异常上升止动

如果空气弹簧产生缺陷,作为异常上升情况下的防过冲设计,当车体上升 70 mm 时,牵引拉杆端头与动车构架横梁上垂向止挡(单侧,牵引拉杆与中心销相连一侧)接触,能够防止空簧异常上升。

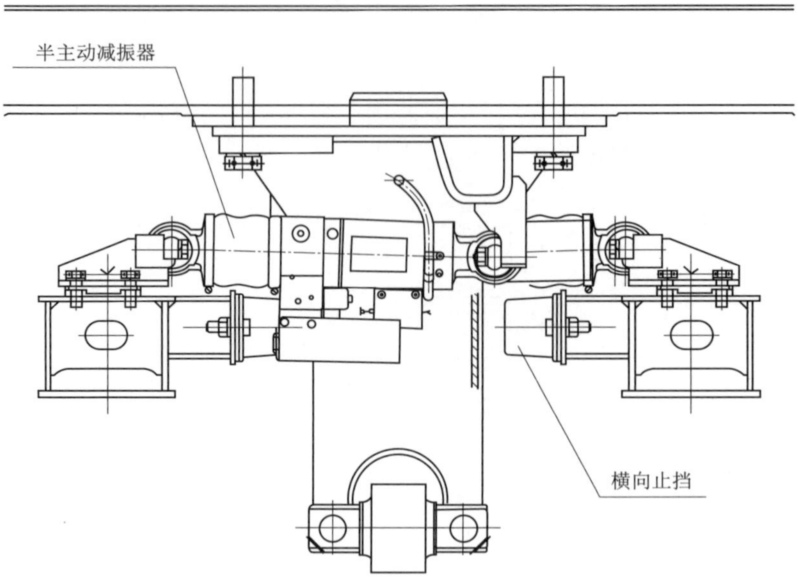

图 4-6　牵引装置(横向减振器及横向止挡)

5. 半主动横向减振器

为了改善动车组的振动性能,提高乘坐舒适度,在每辆车车体和转向架之间安装了半主动横向减振器,安装位置在中心销和转向架构架的纵向梁之间。半主动横向减振器两端安装有橡胶节点,同时为了根据车体振动调整阻尼,在减振器下部集成了电磁比例阀。

6. 抗蛇行减振器

为了得到稳定的转向架回转力矩和抑制动车组蛇行,在转向架和车体之间,安装抗蛇行减振器的装置,其液压阻力对应活塞速度产生阻尼力。作用是抑制转向架的蛇行运动和车体摇摆。

7. 自动高度调整装置

此装置能够根据载重的变化自动调整空气弹簧的内压,保持车体高度一定的装置。由空气弹簧储风缸向空气弹簧的供气,自动高度调整阀安装在车体上。

自动高度调整阀动作的特性:动作延迟时间(3±1)s,无感区(10±1)mm。为了自动高度调整阀的耐寒、耐雪,安装有加热器及保温箱。另外,为了增强车体与转向架之间的绝缘性能,在调整杆的部分插入硬质尼龙的绝缘板。

旋修车轮后,有必要在空气弹簧下面插入调整垫板。在调整垫板的总厚度超过 20 mm 的情况下,将高度阀调整杆与托的连接位置由下部更换至上部的孔内。

8. 差压阀

差压阀设定差压为(150±20)kPa[(1.5±0.2)kgf/cm^2]。

其作用是当左右的空气弹簧产生设定值以上的压力差时,使高压侧的空气向低压侧流动,可防止车体的异常倾斜及降低左右的轮重不平衡。

9. 抗侧滚扭杆装置

抗侧滚扭杆装置就是:对于车辆所要求的侧滚刚度,仅靠空气弹簧的垂向刚度依然不能满足其要求时发挥作用的装置。当为了提高乘坐舒适度而降低空气弹簧的垂向刚度时,则侧滚刚度也随之降低;而采用该装置能够有效提高侧滚刚度。

在转向架上安装扭杆,通过杆端轴承和缓冲橡胶以连接杆与车体结合。当车体发生侧滚时，以连接杆连接的扭杆产生扭转变形，因扭转变形而产生对抗侧滚的抵抗力(复原力)，从而起到抑制侧滚的作用。

(二)空气弹簧

1. 形状及尺寸

属于自密封类型的空气弹簧，在下部配置了橡胶堆。橡胶堆具有负担通过弯道时变形的部分作用。

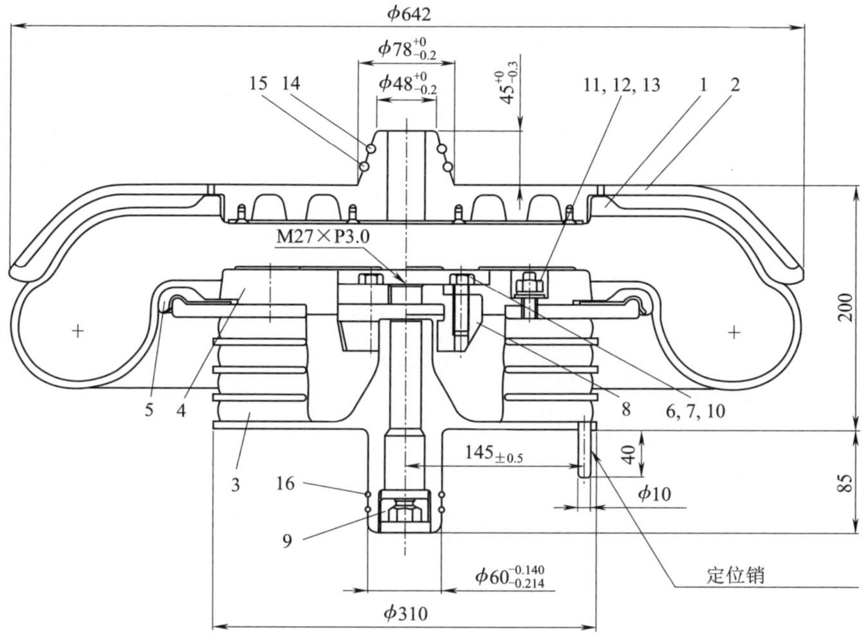

图 4-7　空气弹簧外形图

1—橡胶囊；2—上盖板；3—橡胶堆；4—下盖板；5—橡胶座；6—止转垫片；7—止转垫片；8—内止挡；9—可更换节流孔；10—六角螺栓(M12×1.75×40)；11—六角螺母 M12×1.75；12—垫圈 12；13—弹性垫圈 12；14—O 形圈 P50A；15—O 形圈 P60；16—O 形圈 G55

2. 结构

(1)性能的特点

空气弹簧是为无摇枕转向架而开发的，确保前后(即转向架)方向的大变位量。

非线性空气弹簧具备的水平方向的性能要求：

①直线行驶时：左右刚性低；

②曲线行驶时：为防止超速离心力导致的撞击。

水平方向的非线性特性是通过设置机械制动装置(内止挡)限制橡胶堆左右方向运动，当达到规定的左右位移水平时开始停止橡胶堆的左右方向变形，使橡胶堆的刚体化来实现的。空气弹簧左右方向的非线性特性，提升了列车在高速行驶状态下通过曲线时的乘坐舒适度。

(2)结构的特点

空气弹簧采用自密封方式，通过充入内压，使上盖板以及下盖板的密封部位(截头圆锥形)紧贴空气囊的密封以保持气密性。

空气弹簧橡胶堆的下板和插口部与转向架构架连接在一起。转向架的高度调整(车轮旋削后)，通过橡胶堆和转向架构架之间放入调整板来进行的调整。

空气弹簧上进气口(锥形状)与车体(车体下面的进气口)连接。

空气弹簧无气时，焊接在上盖板下面的不锈钢滑动板和粘接在下盖板上面的聚四氟乙烯制的摩擦板之间产生滑动，从而降低回转摩擦力矩。

空气弹簧上盖板、下盖板以及橡胶堆夹层金属使用铝合金材料，从而实现了轻量化。

(三)半主动横向减振器

1. 概述

为改善动车组振动性能，在每辆车车体和转向架之间安装了半主动横向减振器。

半主动横向减振器是根据“天棚”原理，是一种可变阻尼的减振器。相对于主动控制装置，半主动控制装置的结构简单，无需外界能源驱动，可靠性高，易于实现，一旦控制环节有故障时可以进行切除，切除后成为普通的横向减振器。

2. 规格及技术参数

半主动减振器规格和技术参数见表 4-4。

表 4-4 半主动减振器规格及技术参数

减振器型式	SOD *	C50126HSA-R02
性能	阻尼力特性图	参见交货规格图
	最大阻尼力	16.2 kN
	最大活塞速度	20 cm/s
性能	阻尼力特性	在控制范围之内为无级可调
	冲程	126 mm(伸长 64、缩短 62)
	容许外形	参见交货规格图
	安装长度	470 mm
	安装部位的结构(球面、带销橡胶套及其他)	带销橡胶套
	安装部位形状	参见交货规格图
	橡胶套压装角度	0°
	减振器杆安装处的颈部长度(指由减振器圆形安装中心到头)	(47±2)mm
	减振器底部安装处的颈部长度(指由减振器圆形安装中心到头)	(47±2)mm
	安装车号	8 辆/编组
	减振器电缆长度(减振器～车体)	(1 000±30)mm
	防尘罩材质	合成橡胶(难燃性)
使用方法	活塞速度(最大速度与常用速度)	最大速度 20 cm/s、常用速度 5 cm/s
	安装时的角度	新车时为水平
	扭转角度 θ1(最大角度与常用角度)	最大角度 12°、常用角度 5°
	偏转角度 θ2(最大角度与常用角度)	最大角度 6.2°、常用角度 3.7°
	使用温度范围	−25～40 ℃
	有无行驶风进行冷却	有
	车体处的减振器杆/底安装	将减振器底部安装到车体处
	杆、底是否调换	因车轮磨耗可进行高度调整，但不调换
涂装和铭牌	涂装颜色	曼塞尔 N4(深灰色)
	橡胶衬套安装面以及螺栓孔	应涂以防锈油

表 4-5 半主动减振器控制装置规格和技术参数

型式	SODC *	SODC17
规格	电源电压	DC 70～DC 110 V
	性能保证温度	−25～40 ℃
	防尘防水性	IP54
	涂装颜色	曼塞尔 N6
	质量	24 kg

表 4-6 为故障发生后控制装置内部 LED 的状态。

在系统发生故障时，控制用的 CPU 主板将自动中止控制转为被动状态，以进行异常处理。在装置发生异常情况或该控制装置 NFB 断开(OFF)的状态下，将电磁阀驱动电源切断，恢复被动式减振器特性，这样能够确保行驶时车辆的安全性。

表 4-6 半主动减振系统发生故障时状态

项 目	控制装置内部 LED 的状态	项 目	控制装置内部 LED 的状态
CPU 失控	W. D(红)	加速度传感器超量程	FAIL(红)
控制阀异常	FAIL(红)	冷却风扇异常	FAIL(红)
DC 24 V 异常	FAIL(红)	电池电压降低	FAIL(红)
加速度传感器异常	FAIL(红)		

(四)自动高度调节装置

自动高度调节装置由自动高度调节阀、调节杆总成、差压阀构成。

1. 自动高度调整阀

它是空气弹簧悬挂装置中一个重要的组成部件。

如图 4-7 所示，一般安装在车辆车体和转向架之间，具有自动维持车体在不同载重下都与轨面保持一定高度的作用。

由于采用自动高度调整阀来保持车体距轨面高度稳定，能够使空气弹簧非常柔软，结合空气弹簧的振动特性，能够得到非常舒适的乘车品质。

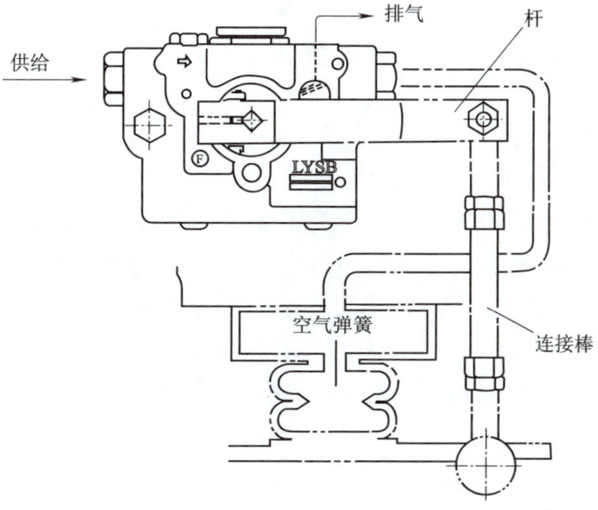

图 4-8 自动高度调整阀安装状态

(1)结构

车体高度的变化通过连接棒传递到阀体。阀体由中央部的缓冲弹簧、上部的空气阀、下部的液压减振器部构成,如图 4-8 所示。

(2)作用

车辆在正常振动过程中,高度调整阀具有空气弹簧不发生进、排气作用。对于静态载重变化或极低频率的振动(车辆通过曲线时),高度调整阀产生动作。

(3)参数

无感区:(10±1)mm

动作延迟时间:(3±1)s

空气流量:20～30 s

工作角度:±30°

2. 差压阀

本装置安装在空气弹簧左、右附加空气室之间,在左、右空气弹簧产生超过规定压力差的情况下,一侧的压力空气流向另一侧,以防止车体倾斜,实现车辆的行驶安全。

(1)结构

差压阀由阀体、阀及阀弹簧等构成,左、右结构对称。将阀座压入阀体,阀由阀弹簧压在阀座上。

过滤器由止动销固定在阀体的空气出入口处。

(2)作用

车辆在正常状态下,同一转向架上左、右空气弹簧不会发生车体过度倾斜而产生的压力差,差压阀不工作。如果一侧空气弹簧泄气,左、右空气弹簧会产生较大压力差,这种压力如果在差压阀的设定压[(150±20)kPa]以上,打开由阀弹簧保持的阀,从压力高的空气弹簧向压力低的空气弹簧充气,防止车体的倾斜。

五、轮轴、制动盘及驱动装置

(一)轮　　轴

1. 车轮

车轮辐板两侧装有制动盘。动车转向架和拖车转向架用车轮可以互换。车轮材质为 ER8,踏面形状为 LMA 磨耗型踏面。

2. 车轴

采用 EN 标准设计。材质为 EA4T。

为减轻簧下质量,采用了 ϕ60 mm 的直线镗削空心车轴。为了防止镗削轴内面生锈,轴内喷涂防锈剂,在轴的两端部安装有尼龙制的插头;为了防止缓慢地拔出,内置有孔用弹簧挡圈。车轴端面上进行 C4 倒角,车轮修正时,使用专用的中心顶尖。

此外,为了对轴承进行定位,轴端上攻有紧固轴端螺母用的连接用螺纹(间距为4 mm)。

可利用镗削内孔面进行超声波探伤,同时,为了达到长期防锈的目的,使用了气化性防锈油。

3. 轮装制动盘

轮装制动盘(以下简称轮盘)为一体式型,动车轮盘、拖车轮盘相同。

轮盘的材质是耐热性高的铸钢。

轮盘摩擦盘的圆周上有一个凸面，据此可以判断摩擦盘是否已经达到磨损极限，是否需要更换。轮盘的磨耗极限量为：动车轮盘、拖车轮盘均为 3 mm。

4. 轴装制动盘

轴装制动盘(以下简称轴盘)通过排布在摩擦面之间的散热肋片保证足够的散热。散热肋片根据由速度决定的离心力将冷却气流从轮毂通过摩擦盘内部导向外部。

轴盘摩擦盘的圆周上有一个凸面，据此可以判断摩擦盘是否已经达到磨损极限，是否需要更换。轴盘的磨耗极限量为：5 mm。

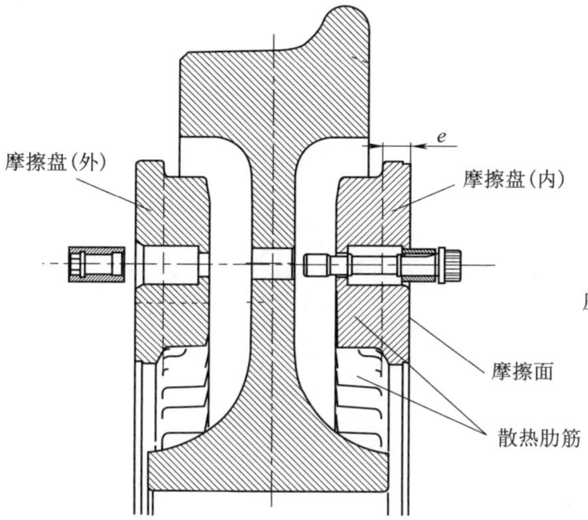

图 4-9　轮盘结构

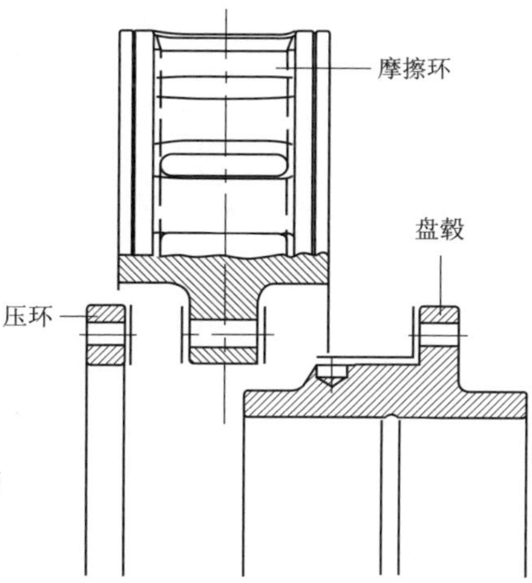

图 4-10　轴盘结构

(二)驱动装置

1. 齿轮装置

齿轮装置的作用是对主电动机的高速旋转进行减速，传动给车轴。

由齿轮箱、大齿轮、小齿轮、轴承、悬吊装置、通气装置、接地装置、油位表构成。

为了使齿轮箱轻量化，采用了铝合金材质，因此在组装、分解及搬运时尤其要特别小心处理(例如撞伤痕迹等)。大盖的把手也是铝合金铸件产品，因此，不要施加高载荷(通过杠杆式起钉器支撑齿轮装置等)。

齿轮箱为一体化部件。小齿轮轴通过拆卸轴承压件盖等，能把整个轴承都取出。只要不从车轴加油压，大齿轮就不可能拆下。

小齿轮主电动机侧的密封构造，为了防止漏油，除了迷宫式密封圈结构外，其结构分别设置为水密封和油密封。此外，装备了通气装置，以减轻因温度变化而引起的齿轮箱内的压力变化，防止漏油。

齿轮和各轴承的润滑均使用相同的润滑油，采取大齿轮旋转带动的飞溅润滑方式。配有油量自动调整装置，油量自动调整装置安装在小齿轮下部的储油箱内，高温(约 40 ℃以上)时开始运行，通过减少搅拌油量控制温度的上升，并增大对漏油的防范。另外，还有减小因搅拌油而带来的动力损失。

由于齿轮箱采用铝合金制造，所以，轴承的轴向间隙及轴承盖等的相互镶嵌，因外界温度的变化而不同,应加以注意。

关于接地装置:为了确保接地,同时为了防止各轴承的电腐蚀,接地装置设置在齿轮箱的主电动机侧,使用弹簧压着接地装置的电刷,用导线与车体的端子进行连接。

磁铁栓是通过磁铁来收集齿轮箱内的金属磨耗粉等的装置。

悬吊装置是把齿轮箱固定在转向架构架上的部件,在齿轮箱和转向架构架的电机吊座部分别通过缓冲橡胶进行安装。

此外,把轴承温度检测装置设置在齿轮箱大端靠近电机侧,与装备在轴箱体上的传感器是同一产品。

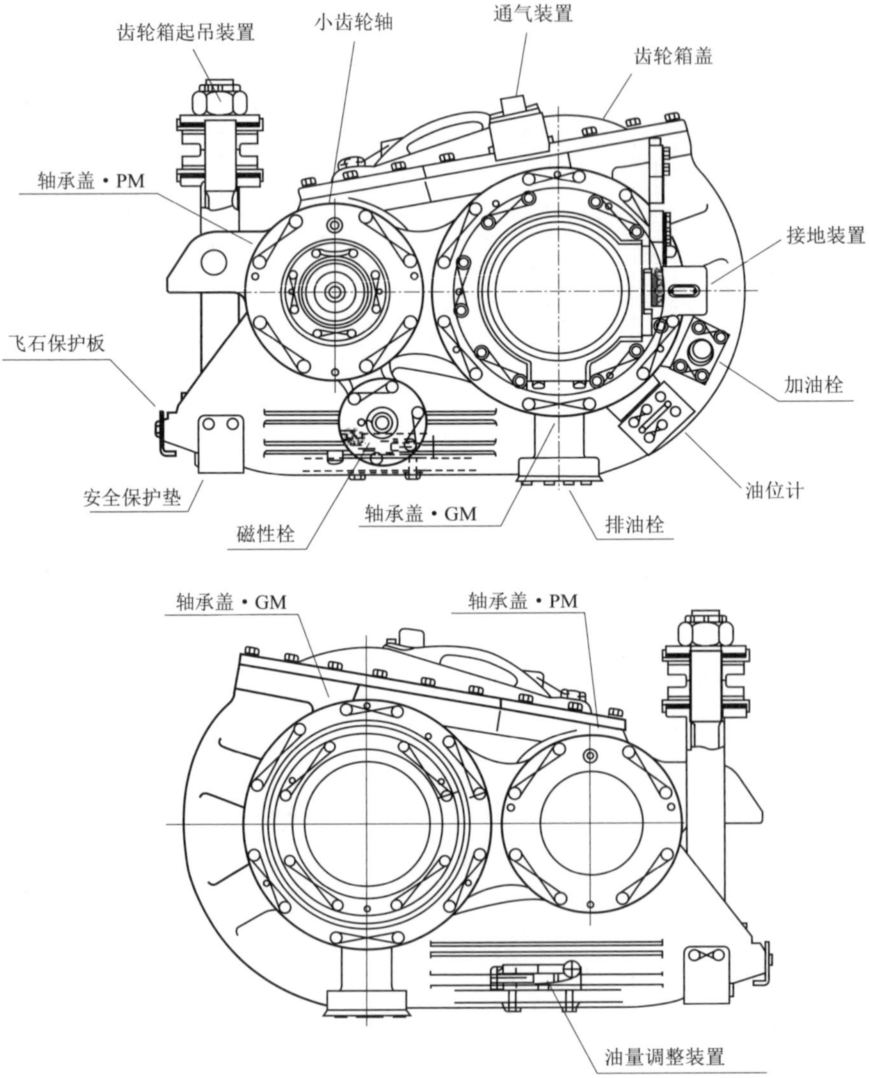

图 4-11　齿轮箱构造

2. 齿轮

齿数比 69/29=2.379。齿轮的参数见表 4-7。

表 4-7 齿轮参数

种类项目		大齿轮	小齿轮
齿轮基准断面		齿直角	齿直角
工具	齿形	标准齿	标准齿
	模数	7	
	压力角	26°	
齿数		69	29
扭角(方向)		20°(右)	20°(左)
精加工方法		修正	修正
齿面热处理		高频淬火回火	渗碳淬火回火
中心距(mm)		363	

3. 轴承

小齿轮侧及大齿轮侧都使用圆锥滚珠轴承。

4. 润滑

(1)考虑到在寒冷地带及高速行驶,使用铁道润滑油。

(2)从齿轮装置油位表上部加油,使油的位置为中线和上线之间。

5. 通气装置

为了减轻由于温度变化引起的齿轮箱内的压力变化、防止漏油,疏通填塞物,成为齿轮箱内外的通路。同时,通气孔帽采用了防止水从外部侵入的构造。

6. 悬吊装置

为了尽可能地小因载荷及振动引起的小齿轮轴中心的位置变化,齿轮箱悬吊装置设置在靠近小齿轮处,分别通过缓冲橡胶安装在齿轮箱和转向架构架的支撑部。

7. 接地电刷

接地电刷的异常损耗或固滞,将造成电机、驱动装置的轴承以及齿轮的齿面发生电蚀,从而引起故障。因此,请定期检查,有异常则及时更换。

(三)联 轴 节

1. 作用

齿轮型联轴节,将轴箱弹簧上的主电动机侧的电机轴和轴箱弹簧下齿轮箱的小齿轮轴联接,准许相对运动同时能传递动力。

转向架弹簧的弯曲变化及轮轴的横向、纵向移动而产生的两轴相对位移有充分的自由度。

2. 结构

联轴节与电机轴端、齿轮装置小齿轮轴端采用 1∶50 锥度配合,采用油压装拆,通过特殊螺栓、螺母将两半联轴节紧固在一起。小齿轮的齿端加工成适当的曲面,并且外筒的齿轮长度加长之后,容许轴向位移和角位移。

3. 联轴节零件明细

半联轴节零件明细见表 4-8。

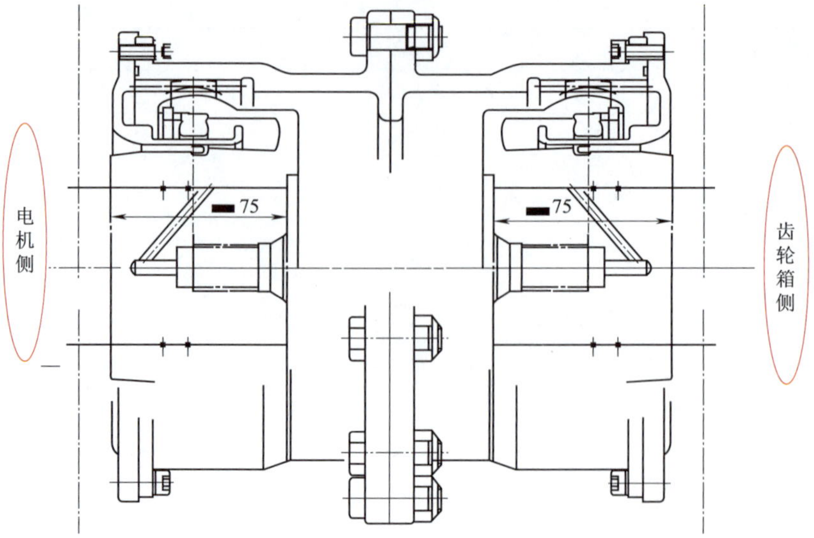

图 4-12　联轴节示意图

表 4-8　半联轴节零件明细表

件号	数量	名称	件号	数量	名称
1	1	外筒	7	10	垫圈
2	1	轴毂	8	1	止推垫圈
3	1	端盖	9	1	定位环
4	1	止推环	10	10	内六角圆柱头螺钉
5	1	O 形圈	11	2	内孔保护
6	1	密封装置	12	1	保护板

六、转向架附件

(一)转向架失稳检测装置(BIDS)

转向架失稳检测装置(BIDS)是通过安装在转向架上的水平加速度传感器检测到高速行驶的转向架发生了蛇行运动之后，通过各车 BIDS 控制装置传输给车辆信息终端装置，从而司机台 MON 显示器报转向架异常信息提示司机。当下列设备发生故障时，BIDS 将设备故障信号传输给车辆信息终端装置。

1. 装置构成

该装置由处理器(机柜)、水平加速度传感器设备构成；其中处理器由处理、接口、通信、电源、电流环通信 I/F 模块部件构成，检查以及更换以处理器机柜(rack)为单位进行。

2. 外观及各部位名称

处理器的外观如图 4-13 所示。

3. 功能

当转向架产生蛇行运动时，可通过设置于转向架构架上的水平加速度传感器检测出，并将异常信息输出到 BIDS 控制装置，BIDS 控制装置向车辆信息监控制装置发出异常信息及位置。

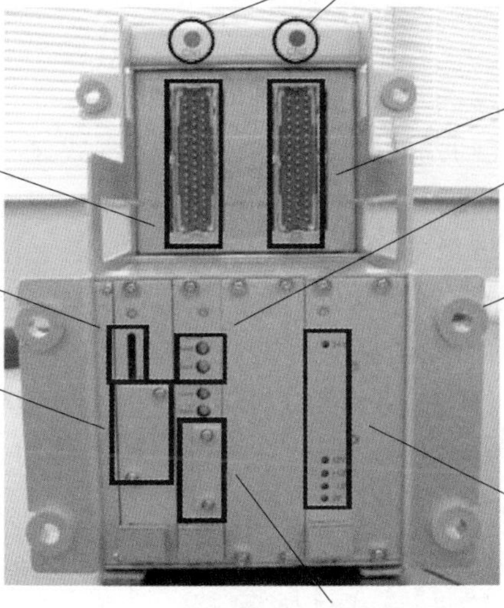

图 4-13 处理器的外观以及各部位名称

(二)转向架配线、配管

1. 转向架配线

转向架构架处有配线装置是轴温检测装置、防滑器装置失稳检测装置以及速度传感器,这些装置在转向架与车体间以电缆线方式连接。为了保养方便,在轴温检测装置以及防滑器装置配线的线路中设置有端子箱。

速度传感器,动车转向架安装于牵引电机上,拖车转向架安装于车轴轴端。速度传感器的型号为:拖车 ATP 用采用 AG43、GEL247Y 或其他传感器(根据 ATP 的型号而定),制动器控制用采用 AG37 及 AG43。动车转向架在牵引电机端部上设置有作为制动控制以及主电路用的速度传感器(PG 传感器)。

轴温检测装置全部都是相同的,动车转向架因安装在所有的轴箱体以及齿轮箱上,所以为 6 个/转向架,拖车只限轴箱体安装,所以为 4 个/转向架。

2. 转向架配管

转向架配管有制动夹钳、踏面清扫、差压阀 3 个系统。

差压阀设在纵向连接梁的侧面上,从差压阀到左、右横梁(辅助空气室)为止,用铜管连接在一起。

踏面清扫装置的配管安装在夹钳装置的上方,动作时,闸瓦从车轮的上方向下压紧车轮踏面。

制动系统、踏面清扫装置的配管,从转向架到车体间采用空气软管方式将各自连接在一起。

(三)转向架排障装置

转向架排障装置是为了排除线路上小的障碍物,从而保证车辆无障碍运行的装置。对于较大的障碍物,由设置在头车的排障器来排除,由于安装在车体上,排障器下部不能太靠近轨道面,太小的障碍物不能够排除掉,只能由转向架排障装置来排除。

转向架排障装置安装在不受轴箱弹簧挠度影响的轴箱体下面，位于两头车靠近车端部的车轮外侧。排障板的前端部为天然橡胶及帆布材料。排障板高度应调整到距离轨道面上 5～13 mm 的位置。

(四)基础制动装置

转向架制动装置采用气动式夹钳、浮动式闸片的盘式制动方式。该结构可使制动力更为均匀，有效地减少热斑、颤振。

夹钳装置的种类有：用于动车转向架的动车轮盘制动夹钳 RZKKTYPE18，用于拖车转向架的轮盘制动夹钳和轴盘制动夹钳相同，即拖车制动夹钳 RZKKTYPE12。因动车转向架和拖车转向架的制动盘所需的制动力是不同的，所以夹钳气缸的直径也不同。

动车转向架与拖车转向架采用相同的制动闸片。

踏面清扫装置安装在制动钳的上部。在行驶中将清除附着在车轮踏面上的尘埃、锈迹、油脂等，为防止空转和打滑，在制动时将闸片(研磨子)压在踏面上进行清扫。研磨子的材质采用树脂系列。

CRH380A 统型车有停放制动装置，相应制动夹钳配有停放制动缸。

复习思考题

1. 动车组动车转向架和拖车转向架有什么区别？
2. 动车组踏面清扫器的作用是什么？
3. 转向架排障装置的作用是什么？

第五章　高压及牵引系统

动车组高压供电系统及牵引传动系统包括受电弓、牵引变压器、牵引变流器、牵引电机等部件组成。

第一节　高压系统及原理组成

一、概　　述

25 kV/50 Hz 单相交流电从接触网经受电弓受电，通过 VCB 与牵引变压器 1 次侧绕组连接。每个动力单元各设一台牵引变压器、两台牵引变流器（牵引变流器包括整流器和逆变器）及八台牵引电机。牵引变流器牵引工况下向牵引电动机供电，制动工况下将制动再生电能反馈回电网。以 M1＋M2 单元为例：M1 车、M2 车各设置 1 台牵引变流器（CI）、4 台牵引电机。

牵引电动机为 3 相鼠笼式感应电动机，其轴端安装有速度传感器，向牵引变流器、制动控制装置（BCU）输出转子频率信号。主回路图如图 5-1 所示。

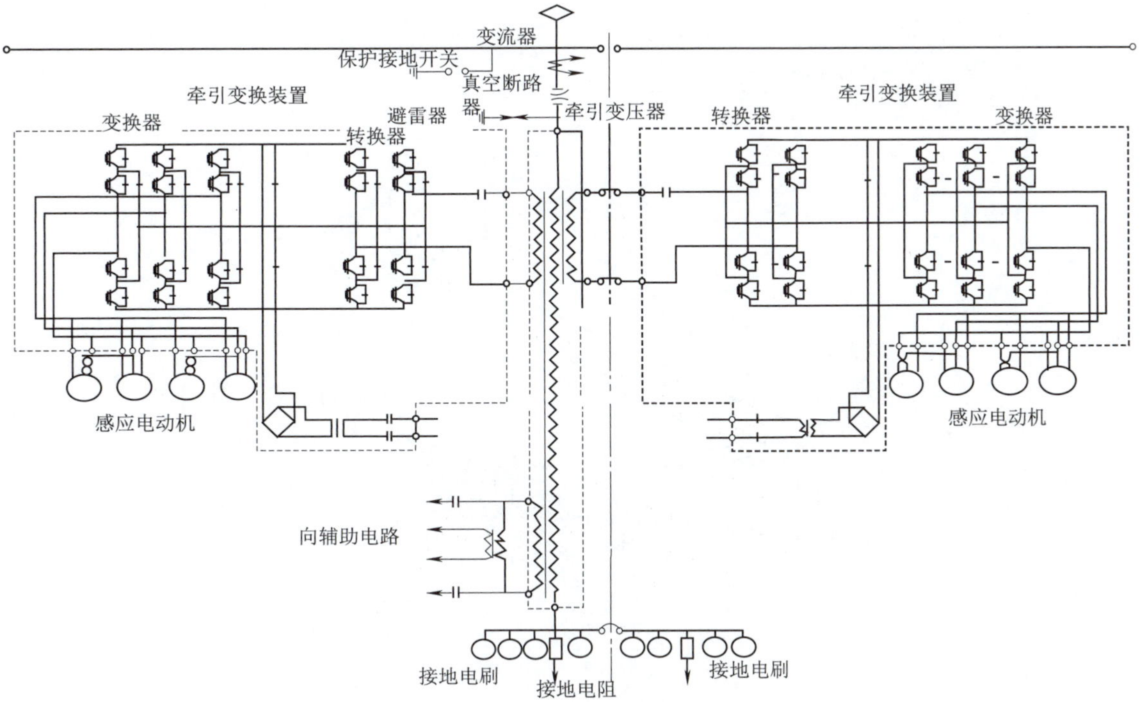

图 5-1　主回路略图

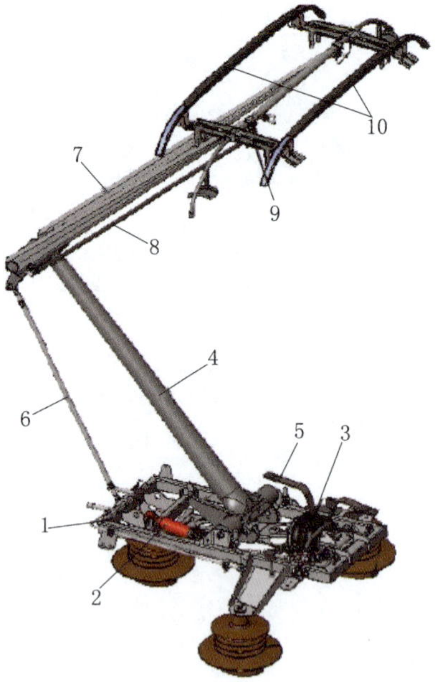

图 5-2 DSA380 型受电弓结构

1—底架组装;2—阻尼器;3—升弓装置;4—下臂组装;5—弓装配;6—下导杆;7—上臂组装;8—上导杆;9—弓头;10—碳滑板

二、受电弓

（一）受电弓概述

CRH_{380AL} 型动车组使用的受电弓型号为 DSA380 型受电弓，CRH_{2C} 二阶段、CRH_{380A} 型车的受电弓型号 TSA19A，其结构如图 5-2、图 5-3 所示。

（二）主要参数

1. 最小绝缘距离：>310 mm
2. 最大电流：1 000 A
3. 车辆静止时最大电流：80 A
4. 受电弓落弓时高度：666 mm（TSA19A 型为≥650 mm）
5. 静态接触压力：80 N
6. 最大集电头(弓头)宽度：1 $950_{-10}^{\ 0}$ mm
7. 两根滑板中心线距离：约 580 mm（TSA19A 型约 597 mm）
8. 滑板材料：碳滑板（TSA19A 型为渗金属碳）
9. 弓角材料：不锈钢（TSA19A 型部分绝缘）
10. 最大上升时间：10 s
11. 最大下降时间：10 s
12. 输入空气压力：400～1 000 kPa(4～10 bar)，接触压力在 80 N 时，压缩空气气压约 330～390 kPa(3.3～3.9 bar)

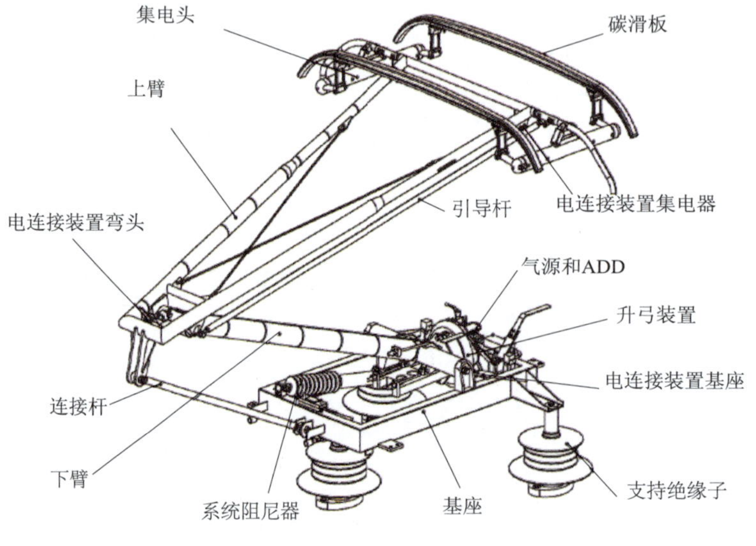

图 5-3 TSA19A 型受电弓结构图

受电弓工作原理如图 5-4 所示。自动降弓装置原理如图 5-5 所示。

当受电弓的电磁阀得电时，压缩空气也经过减压阀、电控阀一路向气囊充气，同时一路向受电弓的集电头上的滑板气腔内充气；当气囊内气压达到一定压力时，受电弓开始升弓，与接触网接触集取电流。

当电磁阀失电时，气囊中的压缩空气压力迅速减小，压缩气体由电磁阀口排向大气，受电弓靠自重落弓。

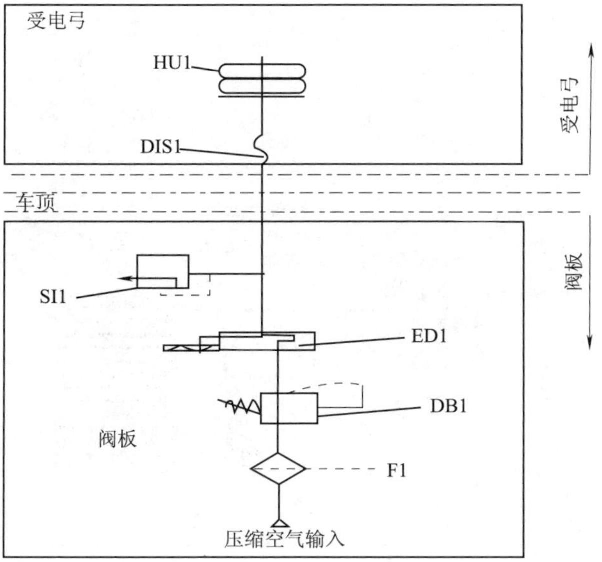

图 5-4　受电弓工作原理

F1—空气过滤器；DB1—减压阀；ED1—电控阀；SI1—安全阀；DIS1—绝缘管；HU1—气囊

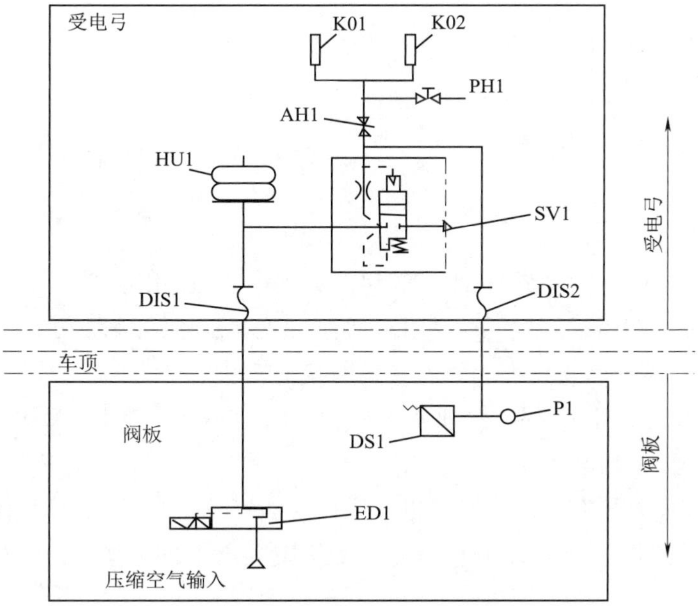

图 5-5　自动降弓装置工作原理

ED1—电控阀；DS1—压力开关；P1—测试口；DIS1—绝缘管 1；DIS2—绝缘管 2；HU1—气囊；SV1—快速降弓阀；AH1—关闭阀；PH1—试验阀；K01/K02—碳滑板

压缩空气通过受电弓升弓装置进入到带有气腔的碳滑板，如果碳滑板出现空气泄漏，该故障会导致升弓装置（HU1）中的气体从快速降弓阀（SV1）中迅速排出，从而实现自动降弓。

（三）阀板的功能和调节

阀板为受电弓系统的气动控制单元，其外形如图 5-6 所示。

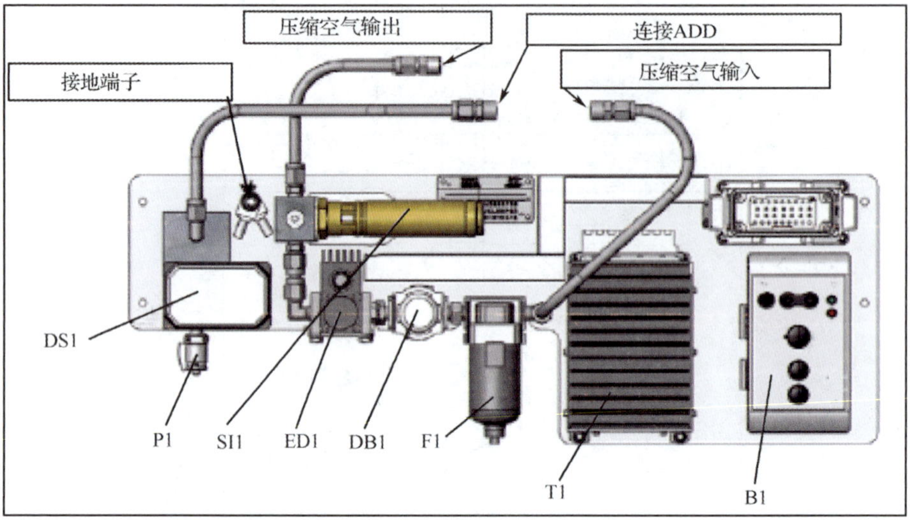

图 5-6 受电弓阀板

F1—空气过滤器；DB1—减压阀；ED1—电控阀；SI1—安全阀；DS1—压力开关；P1—测试口；T1—直流电压；B1—控制单元

通过阀板，可以将来自车辆侧的压缩空气调整为适合受电弓正常工作的气压，通过安装在阀板上的压力开关，将受电弓的工作状态反馈给动车组。

三、保护接地开关(EGS)

（一）概　　述

动车组采用 SH2052C 型保护接地开关(EGS)，其主要作用为：

1. 当真空断路器(VCB)不能使主回路断路时、或者是当接触网发生异常、要求接触网变成无电压等情况下、操作此开关可以强制接触网接地。

2. 当检查高压设备箱的内部时，即使意外发生受电弓上升的情况，也能事先让受电弓接地，保护车辆安全、防止触电事故。

只要有电源和压缩空气，保护接地开关可以随时闭合，不受任何其他限制。可以通过操作驾驶台上的保护接地开关和隔离开关，或者配电盘上的开关，实现对保护接地开关的控制。

（二）性能参数

性能参数见表 5-1。

表 5-1　保护接地开关形式和性能

<table>
<tr><th colspan="2">形式</th><th>电磁空气式</th></tr>
<tr><td colspan="2">方式</td><td>SH2052C</td></tr>
<tr><td rowspan="6">额定</td><td>电压</td><td>30 kV 单相</td></tr>
<tr><td>频率</td><td>50/60 Hz</td></tr>
<tr><td>短时间电流</td><td>6 000 A(15 循环)</td></tr>
<tr><td>额定操作空气压力</td><td>0.785 MPa(8 kgf/cm²)</td></tr>
<tr><td>操作电压</td><td>DC 100 V</td></tr>
<tr><td>闭合(接通)容量</td><td>15 kA(波高值)1 次</td></tr>
<tr><td colspan="2">主接点的接触力</td><td>80 N(8kgf)</td></tr>
<tr><td colspan="2">连动接点</td><td>3a—3b</td></tr>
<tr><td colspan="2">锭杆闭合时间</td><td>10～20 循环</td></tr>
</table>

(三)构　　造

保护接地开关由操作气缸、时钟脉冲触发器机构、辅助开关以及加热器、装备有锭杆的机构箱和固定接头构成的。

机构箱是在箱的长度方向的两侧装有支脚、安装在车体侧面支架上的结构。固定接头装在 T 型接头上的导体上。

开关闭合时,锭杆通过低噪声 T 型接头上的导体接通高压电路。

机构箱内置 100 V～100 W 的加热器。内部为密封结构。外部的锭杆设在机构箱侧面,可融化结冰。固定接头采用了易粉碎结冰的结构。

四、高压设备箱

(一)概　　述

高压设备箱装在车底下,内置有真空断路器、避雷器以及电缆连接器。高压设备箱内置部件可以单独拆装。

(二)设备箱构造

为防止危险和内置机器污损,高压设备箱采用封闭结构。为适应通过隧道时的压力变化,设置了过滤器,与外界空气保持交换作用。箱体是由铝合金的材料制成。另外,通过降低避雷器的限制电压,将绝缘间隙降低至 230 mm,达到了机器箱小型化的目的。

设备箱的上面悬吊避雷器。设备箱的侧面装有真空断路器、车底有电缆连接器以及显示灯。显示灯是为了便于目视确认保护接地开关闭合(接通)而安装的。

底面设有检查盖,由闭锁装置进行闭锁。因为机器的安装全部在箱内进行、所以当在进行操作和检查时,必须要先操作闭锁装置,打开盖子。

(三)检查作业防护(接地互锁)

为保证高压设备箱检查作业安全,必须在确保接地安全的情况下,才允许打开高压设备箱，只有高压设备箱关闭，保护接地开关才可断开。

开启高压设备箱步骤如下：

1. 主控投入后打开辅助空压机控制柜，按下接地保护按钮。
2. 向两侧旋转钥匙箱两侧的手柄，翻下钥匙箱盖，取出高压设备箱钥匙。
3. 确认高压设备箱显示灯不亮后，打开高压设备箱。

五、真空断路器

(一)概　　述

真空断路器用来断开，接通 25 kV 电路，并作为故障状态的保护器件，兼有断路器和开关两种作用。

真空断路器(通称 VCB)，在被封闭的真空容器中配置动静触头、通过动静触头，利用真空中有高的耐绝缘能力和电弧的扩散作用来断开电流。VCB 配置在车底部的高压设备箱内。

(二)性能参数

性能参数见表 5-2。

表 5-2　真空断路器的性能参数

项目	额定	项目	额定
形式	CB201 C	额定开极时间	0.06 s 以下
额定电压	AC 30 kV	额定断路时间	0.08 s 以下
额定电流	200 A	操作方法	开极：电磁控制空气操作方式
额定频率	50/60 Hz		闭极：电磁控制空气操作方式
额定断路容量	100 MV·A	额定操作电压	DC 100 V(变动范围 60～110 V)
额定投入电流	10 000 A	额定操作压力	8 kgf/m^2(变动范围 6.4～9.6 kgf/m^2)
额定短时间电流	4 000 A(2 s)	标准动作职责	CO-5s-CO
额定断路电流	3 400 A	动作次数	5 万次
无负荷投入时间	0.15 s 以下		

(三)构　　造

VCB 的构造如图 5-7 所示。

VCB 的操作机构箱用螺栓固定在高压设备箱上。

操作机构箱内置有空气罐、电磁阀、增幅阀、操作气缸及主操作杆等构成操作机构部，由外部信号开闭电磁阀，由此驱动增幅阀、操作气缸、主操作杆，由绝缘操作杆来开闭断路器部的构造。

断路器由左右配置的真空阀与集电子单元，及与此相连接的中间机构部构成，收纳在 T 字形的绝缘支持瓷瓶内。连接断路器部与操作机构部间的绝缘操作杆，在连接绝缘与高电压部电气的同时，传递开闭的操作力。

机构箱中内置有辅助开并，与 VCB 开闭动作连动的 ON-OFF 信号通过控制插头向外部导出。

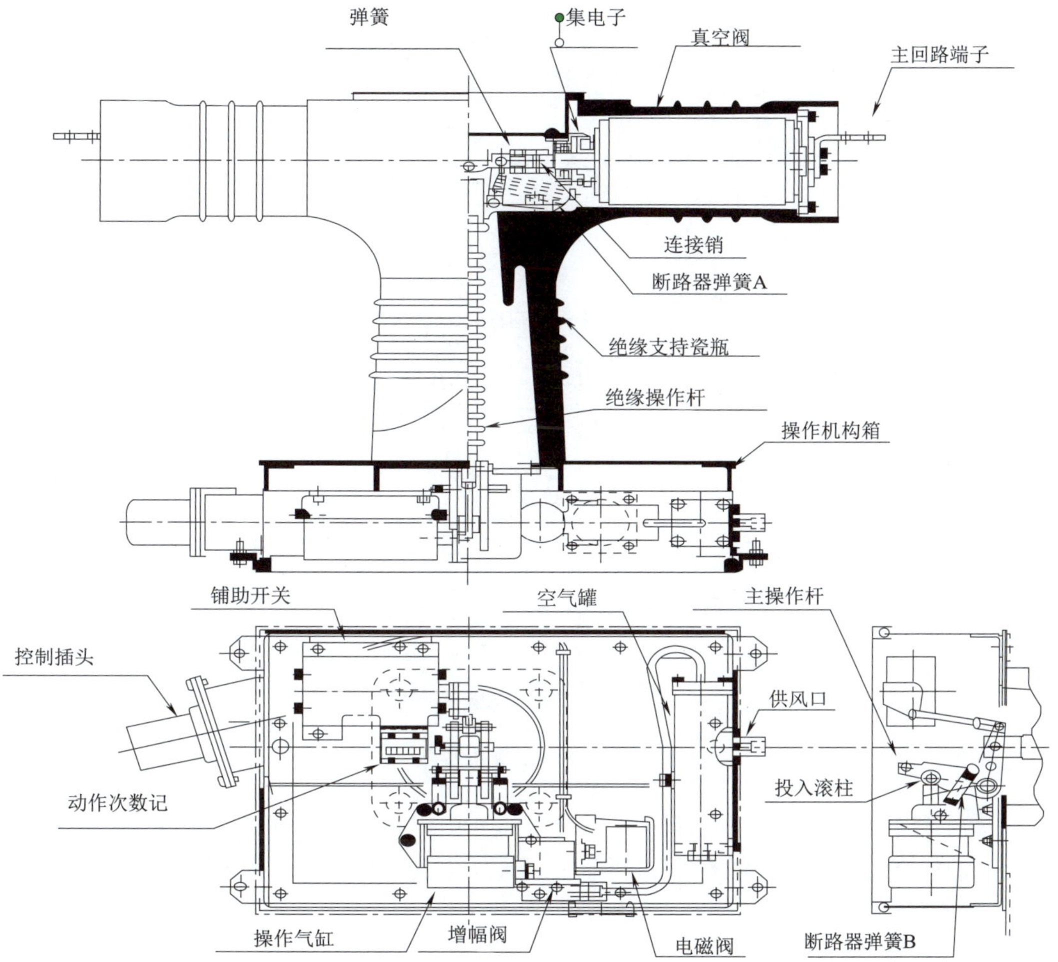

图 5-7 VCB 的结构图

六、AC 25 kV 交流避雷器

（一）概　　述

交流避雷器采用氧化锌（ZnO）为主体的金属氧化物材料，属于高非线性电阻体的无间隙避雷器，避免雷电或过电压损害牵引变压器、牵引变流器等设备，具有自动恢复功能。

（二）主要构造（图 5-8）

1. 避雷器容器：避雷器容器（聚合体绝缘管）的外皮采用的硅酮为主的难燃性红橡胶。难燃性红橡胶具有耐漏电起痕、抗老化，具有很强的抗冲击性。难燃性红橡胶是与 FRP 筒一体成形的，并且完成品的紧密结合性很高。

2. 氧化锌元件：避雷器容器内部安置有氧化锌元件。氧化锌元件主要成分为氧化锌的晶体被添加物构成的粒子层所包围着的烧结体，具有非线性阻力特性。根据这个特性，能够把很大的雷电涌电压抑制在避雷器的限制电压值上，并且能够断开续电流。

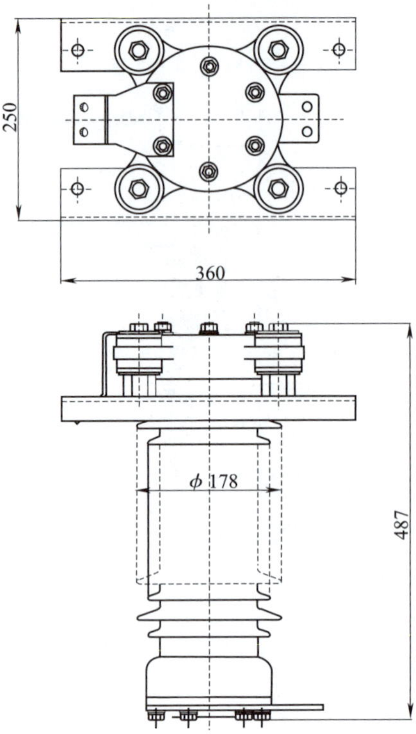

图 5-8　交流避雷器

3. 压力释放装置:如出现了超过性能的电涌而引起避雷器的绝缘劣化时,事故电流会引起避雷器的内部压力上升。此时压力释放装置开始启动,释放出内部压力,防止避雷器容器的破坏、飞散等。

4. 防振用橡胶:为防止振动和冲击引起的避雷器的损伤,装备有防振用橡胶。

5. 避雷器的内部气体:避雷器的内部被抽成真空后,封入干燥的氮气密封好。

第二节　牵引传动系统原理及组成

一、牵引变压器

(一)概　　述

牵引变压器目前采用了 TBQ34-3855/25A 型和 ATM9D 型两种产品,具有以下特点:

1. 为了减轻重量,一次绕组采用了铝质线圈。

2. 二次绕组为 2 个独立绕组,每个绕组与一台牵引变流器连接,具有高电抗和弱耦合性,确保牵引变流器稳定运行。

3. 三次侧绕组自变压器引出后向辅助电路供电。

(二)结　　构

1. 内部结构(图 5-9)

变压器采用壳式结构,油箱分为上下两个部分。在组装变压器内部器件时,首先按规格将绕组卷成板状形，在各绕组之间设置绝缘物及油隙后进行层叠直至规定的尺寸。

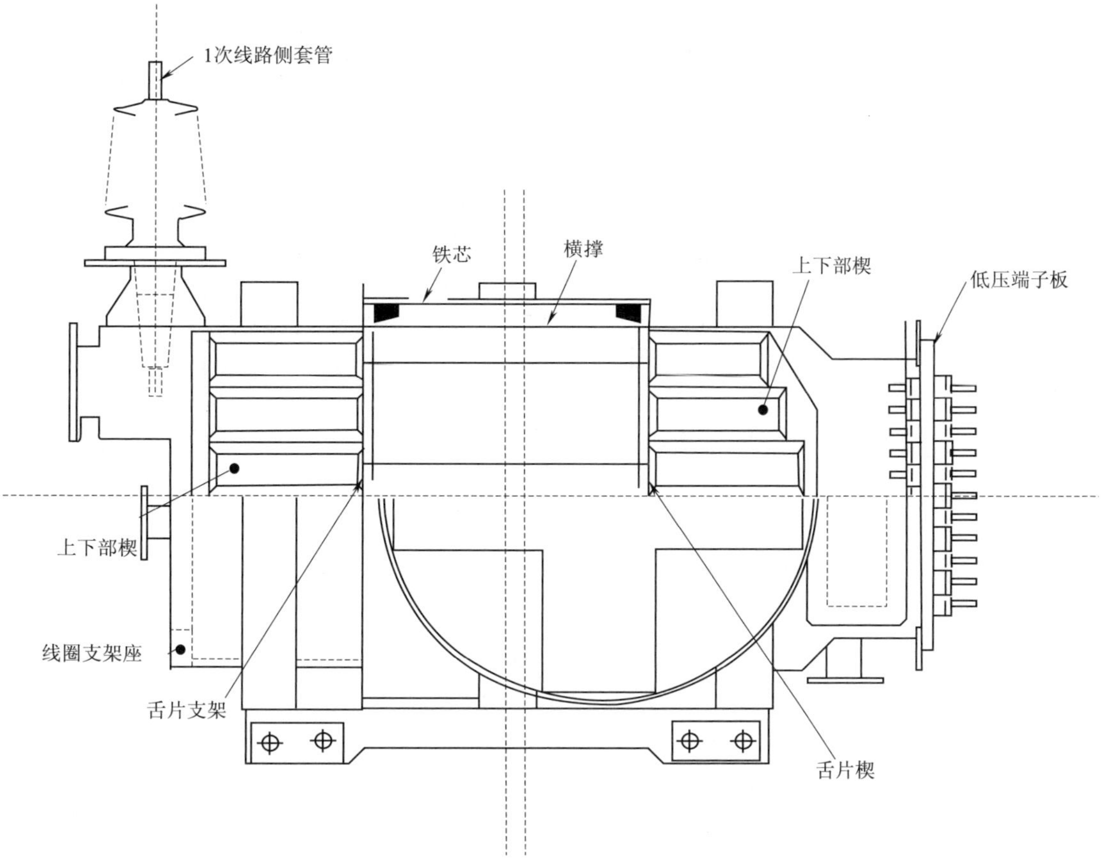

图 5-9　变压器内部结构

将绕组群垂直设置在下部油箱底板上，将绝缘状铁芯层叠在板状绕组群的外周及内侧直至规定的高度。此时的铁芯应层叠在设在下部油箱上缘的法兰盘和跨接绕组内侧的铁芯支撑板上。层叠至规定高度后，须在铁芯上缘与绕组群内侧敲入称为"舌片楔"的不锈钢板楔，使绕组与铁芯牢固固定。

然后将上部油箱轻缓盖上，最后将设在上部油箱下缘的法兰盘与下部油箱的法兰盘用玻璃丝进行焊接。此时，须在铁芯外周和上部油箱的间隙内插入称为"横撑"的树脂制楔子使铁芯与油箱固定。将变压器本体正常横倒时，其内部重量则通过前述的"横撑"传递到油箱上。

2. 外部结构(图 5-10)

变压器具有金属波纹管油枕，安装在牵引变压器中心附近部位，波纹管为圆形不锈钢制的焊接管。油枕与主体箱通过连接孔与主体箱内的油流通，油充填在波纹管的外侧，波纹管的内侧与大气相通。

1 次绕组高压侧绝缘套管采用耐热环氧树脂注塑成一体形绝缘套管，在变压器主体的前方横向引出，与相邻的高压设备箱内的断路器相连。

1 次绕组接地侧、2 次绕组侧、3 次绕组侧的各端均为成一体形注塑形端子板，在侧面引出。

冷却风由电动送风机从车辆侧面吸入，通过挠性风管内的调风栅提供给油冷却器。

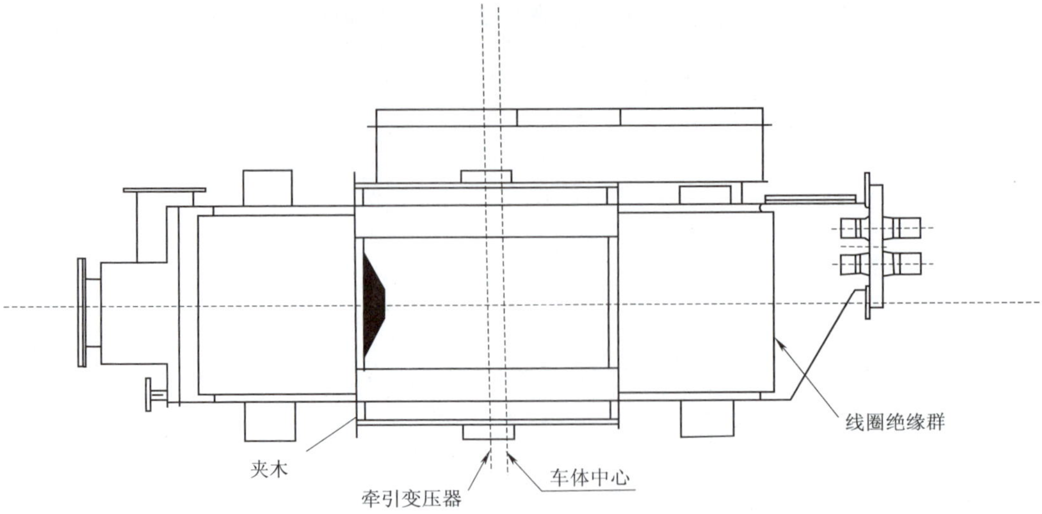

图 5-10　变压器外部结构

另外，变压器内的绝缘油经过油冷却器冷却后返回变压器内，通过绕组表面及铁芯侧面吸收发生的热量。从绕组、铁芯吸收热量后由油泵吸出再次被送入油冷却器进行热交换。油在变压器内部循环。但因油泵的故障等有可能造成油流停止、绕组过热烧毁，所以在一部分循环电路中设置了油流继电器使其能够检测油流的停止。

二、牵引变流器

(一)概　　述

牵引变流器主要用于控制 4 台牵引电机的电源。其结构简洁，整流器、直流中间电路、逆变器、真空交流接触器等的主电路机器、无触点控制装置、控制电源等控制电路器具均安置在一个箱体内的一体构造，从而缩小了安装空间。同时由于采用铝制框架力求达到轻量化的目的，变流器内部装置的每个单元在结构和控制方面具有互换性。

(1)牵引变流器布置

主电路系统构成如图 5-11 所示。

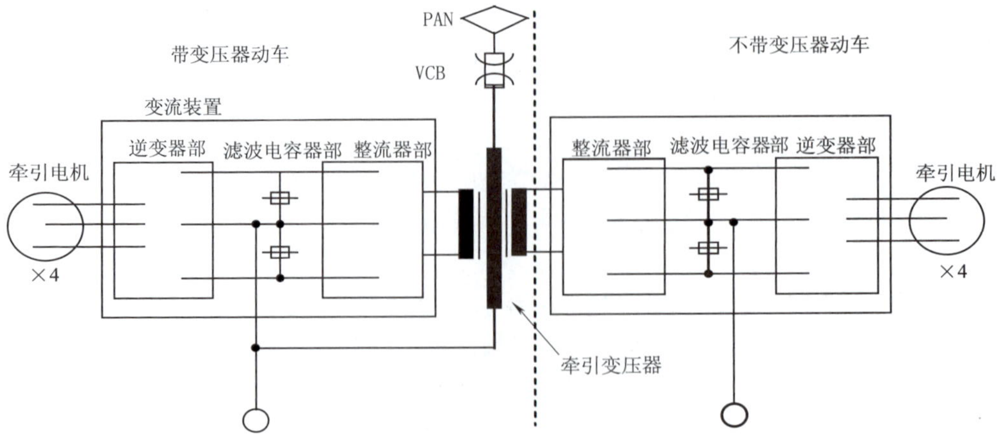

图 5-11　主电路系统构成

每个动车搭载有1台牵引变流器，在牵引运行时向牵引电机提供牵引力和制动时进行再生制动控制，此外还具有保护功能。另外，以来自车辆信息控制装置的信息为基础，进行全列各车整流器间载波的相位差运行，以此来降低接触网电流的高次谐波。

牵引电机使用了3相鼠笼式感应电机，轴端设有速度传感器用于向检测牵引变流器、制动控制装置发送转速信号（转子频率）。

（2）牵引变流器的结构和功能

牵引变流器由单相交流变为直流电力的整流器部分和直流电流变为3相交流的逆变器部分、吸收电压波动获得直流定压的直流电压电路（滤波电容器）部分构成。

由于整流器和逆变器部分均采用了3电平式结构，可进行精确的电压控制。主电路的半导体元器件采用了能高速开闭的IGBT或IPM，能减小交流电压波形的失真，由此降低了牵引电机、牵引变压器的电磁噪声，因而减少了转矩波动。

（3）整流器部分

整流器部分输入变压器2次绕组侧输出的AC 1 658 V、50 Hz电压，由单相PWM整流器、交流接触器K构成。

无触点控制装置的（IGBT元件）控制方式有：使输出的直流电压为2 600～3 000 V定电压控制、牵引变压器1次绕组侧电压电流的高功率因数控制方式（约等于1）且具有保护功能。当再生制动时，进行逆变换，以滤波电容器的DC 3 000 V作为输入，向牵引变压器二次侧提供AC 1 658 V，50 Hz的电源。另外，使用交流接触器K闭合切断主电路。

（4）逆变器部分

牵引工况时，逆变器将滤波电容器电压作为输入，通过无触点控制装置的（IGBT元件）控制，输出可变电压/可变频率的3相交流电压，控制4台并联的感应电机的速度和扭矩。再生制动工况时，以感应电机发出的3相交流电作为输入，向滤波电容器侧输出直流电压。

感应电机的控制采用矢量控制方式，独立控制扭矩电流及励磁电流来达到扭矩控制的高精度化、扭矩响应的高速化、提高电流控制性能。

电路构成与整流器相同，采用3点式结构。

（5）直流电压电路（滤波电容器）部分

滤波电容器分立设置了2台整流器功率单元、3台逆变器功率单元，合计容量为8 000 μF。

滤波电容器上有备用充电电路，启动时把充电电阻部分通过内置变压器从辅助绕组充电来防止K闭合瞬间的过大电流。如图5-12所示。

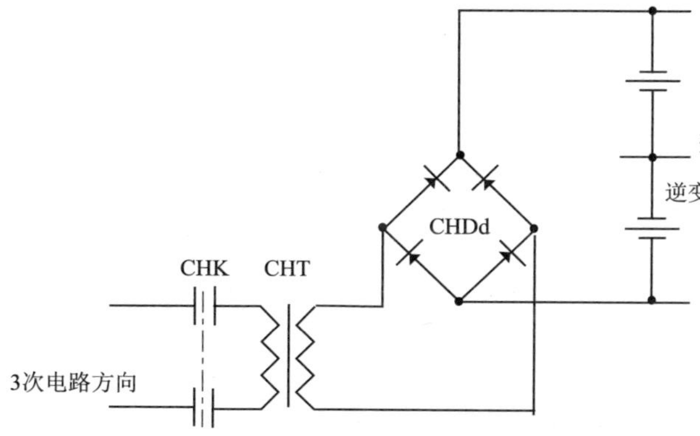

图5-12　滤波电容器备用充电电路结构

逆变器闭合时接入 CHK,充电(约 1 s)后 CHK 切断,然后接通 K。

(二)规格及额定

1. 型号:TGA10A 型/CII-HHR1420C 型。

2. 方式:

(1)整流器部分:单相电压 3 点式 PWM 变流器。

(2)逆变器部分:3 相电压 3 点式 PWM 逆变器。

3. 额定参数:

(1)输入:1 884 kV·A(单相交流 1 658/1 653 V,974 A,50 Hz)。

(2)中间直流电路:1 835 kW(直流 3 100/3 050 V,432 A)。

(3)输出:2 017 kV·A(3 相交流 2 300 V 448 A,0～220 Hz)385 kW 牵引电机×4 台并联连接。

4. 开关频率:

整流器:1 050 Hz 逆变器,500～1 000 Hz。

5. 冷却方式:

液体沸腾冷却强制通风方式。

6. 主要构成:

(1)功率单元:

主开关元件 IGBT 或者 IPM(因形式不同其使用的元件和数量亦不同)。

滤波电容器合计:8 000 μF/装置。

整流器功率单元 2 125 μF/台×2 台=4 250 μF。

逆变器功率单元 1 250 μF/台×3 台=3 750 μF。

真空交流接触器。

(2)电阻单元:过载电压抑制电阻·放电电阻。

交流电压传感器:霍尔型 ACPT。

交流电流互感器:CT。

无触点控制装置(变流器控制单元)。

(3)控制电源单元:

电动送风机:主电动通风机·辅助电动通风机(密闭室冷却用)。

控制电源、辅助电源 PC100×($1^{+10\%}_{-30\%}$)V。

三相交流 400×($1^{+10\%}_{-10\%}$)V,50 Hz。

周围(环境)温度−25～+40 ℃。

(三)设备构成及设备概述

1. 设备构成(表 5-3)

变流器装置包括:整流器功率单元(2 台)、逆变器功率单元(3 台)。

功率单元的外侧配置了 2 个双轴型电动送风机(主送风机),向功率单元的冷凝器吹风。

真空接触器、继电器单元、无触点控制装置等配置在车辆前侧。另外,考虑到作业性及密封性,在检查面罩盖上采用了板簧式手动夹紧装置。

表 5-3 牵引装置的构成器件

编 号	名 称	个数/套	备 注
1	箱框	1	
2	整流器功率单元	2	
3	逆变器功率单元	3	
4	无触点控制装置	1	
5	主送风机(CIBM1)	1	
6	辅助送风机(CIBM2、3)	2	
7	热交换器	2	
8	真空接触器	1	
9	电流互感器(ACCT)	1	
10	电流互感器	3	
11	耐压测试连接器	1	
12	充电单元	1	
13	接地电流检测(GCT)单元	1	
14	过载电压抑制闸流晶体管(OVTH)单元	1	包括 DCPT 单元
15	门极用电源	1	
16	交流电压传感器(ACPT)	1	
17	继电器单元	1	
18	电阻器单元	1	
19	空气过滤器	1 套	
20	检查面罩盖	3 种	

2. 冷却结构

本装置的冷却结构基本可分为利用外部空气进行冷却的主冷却部分和密封室内冷却部分的两大结构。

(1)主冷却风流

图 5-13 表示主冷却风流的模型。

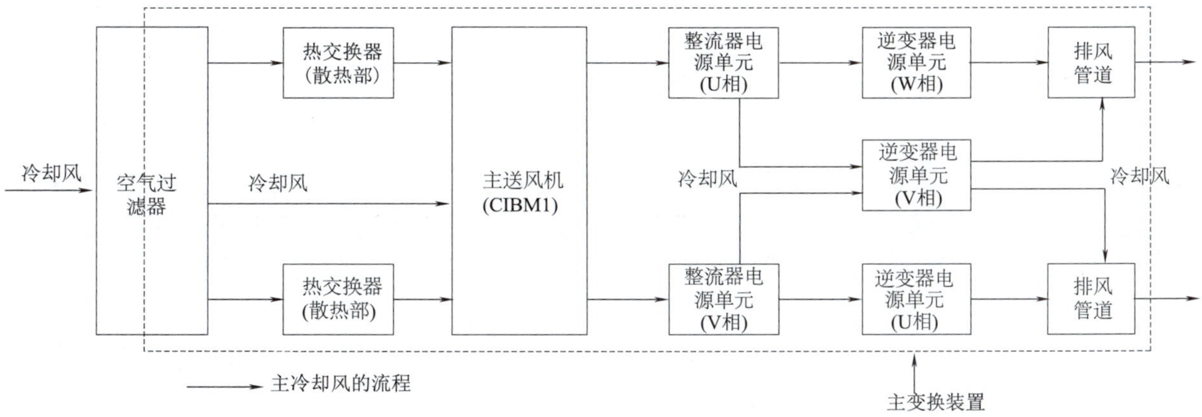

图 5-13 主冷却风流

冷却风(外部空气)通过空气过滤器后分为经过热交换器(散热部分)由牵引送风机(CIBM1)吸入的和直接由牵引送风器吸入的两种。

牵引送风机(CIBM1)吹出的冷却风通过整流器功率单元的冷凝器、逆变器功率单元的冷凝器由排气管道排出。

(2)密封室内的冷却风流

图 5-14 表示密封室内的冷却风流模型。

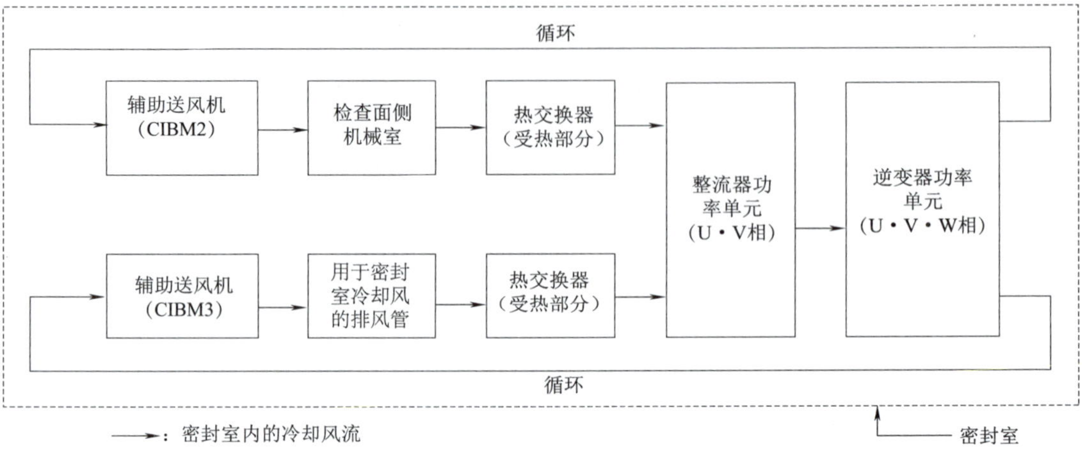

图 5-14　密封室内的冷却风流

密封室内的冷却风不导入外部空气的循环风,由热交换器进行散热。

为使冷却风循环,使用了 2 台辅助送风机(CIBM2、3)。

冷却风流可分为从 CIBM2 经过检查面侧机械室、热交换器(受热部分)的和从 CIBM2 经过密封室内冷却风用排风管道、热交换器(受热部分)的两种。

由热交换器散热后的冷却风对整流器功率单元及逆变器功率单元的电气装置进行冷却,再被辅助送风机(CIBM2、3)吸入、循环。

3. 主送风机

(1)概述

本装置配置了 1 台主送风机,用于牵引变流器的主冷却。电机使用了三相鼠笼式双轴型感应电机,送风机使用了多翼双扇片。由主送风机吸入的冷却风(外部空气)从另一侧的两个排气口吹出,对整流器功率单元及逆变器功率单元的冷凝器进行冷却。

(2)规格

主送风机的规格见表 5-4。

表 5-4　主送风机的规格

电　机		送　风　机	
型号	MS615SW-03	方式	多翼式(单叶片)双轴型
方式	鼠笼式	送风机静压	960 Pa
通风方式	全封闭外扇式	风量	50×2 m^3/min
相数	三相	旋转速度	1 440 r/min
极数	4P	质量	114 kg

续上表

电机		送风机
输出	4.0 kW	备注 防振橡胶:使用 8 个
电压	400 V	
额定电流	8 A	
频率	50 Hz	
额定旋转速度	1 440 r/min	
绝缘类别	F 类	
轴承(负荷侧)	6308ZZC3	
轴承(反负荷侧)	6308ZZC3	
使用润滑油	MARTENP-SRL	

(3)结构

电机为全封闭外扇附带安装脚的卧式双轴型。安装采用水平横向,送风机的叶片直接安装在电机两侧的轴端。电机依靠自身的外扇进行冷却。电容器另行配置于机械室内(检查面侧)。

送风机采用多翼式单叶片型的叶片轮,安装在电机的两侧。罩壳、安装座、吸风口均使用了铝质材料以减轻其重量。电机和罩壳同装在安装座上。

主送风机通过 8 个防振橡胶垫片安装在牵引变流器上。

4. 辅助送风机

(1)概述

本装置配置了 2 台辅助送风机,用于牵引变流器的密封室内冷却。电机采用了单相鼠笼式感应电机;送风机采用了轴流式。2 台辅助送风机运转后使密封室内的空气循环并由热交换器进行散热。

(2)规格

辅助送风机的规格见表 5-5。

表 5-5　辅助送风机的规格

电机		送风机	
型号	3SM2-075-300	送风机静压	265 Pa
方式	鼠笼式	风量	30 m^3/min
通风方式	全封闭式	旋转速度	2 840 r/min
相数	三相	质量	38 kg
极数	2 P	备注 防振橡胶:使用 4 个	
输入	0.75 kW		
电压	400 V		
额定电流	1.7 A		
频率数	50 Hz		
同步旋转数	2 840 min^{-1}		
绝缘类别	F 类		
轴承(负载侧)	6204ZZCM		
轴承(反负载侧)	6203ZZCM		

(3)结构

电机为全封闭式结构。通常,电机由外部风扇进行冷却,但在本装置中,因采用密封室内循环风的冷却,故放弃了外部风扇并以此减轻重量。

送风机为斜流式,由罩壳、叶片导向器、叶轮等构成。电机与罩壳同装在安装台上。

辅助送风机通过 4 个防振橡胶安装在牵引变流器的密封室内。

三、热交换器

(1)概述

本热交换器用于安置电气设备的密封室内的冷却。每台牵引变流器均装置 2 台。其特征为:不用替代氟里昂而是用纯水来作制冷剂。其设计考虑到了保护环境。

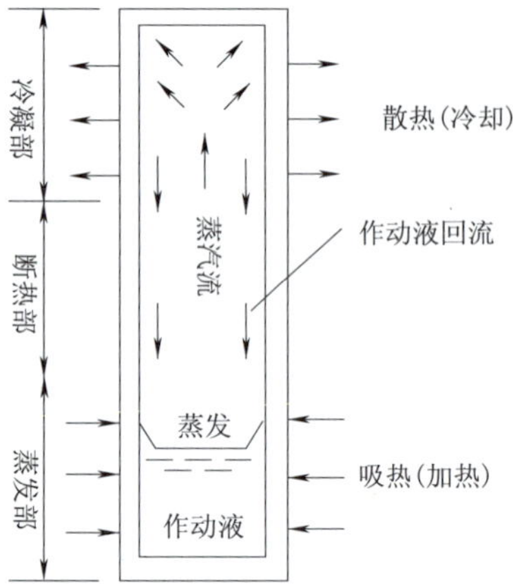

图 5-15 重力型热管的示意图

(2)动作原理

本热交换器采用了重力型热管。图 5-15 表示了重力型热管的示意图。

密封的作动液(纯水)由管壁吸热后蒸发形成蒸气流向冷凝部位流动。在此蒸气被冷却后成为液体。此时通过冷凝吸热的方式来进行热交换。

(3)结构

热管采用铜管(表面镀锡),散热片采用铝片(0.5 t),以此提高热交换器性能和减轻重量。安装框架采用 SUS304(1.2 t)。热交换器的基本规格见表 5-6。

表 5-6 热交换器的基本规格

	散热侧(上部)	吸热侧(下部)
风量	16 m^3/min	20 m^3/min
压力损耗	100 Pa 以下	50 Pa 以下
热性能	0.013 3 k/W 以下(20 k/1 658 W)	
制冷剂	纯水	

①空气过滤器

空气过滤器由安装于箱框上的过滤器框、6 片装有过滤器材料的过滤器 B(C)、1 片单壳体的过滤器 A、装有调整弹簧的壳体、固定过滤器的紧固件构成。过滤器的结构为两侧设有 L 形连接部分,通过该 L 形部分使过滤器相互连接。由于采用了互联结构,仅在检查面侧就能进行过滤器的安装和拆卸。

②空气过滤器的结构

空气过滤器由单壳体的过滤器 A 和装有双面金属网的过滤器 B 构成。

过滤器壳体采用了铝材料以此来达到轻量化。

过滤器材料采用了不锈钢软丝,形成以 2.5 mm×2.5 mm 网眼的金属网夹压的结构。为达到更多去除尘埃的目的,在外部大气侧及风下侧的不锈钢软丝间分别插入了 2.5 mm×2.5 mm网眼和 40 mm×40 mm 网眼的金属网。

四、K 接触器

（一）概　　述

该接触器用于牵引变压器和整流器之间（K），用于牵引变压器 2 次绕组侧 1 658 V 电路的开闭。通常用来进行整流器电流的开闭，当需切断事故电流时，则由 VCB 切断电源侧后联动切断整流器侧。具有以下特点：

1. 因主接点采用了真空断流器（真空接点），所以寿命周期内无需进行保养。另外因其电弧不会向大气放散，与空气断路器相比具有更高的安全性，利于防止火灾。

2. 因操作为电磁式，不使用气缸，所以既不需要压缩空气也不需为气缸备油。

3. 因不使用灭弧栅、消磁线圈、气缸，与以往的空气接触器相比其重量更轻。

4. 操作电路中设有由电子电路进行电流控制的装置，使用单一的线圈操作就能进行接入、保持，所以不必使用电阻器和线圈切换接点，其结构简单。

5. 辅助接点采用了双重接点型的导线开关、并将接点封装在惰性气体中，提高了接触的可靠性。

（二）性能及额定参数

真空接触器的规格值如表 5-7 所示。

表 5-7　真空接触器的规格值

项目	规格值	备注
牵引电路额定电压	AC 1 658 V(50/60 Hz)	
牵引电路额定电流	AC 1 500 A/AC 1 300 A	单独
主接点切断容量	AC 1 500 V/5 000 A	
操作电路额定电压	DC 100 V	动作电压 70～110 V
联动辅助接点	2 A	
操作电路输入电流	接入时：约 5 A(AT100 V) 保持时：约 0.1 A(AT100 V)	
质量	18 kg	

（三）动　　作

1. 电子电路的动作

（1）接通动作：电子电路输入电压达到规定值（DC 70 V 以下）时，则产生线圈驱动信号，输出端子即有励磁电流产生。在规定的时间、闭合电流流动后变为保持信号，输出电流成为保持电流（约 0.3 A）。

（2）释放动作：输入电压下降达到规定值（DC 5 V 以上）时，则停止保持信号切断输出电流。电子电路的输入端子插入了电涌吸收元件来抑制外来及内部的电涌电压。

五、电流互感器（ACCT、CTU、CTV、CTW）

图 5-16 表示电流互感器（ACCT、CTU、CTV、CTW）的安装状况。电流互感器 1 台用于检测整流器输入电流、3 台用于检测逆变频输出电流。参数见表 5-8。

电流互感器的贯通性导体（主电路导体条）采用多股导体、用于检测的配线采用连接器方式，以此来提高其使用性能。

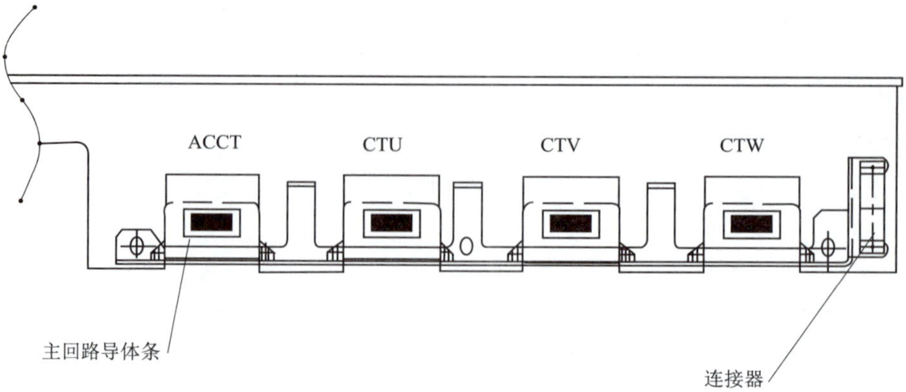

图 5-16　电流互感器的安装状况

表 5-8　牵引变流器所使用的电流互感器

适　　用	记　　号	额 定 参 数	数量
整流器输入电流检测用	ACCT	±3 000 A/10 V(型式:HC-MLBE30 V10B15DR)	1 个
逆变器输出电流检测用	CTU、CTV、CTW	同上	3 个

六、耐压测试连接器

图 5-17 所示为耐压测试连接器的外形。

本耐压测试连接器使用了 3 个连接器,构成 11 个点的短路。测试时将 3 个连接器从“正常”位置转变成“测试”位置。

为防止事故发生,在测试状态下耐压测试连接器的罩盖将无法关闭。在耐压测试连接器的罩盖打开的状态下,如图 5-17 所示,即便想关闭检查面的罩盖也是无法使其关闭的。

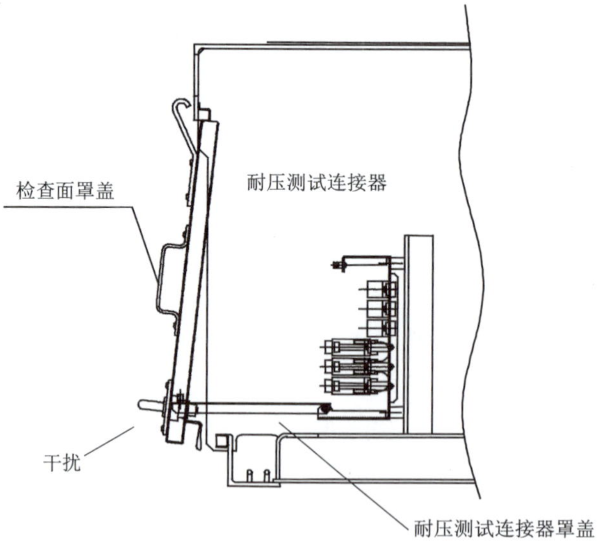

图 5-17　测试时的检查面罩盖与耐压测试连接器的关系

七、充电单元

此单元由充电变压器、二极管电桥、电磁接触器构成。见表 5-9。

逆变器的投入和电磁接触器动作后，变压器 3 次绕组通过充电变压器和二极管电桥对滤波电容器进行初期充电。充电变压器与充电电阻为一体式结构，将 3 次绕组的电压 AC 400 V 升至 2 100 V、由二极管电桥整流后对滤波电容器进行充电。

表 5-9　充电单元的主要构成部件

名　称	记　号	个　数	备　注
充电变压器	CHT	1	400 V/2 100 V
二极管电桥	CHDD	1	4 000 V，40 A×4
电磁接触器	CHK	1	SD-N65

八、接地电流检测单元（GCT 单元）

GCT 单元由接地电流互感器、接地电阻器、接地电路电涌吸收电容器等构成。见表 5-10。

通过接地电阻器，将滤波电容器的中点接地，使用电流互感器来检测流过本电路的接地电流。由无触点控制装置来检测接地电流是否超出规定值，并检测牵引变压器 2 次绕组侧的电路是否接地。

表 5-10　接地电流检测单元（GCT 单元）的主要构成部件

名　称	记　号	个　数	备　注
接地电流互感器	GCT	1	25 A/10 V
接地电阻器	GRRE	4	20 Ω(2S×2P)
接地电路用电涌吸收电容器	GRC	1	1 μF

九、过压抑制晶闸管单元（OVTH 单元）

OVTH 单元由晶闸管、缓冲电阻器、缓冲电容器、门极驱动电路板、直流电压传感器等构成。见表 5-11。

滤波电容器过压检测时，在控制电源 OFF 等情况下将晶闸管置 ON，具有使滤波电容器放电的功能。

直流电压传感器用于滤波电容器的电压检测，配置 2 台传感器用于上下桥臂电压检测。由串联的电阻器对牵引电路电压进行分压，以牵引电路电压的换算，其换算比为 2 000 V/10 V。

表 5-11　过压抑制晶闸管单元（OVTH 单元）的主要构成部件

名　称	记　号	个　数	备　注
晶闸管	OVTH	2	4 200 V，425 A
缓冲电阻器	RSO	2	30 Ω
缓冲电容器	CSO	1	0.2 μF×2
门极电路板	—	2	
直流电压传感器	DCPT	2	2 000 V/10 V

十、门极用电源

本单元输入 DC 100 V，通过降噪滤波器后输出直流电源。DC 100 V 用电源（无触点控制装置等）作为门极驱动用电源。

1. AC 30 kHz，50 V 矩形波（门极驱动用电源）。

2. DC 100 V(无后备电容器)。

3. DC 100 V(有后备电容器)。

作为后备电容器,配备了 26 400μF 的电解电容器,作为控制电源 OFF 时的无触点控制装置、门极驱动装置的后备电源使用。见表 5-12。

表 5-12 门极用电源的规格

名 称	个 数	备 注
电源(AVR)	1	AC 30 kHz,50 V 额定输出:180 W 且 300 V·A DC 100 V 电源(有后备电容器):1.2 A(最大) DC 100 V 电源(无后备电容器):1.5 A(最大) (型式:DA-30008EAH)

十一、交流电压传感器(ACPT)

将 3 次电压 AC 400 V 降压至 AC 100 V,用于无触点控制装置接触网电压检测。见表 5-13。

表 5-13 交流电压传感器(ACPT)的规格

名 称	个 数	备 注
ACPT	1	400 V/10 V,单相 0.01 V·A

十二、电阻器单元

本电阻器单元由过电压抑制电阻器(OVRE)和放电电阻器(DRE)组合而成,第 1 级、第 2 级各配置了 4 个(4S×2 段)过电压抑制电阻器,第 3 级(上级)配置了 4 个放电电阻器的 3 级构造。

表 5-14 表示各个电阻器的规格。

表 5-14 电阻器的规格

名 称	记 号	个 数	备 注
过电压抑制电阻器	OVRE	8	1.3 Ω×4S×2(型式:SKSFV500-1.3 Ω)
放电电阻器	DRE	4	12 kΩ×2S×2(型式:RT400-12 kΩSE)

十三、继电器单元

继电器单元由 2 个 24 V 的平形继电器构成。平形继电器规格见表 5-15。

表 5-15 平形继电器的规格

名称	形式	线圈电源	线圈阻抗值
平形继电器	RL1081-3	DC 24 V	100×(1±5%)Ω

此平形继电器由插脚、插座及操作线圈、活动块、铁芯、操作保护装置、定接点、动接点、用于消磁的永久磁铁组成的主体和用于保护的透明罩构成。接点为双接点,具有较高的可靠性。

十四、控制功能规格

作为牵引变流器的控制功能、为了使各公司制造的无触点控制装置持有控制互换性、有关各个控制功能上分为“通用规格”和“功能互换”。

1.“通用规格”:为了满足车辆性能、维修、运行操作的性能,作为牵引变流器必须配套的输出/输入动作、时间、控制信息项目。

2.“功能互换”：在各个控制装置上，要确保同等的控制性能，但在为了控制详细功能实现的结构上，采用各个装置独自的技术的项目。

十五、空转·滑行控制·停电检测

EMU 用牵引变流器，采用无触点控制装置，各无触点控制装置的“空转滑行控制”“停电检测”按如下进行控制。

（一）空转滑行控制

无触点控制装置，从各轴的速度偏差 DFM、加速度偏差 DFT、运用模糊（fuzzy）推论、演算出常时适应路面状态的黏着度 adl、通过把这个值用于扭矩（torque）模式、来实施空转再黏着控制。

（二）停电检测

无触点控制装置，作为停电检测保护、有 VDOV1（直流过电压 1），VDLV1（直流低电压 1），ISOC1（2 次过电流 1），VSOV（3 次过电压），VSLV（3 次低电压），FIR（3 次电压频率异常）。

十六、功率单元

（一）功率单元规格

1. 概述

整流器功率单元由整流器电路 1 相的元件构成，逆变器功率单元由逆变器电路 1 相的元件构成，冷却器采用铝质材料来达到小型及轻量。功率元件及附属二极管的冷却采用元件外置式的沸腾冷却方式。

2. 主要结构

（1）整流器功率单元；

（2）逆变器功率单元；

（3）沸腾冷却单元；

（4）制冷剂；

（5）冷却容器的保护；

（6）冷凝器（冷却器）；

（7）缓冲电阻器；

（8）门极接口电路板；

（9）滤波电容器。

（二）IGBT 故障时的处理

IGBT 及二极管故障的场合，须从牵引变流器卸下功率单元，以功率单元单位进行修理申请。此时，须将光纤连接器用的防尘盖安装在门极驱动器上（为保护受光部位）。

十七、牵引电机

型号：YQ365 型

型式：三相鼠笼型感应电机

冷却方式:强制风冷方式

极数:4 极

动力传送方式平行万向节齿轮形挠曲轴接头方式

额定参数见表 5-16。

表 5-16 额定参数表

项　目	额　定	项　目	额　定
额定种类	连续	频率(Hz)	140
输出(kW)	365(持续运行 385 kW)	功率因数	0.855
线路间电压(V)	2 000	转差率	1.38%
相电流(A)	130	冷却风量(m^3/min)	25
额定转速(r/min)	4 142		

绝缘类别	等级 200(定子绕组)
最高使用转速	6 120 r/min
高速试验转速	7 040 r/min　2 min
轴承	驱动侧 NU214C4P6(绝缘轴承滚轮导向保持器方式)
	反驱动侧 6311C4P6(绝缘轴承)
轴承润滑脂	unimaxR NO. 2

(一)结构

作为适用于车辆的构件,在结构设计方面不仅最大限度地追求轻量化,同时也追求保养的简易性。

1. 转子(图 5-18、图 5-19)

转子为牢固的鼠笼形状,该结构也适用于高速运转。为了确保转差率,转子导条采用电阻系数较大,强度足够的铜锌合金(红铜)。为了尽量减小运转过程中因温度上升而产生的热膨胀,短路环采用电阻系数较小的纯铜。此外,为了应对高速转动,还在短路环的外围设置了保持环。

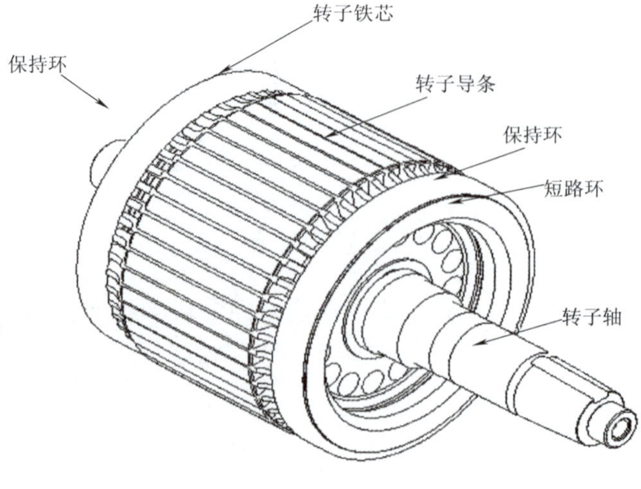

图 5-18 转子外观图

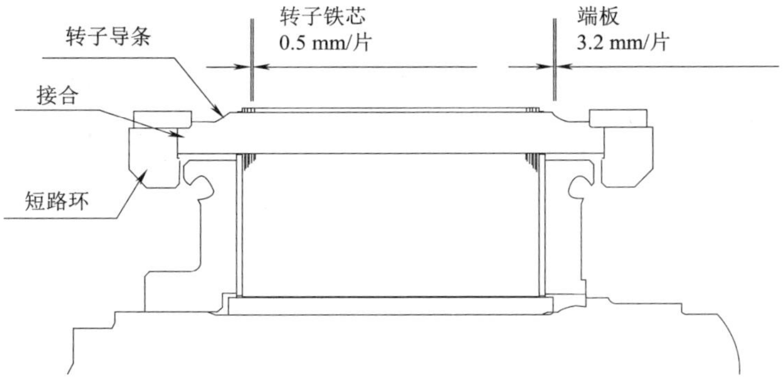

图 5-19　转子断面图

(1)转子铁芯

转子铁芯为厚度 0.5 mm 的硅钢板和厚度 3.2 mm 的钢板(端板)的叠焊,热压在转子轴上。

铁芯上共设有 ϕ24 的冷却用通风孔 8 个,以此使转子轻量化及提高冷却效率。

(2)转子导条及短路环

转子导条为纵长的矩形形状,插在转子铁芯的 46 个切槽中。

短路环通过银焊牢固地接合在转子导条的两端。

转子导条从转子铁芯外周通过模锻牢固地固定在槽内。

(3)转子轴

轴材为铬钼钢。与齿轮接头配合时,直径大的一侧为:ϕ68 锥度 1/10,锥长为 75 mm。

(4)定子

为了追求轻量化,定子框采用以连接板连接铁芯的无框架结构框,设有转向架安装凸头(nose)和安装座。定子框的两侧采用铝合金铸件(铝托架)制作部件,进一步实现了定子框整体的轻量化。

(5)铝托架(反驱动侧和驱动侧)

铝托架的材质以及板厚都考虑到适应高速行驶。另外,铝托架的定子框安装部分,通过加强筋提高强度。和框一侧的装配,为了防止由于铁和铝热膨胀之差异而造成错位,采用双重装配方式。反驱动侧的铝托架,出于采用强制风冷方式的需要,采用在托架上部设置风道,在托架端面安装转动检测器箱(case)的构造。另外,在驱动采用上部安装端子箱的构造。

(6)定子铁芯、定子线圈

定子铁芯为厚度 0.5 mm 的硅钢板和厚度 1.6 mm 的 SPCC(端板)叠焊而成。另外,定子铁芯上设置的切槽为后退式切槽,这样可以留出通风空间,还可以提高冷却效果。为了防止过度的温升,在定子线圈上增加线圈的并列根数,使线圈导体的断面形状呈偏平形状。定子线圈由 U 相绕组、V 相绕组和 W 相绕组的 3 相组成,每相由 3 个线圈串行连接。另外,线圈之间的连接全部实施银焊,并缠绕绝缘胶带后,实施无溶剂清漆处理。

牵引电机外观及断面图如图 5-20、图 5-21 所示。

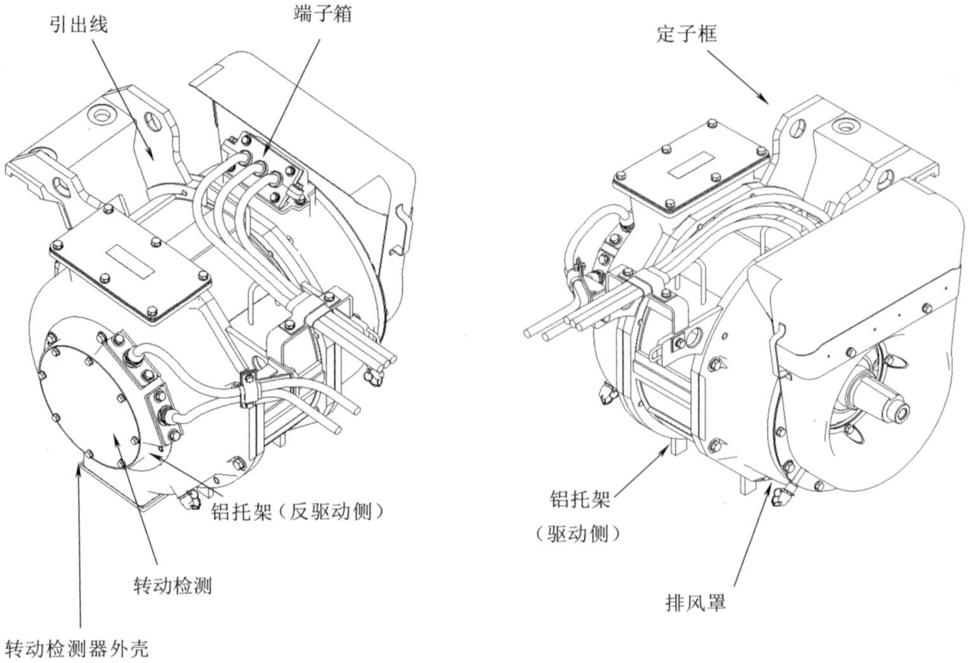

图 5-20　牵引电机外观图

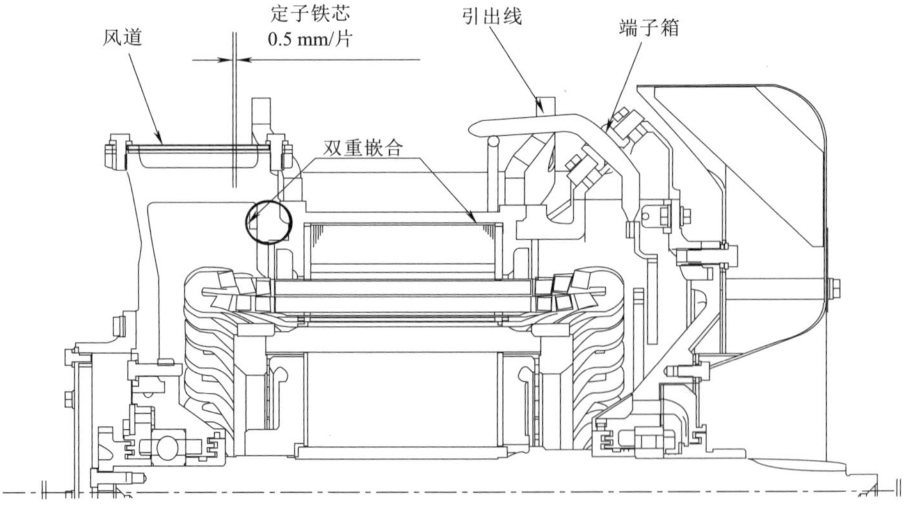

图 5-21　牵引电机断面图

(7)引出线(引线)

在驱动侧的铝托架上部安装端子台,在其内部连接引出线。引出线通过焊接,和从各相线圈引出的铜扁线牢固地连接在一起,之后实施绝缘处理。

另外,绝缘部通过绑定在固定金属件上被牢固地固定。

(8)轴承

反驱动侧使用 6311C4P6 轴承,驱动侧使用 NU214C4P6 轴承。如图 5-22、图 5-23 所示。

另外,为了防止轴承受到电腐蚀,驱动侧和反驱动侧都采用在轴承外轮上喷镀陶瓷形成一层绝缘外膜的绝缘轴承。

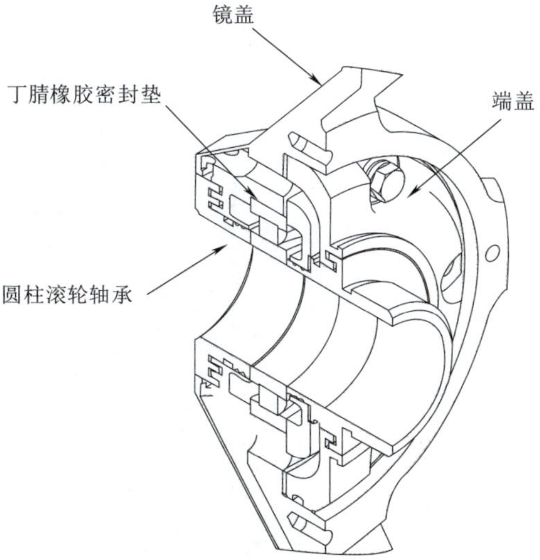

图 5-22　驱动侧轴承结构

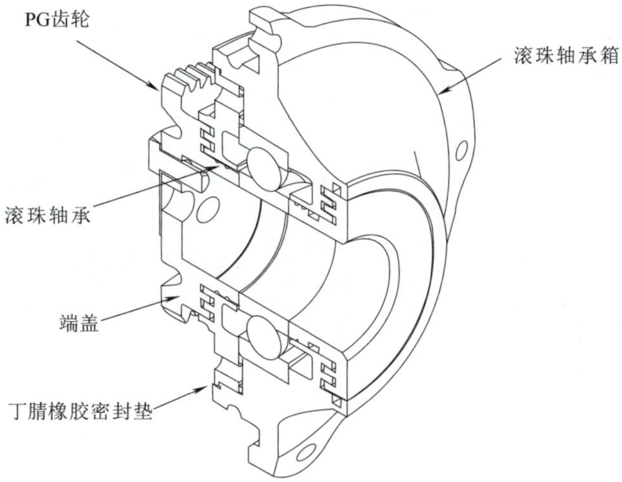

图 5-23　反驱动侧轴承结构

轴承的结构为，带有可以中途注油的加油嘴，可以把润滑脂注入轴承内部。

(9)转动检测器

在反驱动侧的轴端安装了用于逆变控制以及制动控制的 2 个转动检测器。

(10)排风罩

冷却风采用从车体风道进入的方式，排气部安装了排风罩盖以防止雪进入。

十八、高压隔离开关

其作用是优化配置 25 kV 电路内高压设备的运行工况，当车顶设备发生故障时，能将故障部分隔离，维持动车组运行。它的存在可大大减少因车顶设备故障而造成的机破事故，保证动车组的安全运行。

技术参数为：

标称电压	25 kV
额定电压	30 kV
额定电流	700 A
额定频率	50 Hz
短时耐受电流	16 kA×1 s
控制电压	DC 100 V
最小动作电压	DC 77 V
额定工作气压	400～1 000 kPa
最小动作气压	350 kPa
质量	50 kg

高压隔离开关主要由隔离闸刀、支撑瓷瓶和转动瓷瓶、底座安装板、传动机构、锁固机构、辅助接点、手柄等组成。高压隔离开关结构如图 5-24 所示。

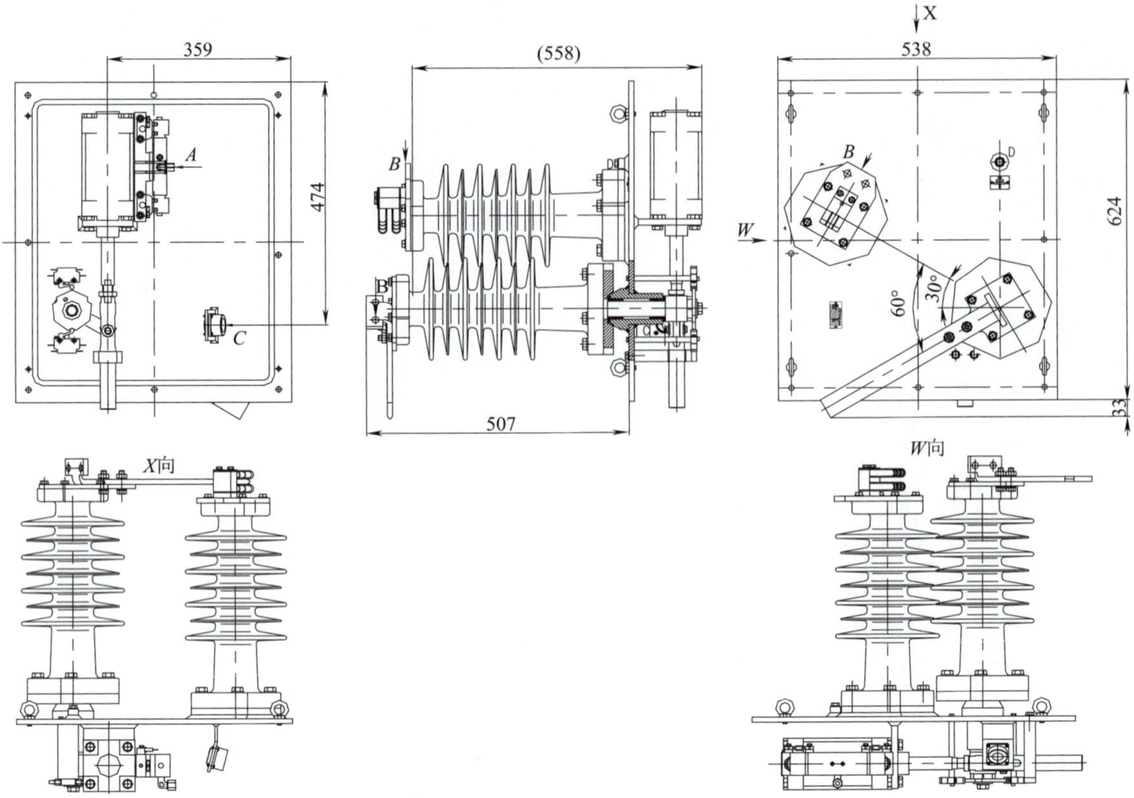

图 5-24　高压隔离开关结构(实物照片标注)

复习思考题

1. 动车组受电弓由哪几个部分组成?
2. 简单分析动车组主回路。
3. 高压隔离开关的作用是什么?

第六章　供风及制动系统

制动是指人为的制止列车的运动，包括使列车减速、不加速或停止运行。

正常运行状况下，动车组采用常用制动、快速制动使运行中的动车组能迅速地减速、不加速或停车，紧急情况时，采用紧急制动使运行中的动车组迅速停车，紧急制动则只有空气制动作用，当运行中的动车组制动控制装置或常用制动电路发生故障，无法实施正常的制动控制时，可启用备用制动设备进行制动。CRH_{2C} 二阶段及 $CRH_{380A(L)}$ 型动车组停放制动采用铁靴方式（CRH_{380A} 统型动车组设置停放制动装置）来防止停放的动车组因重力或风力作用而溜逸。

动车组制动系统采用复合制动模式，即再生制动＋电气指令式空气制动，对应速度—黏着曲线模式进行制动力控制，还具有滑行检测及响应载荷功能。编组中的 M 车使用再生制动与空气制动方式，T 车仅使用空气制动方式。M 车、T 车的基础制动均采用气动卡钳盘式制动装置。

另外，为了满足动车组救援需要，T1、T2 车上装载了能把救援机车或动车组 BP 管的 BP 压力指令转换成电气指令的救援转换装置。同时为了救援它型动车组，CRH380A 统型动车组 T1、T2 车上还装载了 BP 救援装置。

第一节　供风及制动系统概述

一、供风及制动系统的组成

动车组供风及制动系统组成包括电动空气压缩机、气压开关、制动控制装置、救援转换装置、滑行控制阀装置、基础制动装置、BP 救援装置（仅 CRH_{380A} 统型动车组）、停放制动控制装置（仅 CRH_{380A} 统型动车组）、辅助空压机、空气管路及阀件等。

CRH_{380A} 型动车组制动系统如图 6-1 所示。

二、制动功能类别

（一）常用制动

设 1～7 级常用制动，采用复合制动方式，电制动优先，电制动能力不足时由空气制动补充。具有空重车调整功能，无论车辆的质量如何，减速度保持一致。由 ATP 控制的自动制动，相当于 B1、B4、B7、EB 作用。

（二）快速制动

采用复合制动方式，电制动优先，电制动能力不足时由空气制动补充。具有空重车调整功能。

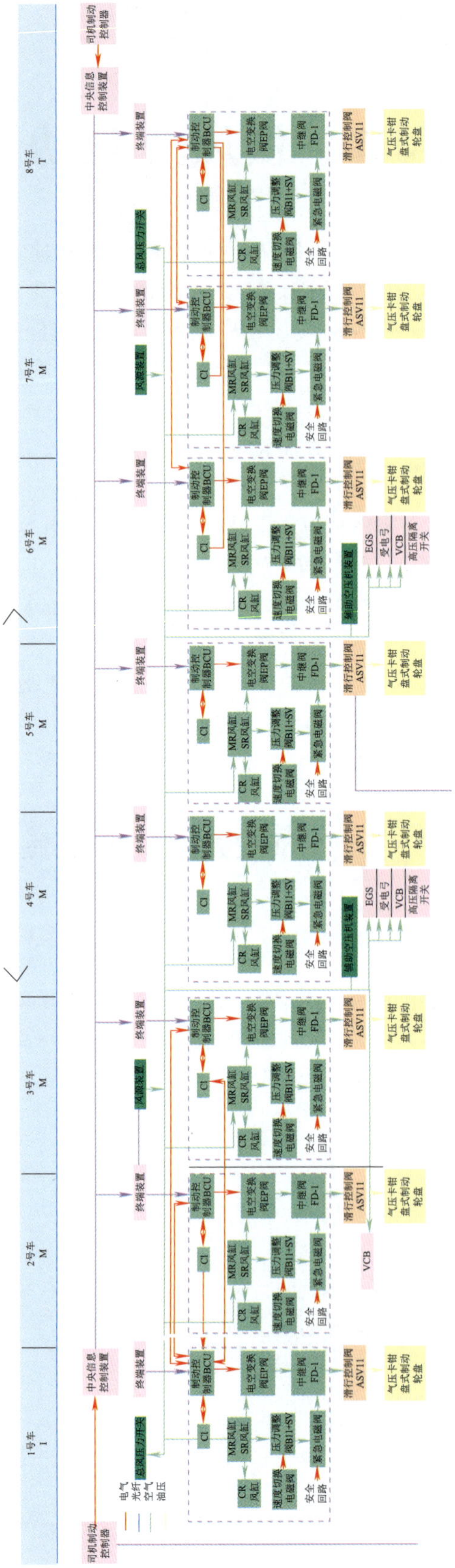

图 6-1　CRH380A 型动车组制动控制系统图

注:CRH380AL 型长编动车组制动系统示意图基本上同 8 编组动车组,空压机在 3、5、13、15 号车,辅助空压机在 3、5、9、13 车。

（三）紧急制动

安全回路失电控制模式，发生下列情况引起紧急制动。

1. 总风压力过低，总风压力小于 590 kPa 时。

2. 列车分离，前方车辆采用快速制动动作，后方车辆则采用快速制动与紧急制动制动力大的一方动作。

3. 检测到制动不足时：当压力开关检测到 BC 压力不足，同时主变流器也检测到电气制动力不足时。

4. 紧急电磁阀失电。

5. 制动手柄处在拔取位。

紧急制动为纯空气制动，不具备空重车调整功能。

注意：紧急制动复位操作需将制动手柄置于“快速”位，按下紧急制动复位按钮。

（四）辅助制动

制动装置异常、制动指令线路断线、车辆信息控制装置故障时使用。不经过车辆信息控制装置和制动控制装置，根据制动手柄的位置，直接使 EP 阀动作，制动力保持一定，与速度无关，和常用、快速制动是不同的。通过操作司机室的设定开关以及各个单元的配电盘开关来进行工作。辅助制动只在 1 号车和 8 号车动作，所以制动力较弱。

因为制动控制器(BCU)还对电动空气压缩机、开闭车门速度等进行控制，即便是在使用辅助制动时，制动控制装置的电源也不能切断。

（五）耐雪制动

为了防止降雪时制动盘和闸片之间进雪，轻轻压紧闸片，以封闭闸片和制动盘之间的间隙为目的而装备。速度 110 km/h 以下、操作耐雪制动开关并操作司机制动控制器手柄来运行。BC 压力设定在(60±20)kPa，通过制动控制器的开关操作可进行设定值的变更。

（六）救援转换

动车组被救援时，救援转换装置可以读取救援机车或动车组 BP 管的压力，当 BP 压力从 500 kPa(货运机车)或 600 kPa(客运机车或动车组)开始减压时，装置将以数字信号输出符合其减压量的制动指令，制动控制装置根据制动指令产生相应的动作。

（七）停放制动(仅 CRH_{380A} 统型动车组具有该功能)

停放制动功能是由单独的停放制动控制装置来控制的。当需要施加停放制动时，停放制动控制装置排出停放制动缸中的空气，停放制动施加；当需缓解停放制动时，停放制动控制装置向停放制动制动缸充气到预定压力，停放制动缓解。

（八）BP 救援(仅 CRH_{380A} 统型动车组具有该功能)

将本车的制动电气指令转换为制动管压力(BP 压力)，对被救援车辆的制动力进行控制，以达到控制救援车辆制动的目的。使用本装置可以对具备制动管的车辆进行救援。

第二节　供风装置

动车组供风装置由主空压机、辅助空压机及附属部件组成。CRH_{2C} 二阶段动车组主空压机采用 A1240-HS20-8 活塞式电动空气压缩机，$CRH_{380A(L)}$ 型动车组主空压机采用 GAR14BD 螺杆式电动空气压缩机。

一、A1240-HS20-8 电动空气压缩机

A1240-HS20-8 电动空气压缩机为活塞式空气压缩机，外观如图 6-2 所示。

图 6-2　主空气压缩机外形

A1240-HS20-8 电动空气压缩机压缩方式为往复式单动 2 段压缩式，驱动方式为直接驱动式。气缸采用水平置式排列，变位容积达 1 754 L/min。

A1240-HS20-8 电动空气压缩机由空气压缩机、三相交流电动机、联轴器、安全阀、干燥器及消音器等组成。压缩机部分采用铝合金材料。压缩机和电动机的安装，采用通过凹窝的安装方式。为了调整联轴器轴方向的间隔，在安装面插入垫片。底架主要由吊手、吊手托、防振橡胶、紧固螺栓组成，底架的安装是通过吊手托架安装于车体底部。吊手用紧固螺栓安装在压缩机体 2 处和电动机侧两处，同时在吊手托处共计有 4 处 V 形防振橡胶，用来减轻车体侧的振动。

A1240-HS20-8 电动空气压缩机主要技术规格见表 6-1。

表 6-1　A1240-HS20-8 电动空气压缩机的规格

项目			规格	
空气压缩机部	型式		HS20-8	
	方式		往复形单动 2 段压缩	
	气缸排列		水平相对 4 气缸	
	气缸口径×行程×个数		低压段	110 mm×65 mm×2 个
			高压段	62 mm×65 mm×2 个
	回转速度		1 420 r/min	
	变位容积		1 754 L/min	
	排气压力		最大 880 kPa(9.0 kgf/cm^2)	
	容积效率		70%以上	
	润滑方式		由齿轮泵进行强制润滑	
	冷却方式		自然空气冷却	
电动机部	型式		A1240	
	方式		3 相鼠笼空气冷却型	
	外被形式及通风方式		全封闭自冷	
	主极数		4	
	额定	时间	30 min	
		回转速度	1 420 r/min	
		输出	12 kW	
		电压	AC 400 V(50 Hz)	
	绝缘种类		F	
动力传达部	方式		通过橡胶联轴器进行直接连接方式	

二、GAR14BD 电动空气压缩机

GAR14BD 型空气压缩机是固定式、风冷、喷油螺杆压缩机，用于为车载制动系统和其他气动部件的正常工作提供压缩空气。其在车下的安装情况如图 6-3 所示。

图 6-3　GAR14BD 电动空气压缩机安装图

GAR14BD 空气压缩机系统包括：压缩机机头、整体冷却风扇、复合冷却器（空气/油）、油气分离器、水分离器（WSDR）、集成过滤装置及驱动电机等部件。结构如图 6-4 所示。

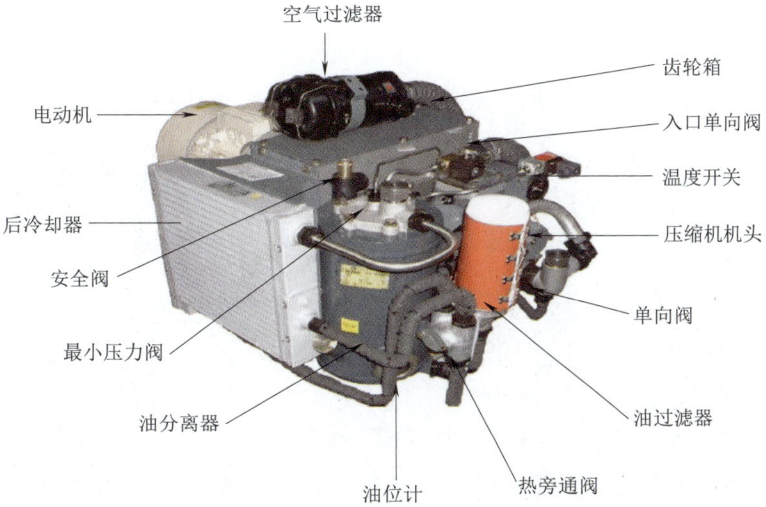

图 6-4　GAR14BD 空压机结构图

压缩机机头包含两个反向转子，由长寿命向心止推滚动轴承支撑，进行空气的压缩。仅有两个运动部件，使机头简单且坚固。当转子旋转时，进气口和排气口由转子末端自动打开和关闭，因此无需额外的阀门及定时机构。无额外的阀门和最少的运动部件使磨损减少，增加了可靠性。

由于交叠及连续压缩循环，转子的螺线型设计无振动，提供无冲击的压缩空气。因在压缩腔内没有金属和金属之间的摩擦，机组在运行中性能不会降低。

为了降低压缩机启动时的转矩峰值，将驱动电机的转矩通过一个弹性联轴器传递给压缩机头。运行过程中，直接安装在电机轴上的冷却风扇运转提供冷却风。

压缩机结合了齿轮箱设计，齿轮箱与压缩机头外壳紧密相连，齿轮箱组件的润滑是通过在其内部沟槽中注入压缩机油实现，无需分离于齿轮箱的润滑系统及外部管道。

联轴器的外壳连接压缩机机头及电机，使其永久对中，优化了驱动系统的可靠性。

三、辅助空气压缩机装置

辅助空气压缩机装置在列车初始运行时，即总风压力不足、受电弓上升时，为受电弓、真空断路器(VCB)动作供给初始压缩空气。其结构如图 6-5、图 6-6 所示。

图 6-5　辅助空压机外观图

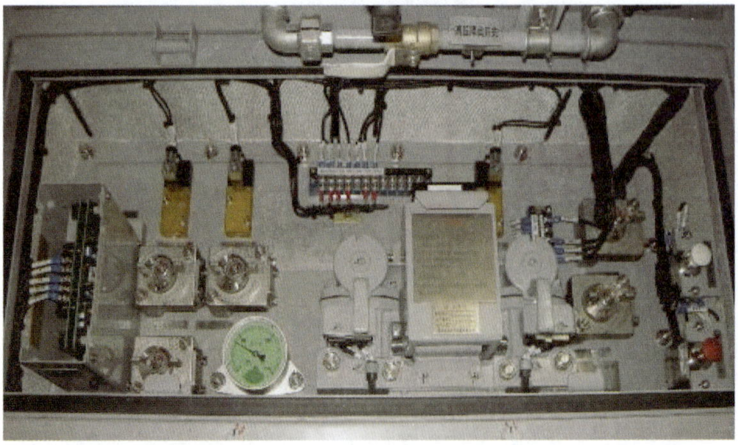

图 6-6　辅助空压机图

(一)MH117-AK19 电动空气压缩机

在列车初始运行时，产生受电弓、真空断路器(VCB)动作所需的压缩空气。

(二)辅助风缸

储存在辅助空气压缩机内产生的压缩空气，容量为 33 L。

（三）排水用球形塞门阀

辅助空气箱用排水塞门阀。

（四）油、冷凝水分离器

除去产生的冷凝水及油脂喷雾、灰尘等，保护干燥器。

分离器除去的油、水，需每隔 30 日通过排水塞门阀进行排出。

（五）干　燥　器

把压缩空气中的水分通过中空线膜浸透压作用除去。

（六）3/8P 止回阀

MR 压力较低时及辅助空气压缩机停止时，防止辅助风缸压缩空气的倒流。

（七）3/4 制压阀

防止辅助空气压缩机停止时，辅助空气箱压力的倒流[开压力：(635±10)kPa]。

（八）F-3-A 安全阀

如出现调压器的作用不良而使辅助空气箱压力上升至 950 kPa 以上时，阀会启动使压缩空气向大气放出，以防止辅助空气箱压力的过分上升。

（九）调　压　器

监视辅助空气箱的压力，进行当压力下降至 640 kPa 时压缩机运转，当上升至 780 kPa 时停止的自动控制。

（十）VM31A-1 电磁阀

受电弓上升/下降动作及保护接地开/关作用的电磁阀。

第三节　制动控制装置

制动控制装置(BCU)是将制动控制器、空气制动相关阀门以及储气缸等组合成的单元。其在车下的安装结构如图 6-7 所示，控制阀板结构如图 6-8 所示。

图 6-7　制动控制装置安装图

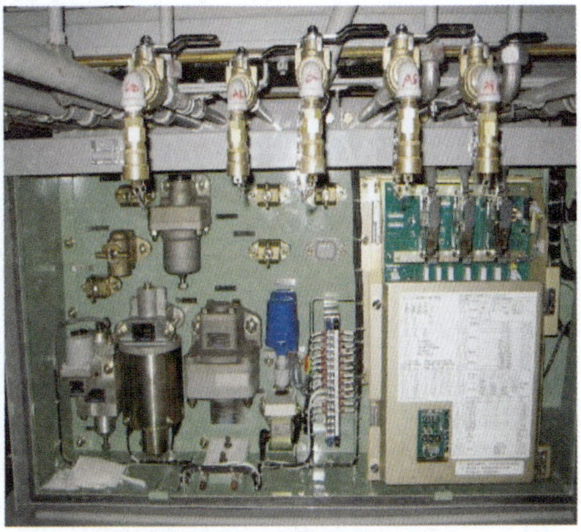

图 6-8　制动控制装置

一、制动控制装置的组成及作用

制动控制装置的组成包括制动控制器，EPLA 电空变换阀、B11 压力调节阀、VM32-2 紧急电磁阀、FD-1 中继阀、CTR 用 B10B 压力调节阀、SPS-8WP-SD 压力监测开关、E1L 安全阀、20L 控制风缸、150L 总风缸、UMA 过滤器、止回阀及各型塞门、接头等。

（一）常用、快速制动控制

制动控制装置内置的制动控制器，接受光传输以及指令线所发的常用制动或快速制动指令，根据运算速度、空气弹簧压力、再生制动力等各项因素，算出必要的空气制动力后以电流控制方法输出必要的空气制动力。从制动控制器上的电流输出到 EPLA 电空变换阀后，被变换成空气压力，然后供给到 FD-1 中继阀的上面膜板室。在 FD-1 中继阀放大容量后，将压力空气供给于制动气缸。

（二）紧急制动控制

常时加压的紧急制动指令线在无加压时，VM32-2 紧急电磁阀立即发出动作，把 B11 调压阀的压力供给于 FD-1 中继阀下面的膜板室，FD-1 在中继阀放大容量后，将压力空气供给到制动气缸。

B11 调压阀有两级控制区域，分别是速度 250 km/h 以上高速区域和 250 km/h 以下的低速区域。在高速区域，压力切换指令线加压，装配在 B11 调压阀的 VM32-2 紧急电磁阀动作输出低压；在低速区域压力切换指令线不加压，B11 调压阀将输出高压。

（三）耐雪制动控制

制动控制器接收到耐雪制动指令后，在判断制动条件和速度条件的基础上，用电流控制方式输出封闭闸片和圆盘之间的空隙所需的空气压力。与常用、快速制动相同的空气控制，将压力空气供给制动气缸。

（四）辅助制动

制动控制装置中的 EP 阀通过 150F 和 150G 线接收来自辅助制动控制装置发出的控制电流（降压、整流处理后），直接输出相应的制动力。

当 BCU 检测到当前为辅助制动状态时，将输出最低的 EP 阀电流，以确保制动力不会叠加。

（五）停放制动监控（CRH380A 统型动车组）

BCU 可以根据 PB 压力开关的状态（150PB 线）来判断停放制动实际的施加/缓解状态，通过网络告知 TCMS；BCU 通过光纤网络接收到停放制动施加的指令信号，与 PB 压力开关的状态来判断停放制动是否异常施加/缓解，通过网络告知 TCMS。

二、制动控制器

制动控制器安装在制动控制装置内，采用微处理器进行数据演算的处理方式，将司机室经过中央处理装置和传输终端所发来的制动指令，通过光缆接收后，根据各车的载荷信号和速度信息运算出所需的制动力，进行电制动及空气制动的控制。

同时具有滑行控制功能。对于空气制动的滑行，通过滑行控制阀来控制各轴的动作。对电制动的滑行，由电制动模式进行滑行轴的重新黏着控制。制动控制器还跟车辆终端装置之间互相进行信息的传输，能实时输出各种控制数据。

制动控制器控制的基本单元为 2M1T 或单独 M 车(4 或 5 号车；CRH_{380AL} 型为 4～13 号车)，在单元内实行延迟控制。

制动控制器前面的上部配置连接用的航空插座和 AS 压力、BC 压力、MR 压力的空电转换用传感器、在其下部配置 IF(interface)卡、CPU 卡、Power source 卡、MRC 卡、SKV-02 卡。此外，在装置前面下部(CPU 卡上)配置 7 节 LED、切换开关及车轮直径设定开关，可以显示制动控制器内部的控制信息及设定车轮直径。

M 车(2M1T 中 M 车；单独 M 车制动控制器没有 T 车空气制动减算指令输出)制动控制器控制框图如图 6-9 所示。

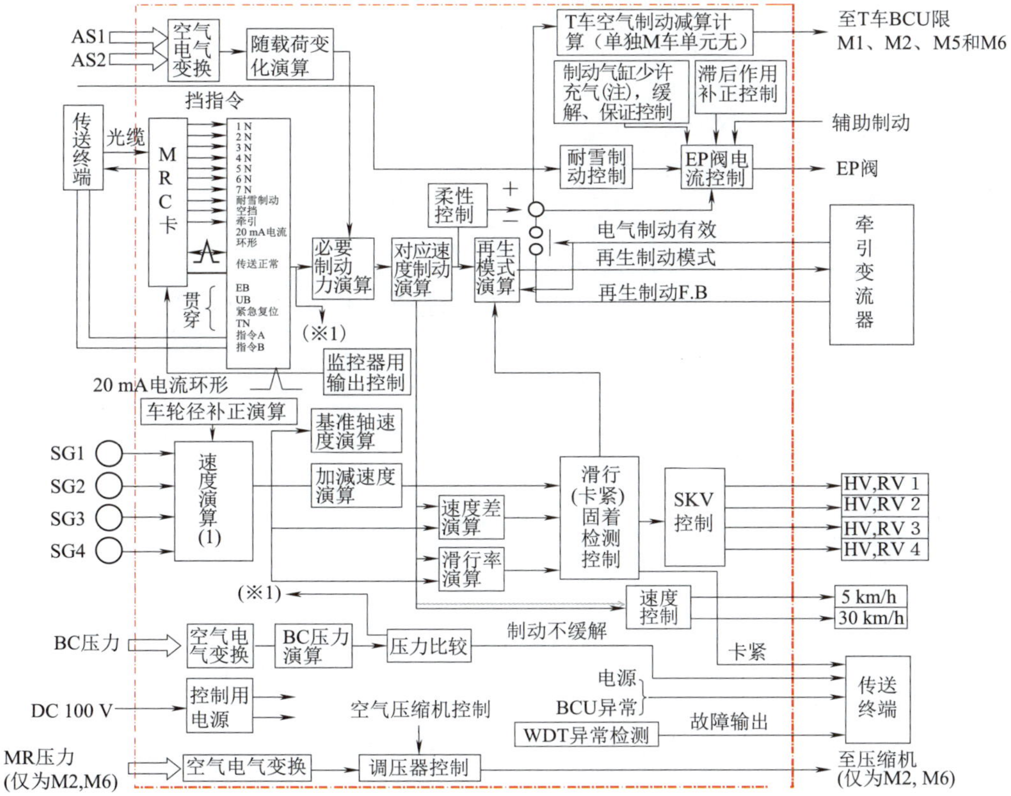

图 6-9　M 车 BCU 控制框图

T 车(以 T1 车为例)制动控制器控制框图如图 6-10 所示。

1. 延迟控制

制动系统各个制动极位及不同运行速度下均进行延迟控制。T 车所需制动力的一部分或者全部以 M 车的再生制动力来负担，负担不了的部分由空气制动来补足。M 车的再生制动力不足(对于制动控制单元)的话，与其不足量相等的空气制动力要先由 T 车补足，T 车的空气制动力在达到应该靠自车起作用的必要的制动力时，以后的再生不足量用 M 车的空气制动力来补足，在再生制动力全部失效的状态下，M、T 均由空气制动起作用。

在车辆的一个编组内，为了得到目标减速度，当各车共同负担制动力的情况下，在利用黏着不超过黏着界限的范围内，若将 M 车的制动力设定高的话，即可把 T 车的制动力控制在很低，又能获得目标的减速度。如图 6-11 所示。

根据延迟控制，对于 T 车所需的制动力由 M 车的再生制动力来负担的话，既可提高 M 车的的电力再生率，还会减低 T 车闸片的磨损。

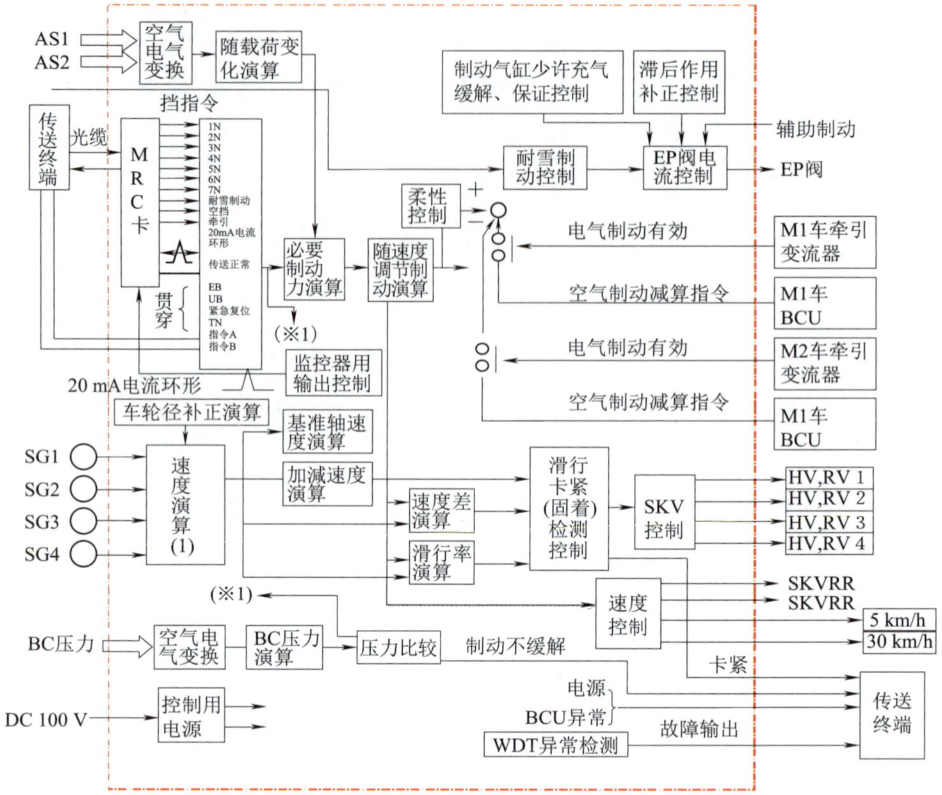

图 6-10 T 车 BCU 控制框图

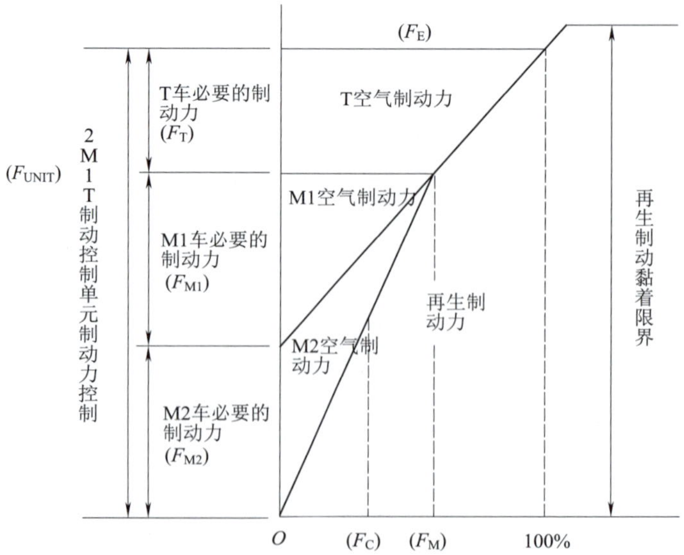

图 6-11 M、T 车的制动力负担图

2. 随负荷调整控制

要保持在不同车重的状态下达到规定的制动性能，需要进行空重车载荷控制。制动控制器将空气弹簧压力（AS 压力）用压力传感器进行空、电变换，把它做为空重车载荷信号，参与制动控制。此外，考虑空气弹簧系统产生故障等情况，对载荷信号实施空车限制及满车限制控制。如图 6-12 所示。

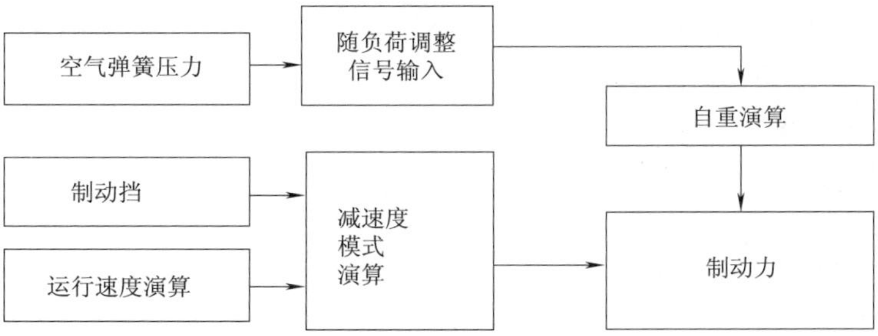

图 6-12　随负荷调整控制概念图

3. 柔性控制

为了提高制动运行时的乘坐舒适感，制动力的变化不是以步进变化，而是以时间常数方法进行控制的。如图 6-13 所示。

图 6-13　动车组柔性控制示意图

4. 电空变换阀控制

缓解保证控制：缓解制动时，为使电空变换阀准确地移到缓解位置，特意进行电空变换阀电流的偏流控制。此时 EP 阀电流是为 145 mA。

缓解制动滞后补正：为了消除电空变换阀以及中继阀的滞后，EP 阀电流的下降侧采用比上升侧低 20 mA 的值来控制。如图 6-14 所示。

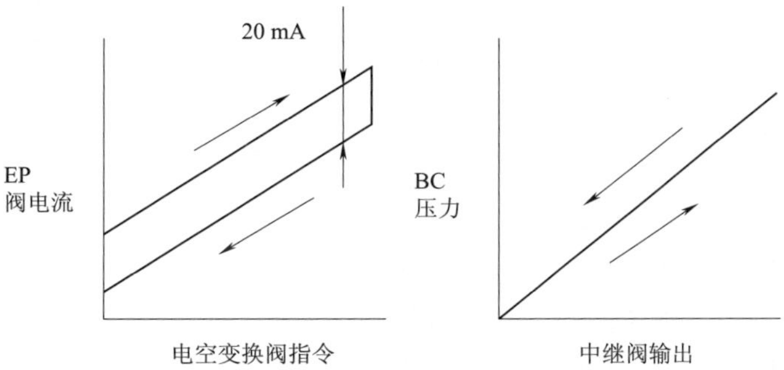

图 6-14　动车组缓解制动滞后补正示意图

5. 滑行再黏着控制

滑行后的黏着控制方法：M 车使用安装在主电动机的速度传感器(PG 传感器)，T 车使用安装在各车辆轴端的速度发电机所发出的信号，每 20 ms 计算出各轴的速度，检测滑行状态。得知滑行后，电气制动采用减小再生制动模式的方法，空气制动采用降低 BC 压力的方法来进行再黏着的控制。

6. 空气压缩机控制

为了将 MR 压力保持在一定的压力范围，对空气压缩机电动机的电源进行控制(开启压力 780 kPa，关机压力 880 kPa)。

没有搭载压力传感器的车辆，就没有 MR 传感器，也就无法测量 MR 压力，不能进行本项控制。MR 压力传感器，是只限于设置在安装有空气压缩机的车。

7. 速度检测

输出关闭车门安全用的 5 km/h 信号，并输出踏面清扫控制用以及车门压紧用的 30 km/h 信号。

8. 制动不缓解检测

制动指令为缓解时，如果 BC 压力残存在 40 kPa 以上，就判断制动不缓解(探测时间 5 s)，通过 MN419 线输出，同时传输给监视器。

三、辅助制动装置

辅助制动装置是在指令系统故障不能使用时，或因故障引起通常的制动系统不能使用时使用。辅助制动与正常制动指令一样采用电压式电气指令。

辅助制动装置投入时，由头车制动指令用辅助制动模式发生器(SBT)按驾驶台司机制动手柄的极位给引线加压，传输给辅助制动模式发生器(ASBT)，使其产生预先设定的 BC 压力对应的 EP 阀电流。如图 6-15 所示。

只限于头车才具有辅助制动功能。

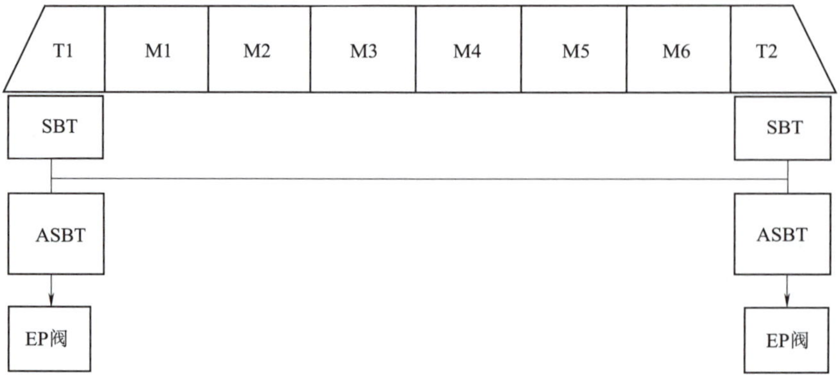

图 6-15　辅助制动原理示意图

四、制动指令转换装置

制动指令转换装置接收 BP 压力的输入，把压力空气通过半导体式压力传感器进行空电变换，把变换后的电压信号放进微处理机进行演算，转换成适合该 BP 压力所定的常用制动指令。通过 DIP 开关的切换，可以对 BP 压力范围进行切换(600 kPa 机车或 500 kPa 机车)和进行最高挡的切换(5N、6N、7N 的 3 个选择)。

五、停放制动控制装置(仅 CRH380A 统型动车组配备)

在 CRH380A 统型动车组的 1、3、7、8 车安装有停放制动控制装置。停放制动控制装置如图 6-16 所示。

图 6-16　停放制动控制装置

该装置通过停放指令对停放制动压力进行控制。接收到停放制动 ON 信号时，电磁阀排气动作，排出停放制动缸内的压力空气，让停放制动动作。接收到停放制动 OFF 信号时，则通过电磁阀供气动作，向停放制动缸内充入压力空气，停放制动缓解。为防止基础制动的制动力过大，设计了双向止回阀，防止与常用制动叠加。车辆无加压时，操作供给旋塞，可以切换停放制动的缓解/动作。并且，在无加压的停留状态，MR 空气排空时，自动施加停放制动。如图 6-17 所示。

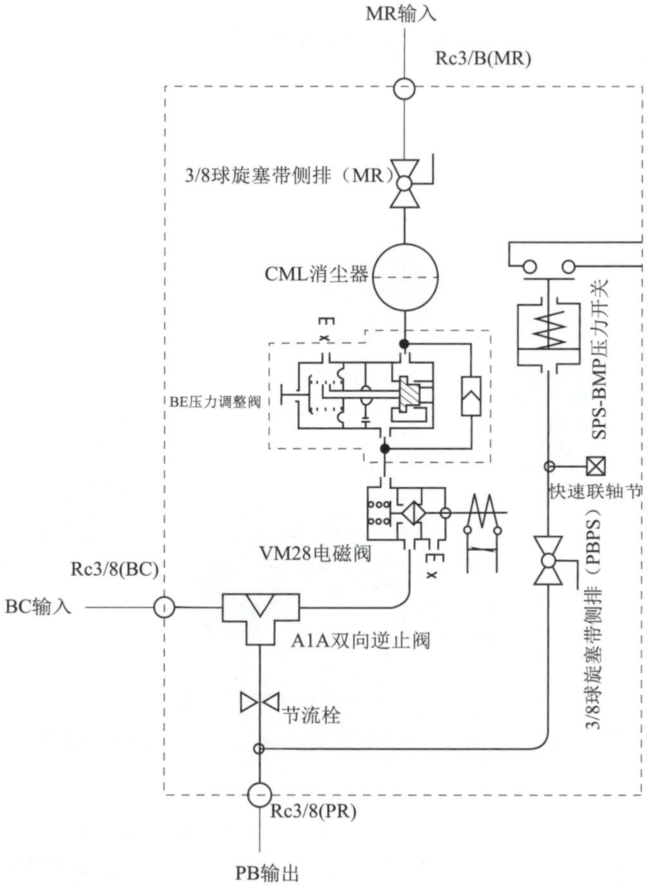

图 6-17　停放制动控制装置原理图

六、BP 救援装置(仅 CRH380A 统型动车组配备)

图 6-18　BP 救援装置

通过 BP 救援装置对具有制动管的列车进行救援时,以控制被救援车辆的制动为目的,将本车的电制动指令转换成制动管压力(BP 压力),控制被救援车辆的制动力。使用 BP 救援装置可以对具有制动管的列车进行救援。本装置主要由 BP 救援控制器、电空转换阀,中继阀等组成。如图 6-18所示。

BP 救援控制器采用 32 位单片微型传感器控制的数字演算处理方式。设置于动车组编组的头车中,对车辆制动时的被救援车进行 BP 压力的控制。接收到司机室操作台发来的电制动指令,计算成所需制动力,通过 EPLA 电空变换阀进行电空转换,被救援车的 BP 压力进行控制。

第四节　基础制动装置

动车组基础制动装置采用气动式夹钳、浮动式闸片的盘式制动方式。该结构可使制动力更为均匀,有效地减少热斑、颤振。

动车基础制动装置包括轮装制动盘及制动夹钳,如图 6-19 所示。

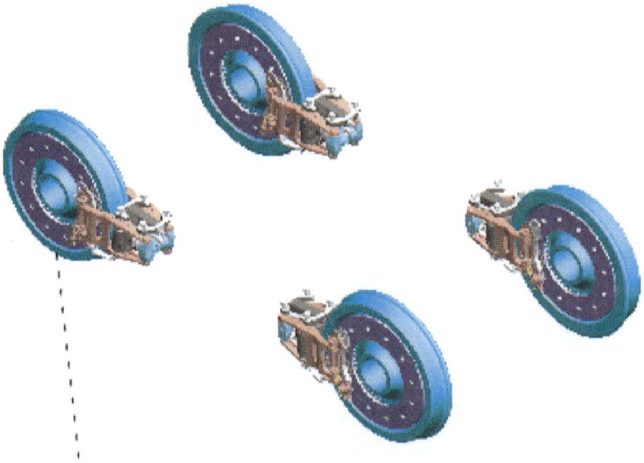

图 6-19　动车基础制动装置

拖车基础制动装置包括轮装制动盘、轴装制动盘及制动夹钳,如图 6-20 所示。

一、制　动　盘

制动盘是盘形制动装置中最关键的部件。它必须通过与闸片的摩擦将巨大的列车动能转化为热能,并将热量散逸到周围环境中。它既要有良好的摩擦性能,又要有良好的耐热裂性,还要有良好的耐磨性。

动车组制动盘采用高强度合金锻钢材质,具有好的抗热裂性、耐磨性、导热性和摩擦制动性能。

制动盘根据安装位置分为轮装制动盘(简称轮盘)及轴装制动盘(简称轴盘),详见转向架章节相关介绍。

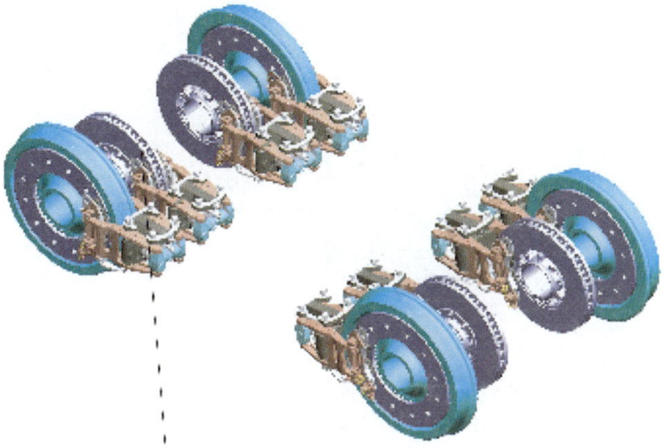

图 6-20　拖车基础制动装置

二、制动夹钳

制动夹钳装置带自动间隙调整机构,确保制动性能不会随闸片磨耗产生改变。

因动车转向架和拖车转向架的制动盘所需的制动力是不同的,所以夹钳气缸的直径也不同。

(一)规格及基本结构

制动夹钳的主要参数规格如表 6-2 所示,其基本结构如图 6-21、图 6-22、图 6-23 所示。

表 6-2　制动夹钳装置主要参数

使用场所	M 车轮盘	T 车轮盘	T 车轴盘
型号	RZKK TYPE18	RZKK TYPE12	
气缸有效面积	112 cm^2	77.4 cm^2	
制动盘尺寸(mm)	ϕ710×128×150(外形×厚度×宽度)	—	ϕ670×80×145(外形×厚度×宽度)
作用半径	280 mm	—	263 mm

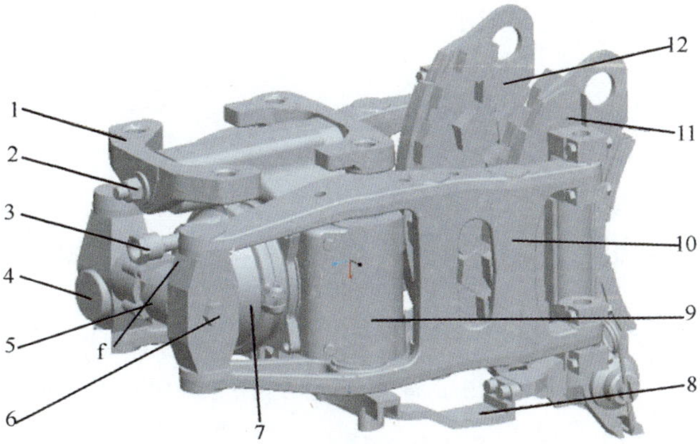

图 6-21　制动夹钳装置结构图

1—安装座;2—支撑销;3—进气口;4—推杆调整器;5—自动间隙调节装置;6—六角头复位螺栓;7—膜板风缸;8—平行滑杆;9—壳体;10—夹钳臂;11—闸片托;12—闸片

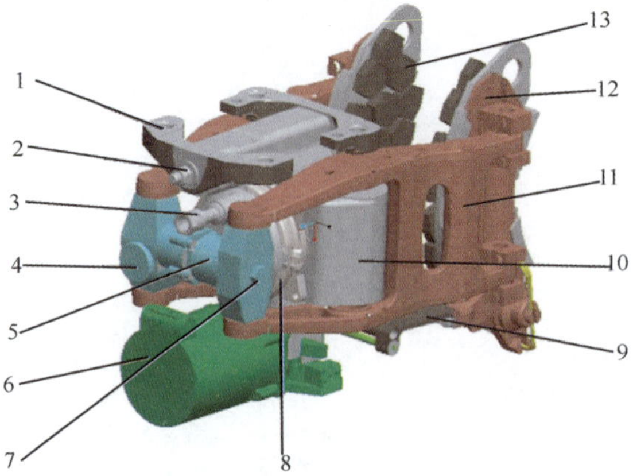

图 6-22　带停放制动的制动夹钳装置结构图(仅 CRH380A 统型)

1—安装座;2—支撑销;3—进气口;4—推杆调整器;5—自动间隙调节装置;6—停放缸;7—六角头复位螺栓;8—膜板风缸;9—平行滑杆;10—壳体;11—夹钳臂;12—闸片托;13—闸片

图 6-23　带停放制动的制动夹钳安装图(仅 CRH380A 统型)

三、制动闸片

制动闸片采用粉末冶金材料制成的六边形摩擦块,经特殊排列安装于安装托架上。为浮动式闸片,如图 6-24 所示。

制动闸片的安装结构如图 6-25 所示。

四、踏面清扫装置

为防止空转和打滑,改善轮轨接触面黏着条件,动车组装有踏面清扫装置。踏面清扫装置在动车组制动时动作,将研磨子压在踏面上,清除附着在车轮踏面上的尘埃、锈迹、油脂等杂物。研磨子采用树脂合成材料。

踏面清扫装置为空气直动式,清扫装置在车轮发生空转(牵引工况)、滑行(制动工况)和施加制动过程中速度在 30 km/h 以上条件下动作。

踏面清扫装置动作时,连接风管被加压,活塞杆被顶出,装置在活塞头端的研磨子就触抵车轮的踏面,车轮每旋转一周,研磨子就清扫踏面一次。压力去除后,在复位弹簧的作用下,活塞杆及研磨子被拉回。

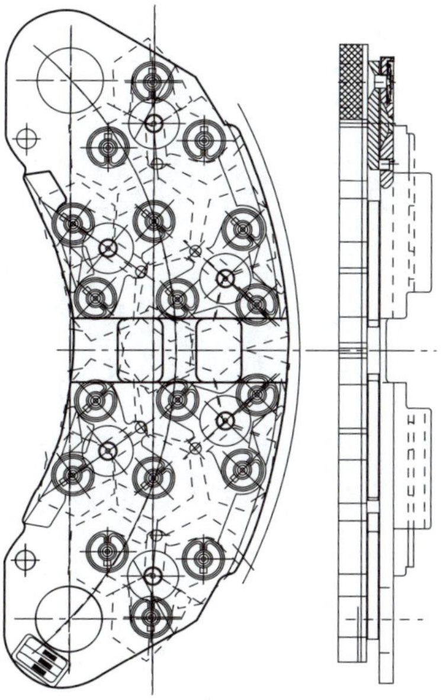

图 6-24　制动闸片

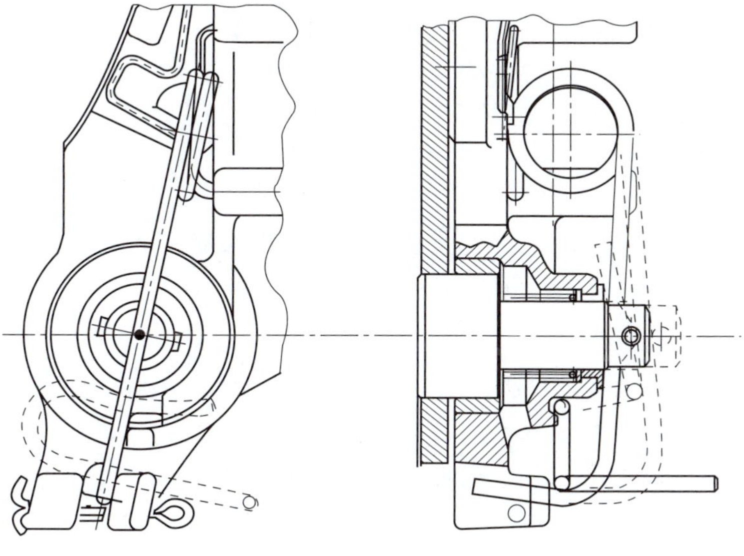

图 6-25　制动闸片的安装结构

与研磨子座结合的销子由防振橡胶支持，吸收车轮的倾斜，以此来达到防止研磨子的偏磨耗和缓解振动。

踏面清扫装置动作气缸内设有间隙自动调整装置，确保研磨子与踏面间隙不会随研磨子磨耗而变大。

复习思考题

1. 动车组制动分为哪些类型？分别有什么作用？
2. 简述供风及制动系统主要设备组成及功能。
3. 制动控制器有哪些控制功能？

第七章　辅助电气系统

动车组辅助供电系统采用母线供电方式，为列车辅助设备如冷却通风机、空调装置、照明、网络控制系统、制动装置、旅客信息、列车无线等设备提供电源。

第一节　辅助电源系统组成

辅助电源系统主要由牵引变压器辅助绕组、辅助电源装置、辅助整流器、蓄电池等组成。如图 7-1 所示。

辅助电源系统的输入电源电压为 400 V，输出以下五个电源。

输出 1：DC $100\times(1\pm10\%)$V，58 kW

输出 2：单相 AC $100\times(1\pm10\%)$V，50 Hz，12 kV·A

输出 3：单相 AC $220\times(1\pm10\%)$V，50 Hz，12 kV·A

输出 4：三相 AC $400\times(1\pm10\%)$V，50 Hz，123 kV·A

输出 5：单相 AC $100\times(1^{+26\%}_{-41\%})$V，50 Hz，22 kV·A

各种电源主要作用如下：

(一)非稳定单相 AC 100 V 系统(251 线)

由辅助变压器(ATr)仅将牵引变压器辅助绕组的 AC 400 V 电压直接降压至 AC 100 V，向热水器的加热器等容许电压变动的负荷供电。

(二)稳定单相 AC 100 V 系统(202 线)

向空调控制器、空调显示设定器、给水装置、空气清新机。收音机、辅助制动控制供电。

(三)稳定单相 AC 220 V 系统(302 线)

使用辅助电源装置与 AC 400 V 实现隔离，并且降压和稳压。提供饮水机、吧台设备、电茶炉、各车插座电源。

(四)稳定三相 AC 400 V 系统(771、781、791 线)

稳压三相 AC 400 V 与牵引系统相关的辅助设备(牵引变压器、牵引变流器、牵引电机用各送风机等)连接。

(五)稳定 DC 100 V 系统(102、103、115、118 线)

稳压 DC 100 V 系统向车辆的控制电源、车厢照明、蓄电池等供电。

动车组设有容量充足的蓄电池组，供紧急时使用。应急用电量(含应急照明、列车无线装置、广播装置、尾灯及应急通风)最少可持续 2 h。运行过程中，蓄电池组可在运行中充电。

车体侧面装有连接外部电源的插座(AC 400 V、单相、50 Hz)。车辆检修场所设置有外部电源，可供辅助电路的工作。

辅助电源系统设有故障保护功能，主要保护检测项目有：输入过电流、变流器过压、变流器过流、变流器过载、输出过压、输出低电压、检测接地、输出短路等。在列车信息控制系统和辅助电源装置之间设置自诊断功能接口，由列车信息控制系统实施。

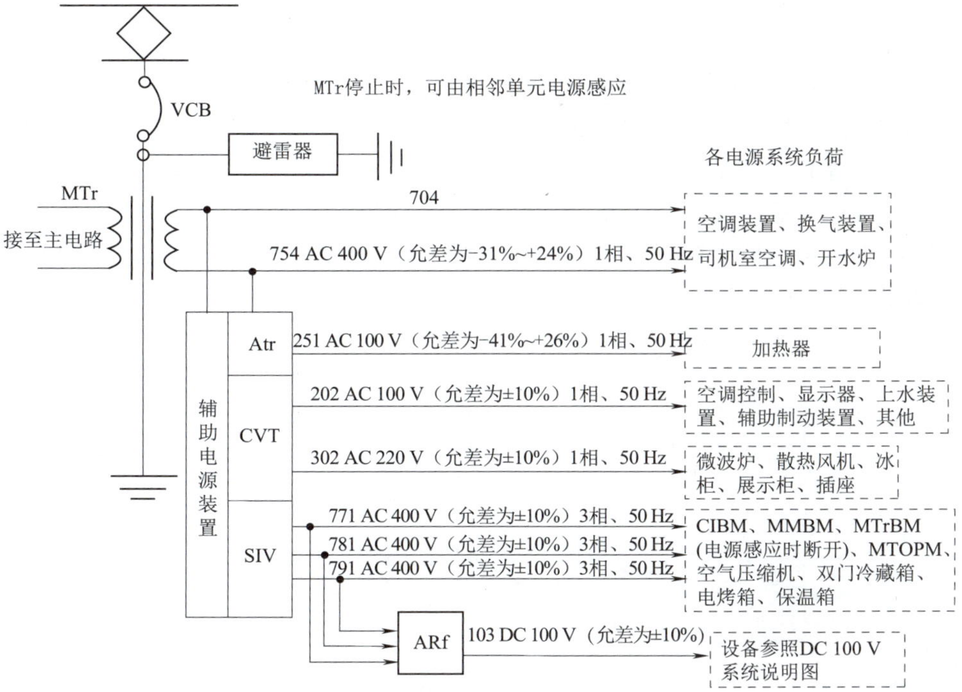

图 7-1　辅助电气系统示意图

第二节　辅助电源装置

一、辅助电源装置

辅助电源装置（APU1/APU2）是向牵引变流器等的各种通风机以及辅助整流装置（Arf）等提供 AC 400 V、3 相、50 Hz 电源的装置，安装在编组中的头车（8 编组动车组，$\mathrm{CRH_{380AL}}$ 型动车组为 1、7、11、16 车）车底下。并且，APU1/APU2 上还内置有能将牵引变压器的 3 次输出 AC 400 V 变为 AC 100 V 的辅助变压器（Atr）。

辅助电源装置（APU3）是向固定车的牵引变流器等的各种通风机提供 AC 400 V、3 相、50 Hz电源的装置，额定容量 70 kV · A，安装在编组中的 5 号车（8 编组动车组，$\mathrm{CRH_{380AL}}$ 型动车组为 5、9、13 车）的车底下。APU3 没有辅助变压器（Atr）和辅助整流器 Arf。外观如图 7-2 所示。

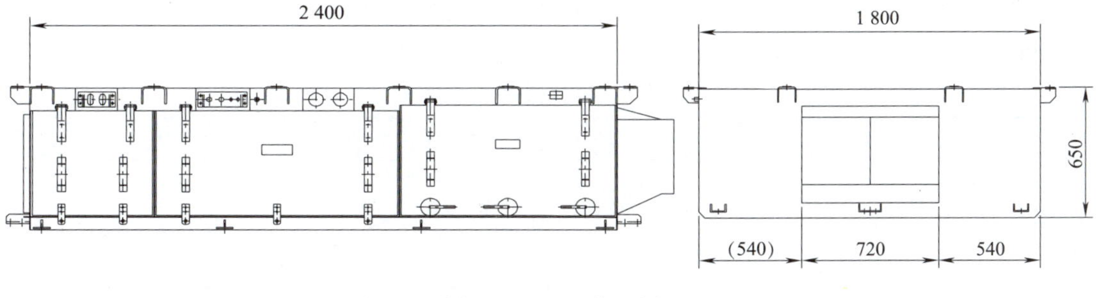

图 7-2　APU 外观图

辅助电源装置(APU)是由输入变压器(TR1)、输入滤波电容器(ACFC)、输入滤波电抗器(ACL1)、变频器、逆变器、输出滤波电抗器(ACL2)、输出滤波电容器(ACC)、辅助变压器(Atr)等构成。

APU 的输入电源为牵引变压器辅助绕组输出的 AC 400 V、单相 50 Hz，通过 IGBT 变频器变换成了直流电力，这个直流输出通过 IGBT 逆变器变换成 AC 400 V、3 相 50 Hz 的定压电源，向编组内提供。同时，AC 100 V 50 Hz、AC 220 V 50 Hz 的定压电源是由 3 相 AC 400 V稳定电压电源通过辅助变压器(TR3、TR4)进行变压而来的。

辅助变压器(Atr)是将牵引变压器辅助绕组输出进行变压后输出 AC 100 V(非稳定电压) 50 Hz。如图 7-3 所示。

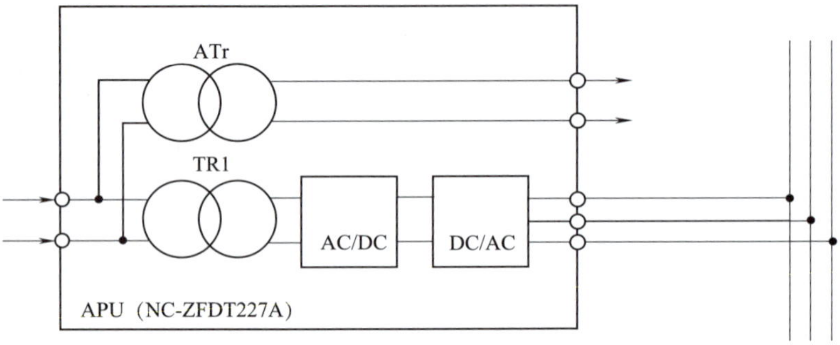

图 7-3 APU 工作原理图

辅助电源装置具有如下特点：

(一)冗 余 性

扩展供电方案基于可靠技术且具有成熟应用经验，即某一辅助电源装置故障时，通过扩展供电接触器由正常的辅助电源装置向此故障辅助电源装置供电。辅助电源装置之间通过扩展供电方式互为冗余。

正常工作时，一台辅助电源装置供给 4 节车厢所需辅助用电。当一台辅助电源装置发生故障时，另一台正常运转的辅助电源装置能够向 8 节车厢供电。辅助电源装置的输出容量的设计能够在故障时用一台正常运转的辅助电源装置 8 节车厢供电。

(二)先 进 性

采用单相桥式 IGBT 脉冲整流器及三相桥式 IGBT 逆变器的方式，通过使用大电流、耐高压元器件，实现小型化、轻量化。

(三)可 靠 性

APU 控制部通过采用 DDC 控制，具有故障自诊功能，使维护保养简单方便。

APU 主要技术参数见表 7-1。

表 7-1 APU 主要技术参数

	项 目	规 格	备 注
1. 方式	(1)主电路方式	IGBT 变频器/逆变器方式(带 Arf)	
	(2)控制方式	逆变器定电压控制方式	
	(3)冷却方式	强制风冷方式	

续上表

	项　目	规　格					备　注
2. 输入	(1)额定电压	AC 400 V(50 Hz)单相					瞬间变动 ΔV=±20%
	(2)电压变动范围	−31%～+24%					
3. 输出	(1)额定容量	227 kV·A					
	(2)负载耐性	100%连续,AC 输出 180%10 s DC 输出 120%20 s					
	(3)负载功率因数	0.85(滞后)					
	(4)输出的类别	交流 3 相	交流单相		直流	内置 ATR 输出	
	(5)额定电压	AC 440 V	AC 220 V	AC 100 V	DC 100 V	AC 100 V	
	(6)额定输出	123 kV·A	12 kV·A	同左	58 kW	22 kV·A	
	(7)电压精度	±10%	同左	同左	±10%	−41%～+26%	
	(8)频率	50×(1±1%)Hz	同左	同左	—	50 Hz	
	(9)畸变率	5%以下	—	—	—	—	
	(10)电压瞬间变动	+5%、−5%(输入电压在 AC 400 V 上 70%～100%负载变动时)					
	(11)整定时间	1 个周期(20 ms)以下					

二、辅助整流器箱

辅助整流器箱由整流器用变压器(TR2)、辅助整流器(Rf)、2 个辅助变压器(TR3、TR4)、具有让输出电压拥有下降特性的电阻(R12)等构成。外观如图 7-4 所示。

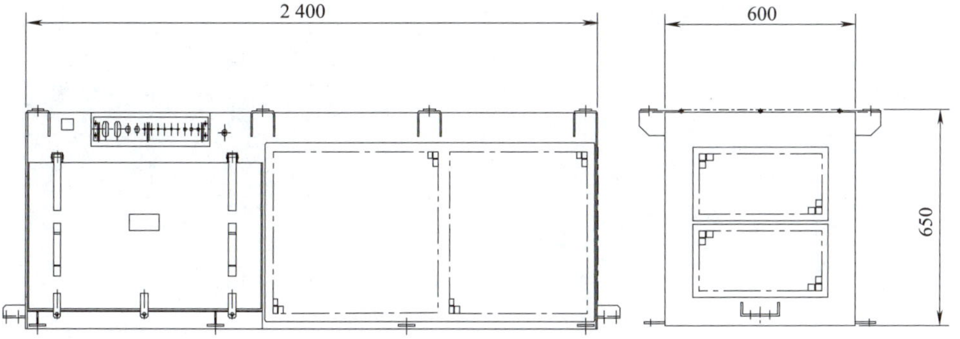

图 7-4　Arf 外观图

辅助整流器(Arf)是对配置于头车(CRH380AL 型动车组为 1、8、9、16 车)的 APU 输出的 AC 400 V、3 相交流电进行整流,提供 DC 100 V 电源的装置。并且,还内置有能将 APU 输出的 AC 400 V 电压变压为 AC 100 V 的变压器(TR3),和变压为 AC 220 V 的变压器(TR4)。

辅助整流器(Arf)用变压器(TR2)将 APU 的稳压三相 AC 400 V、50 Hz 输出进行变压后,通过结构为 3 相全波整流电路的辅助整流器(Rf)来输出 DC 100 V。如图 7-5 所示。

辅助电源系统主要部件外观如图 7-6～图 7-11 所示。

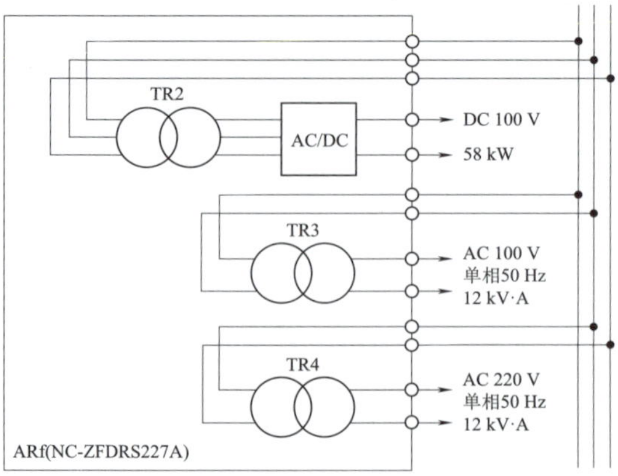

图 7-5　Arf 工作原理图

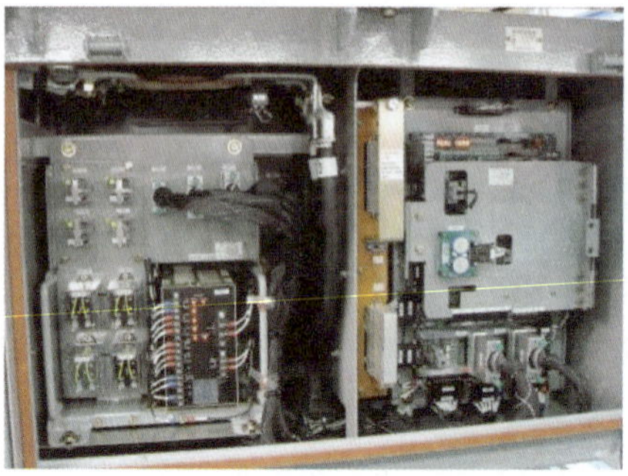

图 7-6　辅助电源控制模块

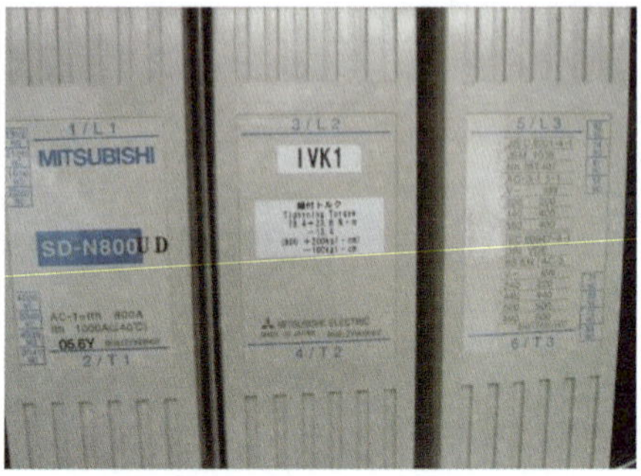

图 7-7　输入接触器

图 7-8　辅助电源控制侧

图 7-9　辅助电源输出侧

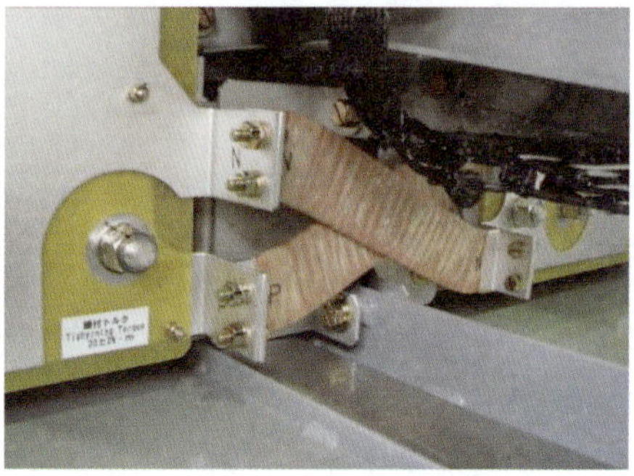

图 7-10　辅助电源接线排

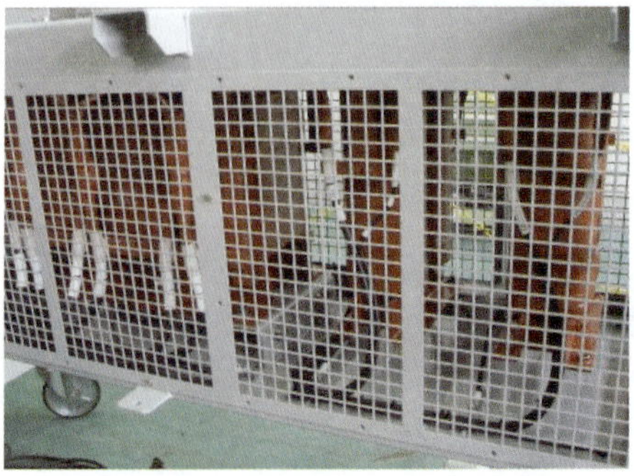

图 7-11　辅助整流器的变压器外形

三、蓄电池

动车组装配有多组额定容量为 100 A·h 的碱性蓄电池，分别为控制蓄电池、应急通风蓄电池和列车无线用蓄电池。在停电时，具备能够使辅助设备工作 30 min 以上的容量；当来自车辆外部的供电停止应急供电时，仅通过蓄电池能够向车厢内照明、广播装置、前后车外标识灯等装置提供 2 h 以上的供电。蓄电池组在运行时通过辅助电源线路充电。蓄电池单元部件如图 7-12 所示。

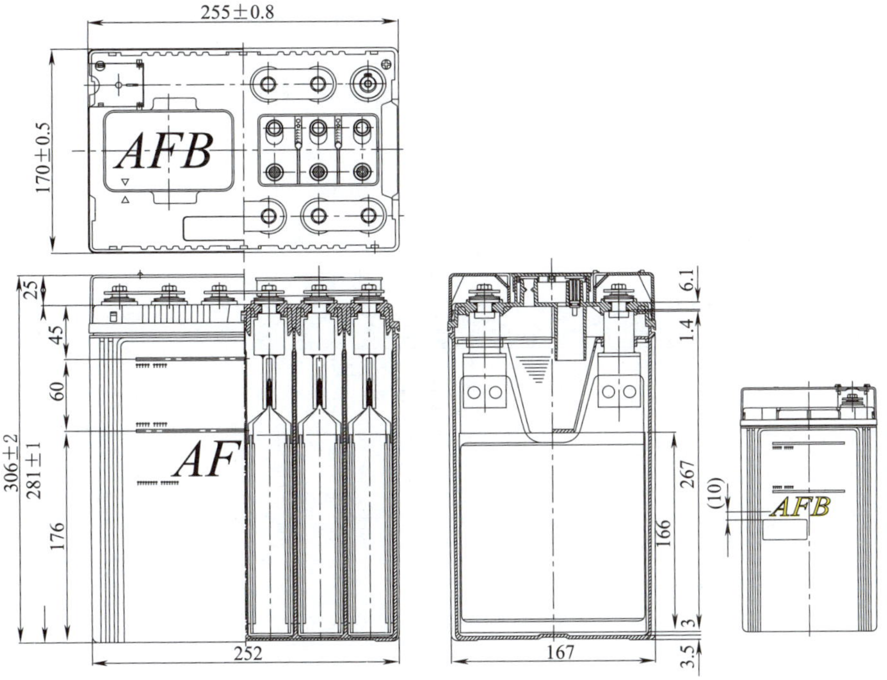

图 7-12　蓄电池单元结构图

注意：在蓄电池电压低到 DC 87 V 时(通过司机室电压表或监视显示器观察)，必须立即给其充电或切断车上所有用电负载，以便保证动车组可正常启动。

(一)蓄电池的构造

蓄电池是将公称电压 7.2 V 的单位电池(整块蓄电池)用连接导电体串行连接的构造。单位电池由 6 节构成(由正极板、负极板、分离器、整块电解槽及电槽盖、液口栓盖、电池套、电解液、极柱、垫圈和螺栓构成)变电能为化学能之后，在内部储备。使用时供给直流电流。

正极板是将镍粉末用高温烧结为多孔性的印刷电路板。作为活性物质将氢氧化镍＜$Ni(OH)_2$＞含有这个印刷电路板。

1. 负极板

负极板将以氢氧化镍为活性物质，与用加强筋制造的膏涂敷多孔性的印刷电路板。

2. 分离器

分离器将正极板与负极板隔离，而且防止短路。这个分离器用耐碱性合成树脂纤维与合成树脂薄膜组成多层构造。

3. 整块电池槽以及盖子

整块电池槽及盖子用质量良好的合成树脂制成，使用上有充分的机械强度。通过热焊接接合。

4. 液口栓盖

安装液口栓盖,将充电时发生的瓦斯排出,而且防止异物从外边掺进。

充液时,将排气筒插入电槽盖的液口栓盖,3节同时可达到规定液面。

5. 蓄电池套

蓄电池套保护蓄电池接头部与通电部,避免有附着尘埃覆盖在上面。而且蓄电池套是有机绝缘套。

6. 电解液

电解液是以氢氧化钾为主体的水溶液。电解液的标准相对密度是1.15～1.30(20 ℃)。

7. 各节之间连接板

用铜上镀镍的连接板,将节与节相互连接,并用螺栓、碟形弹簧将连接板固定。

8. 其他配件

蓄电池极柱、螺栓、垫圈和碟形弹簧是镀镍的钢铁制品或不锈钢制品。

(二)蓄电池主要技术规格(表7-2)

表7-2 控制蓄电池规格

	项目		CRH380AL蓄电池额定参数	CRH380A蓄电池额定参数
1	电池型号		AFB6M100A	AFB6M80B
2	公称电压		86.4 V	86.4 V
3	公称容量		60 A·h	80 A·h
4	标准充电		20 A×8 h	80 A×15 h
5	最大放电电流		200 A	160 A
6	周围环境温度		−25～+45℃	−25～+45 ℃
7	公称容量	放电电流	20 A	16 A
		放电时间	>300 min	>300 min
		放电终止电压	72 V(1.0/节)	72 V(1.0/节)

(三)蓄电池特性

蓄电池根据不同种类有各自适合的充电电压。但在车辆上使用时,由于接触网电压、车辆负荷的增减或与整流装置距离远近造成整流装置输出电压的不稳定,以致不能以最适合的电压进行充电。此时,过充电或充电不足都可能影响电池的性能和寿命。碱蓄电池在过度充电时是以分解电解液(水)来提供过充电所需要的电能,不会导致电池自身的劣化。

四、地面电源

为方便动车组故障时的检修作业,动车组车体侧面装有连接外部电源的插座,可外接单相AC 400 V、50 Hz电源为动车组辅助电路供电。

第三节 辅助电气负载设备

辅助电气负载设备主要包括配电盘、照明、插座、电源转换装置及其他用电设备。

一、配 电 盘

(一)司机室配电盘

1. 总配电盘

总配电盘中配置了主控制、制动、速度、有关标识灯的继电器、电压检测器、一部分有联解关系的继电器以及标识灯控制器。继电器采用玻璃半导体继电器,这种继电器配置在印刷电路板 A～F 上。如图 7-13 所示。

2. 司机室配电盘

配置了有关牵引、制动控制的 NFB,冷暖气装置、关门、联解、表示灯等的 NFB。如图 7-14 所示。

图 7-13　总配电盘

图 7-14　CRH380A(L)型动车组司机室配电盘

(二)运行配电盘

每个车厢设置一个运行配电盘,其中配置了牵引变流器、电动通风机、辅助电源装置、空气压缩机、保温、振动、有关制动、监视器、广播的 NFB。配置有关门连动、蜂鸣器复位用开关等。

(三)服务配电盘

每个车厢设置一个运行配电盘空调装置、进排气装置、照明装置、自动门装置、各显示器、电源插座的 NFB。配置了空调表示设定器、(车厢灯用)外部电源用连接器等。

(四)组合配电柜[CRH380A(L)型动车组]

为了配线、检修方便及功能优化,CRH380A(L)型动车组将运行配电盘及服务配电盘合理融合为组合配电柜。

组合配电柜设置在各车端部,分为前后两层结构,前层旋转部分设备布置主要根据设备的操作方便性进行设置,指示灯放在最顶部,大型断路器需要较大操作力,放在(后层)手臂平直偏上位置,下方设置转换开关、空调设定器、电压表等。

需要目视的操作设备放在目视偏下位置,断路器放在上述设备下方,但考虑操作方便性,断路器应尽量靠上放置,为相关牵引变流器、电动送风机、辅助电源装置、空气压缩机、制动装置、监视器装置、广播设备、保温等系统用断路器。后层设置上部配电盘、控制继电器盘和下部配电盘等三大设备,其中上部配电盘布置接触器、上部端子排(上部 TB)、上部连接器(上部

CN)、接地开关盘、电压表检测等设备；下部配电盘布置下部端子排(下部 TB)、下部连接器(下部 CN)、接地开关盘等设备。

上部配电盘主要布置大型断路器、接触器等设备。

下部配电盘设置走线用连接器、接地开关盘、端子排等。

控制继电器盘主要集成各车用继电器，实现各车的逻辑控制功能。

(五)温水污物配电盘

温水污物配电盘中配置有温水器、污物处理装置、抽水装置、洗手间、盥洗室设备的 NFB 及水量计等。

饮水机供水配电盘包含水管预热控制装置、饮水机控制的 NFB 及水量计等。

二、照明装置

动车组广泛使用 LED 照明，照明装置包括照明顶灯、通过台顶灯、走廊顶灯及灯条等。照明顶灯如图 7-15 所示，通过台顶灯如图 7-16 所示。

图 7-15　照明顶灯

图 7-16　通过台顶灯

三、插　　座

图 7-17　插座

动车组上为乘客提供 AC 220 V 的电压，方便乘客用电设备的使用，如笔记本电脑、手机充电器等，插座提供 AC 220 V，50 Hz 的电流。如图 7-17 所示。

CRH380A(L)型动车组采用单相逆变电源为插座供电。单相逆变电源输入侧通过断路器与车上蓄电池 DC 100 V 相连，采用功率元件 IGBT高频逆变，通过高频变压器隔离升压后的 DC 320 V 送入逆变部分，逆变部分又通过控制逆变 IGBT 桥产生了 PWM 的调制电压。此电压经过正弦波滤波器后输出正弦波单相交流电压 220 V，50 Hz。

四、电源转换装置

图 7-18　电源转换装置

电源转换装置放置在设备舱里的救援用电源转换装置是动车组发生重大故障需要机车救援时采用的应急供电设备，它把机车的 DC 110 V 电源转换成 DC 100 V 电源，主要为动车组必要的控制、制动、照明及生活设备提供紧急电源。该电源转换装置有高可靠性、易维修易更换性。救援用电源转换装置本身有正常工作指示灯和故障指示灯，外观如图 7-18 所示。

整个电源由输入单元、功率变换单元、输出单元、控制调整及保护电路单元、辅助电源单元五部分组成。其原理如图 7-19 所示。

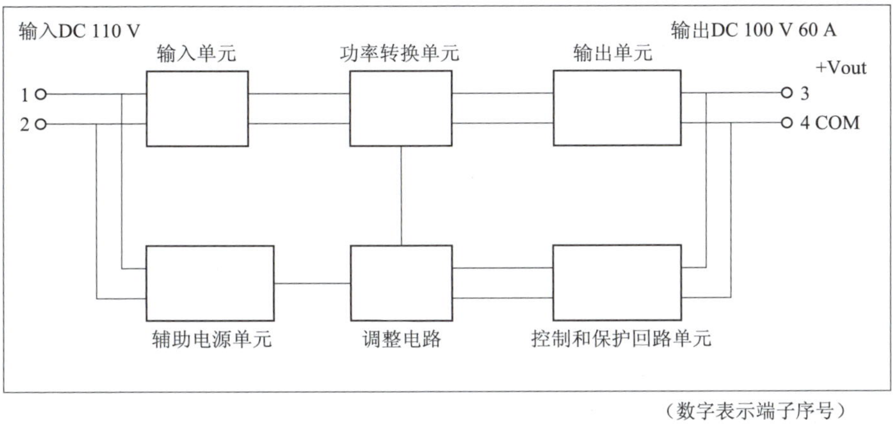

图 7-19　电源变换装置原理

电源转换装置具备如下保护功能：

1. 电源转换装置本身具有过流保护功能，当输出出现过流时，变换器将进入过流保护状态，输出电压下跌；当过流现象解除后，变换器能够自动恢复至正常工作状态。

2. 变换器具有“软启动”特性。

3. 输入过欠压保护特性。变换器具有输入电压过欠压保护功能。

4. 设备本身接地。

另外，电源变换装置具有抗干扰性，电源变换装置可以防雷击，耐电源线重叠干扰，具有电磁兼容特性。

五、电加热装置

动车组配备了汽笛用加热器、高度调整阀用加热器、泵房内管路用加热器和污物箱用加热器，除此外还有水管路和水封用电加热装置。

水管路和水封用电加热装置在环境温度为－25 ℃时，电加热带维持不低于 5 ℃。在冬季来临时，将司机室配电盘上“保温”开关闭合，再分别到各车节车厢把配电盘中保温 1、保温 2 和保温 3 开关闭合，确保各电加热装置及相关温控器得电工作。

六、车外温度采集系统

车外温度采集系统由辅助电源、信号处理及温度微调、MCU 单元、温度及故障显示单元、通信单元和系统扩展单元组成。温度传感器将温度信号转变成电压信号，为保证信号的精确性，经信号处理电路（面板上设一可调旋钮可对温度进行微调）送到 MCU 的 A/D 采样口，经 MCU 数据处理后，将温度显示出来，同时可通过通信单元将数据信息上传给车辆信息装置。当传感器或系统本身出现故障时，能将故障信息通过显示/上传故障代码和点亮相应的故障灯对故障进行精确定位并报警。

复习思考题

1. 辅助电气系统有哪些电源类型？
2. 简述辅助电源系统工作原理。
3. 辅助电气负载主要有哪些？

第八章 动车组网络控制系统

动车组通信网络对有关车辆运行及车载设备动作的信息进行集中管理，能够有效地辅助司乘、检修人员操作、运用、维护、保养动车组设备。系统主要由车辆信息控制装置、传输网络及其他附属装置组成。

第一节 列车通信网络构成及功能

一、系统构成

动车组通信网络由中央装置、终端装置、车辆信息显示器、显示控制装置、IC 卡读写装置、乘客信息显示器以及相应传输线组成，系统主要设备配置情况见表 8-1 及表 8-2。

表 8-1 列车通信网络的装置构成（8 辆编组）

车号	1	2	3	4	5	6	7	8
车种	T1	M1	M2	M3	M4	M5	M6	T2
中央装置	1	—	—	—	—	—	—	1
终端装置	1	1	—	1	1	1	—	1
	—	—	1	—	—	—	1	—
车辆信息显示器	2	—	—	—	—	—	1	2
显示控制装置	2	—	—	—	—	—	1	2
IC 卡读写装置	2	—	—	—	—	—	—	2
乘客信息显示器	2	2	2	2	2	2	2	2

表 8-2 列车通信网络的装置构成（16 辆编组）

车号	1	2	3	4	5	6	7	8
车种	T1	M1	M2	M3	M4	M5	M6	M7
中央装置	1	—	—	—	—	—	—	—
终端装置	1	1	1	1	1	1	1	1
车辆信息显示器	2	—	—	—	—	—	—	—
显示控制装置	2	—	—	—	—	—	—	—
IC 读卡写装置	2	—	—	—	—	—	—	—
车号	9	10	11	12	13	14	15	16
车种	M8	M9	M10	M11	M12	M13	M14	T2
中央装置	1	—	—	—	—	—	—	1
终端装置	1	1	1	1	1	1	1	1
车辆信息显示器	1	—	—	—	—	—	—	2
显示控制装置	1	—	—	—	—	—	—	2
IC 读卡写装置	—	—	—	—	—	—	—	2

（一）中央装置

中央装置是整列动车组通信网络系统的控制中枢，实时收集、分析、处理各终端装置、ATP 装置以及速度传感器等设备的信息，控制 MON 显示器显示，向终端装置传送控制指令。中央装置由输入输出连接器、电路板、背板（back panel）和架子构成，外形如图 8-1 所示。

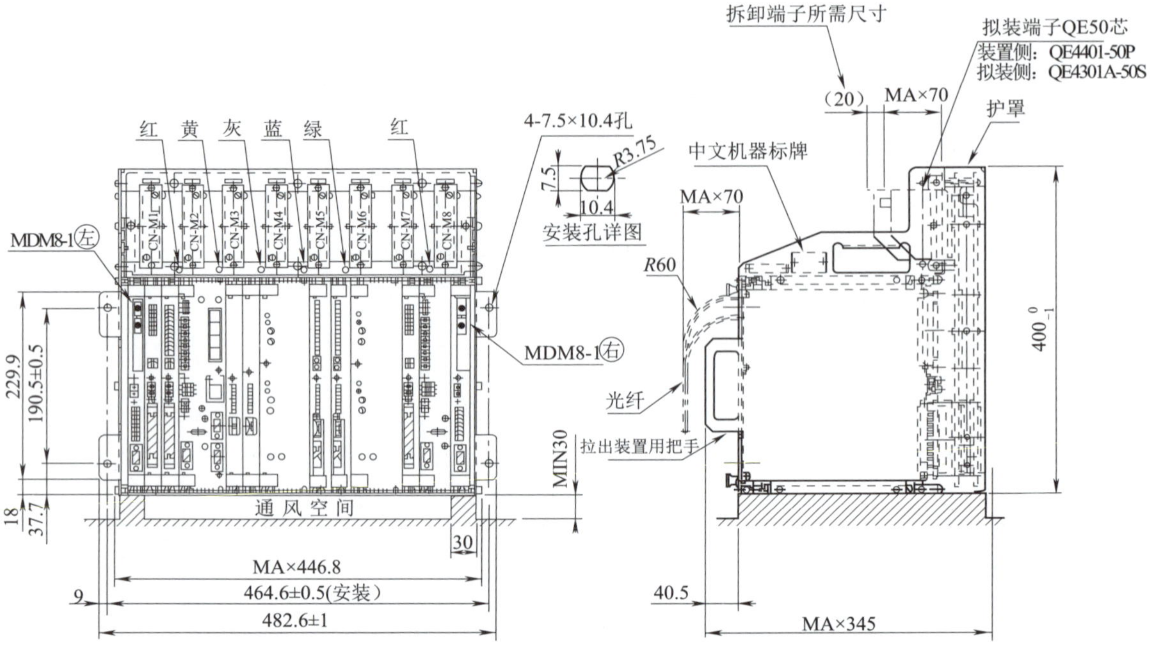

(a)

(b)

图 8-1　中央装置外形

（二）终端装置

终端装置是其所在车辆信息网络系统的管理中心，实时接收中央装置发送的控制指令，收集本车设备信息，向本车各设备发送控制指令。由输入/输出连接器、电路板、背板和架子构成。

终端装置的外形如图 8-2 所示。

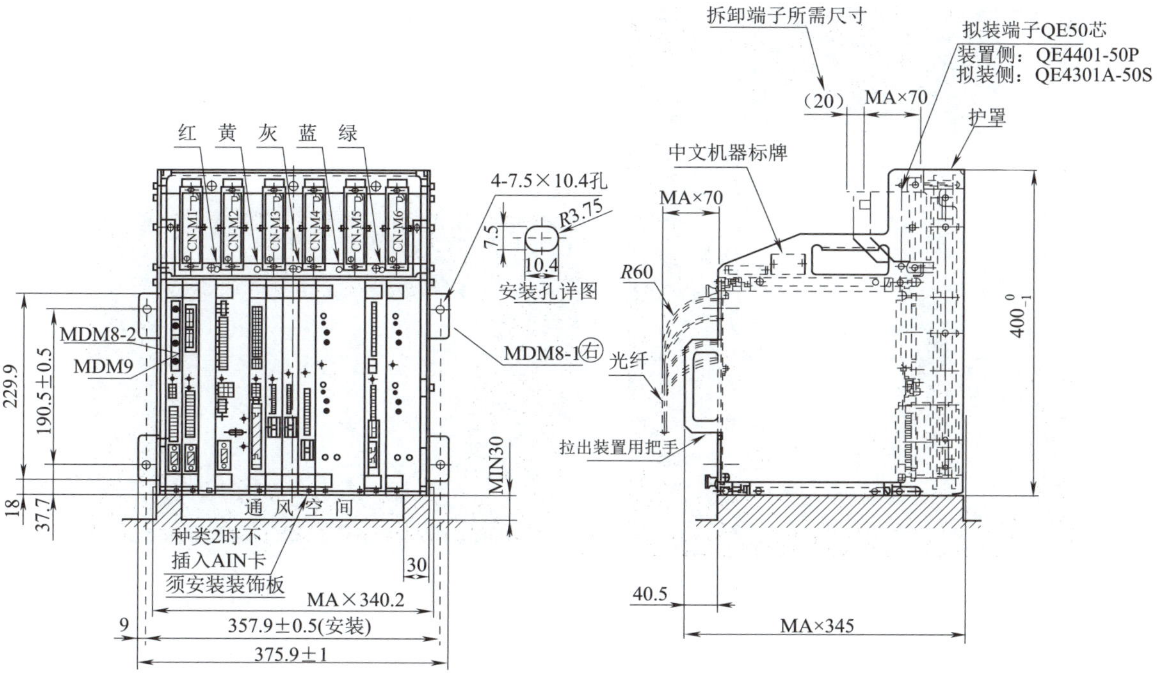

(a)

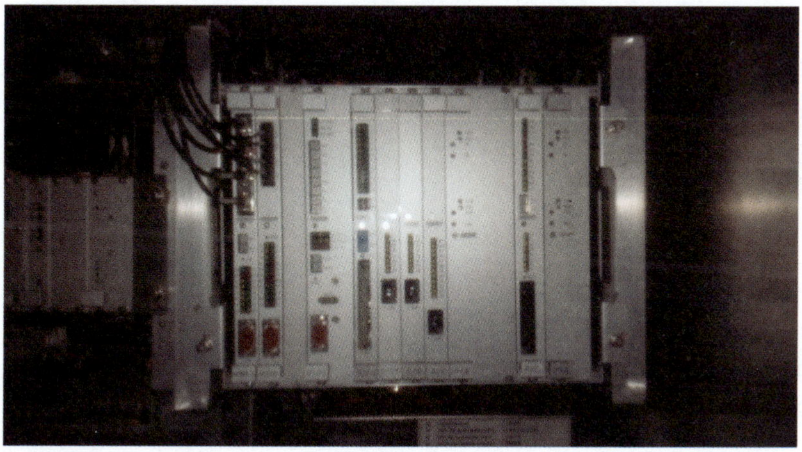

(b)

图 8-2 终端装置外形

（三）显示控制装置

显示控制装置是用来控制显示器的，由输入/输出连接器、电路板、背板和架子构成。显示控制装置的外形如图 8-3 所示。

（四）显 示 器

每个司机室操纵台上设置两台司机用列车信息显示器，另外在乘务员室设置有一台乘务员列车信息显示器，显示器为司乘人员、检修人员提供与列车信息网络系统进行人机交互的界面。显示器为触控式，外形如图 8-4 所示。

图 8-3 显示控制装置外形图

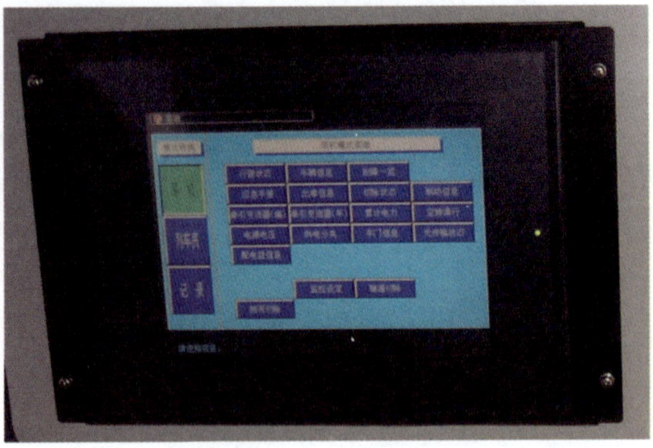

图 8-4 显示器外形图

(五)IC 卡读写装置

IC 卡读写装置为动车组车上系统与地面系统之间的通信接口。通过 IC 卡,可以将乘客信息显示报文、停靠站、公里里程信息导入动车组通信网络系统,同时可将动车组信息传输装置上记录的各种信息和牵引变流器上记录的故障数据拷贝至地面系统进行分析。IC 卡读写装置的外形如图 8-5 所示。

二、系统功能

动车组的信息传输系统的主要功能可分为三大类:指令传输、设备状态监视和页面显示,具体如下。

(一)牵引、制动指令传输功能

1. 牵引指令、制动指令的串行传输。
2. 救援连挂时制动指令的串行传输。

(二)设备的切除、复位指令传输

1. 向牵引变流器、辅助电源装置、配电盘传输复位指令。
2. 设备远程切除指令的传输。
3. 3 次电源互通回路的控制。
4. 3 相 AC 400 V 电源互通的控制(BKK 及 BKK2 闭合、切除控制)。
5. 空调温度控制器的复位。
6. 由停放开关来进行 115 线系统的切除控制。

(三)显示灯、蜂鸣器控制指令的传输

1. 操纵台故障显示灯的显示输出。
2. 操纵台单元显示灯的显示输出。
3. 操纵台蜂鸣器的鸣动输出。

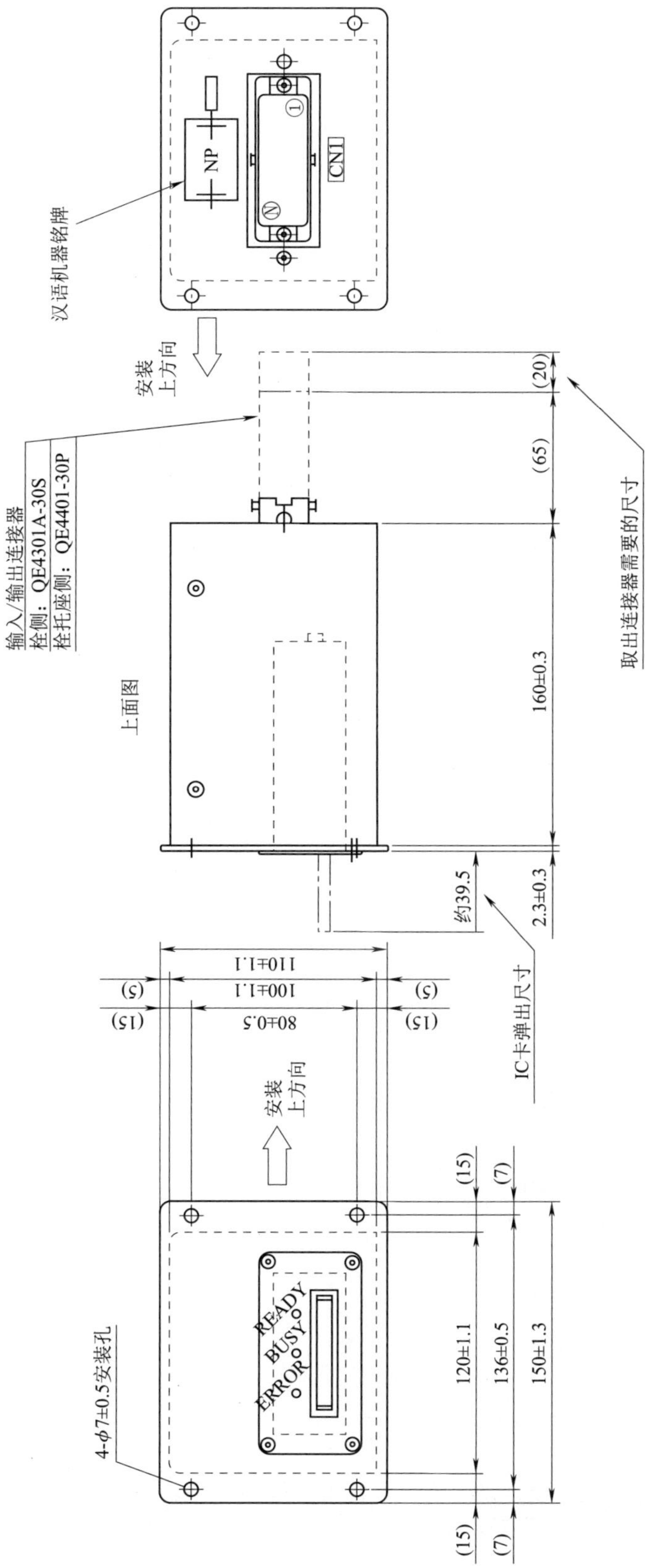

图 8-5　IC 卡读写装置外形图

4. 各车配电盘显示灯的显示输出。
5. 空挡灯亮灯。

(四)司乘人员支援

1. 故障或异常发生时操纵台的报警发生及内容显示和引导显示。
2. 司机及乘务员辅助用的各种列车信息、设备信息的显示。
3. 应急手册的显示。
4. 和其他编组解连、连挂状态的显示及两操纵台连挂信息的显示。
5. 最新故障记录的显示。

(五)服务设备控制功能

1. 向乘客信息显示器、车侧目的地显示器发出显示内容指令。
2. 向车号信息显示盘发出显示信息指令。
3. 向自动播放装置传输播音时间信息。
4. 向广播服务装置传输公里里程信息。
5. 解连时其他编组广播关闭输出。
6. 服务设备(空调、室内灯、广播)的控制及状态显示。

(六)数据记录功能

1. 故障时设备动作信息的记录。
2. 主故障发生时的状态记录。
3. 行驶距离及牵引、再生电力的累计。
4. 营业运行中或试运行中的车辆性能信息的收集。
5. 营业运行中或试运行中的车辆项目选择信息的收集。
6. 营业运行中或试运行中的车辆空调运转率信息的收集。
7. 营业运行中或试运行中的车辆空调运行状态的收集。

(七)车上试验功能

1. 车上试验(各设备内置的自我诊断功能和协调的车上试验功能)。
2. 试验结果的收集。

(八)自我诊断传输线

1. 各监控器部、控制传输部之间的传输错误的检测。
2. 控制信息的自我诊断。
3. 光传输故障时的运行控制指令的备份。

(九)其他功能

1. 远程装载功能。
2. 全主动防摆动控制装置、半主动防摆动控制装置(配线/空间的准备)。
3. 升弓位置异常监测功能、自动过分相系统等。

第二节 列车通信网络信息传输原理

动车组在两端头车中设置了控制传输部和监视器部组成的中央装置,具有列车信息管理、与信息终端装置传输数据的功能。各车辆分别设置一台终端装置,实现各车厢中车载设备的信息传输功能。列车信息控制系统采用列车级和车辆级两级网络结构:列车级网络为连接编组各车辆的通信网络,以列车运行控制为目的,连接各中央装置和终端装置,采用双重环网结构;车辆级网络为连接车厢内设备的通信网络,如图 8-6 所示。

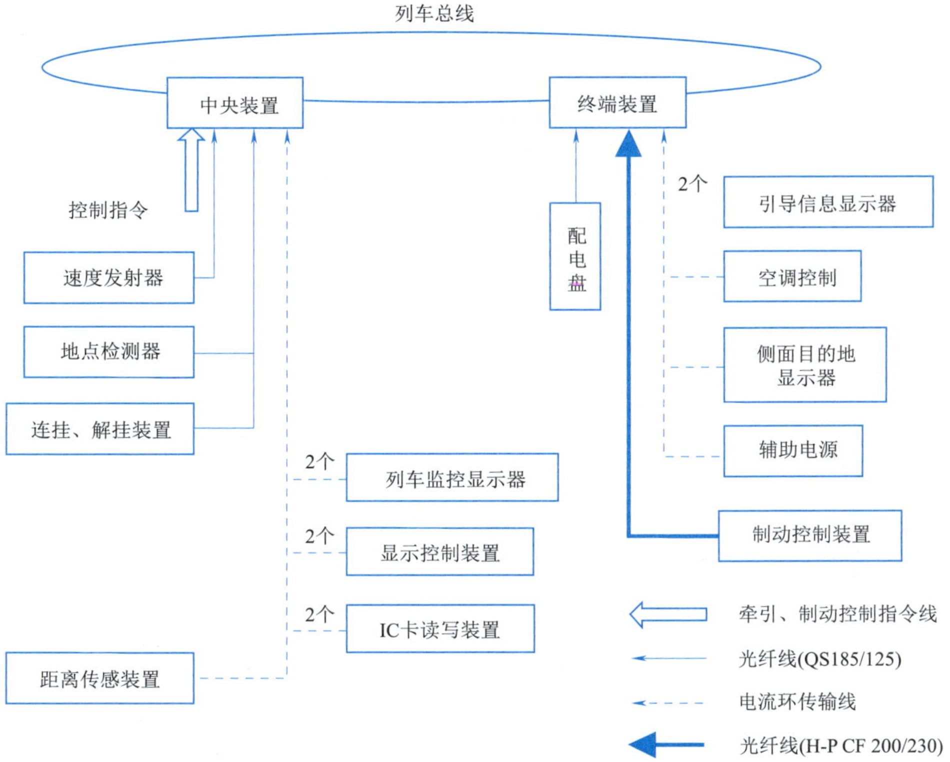

图 8-6　列车控制网络结构示意图

中央装置及终端装置间通过光纤双重环路及自我诊断传输线(双绞线)连接,控制指令通过光纤双重环路及自我诊断传输线(双绞线)传输。控制指令传输系统采用独立于监视器部的双 CPU 方式,具有故障导向安全和备份作用。

列车信息控制系统对车载设备进行检查,检查时设备本身具有诊断功能,列车信息控制系统只发出对设备的检查指令及收集检查结果。系统将检查结果和参数显示在显示器上,司机或维修人员可以根据该结果确定动车组的系统是否需要检修。系统信息传输原理如图 8-7 所示。

传输线有列车信息传输线(光纤)及自我诊断信息传输线(双绞线)二种。列车信息传输线为环形结构环路,如果在环路的一个方向没有检测到应答时,就向环路的另一个方向发送信息,因此能够避开故障部位(图 8-8 及图 8-9)。控制指令传输系统采用独立于监视器部的双 CPU 方式,当 1 系发生故障时,可通过 2 系将控制指令发送至终端装置(图 8-10)。中央装置和终端装置由光纤连接,采用不易发生故障的双向环形环路传输信息。当发生两处以上的线路故障时,可以继续由其他连接线路进行传输。另外,还设有备份传输线(自我诊断传输线),当环形网络发生故障时可以传输控制指令,对各设备进行控制(图 8-11)。

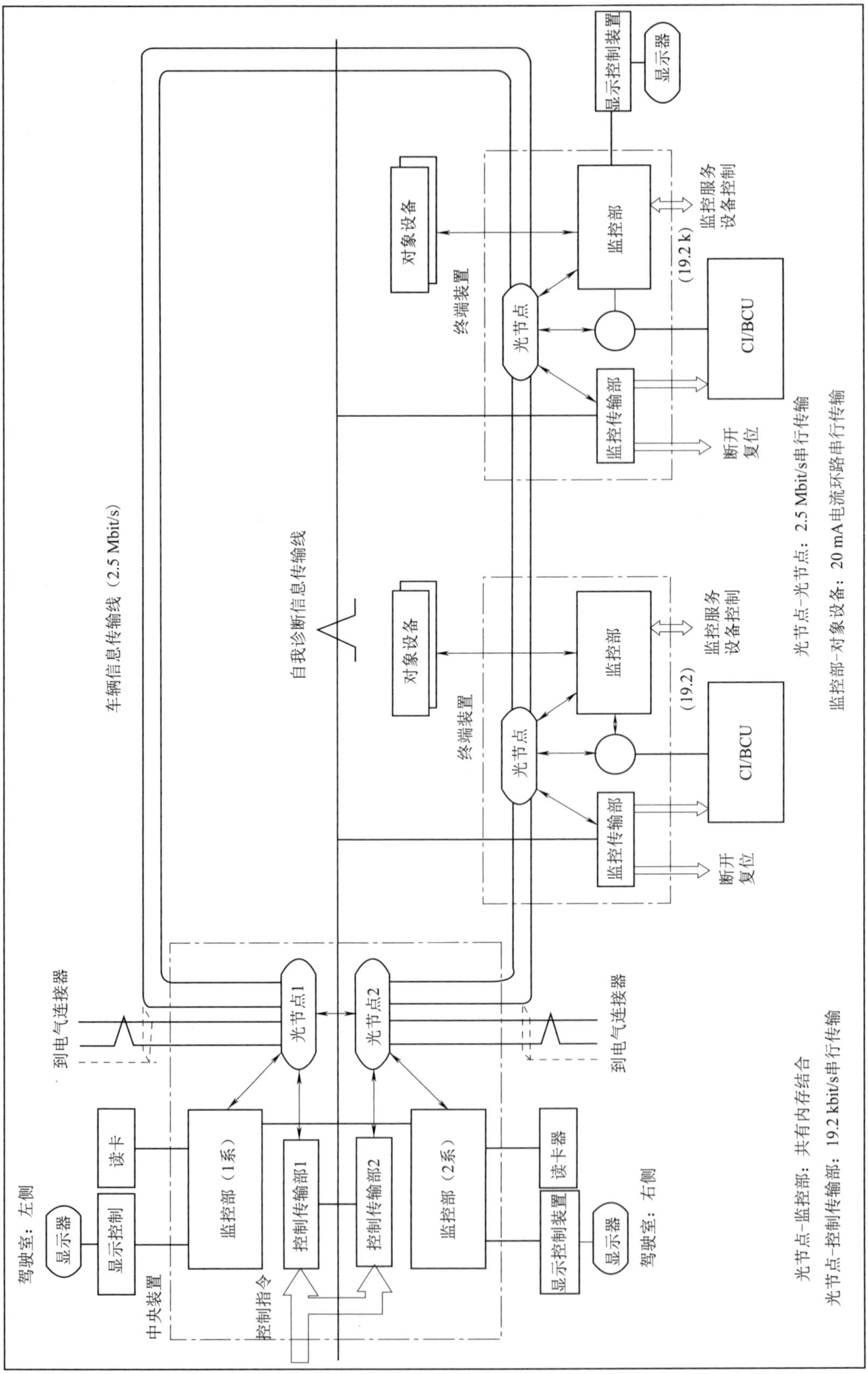

图 8-7 车辆信息控制装置信息传送原理

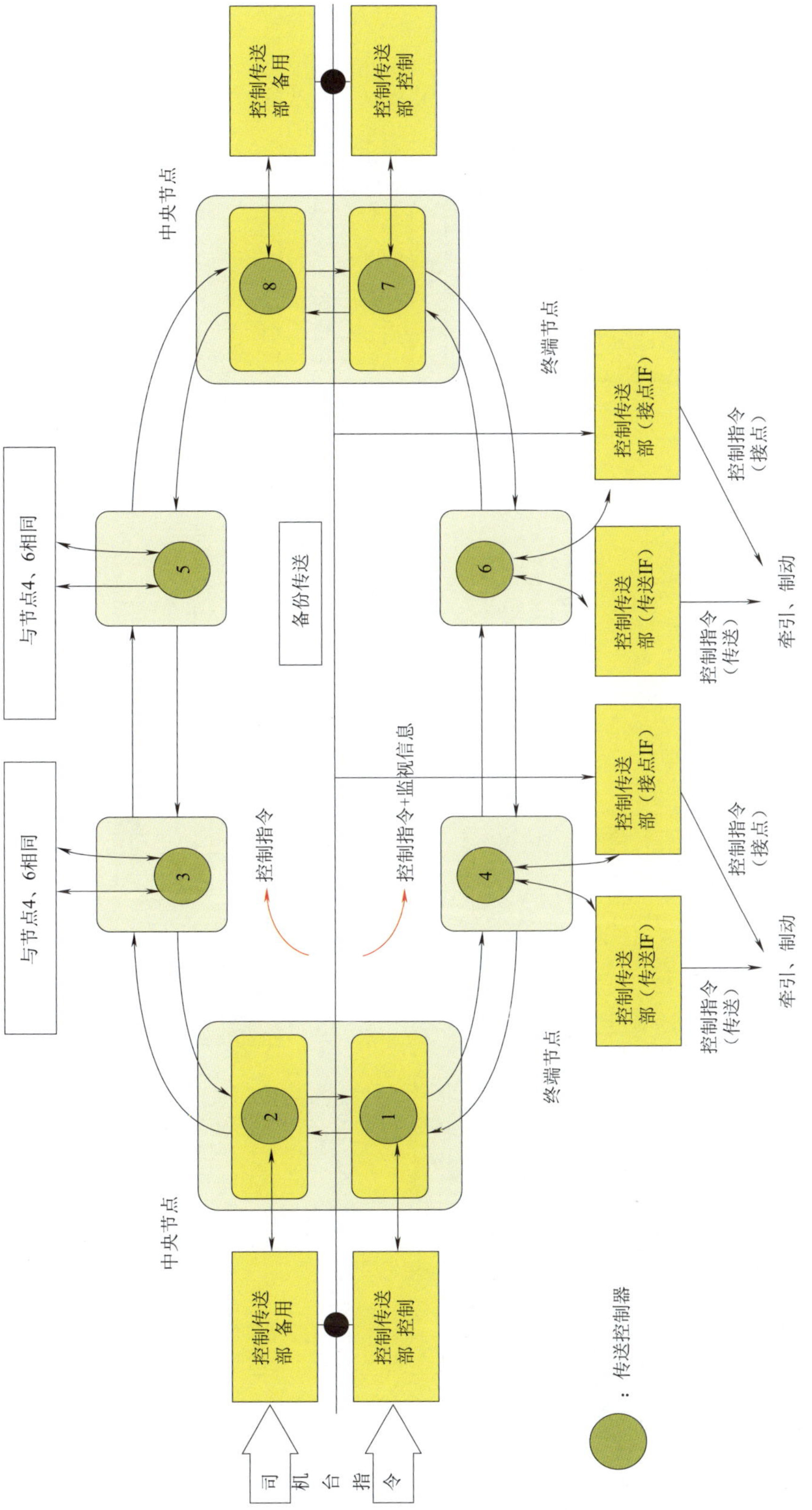

图 8-8　列车控制网络信息传送流程示意图

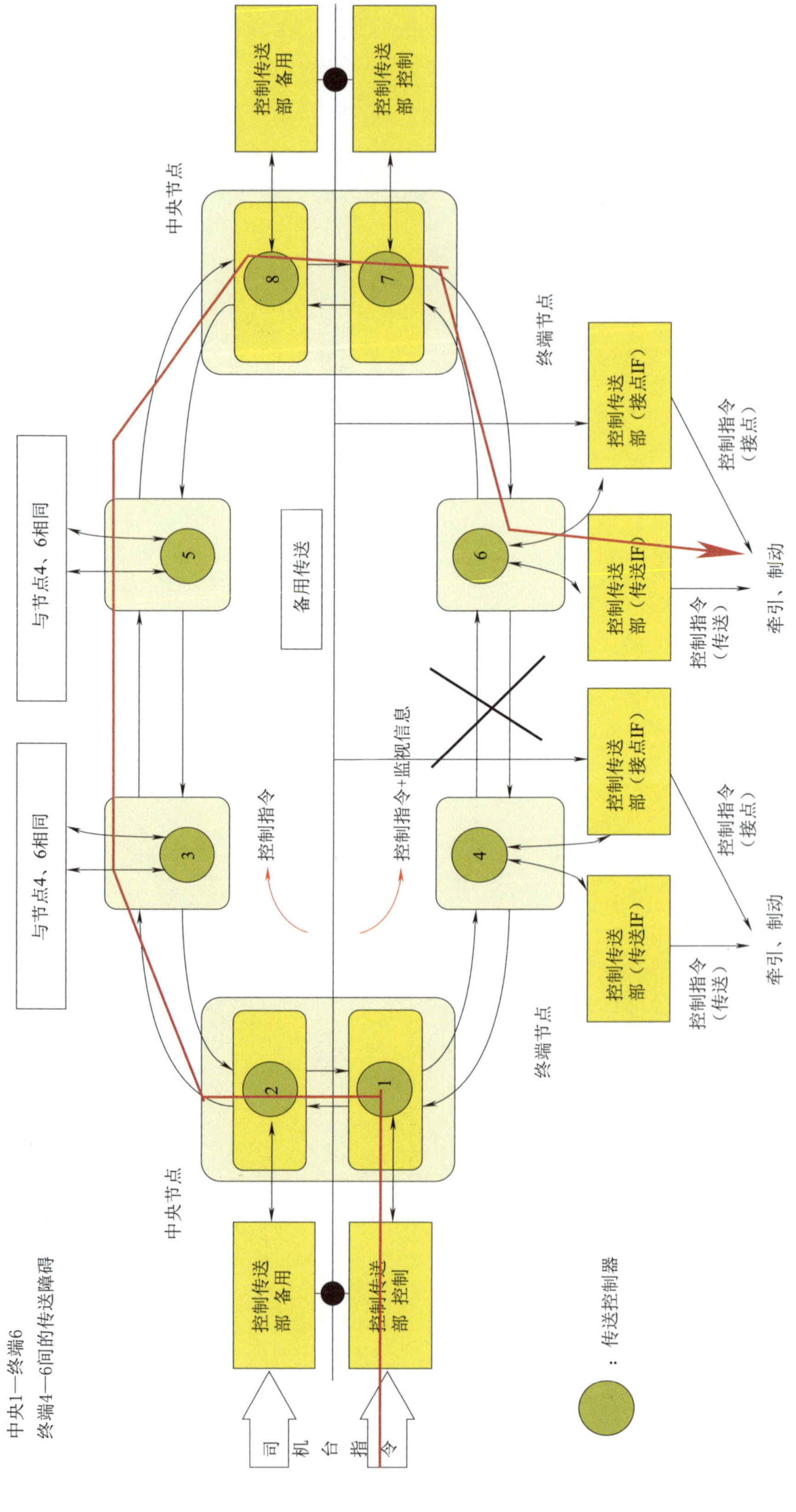

图 8-9 终端 4-6 间传送障碍时信息传送流程示意图

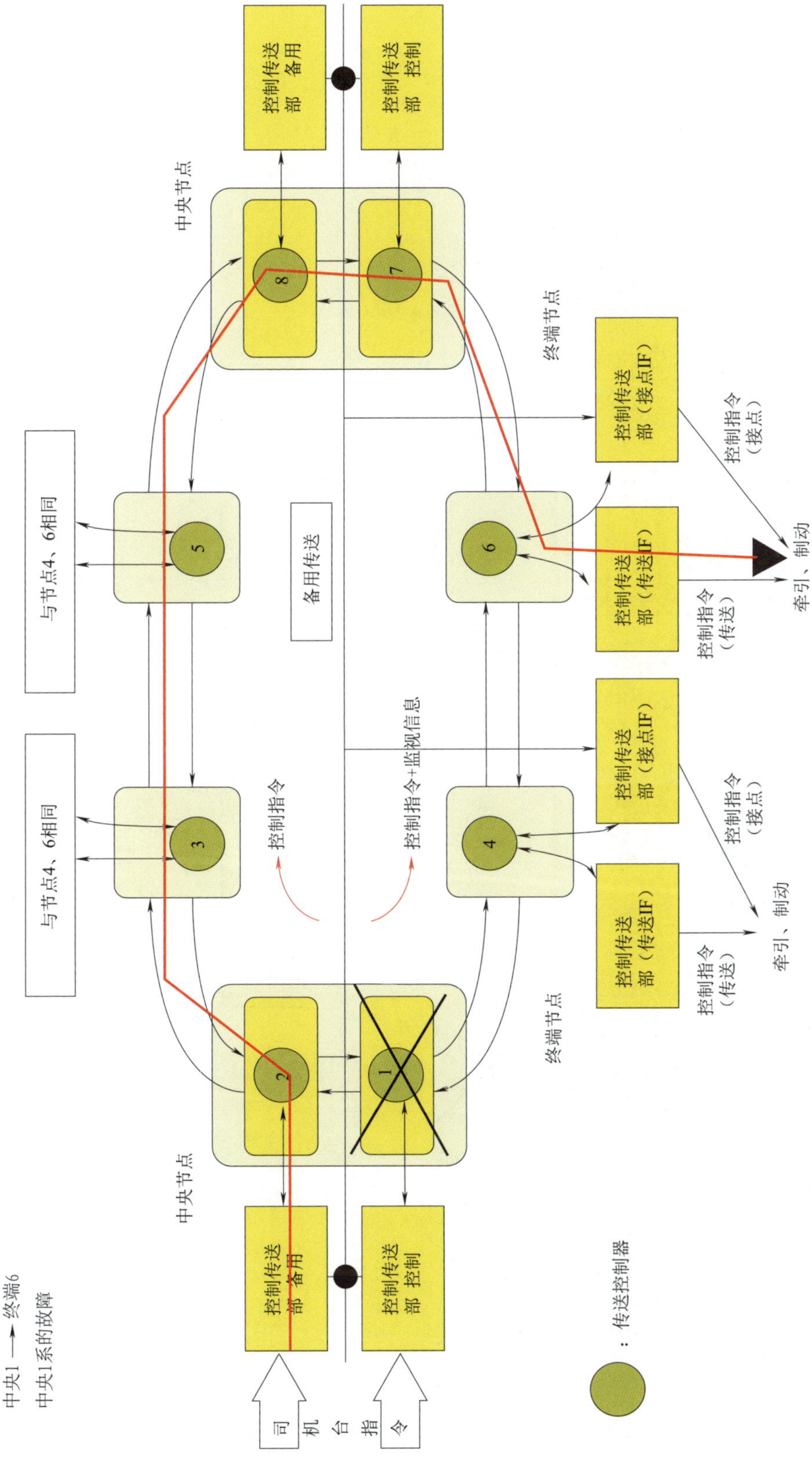

图 8-10　中央 1 系故障时信息传送流程示意图

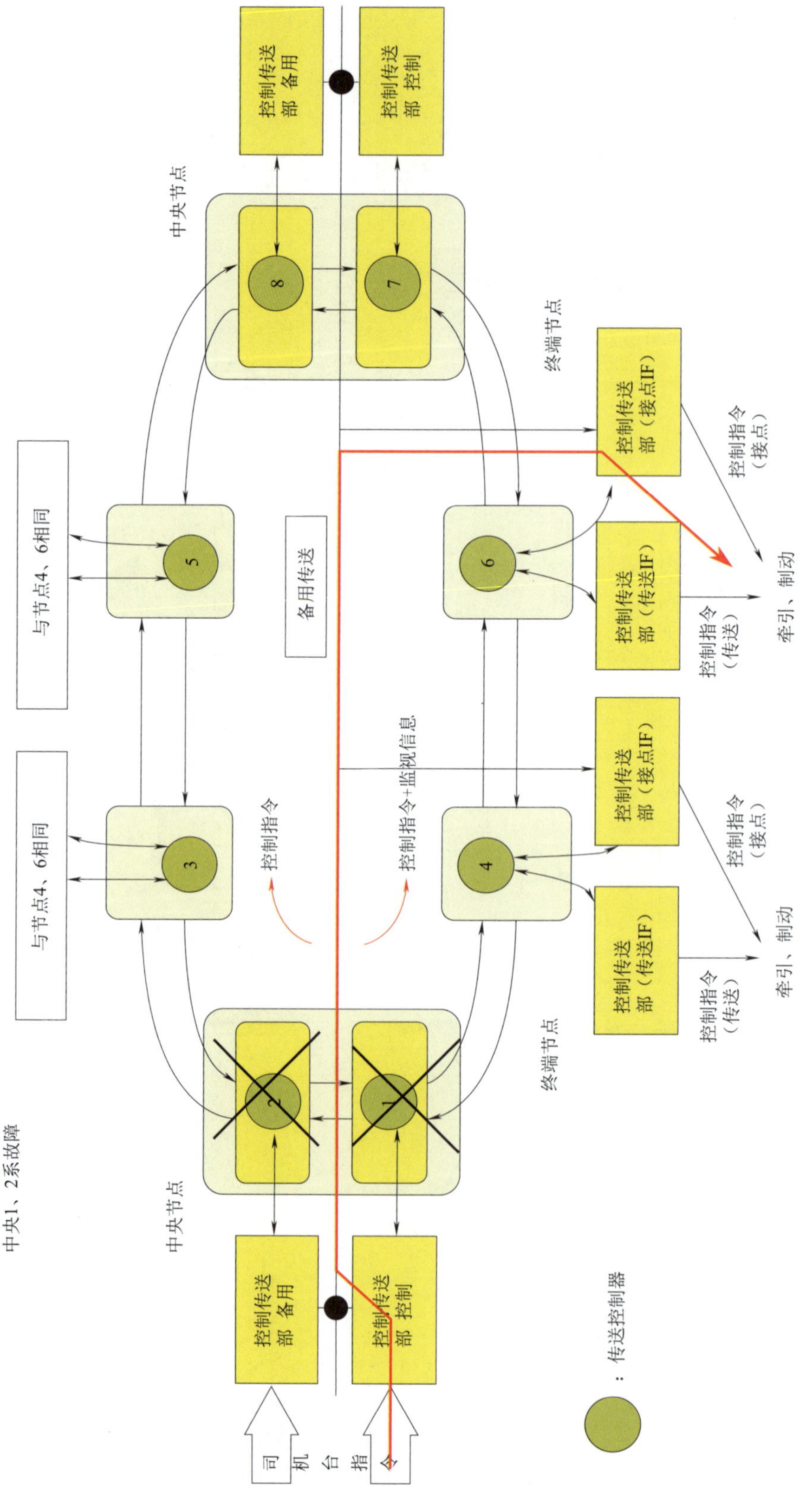

图 8-11　中央 1,2 系故障时信息传送流程示意图

第三节　动车组控制与管理系统

动车组控制与管理系统有 3 种工作模式：一般模式、诊断模式以及检修模式，各工作模式功能如下：

一般模式：营业运行用或试运行数据收集用的动作模式。

诊断模式：监控部自我检查用的动作模式。

检修模式：车辆检修用或车上试验用的动作模式。

供电后的基本模式为一般模式，通过操作中央装置前面的模式转换开关，进行各模式的转换。但是，下述项目动作时禁止模式转换。

1. 对 IC 内存卡进行写入和读出时；
2. 进行车上试验时；
3. 清除记忆内存的数据时。

一、一般模式下的功能

车辆信息控制装置在一般模式下，车辆监控显示器（MON 屏）画面分为司机界面、列车员界面和记录界面，分别如图 8-12～图 8-15 所示。

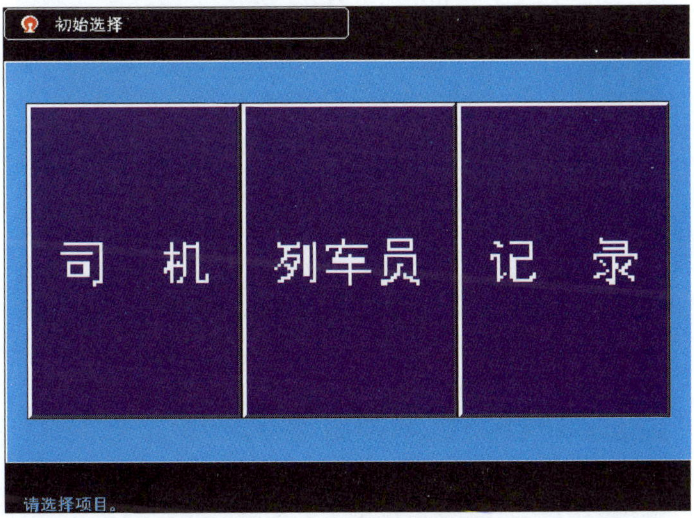

图 8-12　一般模式选择画面

（一）公里里程的检测

公里里程初期设定：用下述任一操作可进行公里里程的初期设定。

1. 根据列车编号、始发站设定来对被选站名的公里里程进行设定。
2. 根据监控信息设定对被输入的公里里程进行设定。
3. 公里里程的计算：通过速度发电机信号对行驶距离进行加、减计算。
4. 计算营业公里里程：用于显示运行状态使用的公里里程、根据行驶距离（实际公里里程）计算出各条路线的营业公里里程。

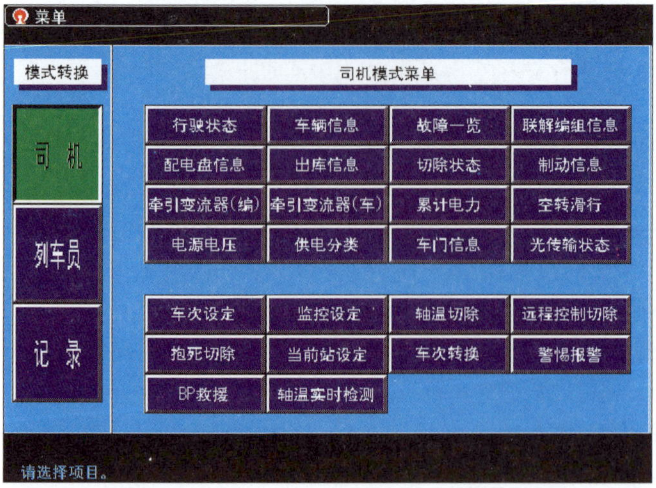

图 8-13　司机界面

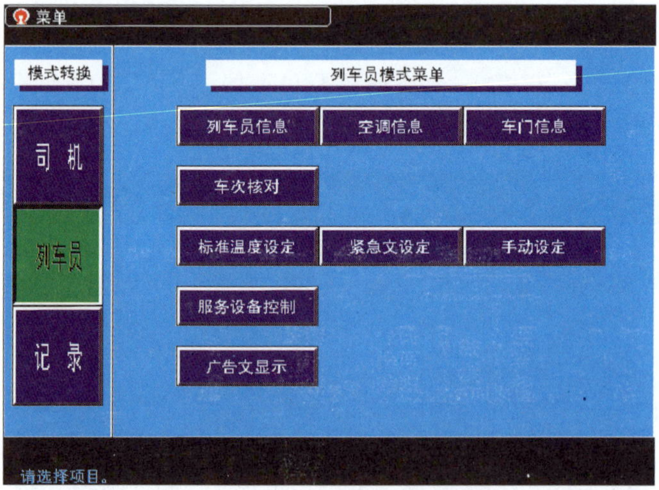

图 8-14　列车员界面

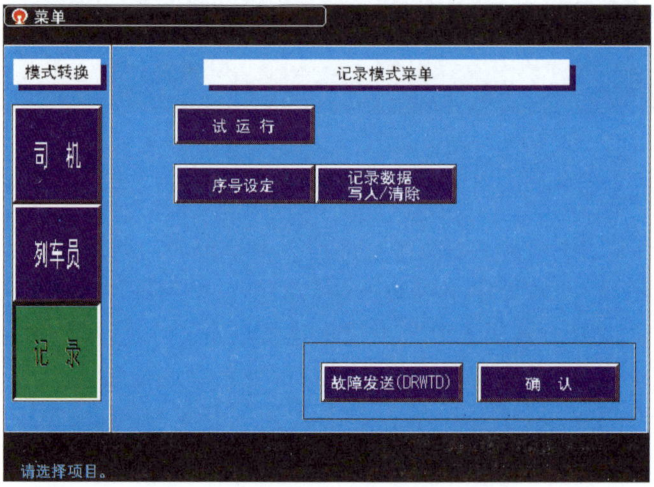

图 8-15　记录界面

（二）车辆检查显示

1. 车辆出库信息画面：检查各设备装置是否有电源、车辆出库准备结束后的车辆有无异常后进行显示。

2. 制动信息画面：用于显示向各车的制动控制装置发出的指令挡、收信挡以及 BC 压力、AS 压力、MR 压力、EP 阀电流、再生制动力指令、再生指令（模拟信息用图表）反馈。

3. 牵引变流器（编组）：用于显示向各车牵引变流器发出的指令挡、收信挡以及扭矩、直流电压、转子频率、再生制动力（模拟信息用图表表示）。

4. 牵引变流器（各车）：用于显示各车牵引变流器控制状态的信息及故障信息。

5. 电源电压画面：显示牵引变压器、辅助电源装置动作用的 3 次电压、3 相 400 V 电压、交流 220 V 定电压、蓄电池电压（模拟信息用图表显示）。

6. 供电区分画面：显示牵引变压器、辅助电源装置动作用的 3 次电源的供电范围。另外，也显示 3 相 400 V 电压电源的供电状态。

7. 切除状态画面：显示以下各项目的切除状态。

（1）受电弓切除。

（2）VCB 切除。

（3）M 车切除。

（4）空气压缩机切除。

（5）紧急短路。

（6）门状态切除。

8. 车辆信息画面：显示以下项目。

（1）编组显示：编组构成（车号、M-T）前进方向故障发生。

（2）显示牵引变流器、制动控制装置、辅助电源装置、监控器的故障发生及发生车辆。制动动作信息：显示快速、紧急制动的动作原因和 BC 压力。设备动作信息：显示空气压缩机、EGS、无电压、MR 压力的动作状态。

9. 配电盘信息画面：显示从各车配电盘输入的设备动作状态及故障状态。

10. 空转滑行画面：显示 1 天的空转和滑行次数。

11. 车门信息画面：显示侧拉门的开关状态（1～4 位）及门压紧信息。

（三）车次设定

车次设定操作：通过车辆信息显示器进行车次设定操作。

（四）日期时间修改设定

在车辆信息显示器上可以进行以下各数据的修改。

1. 日期数据：年、月、日。

2. 时间数据：时、分、秒。

（五）运行状态显示

显示以下列车运行所必要的信息。

1. 牵引挡位。

2. 恒速。

3. 制动级别。

4. 列车车组号及车次。

5. 解连准备完毕。

6. 切除设备:与车号一起显示。

7. 主回路动作:牵引、再生。

8. 关门:开关状态。

9. 空转、滑行。

10. 单元显示。

(六) 显示和其他形式编组的解连、连挂状态

为了支持和其他形式编组的解连、连挂操作作下述显示。

1. 解连、连挂信息画面:显示连挂时与其他编组间的距离。

2. 解连、连挂程序画面:显示解连、连挂时故障检修用的解连、连挂回路各继电器的动作状态。解连、连挂信息画面显示于左侧面显示器,而解连、连挂程序画面显示于右侧面显示器。

(七)显示灯切除输入

轴温、抱死发生时从车辆信息显示器可以熄灭转向架显示灯。

(八)乘务员信息显示

显示乘务员用的下述信息:

1. 乘务员信息画面:车号、关门、火灾报警、紧急蜂鸣器、厕所蜂鸣器、缺水、坐式厕所故障1、2(以上为第1画面),广播、室内灯、车号引导(以上为第2画面)。

2. 空调信息画面:显示集控、手动、运行状态、空调减半状态、冷气控制温度、暖气控制温度、室内温度、空调动作率1、2。

3. 服务设备控制:显示空调(全车、个别)、广播(每个编组一起)、车内向导(全车、个别)、室内灯(编组全部)、自动广播、播音关闭。

4.(注)上述的广播控制只在该画面显示中有效,切换成其他的画面时自动恢复全部打开状态。

5. PR文显示画面:PR文显示(个别选择)。

6. 空调标准温度设定:对于空调装置、空调制冷、制热的标准温度要各车分别设定。

7. 紧急文字设定:当紧急文设定画面送出指令时,把被指定的紧急文传输到各车内显示器。

8. 手动设定:对车内显示器、目的地显示器、车号显示盘发出显示指令,设定该列车的列车名、车号、停车站模式、解连、连挂站点、车号号码。

(九)向乘客信息显示器发出显示内容指令

对各车辆的乘客信息显示器,以从停车站数据用(IC)卡上读取到的或以手动设定画面输入的信息为基础,进行信息指令的传输。

1. 运行向导文指令:以公里里程信息、门的信息、速度及停车站点模式信息为基础、传输始发向导、次站向导、到达向导、PR文等显示指令。

2. PR文指令:以公里里程信息为基础,传输从IC卡读取到的文字信息。

3. 紧急文指令:根据IC卡读取到的显示条件(里程等)传输紧急信息。

(十)对目的地显示器的显示内容指令

从停车站点数据用(IC)卡上读取到的目的地信息或以读取手动设定画面输入的目的地信息,并向各车辆目的显示器传送目的地站名显示指令。

(十一)向车号显示器发出显示内容指令

对各车辆的车号信息显示器、以从停车站点数据用(IC)卡上读取到的或手动设定画面输

入的信息为基础，输出车号显示指令(1～8 号车、9～16 车号)。

(十二)空调控制

对各车的空调装置传输空调运行状态指令、减半指令以及标准温度等。

各指令的传输条件如下。

1. 空调运行状态：通过编组内任一车辆信息显示器或设置在各车配电盘的空调操作盘进行空调运行模式的输入操作时，空调运行状态种类如下：制冷、制热、强制制冷、强制制热、通风。

2. 空调制冷、制热减半指令：进行 3 次电源扩展时向单元传输减半指令。

3. 空调制冷、制热标准温度：读取编组内车辆信息显示器或空调温度设定器设置的空调标准温度，并传输给相应车的空调装置。

(十三)进行各车室内灯的亮灯、熄灭控制。

1. 电源闭合时：室内灯亮灯。

2. 熄灭条件：通过编组内任一车辆信息显示器进行室内熄灯操作(全编组)时。

3. 亮灯条件：通过编组内任一车辆信息显示器进行室内灯的亮灯操作(编组全部)或运行方向改变时。

(十四)广播控制

进行各车广播的开关输出控制。

1. 电源闭合时：广播开。

2. 关闭广播的条件：通过编组内任一车辆信息显示器进行关闭广播操作时。

3. 打开广播的条件：编组内任一车辆信息显示器进行广播开的操作或服务设备控制画面显示中向其他画面跳转时。

(十五)其他编组的广播控制(8 辆编组重联时)

根据下述任一条件进行编组间关闭广播的输出，输出条件如下。

1. 解连时(BNR 继电器加压之间)。

2. 从车辆信息显示器设定编组间广播关闭，切换成其他画面时解除关闭状态。

(十六)停放条件的输出

动车组停放时，对不要的蓄电池负荷(115 线)的切除、标志灯的熄灭、供水装置控制用的停放 SW 状态进行输出。

(十七)自动广播装置的控制

向自动广播控制传输下述必要信息。

1. 列车种别、车号。

2. 停车站点信息。

3. 始发站点、终点站点编码。

4. 列车禁烟信息。

5. 速度、公里里程信息。

6. 门的开关信息。

7. 解连、连挂信息。

8. 自动广播切换许可。

(十八)广播服务装置的控制

传输广播服务装置所需站点信息：后方站点名称、站点间的公里里程信息和停车站点信息。

(十九)对牵引变流器的信息传输

传输牵引变流器相位差运行模式所必要的信息:

1. 编组状态。

2. 牵引变流器联号。

3. 牵引变流器切除联号:M 车切除或 VCB 切除。

(二十)对制动控制装置的信息传输

对制动控制装置传输模拟速度信息:通过车辆信息显示器的操作设定、传输模拟速度信息,模拟速度信息的传输只在空挡为“开”的时候才能传输。

(二十一)故障显示、故障记录

信息控制装置在设备发生故障时显示一下故障信息画面。

1. 故障(异常)发生显示:在设备故障(异常)检测时显示故障发生。

2. 故障(异常)内容显示:当司机和乘务员调出故障画面时、显示故障(异常)内容和应急处置要领。

3. 处置结果显示:故障处置完成后,若故障(异常)的检测条件消除时,以上 2 条的显示也被消除。

4. 最新故障显示:对通常状态下发生的故障可记录最新的 20 件,并用画面显示,另外在设备故障检测时进行下述 3 种记录。

(1)异常检测记录:设备发生动作异常时、在记录全部信息(列车编号发生日期、发生时刻、车速度、公里里程等)的同时也记录项目名称。

(2)故障追踪记录:为了方便把握设备的故障状况、收集故障发生时间前后的动作波形的追踪数据后进行记录。(车辆信息控制装置侧追踪)

(3)设备追踪记录:设备发生重大故障时,收集故障发生时点前后动作波形的追踪数据并进行记录。(设备侧追踪)这些记录信息存储在(IC)内存卡中,可通过地面设备输出。

(二十二)行驶距离、牵引、再生电力的累计

每个单元各自记录牵引、再生电力值和累计消费电量的开始时间和行驶距离。这个信息存储在(IC)内存卡中,可通过地面设备输出。

(二十三)主故障发生时的状态记录

主故障发生时收集并记录操纵台信息(发生月日、时分秒、速度、公里里程、挡位)和同一单元内各车号设备状态(各车配电盘显示灯的亮灯主要原因)。这个信息存储在(IC)内存卡中,可通过地面设备输出。

(二十四)动车组运行中的车辆性能信息的收集

车辆信息控制装置在对车辆性能信息(电机电流模式、电机电流模式反馈、直流电压模式、直流电压模式反馈、BC 压力、挡位、加减速度、行驶距离)收集并显示的同时,把由地面设备收集到的输出用数据向内存卡进行传输并存储。

(二十五)动车组运行中的空调运转率信息的收集

为了把握各空调逆变器装置的动作状况,车辆信息控制装置在各运行模式中按时间记录记录累积运转率。这个信息存储在(IC)内存卡中,可通过地面设备输出。

(二十六)动车组运行中的项目选择信息的收集

车辆信息控制装置可将各车辆要记录的任意项目选择信息在各自的监控画面进行指定,

收集并记录触发器(trigger)发生前后的数据。这个信息存储在(IC)内存卡中,可通过地面设备输出。

(二十七)动车组运行中的空调运行状态的收集

记录空调运转率信息(空调运行模式(状态)、负荷减半(状态)、空调运转率、空调控制温度(状态)、室内温度、AS压、记录的时分)。这个信息经过(IC)内存卡通过地面设备输出。

二、诊断模式下的功能

车辆信息控制装置在诊断模式显示界面如图8-16所示。

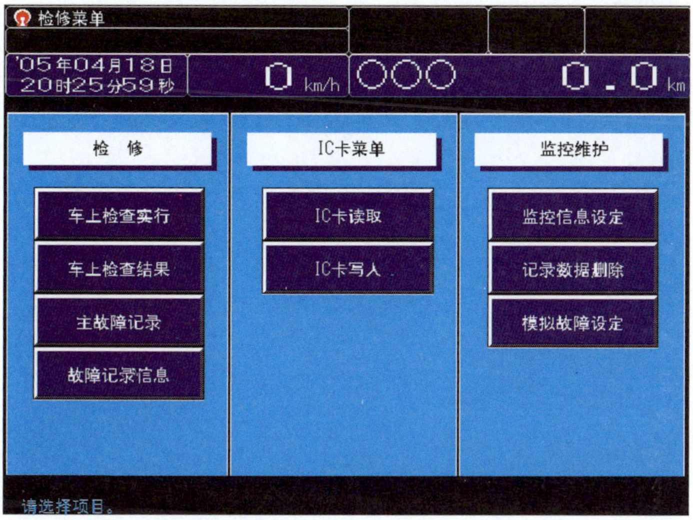

图8-16　检修模式画面

车辆信息控制装置在诊断模式下可进行如下内容的自我诊断:

(一)ROM诊断

显示中央装置(监控部1系、2系)、终端装置(监控部)、显示控制装置、牵引变流器的ROM形式(2字节)。

(二)RAM诊断

显示中央装置(监控部1系、2系)、终端装置(监控部)、显示控制装置的RAM检查结果(OK、NG)。

(三)DI、DO诊断

按各车号显示中央装置和终端装置输入、输出的数字信息的状态。

(四)AI、PI诊断

在中央装置和终端装置输入的模拟及脉冲(pulse)信息的状态、按各车号进行显示。

(五)光传输诊断

显示车辆信息传输线(各中央、终端装置光节点间)和各设备间传输线(牵引变流器、制动控制装置间)的光传输状态信息。

(六)设备传输诊断

显示车辆信息控制装置和以下各设备间过去10 s内的传输错误次数(0～255)。

1. 控制传送部 1。
2. 控制传送部 2。
3. 控制接收部。
4. 牵引变流器。
5. 制动控制装置。
6. 空调装置。
7. 辅助电源装置。
8. 外界气温传感器。
9. 牵引制动数据记录装置。
10. 转向架失稳检测装置。
11. 自动广播装置。
12. 显示备份装置。
13. 烟火报警装置。
14. 显示控制装置 1。
15. 显示控制装置 2。
16. 显示控制装置 3。
17. 车辆信息显示器 1。
18. 车辆信息显示器 2。
19. 车辆信息显示器 3。
20. IC 卡读写装置 1。
21. IC 卡读写装置 2。
22. 无线数据传输装置。

(七)信息诊断

显示车辆信息控制装置和以下各设备间的传输数据(SDR、SD)。

1. 控制传送部 1。
2. 控制传送部 2。
3. 控制接收部。
4. 牵引变流器。
5. 制动控制装置。
6. 空调装置。
7. 辅助电源装置。
8. 外界气温传感器。
9. 距离检测装置 1。
10. 距离检测装置 2。
11. 自动广播装置。
12. 显示备份装置。
13. 烟火报警装置。
14. 无线数据传输装置。
15. 牵引制动数据记录装置。
16. 转向架失稳检测装置。

(八)LCD诊断

进行车辆信息显示器的画面检查。

(九)自我诊断线的诊断

在连挂状态下,当自我诊断线有故障时,在车辆信息显示器上显示故障的发生点。

(十)DSW诊断

显示车辆信息控制装置的开关设定。

三、检修模式下的功能

检修模式显示界面如图8-17所示。

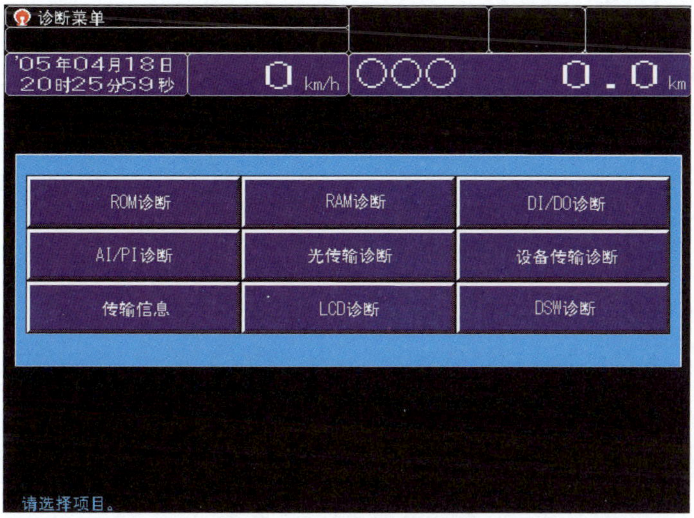

图8-17　诊断模式画面

动车组在检修模式下,一般模式/诊断模式的各项动作全部停止,只进行以下动作。

(一)准　　备

1. 检修模式。
2. 空挡试验准备(仅监控控制装置)。

(二)试验实行

1. 根据车辆信息显示器的菜单画面选择试验。
2. 向车辆信息显示器输入"开始"。
3. 按照车辆信息显示器的指示进行必要的手动操作。
4. 每次项目结束,试验结果都显示在画面中。
5. 结果为"NG"时,试验停止进行,选择"反复"或者是"进段"。
6. 预定的项目结束时显示"结束"。

(三)结果记录

试验结果的项目编号、判定结果(OK/NG)和检测值可以经由存储卡通过地面配套设备输出。

(四)试验对象设备和试验进行方面的功能分配

1. 牵引变流器试验:(良否由机器判断)。

2. 辅助电源装置试验:(良否由机器判断)。
3. 制动控制装置试验:(良否由检查员判断)。
4. 开门时间测定试验:(良否由检查员判断)。
5. 关门时间测定试验:(良否由检查员判断)。

(五)监控信息设定

在车辆信息显示器上进行编组编号/车轮径的设定。

(六)模拟故障设定

通过输入模拟故障编码,模拟记录故障数据。

(七)主故障记录信息显示

主故障发生时,显示发生情况。

(八)故障记录信息显示

显示各中央装置以及终端装置记录下的故障数据。

(九)IC 卡读取

通过 IC 卡读取停车站信息。

(十)写入 IC 卡

车辆信息控制装置记录的各种信息及牵引变流器记录的故障数据并写入 IC 卡。

(十一)停车站数据一览显示

一览显示从 IC 卡读取的停车站信息。

第四节 牵引制动数据记录装置(TBDR)

牵引制动数据记录装置用于记录牵引数据、制动数据及相关运行状态信息,以对牵引变流器和基础制动装置进行在线运行监测及寿命分析。

一、功 能

牵引制动数据记录装置接收、记录并存储来自车辆信息控制系统中央装置的列车牵引和制动相关数据,以及列车运行速度、公里标、日历时钟等信息,并实现数据的快速下载和在线监测。主要功能如下:

1. 牵引数据的记录存储。
2. 制动数据的记录存储。
3. 运行状态信息的记录存储。
4. 记录存储数据的快速下载。
5. 记录存储数据的在线监测。

该装置仅从车辆信息控制系统获取所需数据,而不参与车辆控制,无论设备工作或故障时均不影响车辆信息控制系统的工作可靠性。当装置发生故障时,点亮自身设备的相应故障指示灯,同时向车辆信息控制系统发出报警信号。

二、外 观

数据记录装置采用标准机箱结构,外形尺寸如图 8-18 所示。

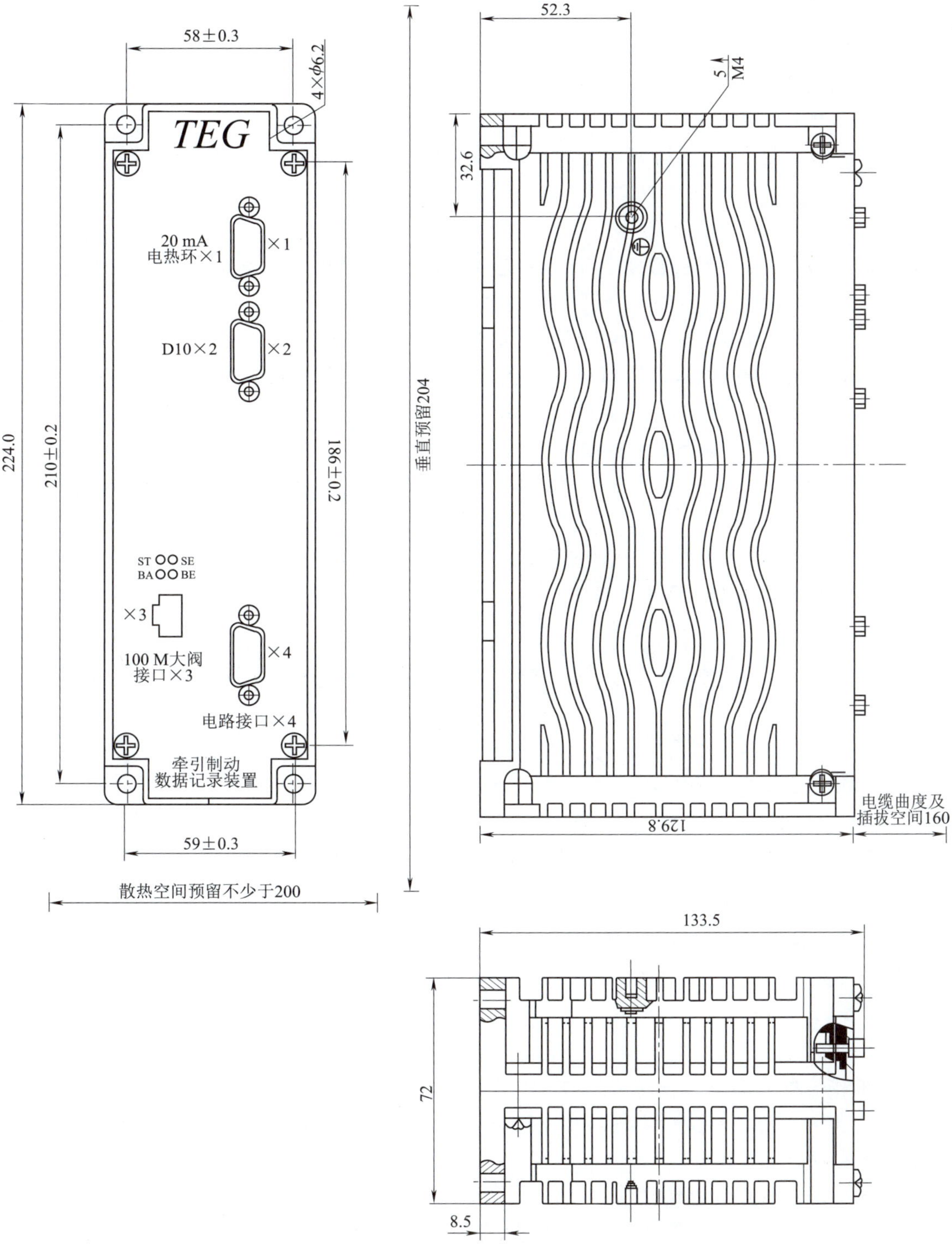

图 8-18 牵引数据记录装置外形安装尺寸图

三、构成模块

数据记录装置的硬件结构主要包括如下功能模块：

1. CPU 模块；

2. 存储器模块；
3. 电源模块；
4. 通信模块；
5. 信号指示与输出模块。

各功能模块在 CPU 的协调和控制下，完成数据记录装置的通信、记录和控制等功能。

四、技术参数

1. 降级模式：每列车装备 2 个 TBDR 进行设备冗余，同时记录相同的数据。当其中一个设备中有故障时，不影响另外一个设备的正常工作。
2. 数据传输：数据的通信传输遵循 20 mA 电流环传输规格书，接口速率为 19 200 bit/s。
3. 数据下载：采用以太网接口进行下载，以太网接口速率为 100 Mbit/s。
4. 数据存储空间：数据存储容量为 8 GB。
5. 数据采集频率：设备接收从 MON 传递过来的数据并进行记录，每 200 ms 记录一次。
6. 信息处理回路：设备采用 32 位的处理器，具有 16 MB 的 ROM 空间和 128 MB 的 RAM 空间。
7. 系统启动时间：设备在 10 s 内启动。
8. IP 防护等级：IP 防护等级达到 IP42。

第五节　无线数据传输装置(WTD)

(一)无线数据传输装置概述

无线数据传输装置(WTD)按照《CRH 动车组车载信息无线传输设备技术条件》要求，能够采集、分析和处理动车组的各种数据信息，实现数据的本地储存，同时将动车组运行状态信息及故障记录信息实时地发送到地面，实现地面对动车组运行情况的实时监测和远程维护支持。

(二)无线数据传输装置功能

无线数据传输装置接收、处理、存储来自车辆信息控制系统中央装置的动车组运行信息和故障记录等相关数据，并通过 GPRS/WLAN 无线网络将采集到的车载信息自动传输到地面数据服务器，同时设置人工转储接口。

基本功能包括：

1. 车载信息采集

通过 20 mA 电流环接口实现与动车组车辆信息控制系统的通信，从而采集动车组运行状态信息及故障记录等数据。

2. 车载信息处理和存储

对车载信息进行必要的分类、选择、转换、存储，形成向地面发送的信息报文。无线数据传输装置内部具有大容量的数据存储空间，存储容量可满足动车组 72 h 以上的所有数据存储的需要。车载“实时运行”信息按最小 0.5 s 间隔存储，“实时故障”信息及相关 DI 信息须全部存储。

3. 车地通信

无线数据传输装置内部装有 GPRS 和 WLAN 无线传输模块，通过 GPRS 在途传输动车组的实时信息(暂定发送间隔为 1 min，可根据应用情况调整)，并可通过 WLAN 传输批量数据。处理过的车载信息向指定服务器发送数据，同时可以随时接收地面系统发来的指令，并根据指令执行相应的操作。

4. GPS 功能

提供 GPS 定位及授时功能。

5. 人工转储

提供基于以太网标准的数据转储接口，用于在无线传输模块故障等特殊情况下，由地面检修人员通过安装专用软件的笔记本电脑，通过人工转储方式下载 WTD 数据存储单元内的全部数据文件。

6. 远程监督和管理

提供无线数据传输装置车载数据文件查询、无线数据传输装置的设备工作状态查询、无线数据传输装置软件版本查询等功能，方便地面按需灵活访问无线数据传输装置，方便地面对无线数据传输装置进行远程监控管理。

7. 安全机制

对接收到的任何地面请求信息，必须经过安全认证，确保不影响其它系统正常工作。同时，向地面发送数据必须满足地面的相应安全认证机制要求。

（三）无线数据传输装置组成

无线数据传输装置由装置主机（5U×68R 机箱，内含各种功能插件）、WLAN/GSM/GPS 三合一天线和 WLAN/GSM 合路器等组成。

车载 WLAN/GSM/GPS 三合一天线安装在动车组车顶，实现无线数据传输和 GPS 定位功能。

无线数据传输装置系统连接如图 8-19 所示。

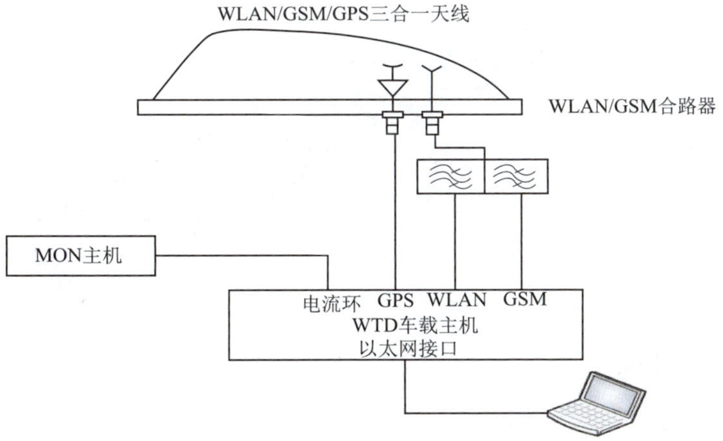

图 8-19　无线数据传输装置系统连接图

复习思考题

1. 简述列车通信网络构成及功能。
2. 分别描述列车通信网络在正常情况下和故障情况下的信息传送流程。
3. 简述动车组控制与管理系统工作模式及各模式下功能。
4. 简述牵引制动数据记录装置功能。

第九章　车内环境控制系统

动车组通过设置空调系统、换气系统、照明系统等多项车内环境控制系统对车辆内的温度、空气品质、空气压力的波动、噪声、照明等进行严格控制，保证动车组能够向旅客提供安全、卫生、舒适的车内环境。

第一节　空　调　系　统

动车组空调系统主要由空调装置、空调显示设定器以及连接风道等构成。空调系统运行工况包括通风、制冷、强制制冷、制热、强制制热。

空调系统分为客室空调系统和司机室空调系统。客室制冷、制热分别由客室空调制冷系统和内置于空调机组的电加热器实现。司机室制冷、制热由专用的司机室空调完成。

为了降低车体的重心适应动车组高速运行，空调机组和通风系统的主要风道分别设置在地板下及地板中间。客室空调装置、司机室空调装置在车下的位置如图 9-1 所示。

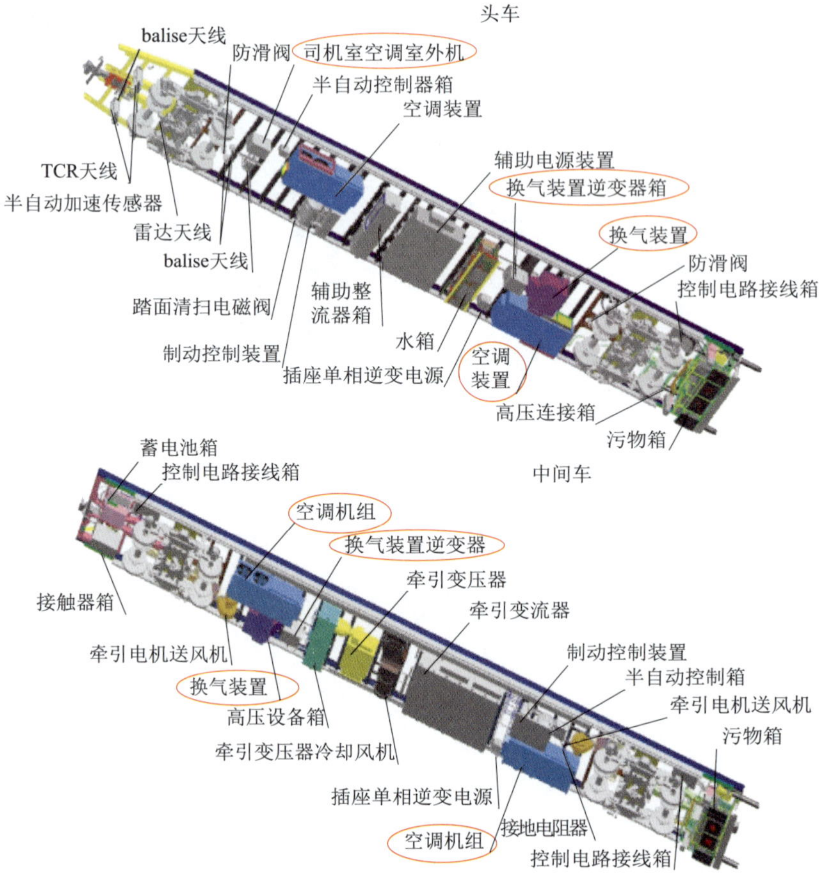

图 9-1　头车、中间车车下设备布置图

如图 9-1 所示，动车组每辆车下均设两台空调机组和一台用于提供新风和排放废气的换气装置。空调机组（图 9-2）的控制由内置的逆变器装置完成，逆变器装置通过比较空调显示设定器设定的温度值和客室内检测温度值，对空调机组的压缩机、室外送风机、室内送风机进行控制，对电加热器进行通断控制，实现对客室空气的制冷及加热。

为了抑制高速运行的车辆在进入隧道或车辆交汇时产生的车外压力变化传播到车内，避免乘客产生耳鸣等不适，同时为了实现新风供给和车内废气排放，动车组在每辆车下安装了新风供给和废气排放一体的换气装置。

空调机组和换气装置在车下与通风风道相连。通风风道包括新风（FA）、送风（CA）、回风（RA）、排风（EA）四种用途的风道。卫生间废气通过废排风道全部由换气装置排出。客室空气循环见图 9-2。

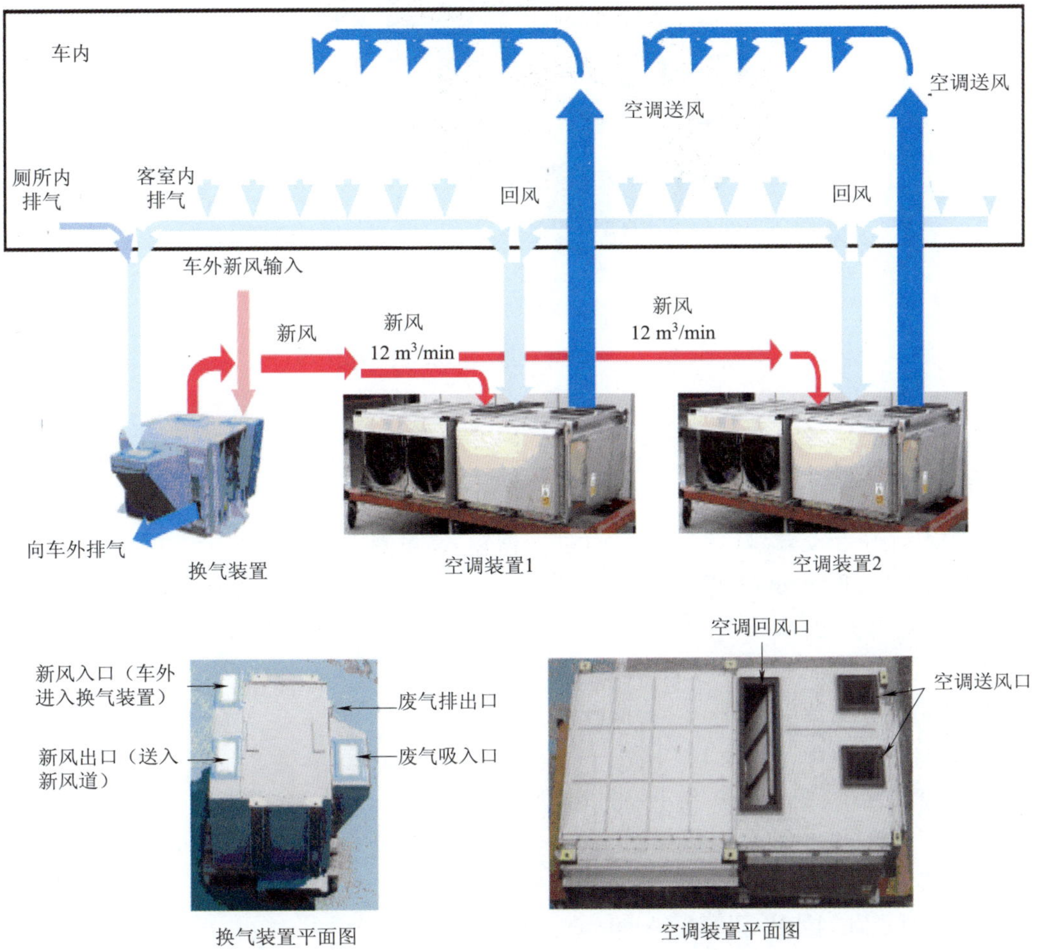

空调、换气系统

图 9-2　空调、换气系统空气循环图

一、空调机组

空调机组设置在车辆地板下，采用单元式结构，见图 9-3。空调机组分为室内单元、室外单元和逆变器装置。室内单元采用密封结构,内部设有客室热交换器、室内送风机、电加热器、节流装置、直流电抗器、排水泵、空气过滤网等部件;室外单元设有压缩机、高压开关、室外热交换器、室外风机、冷凝器、交流电抗器等部件;逆变器装置也采用气密构造,内部设有变频器、散热器、接触器盘1、接触器盘2等零部件。

为便于检修,空调机组下部设检查口,检查口和排水托盘为一体,以便于室内热交换器、室内回风过滤网、排水托盘、排水泵的清洗。另外,为防止室外热交换器的污损,安装了室外过滤器。室内回风过滤网、室外过滤器均采用无纺布材料。

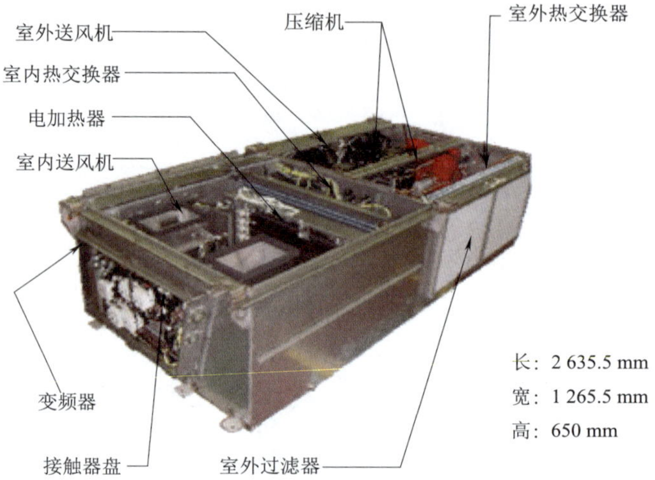

图 9-3 空调机组结构示意图

(一)空调机组基本技术规格

1. 安装方式:车底架下安装。

2. 电源电路:

主电路输入:单相交流、50 Hz,400 V(逆变器输入,电热器输入),

逆变器1(VVVF)输出:3相,40 Hz/125 V~70 Hz/200 V(压缩机用),

逆变器2(CVCF)输出:3相,60 Hz/200 V,65 Hz/217 V(送风机用);

冷凝风机用逆变器:

控制电路:单相交流、50 Hz、100×(1±10%)V,

直流:100×(1±10%)V。

3. 制冷控制方式:变频控制及压缩机运行台数控制。

4. 制热控制方式:电热器多级控制。

5. 制冷能力。

额定条件时:37.21 kW(32 000 kcal/h)/台。

室外热交换器吸入空气温度 33 ℃。

车厢内热交换器吸入空气温度(28±1.0)℃。

空气湿球温度(23±1.0)℃。

车厢内热交换器吸入空气相对湿度 65%。

超负荷条件时:29.07 kW(25 000 kcal/h)/台以上。

室内热交换器吸入空气干球温度:(35±1.0)℃。

室内热交换器吸入空气湿球温度:(28±1.0)℃。

室外热交换器吸入空气干球温度:55 ℃。

6. 制热能力:24 kW/台。

7. 循环风量:65 m^3/min(65 Hz)

60 m^3/min(60 Hz)机外静压 490Pa(50 mmAq)。

8. 质量:约 770 kg(CRH380A 统型车为 778 kg)

(二)空调机组主体构成设备的参数

1. 制冷压缩机

型式:全封闭型涡旋压缩机(2 极)

额定功率:3.7 kW(CRH380A 统型车为 5.0 kW)

数量:2

2. 室外送风机

型式:电动机直接连接轴流型

风量:约 150 m^3/min

静止压力:176 Pa(18 mmAq)

额定功率:1.5 kW

转速:约 1 720r/min(4 极)(CRH380A 统型车为 1 590 r/min)

数量:2

3. 室内送风机

型式:电动机直接连接离心型

风量:约 65 m^3/min

静止压力:784 Pa(80 mmAq)

额定功率:1.5 kW

转速:约 1 885 r/min(4 极)(CRH380A 统型车为 1 780 r/min)

数量:1

4. 室外热交换器

型式:交错排列　翅片管

散热片:铝制

冷却管:内面带沟槽的铜管

数量:1

5. 室内热交换器

型式:交错排列　翅片管

散热片:铝制

冷却管:内面带沟槽的铜管

数量:1

6. 电加热器

额定功率:24.0 kW

元件:带散热片的护套型电加热元件(CRH380A 统型车为带散热片的管式加热器)

数量:1

7. 高压压力开关×2 个

恢复形式：自动恢复型

动作压力：OFF(3.04±0.05)MPa[CRH380A 统型车为(3.25±0.07)MPa]

8. 低压压力开关×2 个

恢复形式：自动恢复型

接通电路：(0.03±0.03)MPa

断开电路：(0.10±0.03)MPa

9. 排水泵×1 个

额定电压：AC 100×(1±10%)V

10. 浮子开关×2 个

排水高度检测用

(三)制冷系统

制冷系统由压缩机、室外热交换器、干燥器、毛细管、室内热交换器、气液分离器、进气过滤器及配管构成，各设备及配管为焊接(钎焊)连接的完全密封型，内充制冷剂。制冷系统各部分设备的连接参见图 9-4。

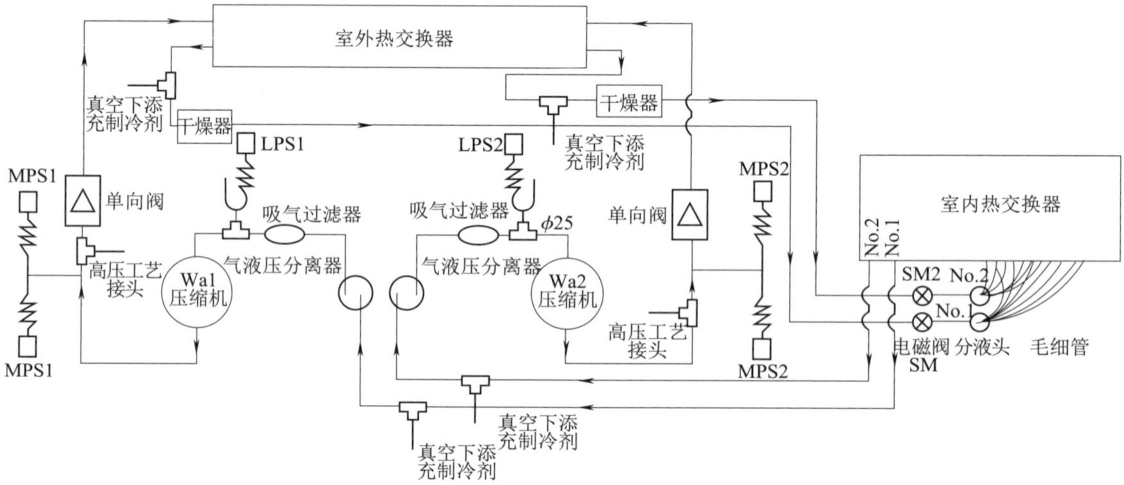

图 9-4　制冷系统图

制冷系统各部分设备的作用：

1. 压缩机：吸入低温的气态制冷剂，将其压缩为高温高压的气态制冷剂后送出。

2. 室外热交换器：用室外送风机送入的室外空气对高温高压的制冷气体进行冷却，使其形成常温(约 50 ℃)液态高压制冷剂。

3. 干燥器：吸收制冷剂中的水分。

4. 毛细管：利用通道面积小的阻力管，使高压液态高压制冷剂成为低压的气液混合状态。制冷剂在减压的同时温度也将下降。

5. 室内热交换器：低温、低压的气液混合冷媒，与通过室内热交换器的室内空气进行热交换的同时气化。此时，室内空气的热量被冷媒吸收，温度下降。该冷风吸收车体的热负荷(换气、日照及车内外温差等)和人体所产生的热量而变成暖空气，并再次被送入室内热交换器。

6. 气液分离器：分离冷媒气体和液体。

(四)逆变器装置

动车组在每个空调机组内内置空调逆变器装置，且每辆车设有4个温度传感器，每台机组分别接收两个传感器检测的温度信息。空调温度设定器将2个温度传感器测定的温度值平均后所得的车内温度和设定温度比较，发出控制指令，对空调机组的压缩机、室内、室外风机、电加热器等空调设备的通断与运行频率进行控制。

1. 结构

逆变器装置由变频单元、电容器单元、交流电抗器、直流电抗器、限流电阻器(CHR_1、CHR_2型)和接触器(IVK、CHK)构成。逆变器装置内含1个交流变换器电路和2个逆变器电路。其中，将驱动压缩机的逆变器电路称为VVVF；将驱动室内、外风机的逆变器电路称为CVCF。

压缩机(CP1，CP2)接受单相AC 400 V经变频器变成AC 200 V～AC 215 V/40～70 Hz电源供电后运行。室内送风机(EF)，室外风机(CF1，CF2)如上所述，采用经变频器变成电源3相AC 200～215 V/60～65 Hz进行运行。电加热器(H1，H2，H3)采用单相AC 400 V直接进行加热。

2. 逆变器装置的主要部件及基本功能(表9-1)

表9-1　逆变器装置的主要部件

单元名称	部件名称	基本功能
变频器单元	IPM模块 二极管模块 控制板 电源板(含门电路) 控制电源(AVR)	1. 进行AC/DC及DC/AC转换。 2. 交流变换器将不稳定电源转换为稳定电压。 3. 通过空调显示设定器的温度设定值与温度传感器的检测值，控制变频器的输出电压和输出频率。 4. 向空调显示设定器输出空调机组运行状态、故障信号
电容器单元	铝电解电容器 防雷击吸收器 熔断器	1. 抑制外来浪涌电流。 2. 限制冲击电流。 3. 平滑输出整流后的直流电压及交流变换器输出电压
接触器盘	电磁接触器 限流阻抗器 继电器	
交流电抗器(ACL)	交流电抗器	抑制逆变器装置输入电流及发生事故时的电流、浪涌电流
直流电抗器(DCL)	直流电抗器	抑制斩波器输出电流及事故发生时的冲击电流

二、空调显示设定器

动车组在每辆车服务配电盘内设置一台空调显示设定器，进行与空调系统相关的各种设定(空调模式设定、温度设定)。图9-5为空调显示设定器的显示界面图。

空调显示设定器设置“通常状态”和“维修状态”两种操作状态，“通常状态”为乘务员操作的状态、能够进行空调系统状态的设定和温度的设定。“维修状态”(表面灯亮)为维修作业人员操作的状态，根据CH和DATA显示读取各种信息。通过设置在面板表面的切换开关(“维修状态”按钮)可实现“通常状态”和“维修状态”的切换。

空调显示设定器采用来自车上监控装置信息以及空调显示设定器本身设定值。空调显示设定器还可显示由逆变器装置传来状态信息，并向车上监控装置传递信息。空调显示设定器承担了车上监控装置和逆变器装置之间数据传送的任务，其任务工作关系如图 9-6 和图 9-7 所示。

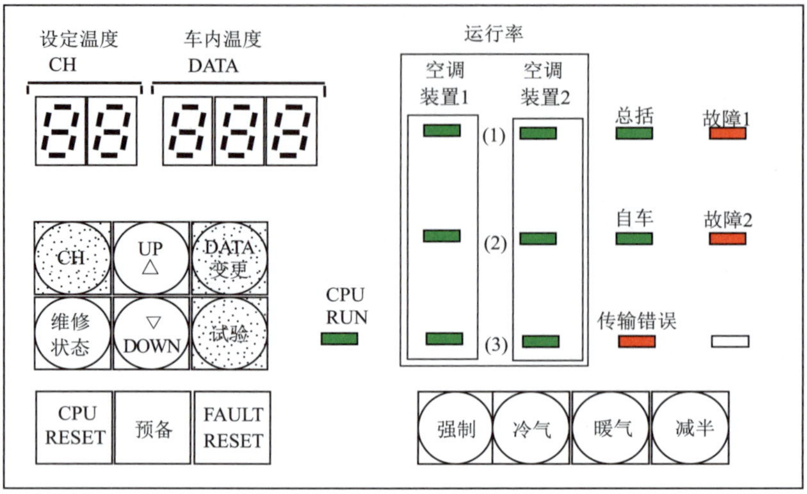

图 9-5　通常状态的空调显示器显示界面图

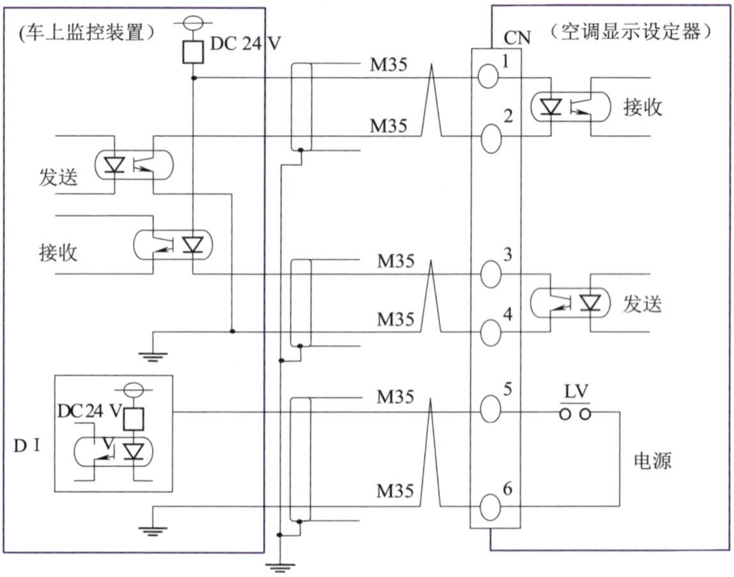

图 9-6　空调显示设定器与车上监控装置工作关系图

三、空调机组控制

动车组空调机组的控制采用变频控制，动车组在每个空调机组内内置空调逆变器装置，且每辆车设有 4 个温度传感器，每台机组分别接收两个传感器检测的温度信息。空调温度设定器将 2 个温度传感器测定的温度值平均后所得的车内温度和设定温度比较，发出控制指令，对空调机组的压缩机、室内、室外风机、电加热器等空调设备的通断与运行频率进行控制。空调机组控制原理如图 9-8 所示。

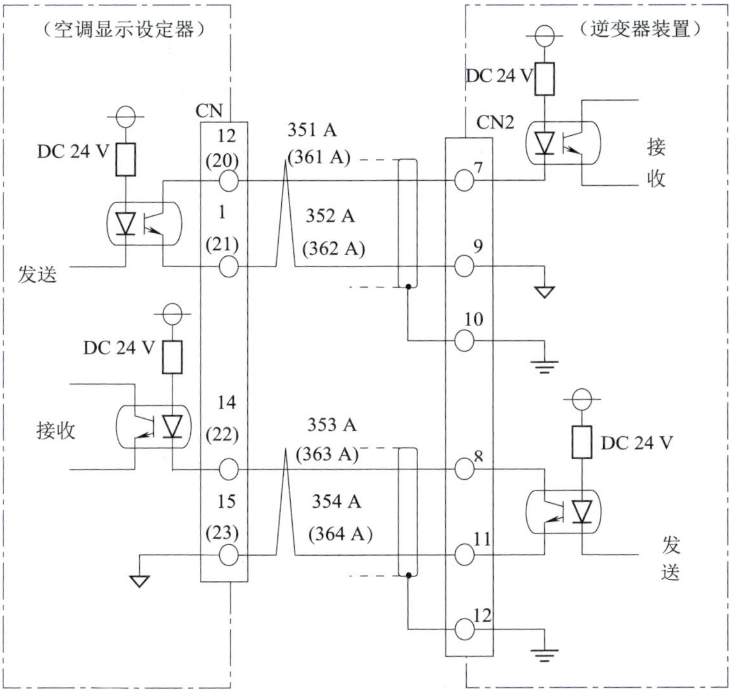

图 9-7　空调显示设定器与逆变器装置工作关系图

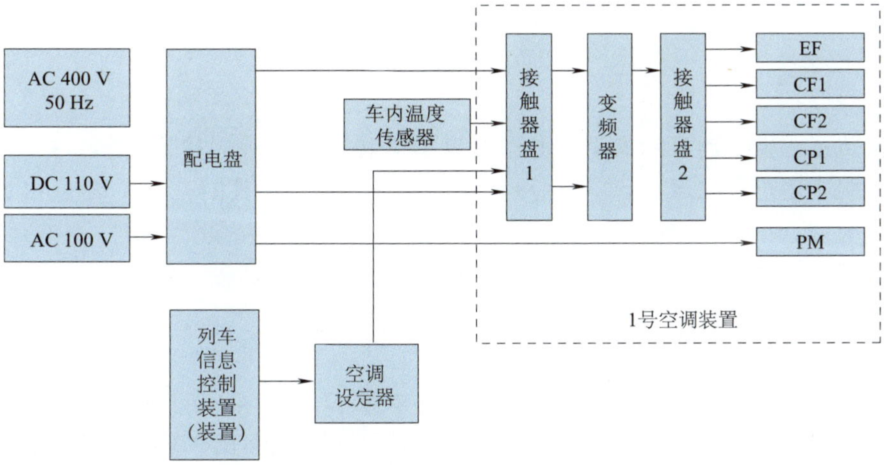

图 9-8　空调机组控制原理图

（一）制冷运行控制

1. 制冷控制过程

当制冷运行指令从空调显示设定器发出后，逆变器装置比较空调显示设定器的温度设定值和室内温度传感器得到的温度值，根据设计的制冷运行模式（表 9-2），按照客室内温度与制冷运行模式的关系图（图 9-9），通过由接触器盘 2 内的电磁接触器 CPK1、CPK2 对压缩机的通断控制（含控制台数），实现对压缩机运行频率（40～70 Hz）的 VVVF 控制，来进行制冷工况的控制。

表 9-2　制冷运行模式

<table>
<tr><th rowspan="2">运行级位</th><th colspan="2">压缩机</th><th>室内送风机</th><th colspan="2">室外送风机</th><th>制冷能力</th><th colspan="5">运行状态</th></tr>
<tr><th>CP1</th><th>CP2</th><th>EF</th><th>CF1</th><th>CF2</th><th></th><th colspan="2">自动制冷</th><th colspan="2">强制制冷</th><th>闭</th></tr>
<tr><td>7</td><td>75 Hz(70 Hz)</td><td>75 Hz(70 Hz)</td><td>61 Hz</td><td>61 Hz</td><td>61 Hz</td><td>100%</td><td rowspan="6">自动</td><td>—</td><td rowspan="6">强制</td><td>—</td><td>—</td></tr>
<tr><td>6</td><td>65 Hz</td><td>65 Hz</td><td>56 Hz</td><td>56 Hz</td><td>56 Hz</td><td>86%</td><td>—</td><td>—</td><td>—</td></tr>
<tr><td>5</td><td>51 Hz</td><td>51 Hz</td><td>56 Hz</td><td>56 Hz</td><td>56 Hz</td><td>71%</td><td>—</td><td>—</td><td>—</td></tr>
<tr><td>4</td><td>45 Hz</td><td>45 Hz</td><td>56 Hz</td><td>56 Hz</td><td>56 Hz</td><td>64%</td><td>—</td><td>—</td><td>—</td></tr>
<tr><td>3</td><td>65 Hz/—</td><td>—/65 Hz</td><td>56 Hz</td><td>56 Hz</td><td>56 Hz</td><td>43%</td><td rowspan="3">减半</td><td rowspan="3">减半</td><td>—</td></tr>
<tr><td>2</td><td>45 Hz/—</td><td>—/45 Hz</td><td>56 Hz</td><td>56 Hz</td><td>56 Hz</td><td>32%</td><td>—</td></tr>
<tr><td>1</td><td>停止</td><td>停止</td><td>56 Hz</td><td>停止</td><td>停止</td><td>0%</td><td></td><td></td><td>闭</td></tr>
</table>

注：运转模式 7 时，外气温度(空调装置室外部分)>43 ℃时以 70 Hz 运转。

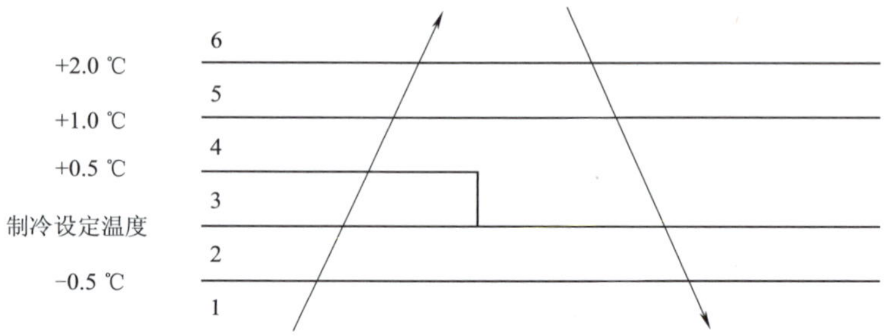

图 9-9　制冷运行模式图

2. 制冷控制原则

(1)制冷运行

逆变器装置比较空调显示设定器的温度设定值和温度传感器检测的客室内平均温度值，根据设计的制冷运行方式运行，高于制冷设定温度状态下保持其同一方式 3 min 以上时，提高运行方式一级，此级位持续到客室内温度下降到制冷设定温度为止。另外，在本运行方式中，客室内温度仍然上升，有提高运行级位要求时，比现有级位再提高一个级位。

(2)补充模式

①自动减半制冷

自动制冷运行中，若接收到减半运行指令时，在级位 1～3 间自动运行。(若在级位 4～6 状态下运行，则减速到级位 3 运行频率，减速后只运行一台压缩机(CP1 或 CP2)。

②强制减半制冷

强制制冷运行中，若接收到减半运行指令，则采用级位 3 固定运行。[当级位 4、5、6、7 运行时，先减速到级位 3 的运行频率，在减速后只运行一台压缩机(CP1 或 CP2)。设定模式 3 以下的，按设定模式运行]

③传输故障

空调显示设定器在发出传输信息指令 2 min 以上未收到反馈信息时，可判断为传输故障。故障前状态若是自动运行，则用级位 1～3 的自动运行，若运行在强制 4、5、6、7 级位中，则用级位 3 的固定运行。若在级位 3 以下，则继续原运行状态。

(3)压缩机切换

若空调采用级位 2 和 3 运行时时，A 压缩机(CP1 或 CP2)在运行中停止，则下一次启动级位 2 和 3 时，启动 B 压缩机(CP2 或 CP1)运行。

(4)运行级位切换时的制约

出现运行级位进位要求时，将切换至符合要求的运行方式。

出现运行级位降位要求时，将切换至符合要求的运行方式。

运行级位 2～7，至少保持在同一方式 30 s。

频率上升/下降的速度为 5 Hz/s。

(5)室内、室外风机启动时的制约

室内送风机与空调运行方式无关。室外风机的启动在逆变电路 CVCF 运行频率降低到 30 Hz 并经过 2 s 后(启动时就有启动压缩机要求时，室内送风机启动后 4 s)进行。室外风机 1 启动 2 s 后启动室外风机 2。室外送风机接触器在运行中关闭后，5 s 间禁止投入。

(6)压缩机运行时的制约

控制电源复位后的首台压缩机启动以及停机 5 min 以上的压缩机重新启动时，需以运行级位 4 运行 3 min 才可进位。另外，在运行中若出现瞬间停机和其他条件停机时，也需以运行级位 4 运行 3 min。若在减半模式时，空调则需在级位 2 运行 3 min。若出现故障时，压缩机将立即停机。

此外，空调系统设计中，还对压缩机的运行作出了强制性规定：

①压缩机一旦停机后，6 s 内禁止再启动。

②控制电源复位后 6 s 内不启动压缩机。

③过分相时，压缩机在停机后 7 s 再次启动。

④室内送风机以及室外风机停机中或停机时，不能运行压缩机。

⑤两台室外风机，在级位 2～7 时与压缩机联动运行。但是，自动制冷运行中，若排水托盘中的浮子开关 1 和 2 均继续开通 1 min 以上时，室外风机运行，同时开启空调冷凝水排水泵。

(7)保护动作

空调机组保护动作一览表见表 9-3。

表 9-3　空调机组保护动作一览表

代号	保护内容	向空调显示设定器发送的信息	处理方式
CPTH1	压缩机 1	热继电器动作 发送“重故障”/“轻故障”信息	(a)
HPS1	压缩机 1	高压开关动作 发送“重故障”/“轻故障”信息	(b)(c)
ITH1	压缩机 1	内部恒温器动作 发送“重故障”/“轻故障”信息	(a)
LPS1	压缩机 1	低压开关动作 发送“重故障”/“轻故障”信息	(a)
CPTH2	压缩机 2	热继电器动作 发送“重故障”/“轻故障”信息	(a)
HPS2	压缩机 2	高压开关动作 发送“重故障”/“轻故障”信息	(b)(c)
ITH2	压缩机 2	内部恒温器动作 发送“重故障”/“轻故障”信息	(a)
LPS2	压缩机 2	低压开关动作 发送“重故障”/“轻故障”信息	(a)
EFTH	室内送风机	热继电器动作 发送“重故障”/“轻故障”信息	(a)
CFTH1	室外风机 1	热继电器动作 发送“重故障”/“轻故障”信息	(a)
CFTH 2	室外风机 2	热继电器动作 发送“重故障”/“轻故障”信息	(a)
DRPF	排水泵故障	发送“重故障”/“轻故障”信息	(d)

空调机组保护动作的处理方式有如下含义。

(a)保护装置动作后，相应的设备及相关设备停止工作。相应设备禁止在 2 min 内再启动。2 min 后，如果保护装置复位，设备才能再启动。如果再启动后 2 min 内，设备再次发生保护装置动作，则视为重故障，并使相应设备及相关设备停止工作。另外，故障持续 4 min 以上不能复位视为重故障。图 9-10 和图 9-11 分别是空调机组发生重故障时和不发生重故障时保护装置动作图。

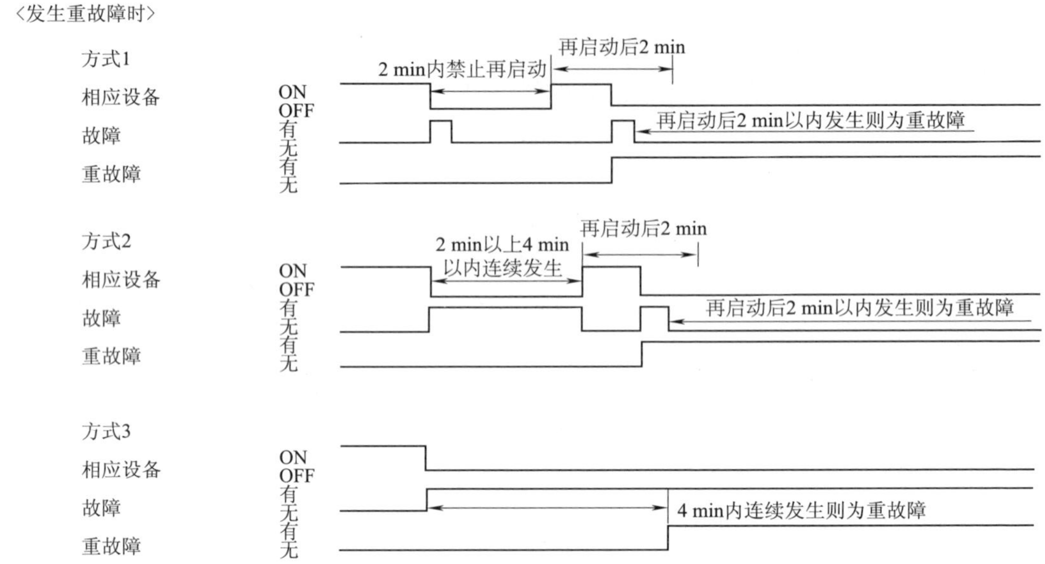

图 9-10 发生重故障时保护装置的动作

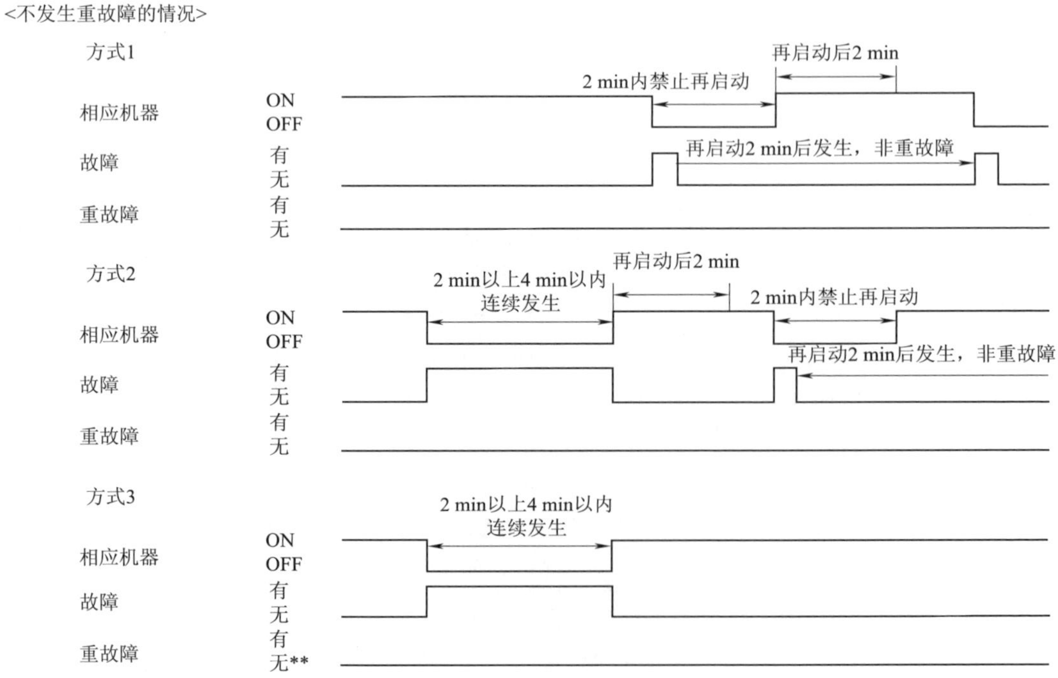

图 9-11 不发生重故障时保护装置的动作

(b)运行方式为级位 6 时：

压缩机高压开关 HPS＊动作时，如果运行级位为 6，则 VVVF 减频至 65 Hz。如果动作发生开始 15 s 后 HPS＊复位，则 VVVF 以 65 Hz 保持 30 s 运行后，转换到目标运行方式，运行动作见图 9-12。

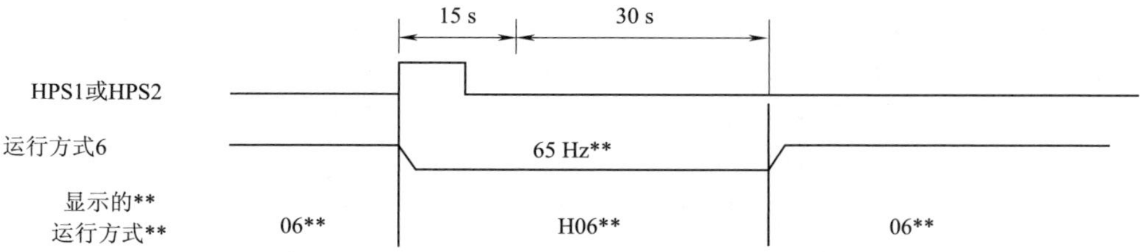

图 9-12　第 6 级位减频的运行动作

如果自保护装置动作发生开始 15 s 后 HPS＊未复位，则转换到运行方式 5，在自保护装置动作发生开始 30 s 内 HPS＊复位，60 s 后转换到目标运行级位，运行动作见图 9-13。(本动作为运行方式 6 的动作)

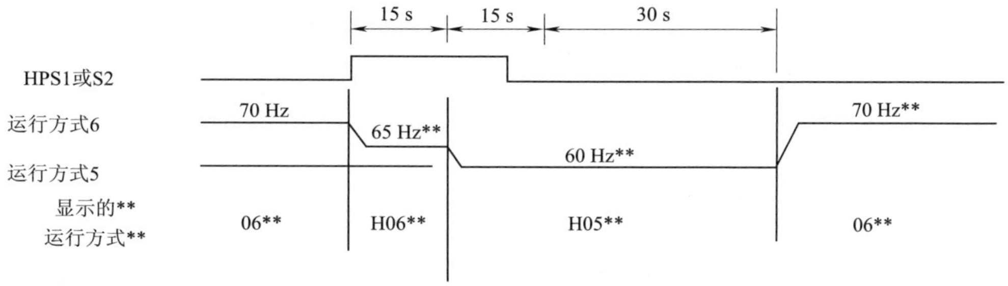

图 9-13　降为第 5 级位的运行动作

如果自保护装置动作发生开始 30 s 后 HPS＊未复位，则转换到运行级位 4。如果在自保护装置动作发生开始 60 s 内 HPS＊复位，60 s 后转换到目标运行级位，运行动作见图 9-14。(本动作为运行方式 6 的动作)

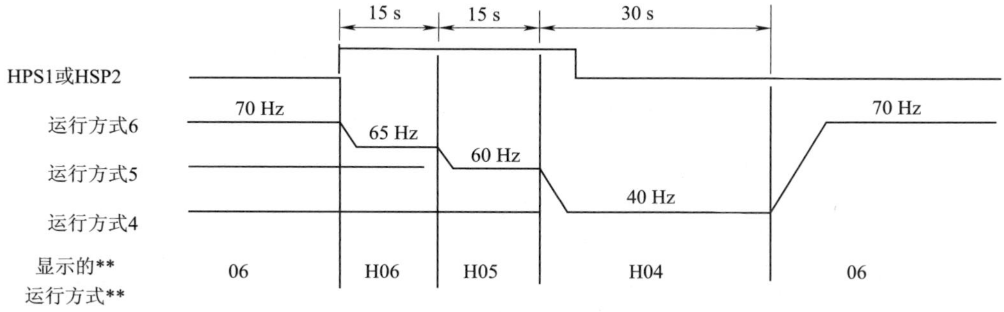

图 9-14　降为第 5 级位的运行动作

如果自保护装置动作发生开始 60 s 后 HPS＊未复位，则停止 VVVF。如果停止 6 s 后，HPS＊复位，则可再启动。再启动后 2 min 内若再发生，则计数为第一次。计数至第三次即为重故障，此时停止相应的压缩机运行。此外，再启动后能正常运行 2 min 以上时，则清除此前的计数。如果自保护装置动作发生开始持续 2 min 不能恢复，则为重故障，相应的压缩机不启动。正常的压缩机可启动。运行动作详见图 9-15。(本动作为运行级位 6 的动作)

(c)运行级位 2～5 时：

压缩机高压开关 HPS＊动作时，如果运行级位为 5(或 3)，则转换到运行级位 4(或 2)。如果自保护装置动作发生开始 15 s 后 HPS＊复位，则在自发生开始 45 s 后转换到目标运行方式。运行动作见图 9-16。(本动作为运行级位 5 或 3 的动作)

如果自保护装置动作发生开始 45 s 后 HPS＊未复位，则停止 VVVF。如果停止 6 s 后 HPS＊复位，则可再启动。如果再启动后 2 min 内再发生，则计数为第一次。计数至第 3 次即为重故障，此时停止相应压缩机的运行。此外，再启动后能正常运行 2 min 以上时，则清除此前的计数。如果自发生开始持续 2 min 不能复位，则为重故障，相应的压缩机不启动。正常的压缩机可启动。运行动作见图 9-17。(本动作为运行方式 5 或 3 的动作)

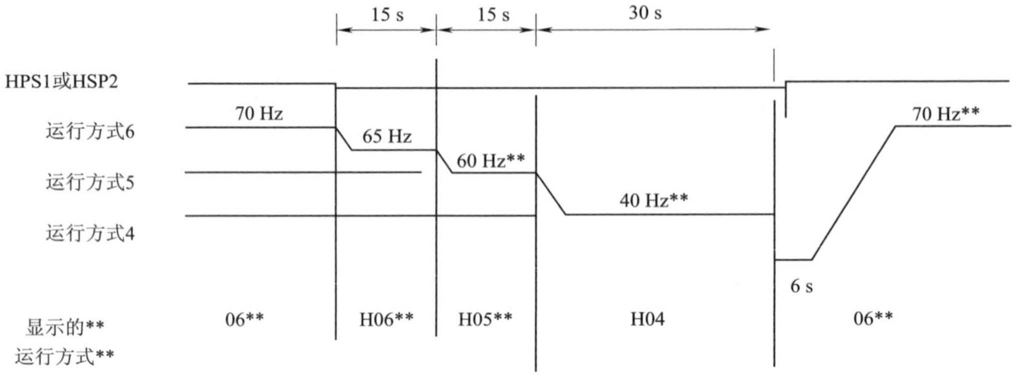

图 9-15　运行级位 6 时 停止和恢复 VVVF 的运行动作

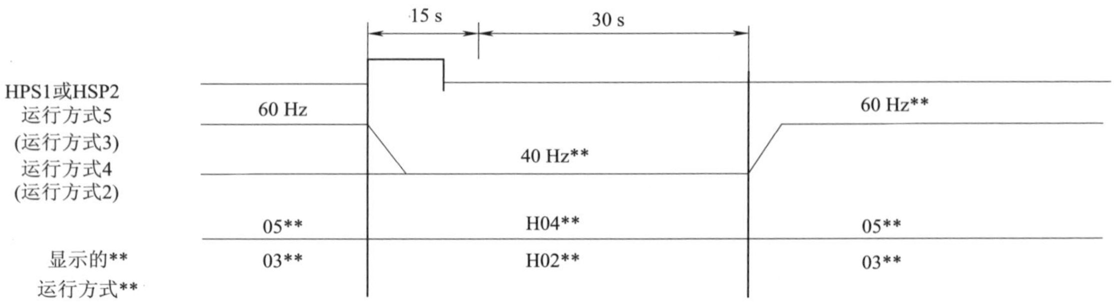

图 9-16　5(或 3)级位减频的运行动作

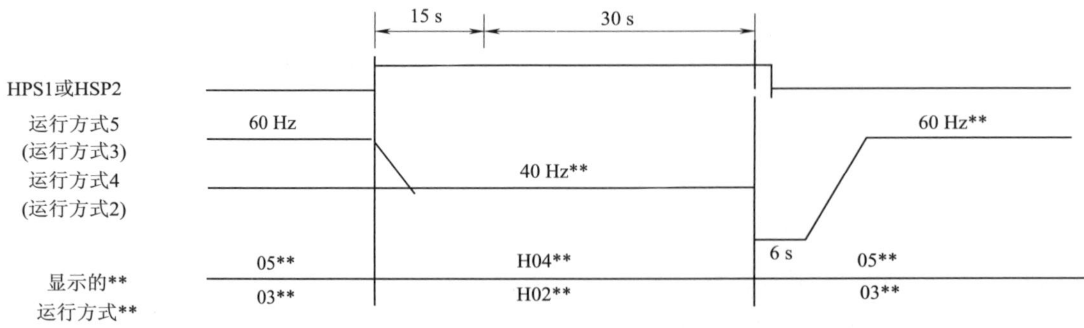

图 9-17　运行方式 5(或 3)时停止和恢复 VVVF 的运行动作

HPS＊动作时，如果运行级位为 4(或 2)，则停止 VVVF。如果停止 6 s 后 HPS＊复位，则可再启动。如果再启动后 2 min 内再发生，则计数为第一次。计数至第 3 次即为重故障，此时停止相应压缩机的运行。此外，再启动后能正常运行 2 min 以上时，则清除此前的计数。如果自保护装置动作发生持续 2 min 不能复位，则为重故障，相应的压缩机不启动。正常的压缩机可启动。运行动作见图 9-18。

(d)自动制冷运行过程中，排水托盘中的浮子开关 1 及 2 同时持续 1 min 以上为 ON 时，无论运行方式如何，都将使室外风机运行(运行排水泵)。如果持续时间为 30 min，则作为重故障，并停止压缩机运行。

但将故障复位、控制电源复位及进行制冷运行切换为制热运行时，将清除定时器的计数。在强制制冷运行中，即使发生本故障，也不停止压缩机运行。运行动作详见图 9-19。

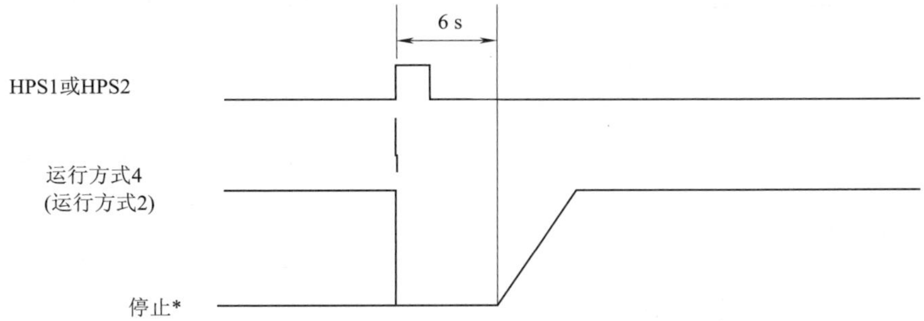

图 9-18　运行级位 4(或 2)时停止和恢复 VVVF 的运行动

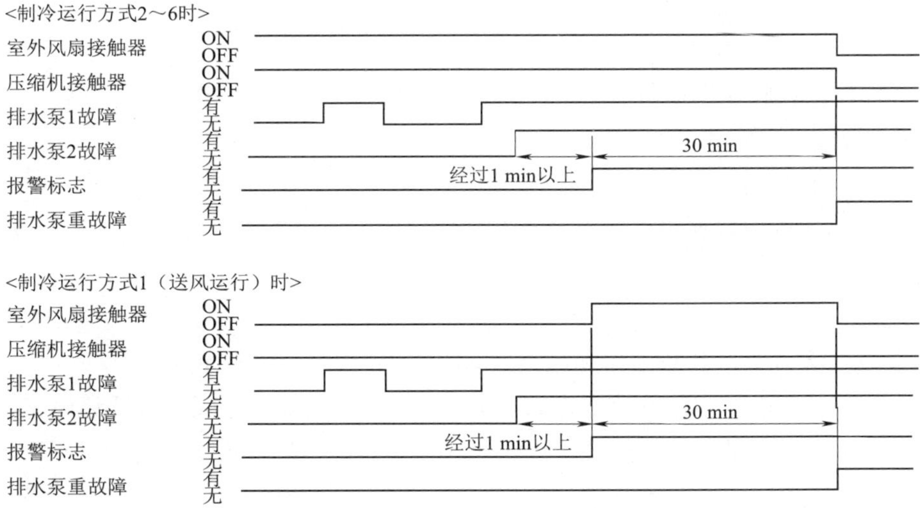

图 9-19　自动制冷运行过程的运行动作

(二)制热运行控制

1. 制热运行过程

根据从空调显示设定器发来的制热运行指令和温度控制指令，按照被选择的级位，控制空调机组内的电加热器 H1～H3 和室内送风机进行工作。电加热器直接使用从主变压器辅助(3 次)绕组来的电源。

将 2 个温度传感器检测的温度平均后得到的客室内温度和空调显示设定器的温度设定值进行比较，根据设计的 6 种制热运行方式(表 9-4)，按照客室内温度与 6 种方式制热运行的关系图(图 9-20)，进行制热运行控制。

表 9-4　制热运行方式

运行级位	电加热器			室内送风机	制热能力	运行模式				
	电加热器 1	电加热器 2	电加热器 3	EF		自动制热		强制制热		关机
6	ON	ON	ON	60 Hz	100%	自动	—	强制	—	—
5	将任意 2 台电加热器 ON			60 Hz	66%		—		—	—
4	将任意 1 台电加热器 ON			60 Hz	33%		减半		减半	—
3	对任意 1 台电加热器进行 A 运行			60 Hz	22%				—	—
2	对任意 1 台电加热器进行 B 运行			60 Hz	16%				—	—
1	停止	停止	停止	60 Hz	0%				—	关机

注：A 运行模式：10 min ON/5 min OFF；B 运行模式：5 min ON/10 min OFF。

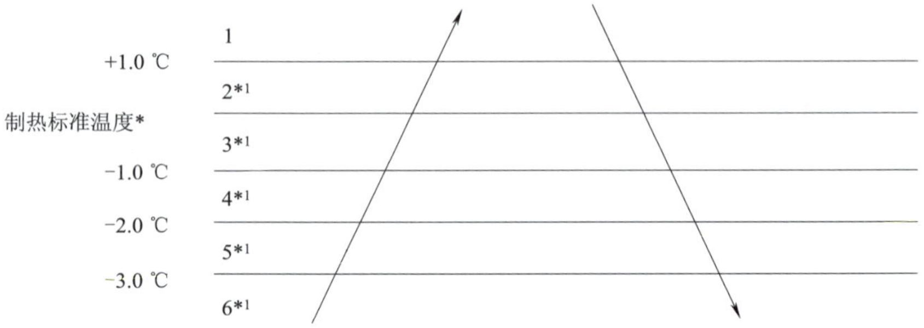

图 9-20　6 种方式制热运行方式示意图

2. 制热运行原则

(1)补充模式

①自动减半制热

在自动制热运行中接到减半运行指令时，进行级位 1～4 的自动运行。(正在以运行级位 5、6 运行时，接收到减半指令后转换到运行级位 4)

②强制减半制热

在强制制热运行中接到减半运行指令时，进行运行级位 4 的固定运行。

(正在按照运行级位 5、6 的设定进行运行时，在接收到减半指令后，转换到运行级位 4。在按照运行级位 4 以下的设定进行运行时，则继续按照设定的运行级位运行。)

③传输异常

持续 2 min 以上接收不到从空调显示设定器发送的信息时，判断为传输异常。异常以前的状态为自动运行时，将按照运行级位 1～4 自动运行；异常以前的状态为强制运行时，如果运行级位为 5、6，则进行运行级位 4 的固定运行。如果运行级位为 4 以下，则继续保持异常前的运行状态。

④电加热器交替运行。

(2)电加热器运行的限制条件：

①客室内平均温度超过 15 ℃时，禁止级位 6 的运行(自动制热时)；

②最短 ON 时间/OFF 时间为 30 s；

③室内送风机正在停止或已经停止时，使电加热器关闭；

④进行制热运行→制冷运行切换时，须在送风运行 3 min 后实施；

⑤电加热器 OFF 后，室内送风机继续运行 3 min；

⑥根据电加热器温度异常的发生情况设定运行方式的上限，本动作在故障复位或控制电源复位时被清除；

⑦在控制电源复位后最初启动后的 10 min 内，不输出电加热器用的温度继电器（HTH）的检测信号；

⑧在上述 10 min 内检测到电加热器用的温度继电器（HTH）动作时，在温度继电器复位前，电加热器保持 OFF（送风）状态。复位后，可以重新接通。

（3）保护动作

空调机组保护动作表见表 9-5。

表 9-5　空调机组保护动作表

代号	保护内容	向空调显示设定器发送的信息	处理方式
HTH	电加热器温度继电器动作	发送重故障/轻故障信息	(a)

空调机组保护动作的处理方式有如下含义。

(a)发生 HTH（电加热器温度继电器动作）时，使电加热器断开。此后保持电加热器 OFF 状态 10 min，如果 HTH 恢复，则可再接通。在运行级位 6 下，发生 3 次 HTH 时，运行级位的上限设为 5。在运行级位 5 下发生 3 次 HTH 时，作为重故障，使电加热器断开。运行动作见图 9-21。接通控制电源时，进行 HTH 的检查，如果发生 HTH，则视为轻故障，恢复后可再接通。

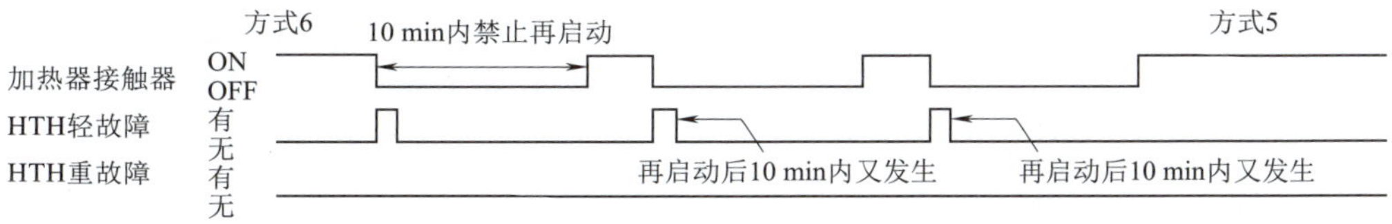

图 9-21　发生 HTH 时降为级位 5 的保护动作图

在运行方式 6 下发生 HTH，如果在再启动后 10 min 内又发生 2 次，则将运行级位的上限设为 5。运行动作见图 9-22。

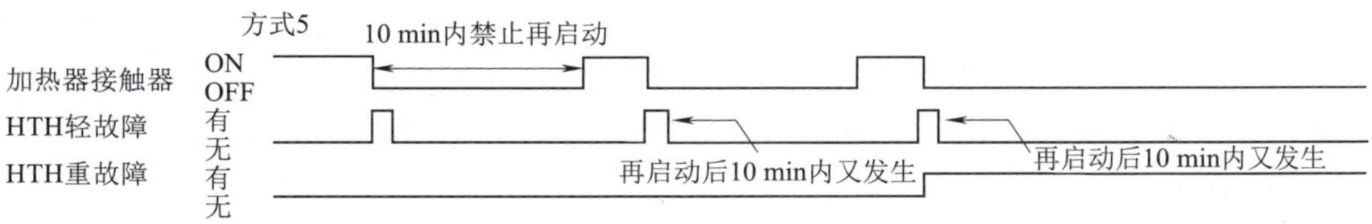

图 9-22　级位 5 发生 HTH 时的保护动作图

在运行级位 5 下发生 HTH，如果在再启动后 10 min 内又发生 2 次，则视为重故障，使电加热器断开。

四、司机室空调

CRH380A(L)型动车组专门设置了司机室专用的司机室空调。司机室空调包括制冷装置及制热装置。制冷装置采用单冷空调机组，具备制冷和通风功能，司机室制热由两台暖风机完成。司机室空调位置如图 9-23 所示。

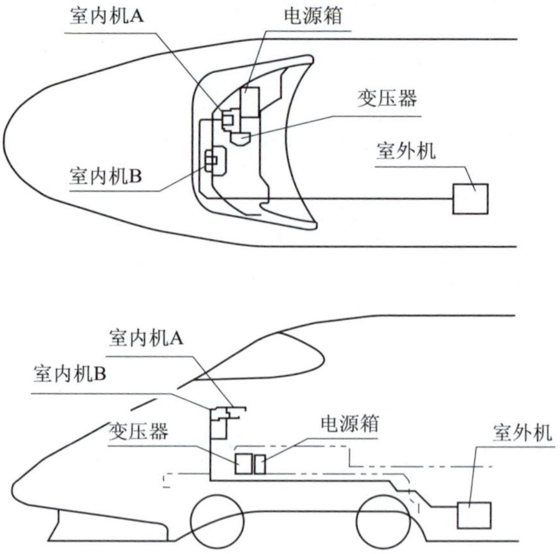

图 9-23　司机室空调位置图

司机室制冷装置采用逆变器方式，输入电源为单向交流 400 V，主回路、控制回路一起在装置内进行直流变换驱动。制冷装置由室外机、2 台室内机、电源箱、变压器、控制面板 5 个部件构成。制冷动作为 3 段风量的温度控制。

司机室的 2 台制热暖风机安装在司机室设备间内，在操纵台设置单独的控制按钮。暖风机主要由加热单元、箱体组成，采用 PTC 发热元件作为发热体，且暖风机控制设置过热保护功能，当温度超过设定值，暖风机将自动降功率运行。

（一）司机室空调构成

司机室空调主要部件见表 9-6。

表 9-6　司机室空调主要部件构成

装置	主要部件		数量
制冷装置	室内机	室内热交换器	2
		室内送风机	2
	室外机	压缩机	1
		室外热交换器	1
		室外送风机	1
		高压开关	1
		低压开关	1
		制冷剂储液器	1
	电源箱		1
	变压器		1
	控制面板		1
制热装置	轴流风扇		1
	暖风组件		1
	风向板组件		1
	防尘网		1

（二）司机室空调性能及参数

司机室空调制冷装置的性能及参数参见表 9-7。

表 9-7 司机室空调制冷装置的性能及参数

型 号		KLF4.9
型式		分体式，单冷型
输入电源		AC 400 V、50 Hz
制冷量(kW)		4.86
制冷剂		R134a
制冷剂充注量(kg)		1.7
输入功率(kW)		约 2.5
质量(kg)	室内机	13×2
	室外机	68
	电源箱	35
	变压器	58

第二节 通 风 系 统

为了抑制高速运行的车辆在进入隧道或车辆交汇时产生的车外压力变化传播到车内，避免乘客产生耳鸣等不适，同时为了实现新风供给和车内废气排放，动车组在每辆车下安装了新风供给和废气排放一体的换气装置。换气装置与动车组通风风道相连，组成了动车组的通风系统。

一、换气装置

动车组换气装置采用电源为单相 AC 400 V/50 Hz，经单独的逆变器变频后控制送风机的运行转速。当动车组运行速度高于 160 km/h 时，风机高速运行；低于 160 km/h 时，风机低速运行。如图 9-24 所示。

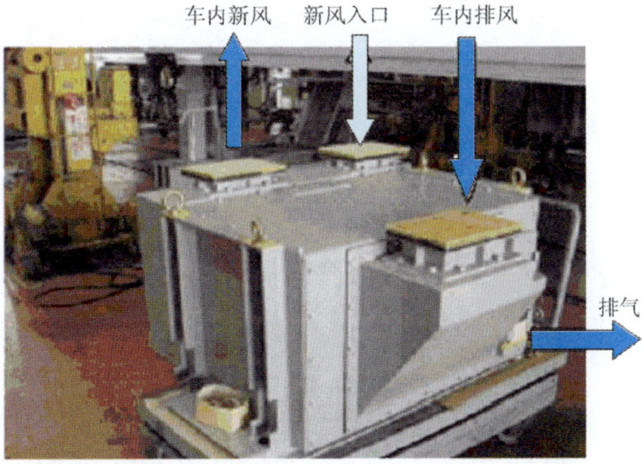

图 9-24 换气装置的外形图

为满足轻量化要求,CRH380A(L)系列动车组换气装置主要构成部件都采用铝作为材料,换气装置机体约为 120 kg(CRH380A 统型动车组为 250 kg),逆变器箱约为 100 kg。

(一)换气装置的结构和原理

换气装置具有提供新风及排出废气的功能,主要由送风机、电机、连接风道、换气装置机体及逆变器箱等部分组成,通过 4 个特殊螺栓吊装在底架横梁上。新风通过专门的新风风道与空调机组相连,向空调机组提供新风;通过与回风道及卫生间废气风道相连,排出客室内的废气(废气包括两部分,一部分为从回风道中排出,另外一部分从厕所废排风道排出)。送风机与连接风道相连,连接风道壁敷设有消音用降噪材料。在换气装置外设有安装支架,其下面设有安装车体底盖板的安装孔。在新风吸入侧的连接风道内置有固定式风量调整板,在排气侧的连接风道上设置有滑动式风量调整板,用于调节风量及调整车内气压。

换气装置采用逆变器控制送风机的运行频率,通过提高送风机的静压力性能,能够更好地抑制车内的压力变动,防止车外压力变化传到车内,从而有效控制耳鸣产生。为了保持气密性,提高了换气装置的静压,所以有时会发生车内外压差的情况,由此会对侧门的开闭造成影响,当侧门打开时有时就会发生耳鸣现象。为防止这种现象产生,在运行室罩内气密壁上设置有车内压释放阀,当动车组车速小于 30 km/h 时,车内压释放阀自动打开。

逆变器箱内设置逆变器、继电器单元、变压器、噪声过滤器、逆变器冷却散热片及用于冷却变压器的专用冷却扇等设备。为了防止从冷却风的吸入口进入灰尘,备有拆装式的过滤网。逆变器与车辆采用连接器进行连接。换气装置系统图如图 9-25 所示。

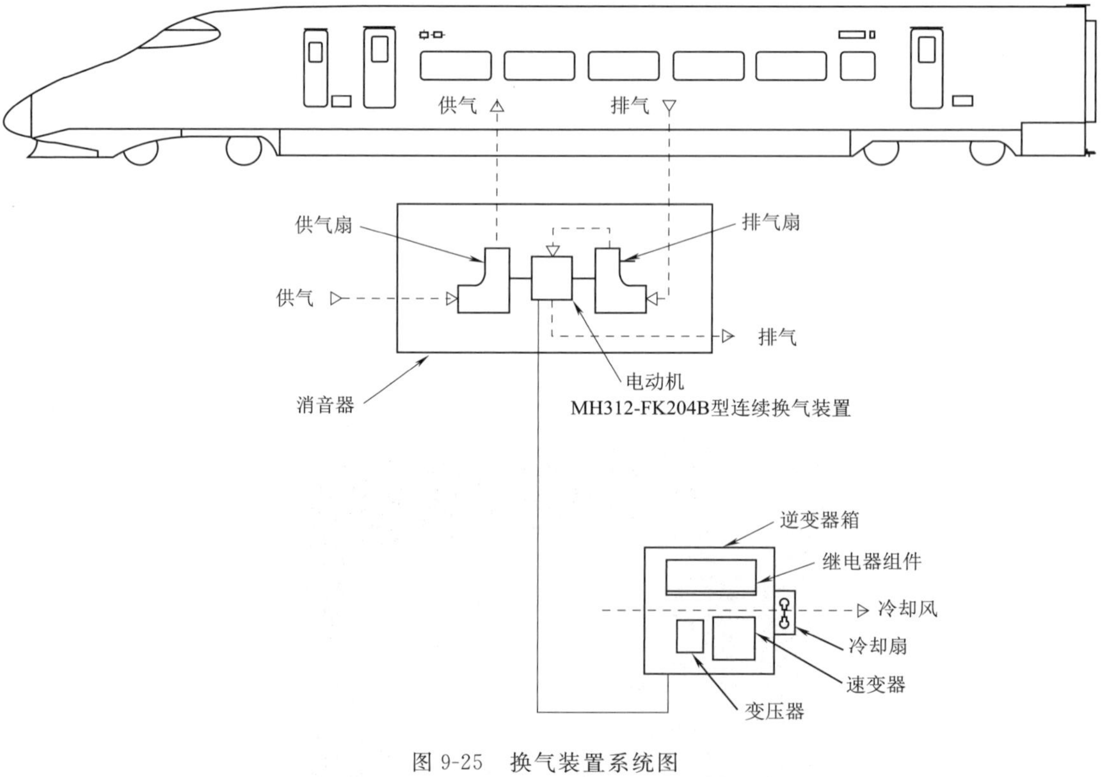

图 9-25　换气装置系统图

换气装置采用双向风机原理,由一台变频控制的双出轴电机带动两台高压的高速离心风机进行动车组客室的进、排气。图 9-26 为换气装置横向剖视图。车外新风经过装有风量调节板的给风侧，被高压送风机吸入，分别送到两台空调机组中，客室内回风被高压排风风机吸入，进入装有电机的换气装置的内部通道，在冷却风机电机后从装有调节板的出风口排出车外。正常运行时，它可以保证从室内排出风量就与补充的新风相等，从而保证客室内空气压力恒定。

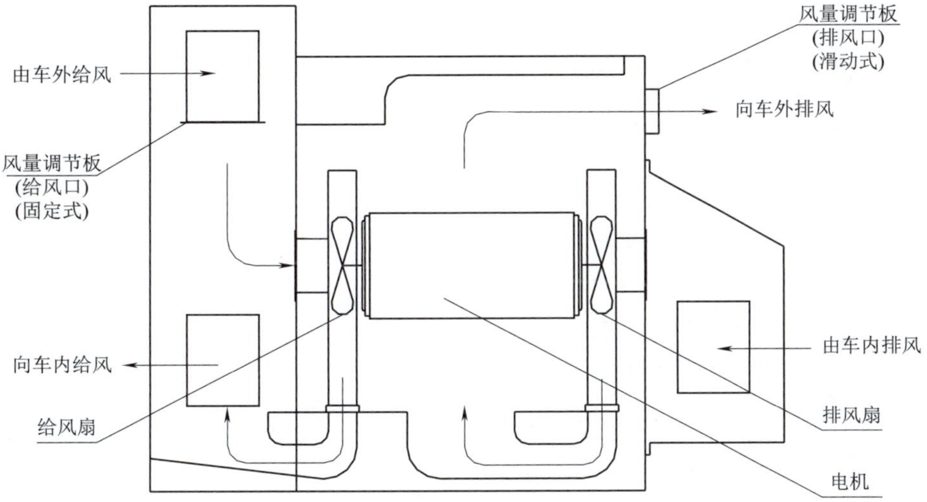

图 9-26　换气装置剖视图

（二）换气装置主要参数

换气主要部件的技术参数如表 9-8～表 9-13 所示。

表 9-8　送风机参数表[CRH2C 二阶段、CRH380A(L)型动车组]

型　号		FK 204A
用途		车厢换气
构造		车底设置　进气、排气一体横轴形 多叶片环形送风机
叶片类型		多叶片环形送风机
叶轮径		进气侧：ϕ395 mm；排气侧：ϕ395 mm
叶片数		25
转速		低速时(行走速度 160 km/h 以下、53 Hz 运行)：3 180 r/min 高速时(行走速度 160 km/h 以上、60 Hz 运行)：3 600 r/min
规格	风量	进气侧、排气侧均为 约 21 m^3/min(53 Hz 运行时)；约 24 m^3/min(60 Hz 运行时)
	送风机静压(吸入空气温度 20 ℃时)	进气侧、排气侧均为 3 kPa(53 Hz 运行时)；4 kPa(60 Hz 运行时)
	送风机轴功率(吸入空气温度 20 ℃时)	进气侧、排气侧均为 8.2 kW (53 Hz 运行时)；11.2 kW(60 Hz 运行时)
最大送风机静压(吸入空气温度 20℃时)		进气侧、排气侧均为 3.7 kPa(53 Hz 运行时)；5.5 kPa(60 Hz 运行时)
质量		约 140 kg(含电机)

表 9-9 送风机参数表(CRH380A 统)

型　号	(2.5POT-MH)
用途	车辆的客室换气
构造	安装于车下　新风、废排一体横轴形　涡轮风机
叶轮形式	涡轮式风机
运行频率和旋转速度	根据车辆的条件,变速运行 高速旋转时:97 Hz(6,180 r/min) 低速旋转时:79 Hz(4,620 r/min)
换气风量	根据车辆速度,变速运行。 高速旋转时 :28.4 m^3/min 低速旋转时 :21 m^3/min
叶轮外径	新风侧:ϕ395 mm、废排侧:ϕ395 mm
叶轮内径	新风侧:ϕ200 mm、废排侧:ϕ200 mm 叶轮内径
叶轮片数	10 片
叶轮平衡	依据 JIS B 0905(旋转机械-刚性转子的平衡精度)。旋转体的平衡精度的等级: 为控制在所要求振动值内,按照必要的等级管理平衡
送风机规格点静压	在高速旋转时,大气压吸入,20℃换算,在风量 28.4 m^3/min 新风侧:5.07 kPa 以上 废排侧:4.14 kPa 以上
送风机最大静压	10.19 kPa 以上

表 9-10 电机参数表[CRH2C 二阶段、CRH380A(L)型动车组]

型　式		WMH 3121
用途		车厢换气
构造		全闭型 3 相鼠笼型感应电动机
冷却方式		全闭型(由负荷电扇进行冷却)
相数		3 相
极数		2 极
绝缘种别		F 级
定额	种类	连续
	使用回转速度	低速时(运行速度 160 km/h 以下、72Hz 运行):4 320 r/min 高速时(运行速度 160 km/h 以上、97 Hz 运行):5 820 r/min
	输出	供气侧　排气侧共约 9 kW(97 Hz 运行时)
	电动机输入电压	AC 440 V(根据逆变器输出电压)
	最大用电量	约 11.2 kW
轴承		进气侧:6309ZZ 排气侧:6310ZZ
润滑脂		尿素类润滑脂
质量		约 100 kg

表 9-11　电机参数表(CRH380A 统)

型号		(TOA-KK)
用途		车辆的客室换气
构造		室外用全闭型 3 相笼形感应电动机
外罩冷却方式		全闭型(通过负载风机冷却)
相数		3 相
极数		2 极
绝缘种类		F 级
运行方式		通过逆变器(SJ700-220HFS-KC3)驱动
额定	种类	连续
	输出	叶轮的轴动力为新风、排气合在一起 7 kW 以下(高速旋转时、大气压吸入、20 ℃换算)
	运行频率和旋转速度	根据车辆的条件,变速运行。 高速旋转时:97 Hz(6,180 r/min) 低速旋转时:79 Hz(4,620 r/min)
	电动机输入电压	电动机输入电压根据逆变器的 V/F 模式。 最高频率 106 Hz 运行时:AC 297 V 高速 97 Hz 运行时:AC 288 V 低速 79 Hz 运行时:AC 216 V
绝缘耐压试验电压		2000 V×1 min
轴承		给气侧:CX-6307VVC3E 排气侧:CX-6307VVC3E
润滑脂		ENS
涂装色		厂家标准涂装
线圈电阻(线间)		0.182×(1±10%)Ω(20℃)
质量		电动机单体完成状态 70 kg 以下(实测代表性 1 台)

表 9-12　变频器参数表[CRH2C 二阶段、CRH380A(L)型动车组]

逆变器规格电源	型号	SJ300-220HFS-KE2
	名称容量	20 kVA
	相数	3 相输出
	输出电压	以下图的 V/F 模式为依据
	输出频率	0.5～70 Hz
	频率精度	所有的频率带 ±0.35 Hz[最大频率 70×(1±0.5%)Hz](25±10 ℃)
	启动方法	低频启动　0.5→70 Hz 之间的加速时间约为 20 s
	停止方法	LAD(线性・Accelerating・驱动)减速 70→0.5 Hz 的减速时间 30 s
	V/F 模式	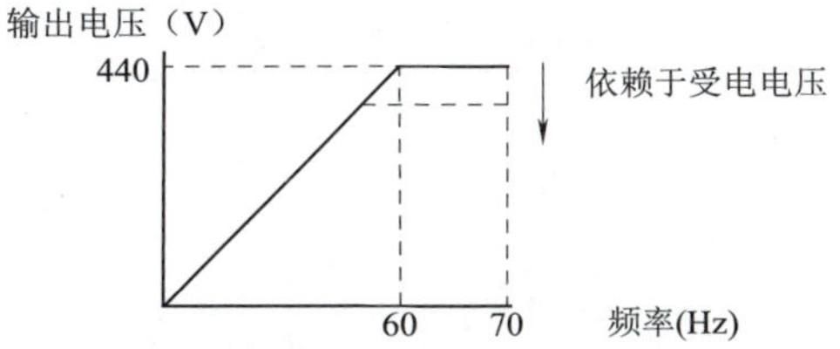
	主回路	AC 400 $V^{+20\%}_{-18\%}$,50×(1±5%)Hz 单相(浪涌电压高峰值 838 V 以下)
	控制回路	DC 100×(1±10%)V(瞬间停机、浪涌 surge、电压没有变动)

续上表

输出	启动频率	0.5 Hz
	运行频率	低速时(160 km/h 以下):72Hz 高速时(160 km/h 以上):97 Hz
	运行回转速度	低速时(160 km/h 以下):4 320 r/min 高速时(160 km/h 以上):5 820 r/min
负荷	负荷机械名称	车辆换气用电扇
	使用范围	0.5～97 Hz
	负荷电机	12 kW(97 Hz)
环境	周围温度	0～45 ℃
	湿度	20%～90%RH(没有结露水)
速度信号	切换信号	输入信号 CF1－CM1
	信号和频率间的关系	CF1－CM1＝断开时:72Hz CF1－CM1＝短路时:97 Hz
质量		逆变器:15 kg、继电器单元:20 kg、变压器:24 kg
连接图		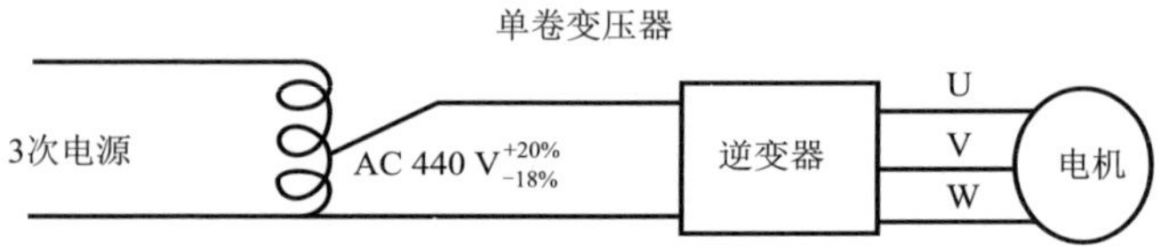

表 9-13 变频器参数表(CRH380A 统)

逆变器规格电源	型号	SJ700-220HFS-KC3
	呼称容量	20 kV·A
	相数	3 相出力
	输出电压	依据下图的 V/F 模式
	输出频率	133 Hz(最大)
	频率精度	在所有频率带±0.665 Hz[最大频率 133×(1±0.5%)Hz](25 ℃±10 ℃)
	启动方法	低频率启动 0.5→133 Hz 的加速时间 20 s
	停止方法	LAD(直线·加速·驱动)减速 133→0.5 Hz 的减速时间 60 s
	V/F 模式	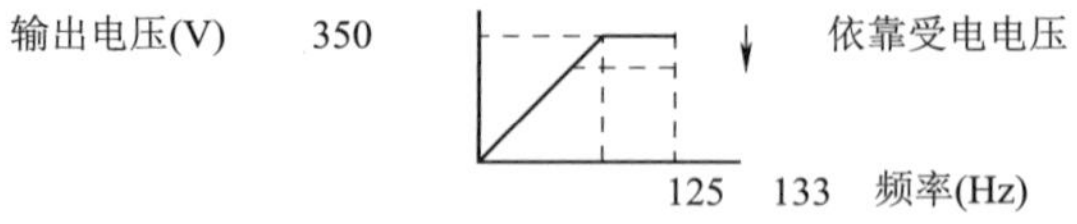
	主回路(接续端子:R,T)	车辆电源 AC 400 $V^{+24\%}_{-37\%}$,50×(1±5%)Hz 单相(脉冲电压峰值 1 000 V 以下,400 V) 从车辆电源到逆变器之间介于自耦变压器和继电器盘之间 即使逆变器保护动作时,电压回到正常范围内时自动恢复
	控制(继电器盘供给)	DC 100 $V^{+10\%}_{-30\%}$(在此波动范围内不发出故障信号)
输出	启动频率	0.5 Hz
	运行频率和旋转速度	根据车辆的条件,变速运行。 高速旋转时:97 Hz(6 180 r/min) 低速旋转时:79 Hz(4 620 r/min)

续上表

负载	负载机械名称	车辆换气用风机
	使用范围	0～106 Hz 以内
	负载电机	电机轴动力 7 kW 以下（高速旋转时、大气压吸入、20 ℃换算）
涂装	涂装色	根据厂家标准色
速度信号	来自车辆的信号	根据与输入信号　CF1－CM1 的开放及短路
	信号和频率的关系	条件 1：CF1－CM1＝短路时：高速旋转（计划值）97 Hz 条件 2：CF1－CM1＝开放时：低速旋转（计划值）79 Hz 逆变器为高速・低速运转频率设定可变更的规格。 另外，通过端子部确认功能。 在条件 1 及条件 2 下变为条件 3、条件 4 的情况时，按照条件 3、条件 4 运行
电路构成		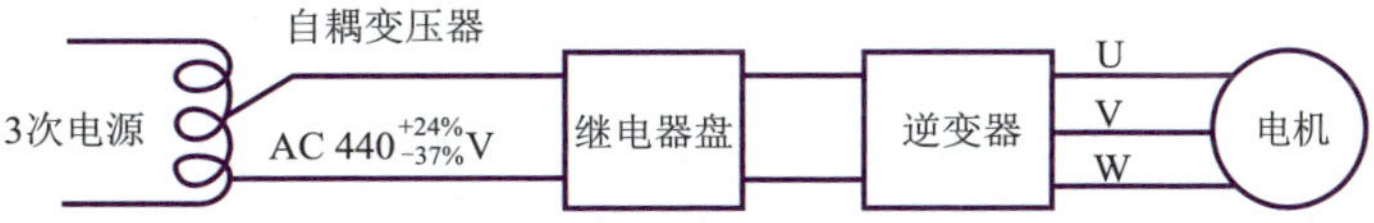 自耦变压器和继电器盘与现行中速车辆上安装的逆变器（SJ300-220HFS-KC）上组合、运行的东西为同一产品
外形尺寸		与现行中速车辆上安装的逆变器（SJ300-220HFS-KC）相同
质量		逆变器：15 kg 以下

二、客室通风风道

动车组通风风道主要由风道、风口组成。其中风道包括新风风道（FA）、送风风道（CA）、回风风道（RA）、和废排风道（EA）；风口由回风口、送风口组成。

空调机组安装在车下，空调机组的送风口与车下送风道相连，车下送风风道又与布置在地板中的送风风道连通，送风口设在客室两侧顶送风道上，顶送风道通过窗间风道与设在客室地板中部的送风风道连通；回风口设置在回风道上，回风道通过车下风道与空调机组的回风口连通。动车组风道布置如图 9-27 所示。

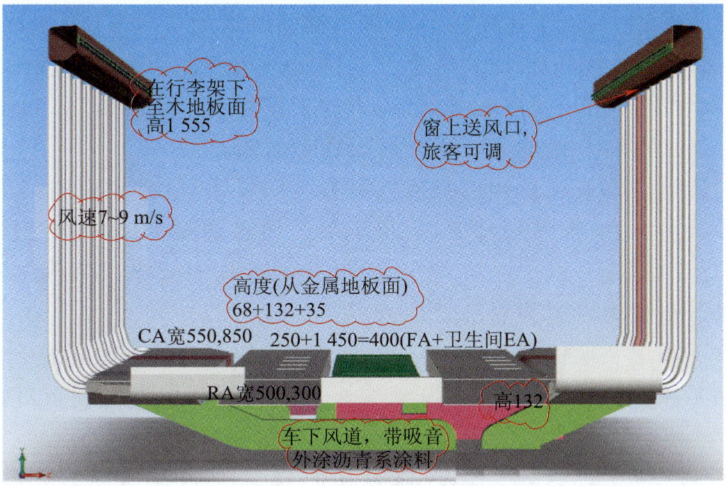

图 9-27　CRH380A(L)系列动车组风道功能示意图

制冷送风时，从回风风道吸入的客室内空气与换气装置通过新风风道送入的新鲜外气混合，经设置在空调机组回风口处的回风过滤网，进入车内换热器，在车内换热器内进行热交换，冷却为冷空气。该冷空气经车下风道、地板中送风道、窗间风道、客室送风道从客室行李架下送风口及窗上送风口吹入客室，向乘客提供冷风。通风系统送风流程参见图 9-28。

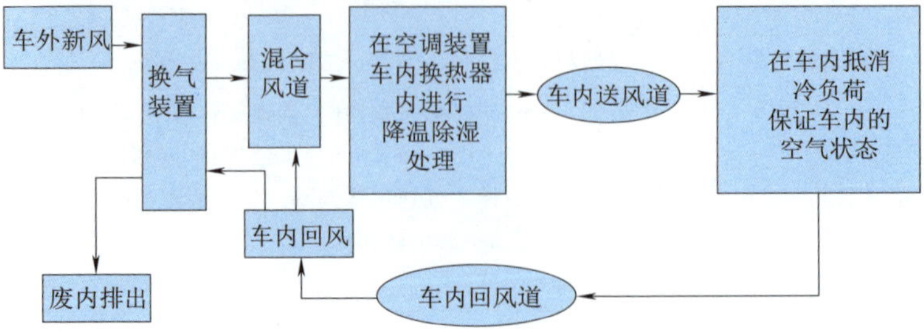

图 9-28 通风系统送风流程(制冷工况)

制热风输送时，从回风风道吸入空气，同样与新鲜空气混合，通过设置在空调机组回风口的过滤网，进入空调机组，在机组内由电加热器加热，通过相同路径，向乘客提供暖风。通风系统送风流程参见图 9-29。

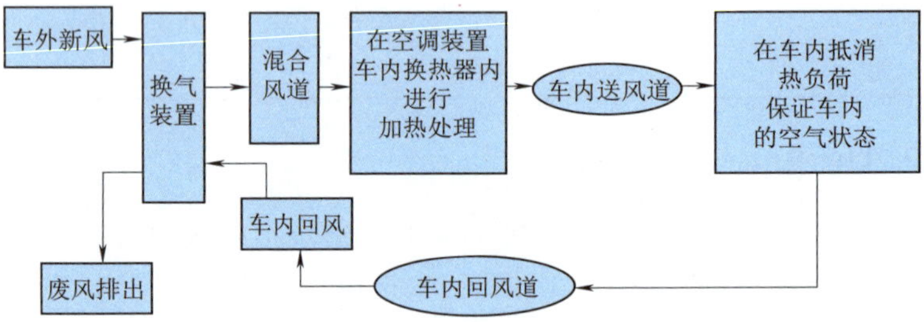

图 9-29 通风系统送风流程(制热工况)

三、通风系统的结构

通风系统的主要风道设在车底铝地板与车内铝蜂窝地板之间，共设 5 个风道，都为纵向通长风道，两侧风道成对称分布，车体横向方向靠两侧两风道为送风道，最中间风道为新风道，其余两节风道为回风道。卫生间、小便间内废气的排出是通过在新风道内隔开一个空腔，作为专门的废排风道来实现的。在这种情况下，风道中的支撑作为风道隔板，相当于一个风道作为两个风道使用，图 9-30、图 9-31 为车下风道三维图和断面图。

送风道、回风道与空调机组连接以及换气装置与回风道、废排风道连接都通过车下风道实现。车上客室送风道也为通长纵向风道，它与车下送风道通过窗间风道连接。车上客室送风道布置在窗上和行李台之间，送风道材质方面，车下风道及地板中风道为铝板风道，车上客室送风道为玻璃钢风道，窗间风道为保温复合风道。

保温方面，车下风道及地板内风道，外表面粘贴保温材，窗间风道为复合风道，内部为硬质胶片，内外表面粘贴保温材料，车上客室送风道外表面也粘贴保温材料，以防止夏天高湿度状况下冷凝水的产生。

在行李架下面及窗上设送风口。行李架下面风口为固定送风口，窗上送风口为可调风口。客室是通过这两个途径向客室提供空调风。图 9-32 表示行李台下及窗上送风口结构。

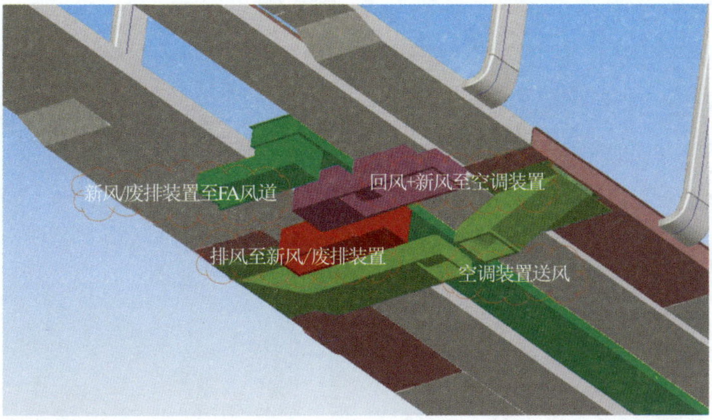

图 9-30　车下风道三维图

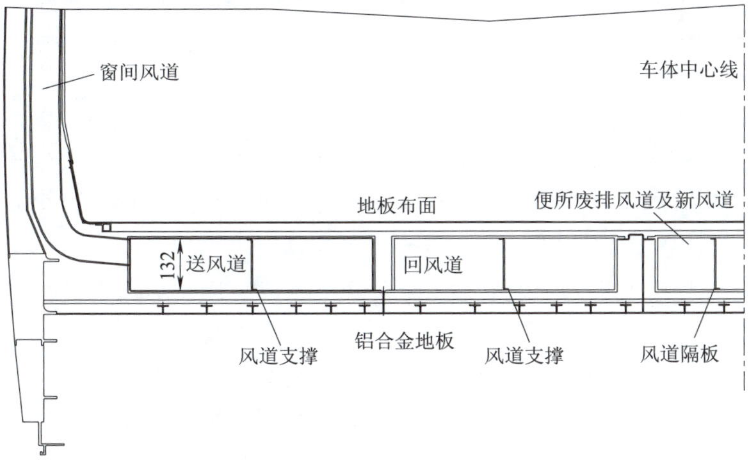

图 9-31　车下风道断面图

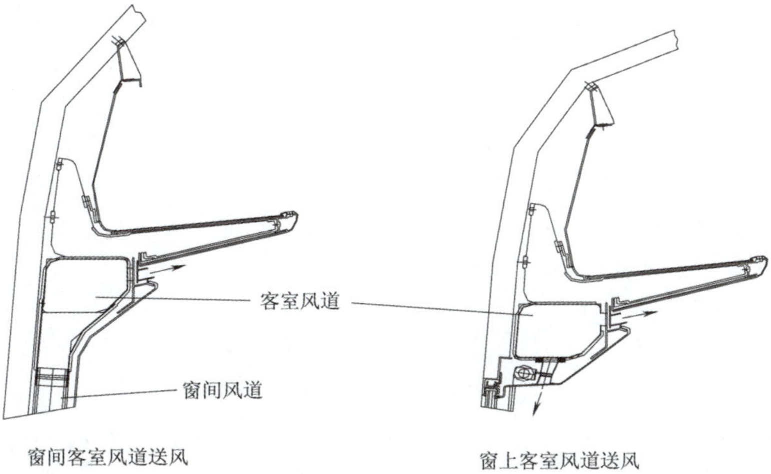

图 9-32　行李台下及窗上送风口结构示意图

回风装置主要包括安装在座椅下的回风装置以及通过台间壁之间的回风格栅。图 9-33 表示的是座椅底下的回风装置；图 9-34 表示的是通过台配电盘上的回风格栅。厕所中的废气通过地板中的废排风道从换气装置的废排口排出车外。

图 9-33 座椅下回风口示意图

图 9-34 通过台回风口示意图

通风系统结构特点：

1. 车下风道多为消音风道，在变径及风道入口的风道都为吸音风道，吸音材与吸音风道多采用吸音板与风道铆接，在吸音板及风道板的夹层中放置吸音材料(玻璃丝棉)，并在吸音板上开了大量的吸音孔。这样就很好的起到了吸音的效果。

2. 风道连接处利用大量的导流装置，既可以减小风道阻力，同时也可以实现风量分配的功能。

3. 风道在端部及风口连接处大都采用圆滑弧线过渡，尽量减小阻力，且保证气流通畅。

4. 地板内主送风道纵向通过枕梁位置时，采用变截面风道。

四、应急通风系统

动车组在每节车两端设置了独立的应急通风系统，系统主要由应急通风机、应急释放阀和通风格栅等部分组成，每车有 2 台应急通风机(CRH380A 统型动车组为 4 台)。

当列车断电，空调系统无法运行时，列车司机可启动应急通风系统，系统由蓄电池供电，应急释放阀打开，应急通风机运行，将车外新鲜空气由列车的一端吸入到客室，并将客室内废气由另一端排出。

在应急通风系统工作时，各车内端门、司机室后端门(视具体情况开启)、机械师室座椅后控制柜门等都要处于打开状态，利于通风。

第三节 照 明

动车组照明全部使用 LED 灯具，包括客室照明、通过台照明、厕所及洗脸间的照明、司机室照明等部分。动车组灯具配置清单见表 9-14 及表 9-15。

动车组照明系统采用 DC 100 V 电源，主要灯具均满足照度不低于 200 lx 标准，客室照明顶灯与应急照明灯共用，在应急条件下，部分照明顶灯作为应急灯使用。

动车组(不含统型)客室顶灯采用额定功率为 30 W 的 LED 组合灯条，结构分为灯具和安装座；安装座用螺栓固定在车体上，连接 DC 100 V 电源，将灯具压入安装座并扣紧卡扣即可正常使用。通过台顶灯采用额定功率为 20 W 的 LED 组合灯条，结构分为灯罩和灯体。走廊顶灯、洗漱间顶灯和机械师室顶灯采用平面光源 LED 顶灯。

CRH380A(统)型动车组照明顶灯为卡口式 LED 灯条，外壳采用拉伸铝合金材料，并进行流线型设计。普通照明顶灯灯体内设置两路电源线路，每路电源交叉布置。应急照明顶灯使用专用应急照明电源线。乘务员室、机械师室、配电室顶灯采用平面 LED 顶灯。

表 9-14　CRH380A 型动车组照明装置清单

序　号	安装位置	照明装置	型　号
1	客室主照明	照明顶灯	组合灯条Ⅵ型
2	客室主照明	照明顶灯	组合灯条Ⅵ型
3	客室主照明	照明顶灯	组合灯条Ⅵ型
4	客室主照明	照明顶灯	组合灯条Ⅵ型
5	客室主照明	照明顶灯	组合灯条Ⅵ型
6	客室主照明	照明顶灯	组合灯条Ⅵ型
7	餐车窗上	LED 灯条 1890	LED 组合灯条Ⅷ型
8	餐车窗上	LED 灯条 1220	LED 组合灯条Ⅷ型
9	餐车窗上	LED 灯条 770	LED 组合灯条Ⅷ型
10	厨房用	LED 走廊顶条 A	顶灯Ⅸ型
11	机械、配电室	LED 走廊顶条 B	顶灯Ⅲ型
12	洗漱间	LED 平面顶条 C	顶灯 IY 型
13	餐车展示柜	展示柜灯(400)	装饰灯 IC 型
14	餐车吧台内部	吧台内部灯	装饰灯 IF 型
15	机械室桌上	机械室桌上灯	装饰灯 IC 型灯
16	司机台	司机台阅读灯	阅读灯Ⅶ型
17	卫生间	LED 筒灯 1	射灯 IJ 型
18	过道区	LED 筒灯 2	射灯Ⅰ型
19	观光区	LED 筒灯 3	射灯Ⅰ型
20	餐车服务台	服务台射灯	射灯 IF 型
21	餐车吧台上方	大功率 LED 射灯	青藏车射灯
22	客室两端	禁烟显示牌	LED 显示牌Ⅲ型
23	客室两端	厕所有无人显示牌	LED 显示牌Ⅳ型
24	客室两端	车号显示牌	LED 显示牌Ⅵ型
25	M2 车半包	自动门控制面板	门控制器Ⅱ型
26	观光区	观光区控制面板	门控制器Ⅲ型
27	卫生间	报警控制面板	呼叫按钮Ⅰ型
28	餐车服务台	服务台射灯	射灯 IF 型

表 9-15　CRH380A(统)型动车组照明装置清单

序号	设备名称	T1	M1	M2	M3	M4	M5	M6	T2	合计
1	ZMD-LED-A/3200 照明顶灯(1998)	4	—	—	—	—	—	—	—	4
2	ZMD-LED-B/3200 照明顶灯(1998)应急	2	—	—	—	—	—	—	—	4
3	ZMD-LED-F/3200 照明顶灯(1060)	4	—	—	—	—	—	—	—	4
4	ZMD-LED-A 照明顶灯(1998)	—	10	10	10	—	10	10	4	54
5	ZMD-LED-B 照明顶灯(1998)应急	—	2	2	2	—	2	2	2	12
6	ZMD-LED-D 照明顶灯(1060)	—	—	—	—	—	—	—	2	2
7	ZMD-LED-E 照明顶灯(2280)	—	—	—	2	—	—	—	—	2
8	ZMD-LED-H 照明顶灯(1290)	—	—	—	—	2	—	—	—	2
9	筒灯 ϕ80	—	17	17	17	14	17	17	10	109
10	筒灯 ϕ60	—	—	—	6	—	—	—	—	6
11	厕所镜前射灯 ϕ50	2	4	4	4	—	4	4	2	24
12	LED-PMDD-E16-A 单洗顶灯 800×100	—	1	1	—	—	1	1	—	4
13	厨房平面顶灯 600×150	—	—	—	—	3	—	—	—	3
14	平面顶灯 400×120	—	—	—	—	2	—	—	—	2
15	展示柜灯 400	—	—	—	—	2	—	—	—	2
16	吧台射灯 ϕ59	—	—	—	—	2	—	—	—	2
17	吧台内部灯	—	—	—	—	1	—	—	—	1
18	TG-TD-80-E11(观光区)	10	—	—	—	—	—	—	10	20
19	TD-80-E26/3200	10	—	—	—	—	—	—	—	10

动车组(含统型车)司机室照明由安装在司机室顶部的 3 盏 LED 筒灯完成,这三盏灯同时也作应急灯使用。夜间上车时,在操作车辆前,应先要将应急灯打开,再操作车辆。司机室操纵台中间位置设有阅读灯。司机室 LED 灯安装位置以及开关位置分别如图 9-35 至图 9-37 所示。

图 9-35　司机室 IED 灯安装位置

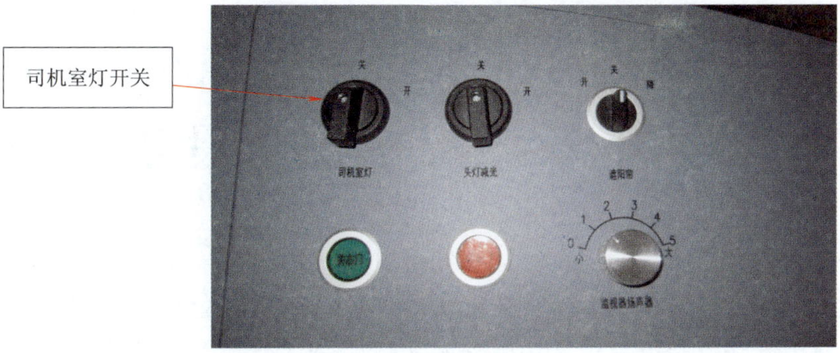

图 9-36　CRH380A(L)型动车组司机室灯开关位置

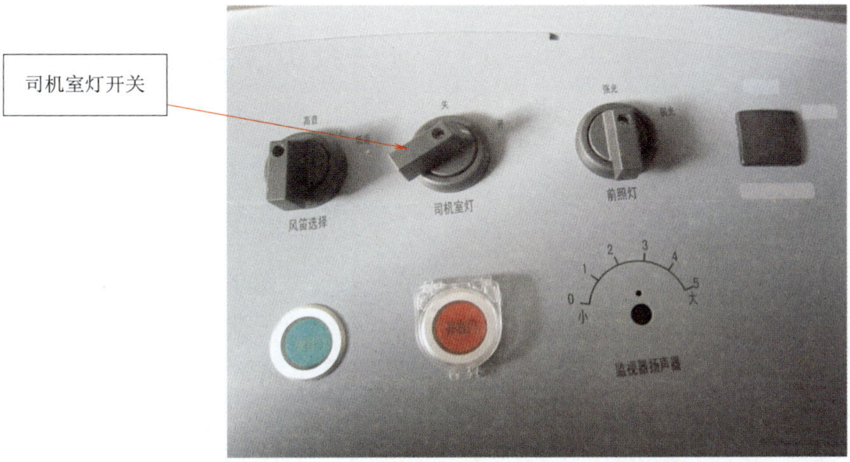

图 9-37　CRH380A(统)型动车组司机室灯开关位置

复习思考题

1. 空调系统风道按用途分为几种？客室空气如何循环？
2. 空调系统有哪几种运行工况？简述空调系统制冷、制热原理。
3. 换气装置由哪些部件组成？简述其工作原理。

第十章　行车安全设备

为了保证列车运行的安全高效，集成计算机、通信、控制技术以及信号技术于一体的列车运行控制系统应运而生。列车运行控制系统不仅能完成列车运行监控、防护、智能驾驶等功能，还能实现列车进路控制以及列车调度控制等功能，极大的提高了列车运行的安全性，优化了铁路行车效率。目前，列车运行控制系统主要分为欧洲的 ETCS 系统和中国的 CTCS 系统。

第一节　列车运行控制系统

一、列车运行控制系统发展概况及简介

（一）欧洲 ETCS 系统

20 世纪末，为解决跨国列车运行及高速铁路中列控系统的互连互通和兼容性问题，欧洲国际铁路联盟（UIC）提出泛欧铁路系统互操作性规定。在欧盟支持下，欧洲各信号厂商联合制订了 ERTMS/ETCS 技术规范，ERTMS 是欧洲铁路运输管理系统（European Railway Traffic Management System），为欧洲铁路通信信号一体化发展项目，其包含两个重要方面，其一是 ETCS，它是欧洲列车运行控制系统（European Train Control System），其二就是欧洲铁路综合调度移动通信系统（GSM-R）。安装符合 ERTMS/ETCS 技术规范的列车运行控制系统，在欧洲境内穿越国境时可实现互通运营。

ETCS 系统根据功能需求和运用条件配置基本结构，划分了 5 个应用等级，分别是 ETCS0、ETCS1、ETCS2、ETCS3、ETCS4。低等级系统在原有设备的基础上，增加一些新的设备（模块）就能方便地升级到更高的等级，原有的列控车载设备在高等级的系统中继续使用。目前，欧盟各国计划建设的高速线将全部采用 ETCS2 级系统，该系统是基于无线传输的列控系统，在由无线闭塞中心控制并且装备了欧洲应答器（Eurobalise）和欧洲无线（EURORADIO），即 GSM-R 的线路上运行，由地面设备提供列车定位功能和列车完整性检测，司机凭车载信号行车。

（二）中国 CTCS 系统

20 世纪 80 年代末期，我国相继在京广线郑武段、京哈线京秦段引进了法国的 UM71 轨道电路和 TVM300 列控系统，在京哈线秦沈段引进了法国的 UM2000 轨道电路和 TVM430 列控系统，在京九线、广深线试验和小范围使用了国内研究开发的 LCF 模式曲线超防系统和 LSK 分级速度控制系统。进入 21 世纪以来，为适应提速战略和高速铁路的建设，保证我国铁路运输安全及满足互通运营的需求，迫切需要规范化的列车运行控制系统。

2003 年，在前段研发工作的基础上，为进一步适应铁路跨越式发展战略，满足日益增长的

铁路运输需求，参照欧洲列车控制系统（ETCS），结合我国国情，铁道部制定了《中国列车控制系统（CTCS）技术规范总则（暂行）》和相应CTCS技术条件，以保证我国铁路运输安全，满足长交路运营的需求，适应提速战略的实施。CTCS就是中国列车运行控制系统（Chinese Train Control System）的英文字头。

2004年底，铁道部组织研究并决策，在我国铁路既有线第六次提速200～250 km/h时采用CTCS-2级列控系统，在动车组列车上装备CTCS-2级列控车载设备，在提速至200～250 km/h线路区段进行CTCS-2级列控地面设备改造。

2006年7月，采用关键设备和技术引进、主要设备自主研发、既有设备结合改造的模式，主要依靠国内技术力量、借助国外先进经验进行系统集成的CTCS-2级列控系统通过铁道部技术审查。

2007年，铁道部在总结近年来既有线提速和高速铁路CTCS-2级列控系统建设和运用经验的基础上，颁布了《既有线CTCS-2列车运行控制系统技术规范（暂行）》和《高速铁路CTCS-2级列控系统配置及运用技术原则（暂行）》等文件，用于指导200～250 km/h高速铁路的CTCS-2级列车运行控制系统和作为300～350 km/h高速铁路的后备模式的CTCS-2级列车运行控制系统的工程设计、施工，设备研发、生产，运行试验、运用及维护。

2008年，CTCS-3级列控系统标准规范由铁道部科学技术司及铁道部运输局联合颁布。

中国铁路运行控制系统CTCS（Chinese Train Control System）体系结构：分为铁路运输管理层、CTCS网络传输层、地面设备层、车载设备层配置。此标准适用于各种铁路区段及客运列车。CTCS体系的构建原则是以地面设备为基础，车载与地面设备统一设计。

铁路运输管理系统是行车指挥中心，以CTCS为行车安全保障基础，通过通信网络实现对列车运行的控制和管理。

网络传输层分布在系统的各个层面，通过有线和无线通信方式实现数据传输。

地面设备层主要包括列控中心、轨道电路和点式设备、接口单元、无线通信模块等。地面设备根据行车命令、列车进路、列车运行状况和设备状态，通过安全逻辑运算，产生控车命令并传送给列控车载设备，实现对运行列车的控制。

车载设备层是对列车进行操纵和控制的主体，具有多种控制模式，并能够适应轨道电路、点式传输和无线传输方式。车载设备层主要包括车载安全计算机、连续信息接收模块、点式信息接收模块、无线通信模块、测速模块、人机界面和记录单元等。

二、列车运行控制系统的发展方向

为增进安全、提高可靠性和整体性能，世界各地的轨道交通机构正致力于提高其轨道网络功能，使之超出常规传统信号方式能力，以提高安全性、可靠性和整体性能。目前国际上在轨道交通信号系统的发展方向上已经得到统一的认识：技术上采用基于通信的列车控制系统（CBTC）。CBTC系统是现代电子、计算机、通信及自动化等技术在轨道中的综合应用，将推动轨道交通运行控制技术发生革命性的变革，使轨道交通运行控制系统向以下方向发展。

1. 系统化。现代轨道交通的列控系统不再是调度、联锁、闭塞、信号机等设备的一个简单组合，而是向集调度指挥、运行控制及自动驾驶为一体的功能完善、层次分明的综合自动化系统方向发展。

2. 网络化。地面局域网、广域网及车地间的无线通信网将控制中心、车载及列车连成一个有机整体,使指挥中心能够全面了解辖区内的各种情况,灵活配置系统资源,保证铁路系统的安全、高效运行。

3. 信息化。网络化使各类信息上通下达,准确获得各类实时信息,在保证安全、高效运营的同时,大大提高维护、旅客服务水平智能化。

4. 智能化。智能化使调度指挥系统根据运输实时情况,借助先进的计算机控制技术及时自动调整列车运行,实现列车的无人驾驶,使整个轨道交通达到最优化,提高运行效率,大大降低劳动强度。

5. 通信信号一体化。通信技术已在欧洲的轨道交通信号中大量运用,使通信信号趋于一体,基于通信的列车控制系统成为今后轨道交通信号系统的发展方向。

6. 标准化和开放化。CBTC系统的大量运用,为轨道交通的路网运营提供了可能,为了降低建设成本和线路、车辆的互联互通,CBTC的标准化和开放性将得到进一步的研究。

新一代铁路信号系统是由列车调度控制系统及列车运行控制系统两大部分组成的。发展中的列车控制系统将成为一个集列车运行控制、行车调度指挥、信息管理和设备监测为一体的综合业务管理的自动化系统。

三、车载列控系统

(一)车载列控系统概述

列车运行控制系统包括地面与车载两部分,地面设备产生出列车控制所需要的全部基础数据,例如列车的运行速度、间隔时分等;车载设备通过媒体将地面传送的信号进行信息处理,形成列车速度控制数据及列车制动模式,用来监督或控制列车安全运行。车载列控系统改变了传统的信号控制方式,可以连续、实时地监督列车运行速度,自动控制列车的制动系统,实现列车的超速防护。列车控制方式可以由人工驾驶,也可由设备实行自动控制,使列车根据其本身性能条件自动调整追踪间隔,提高线路的通过能力。

当今世界各国已投入使用的高速列车(时速超过250 km)车载列车控制系统主要有法国的U/T系统、日本新干线ATC系统、德国和西班牙高速铁路使用的LZB系统,意大利高速铁路的9码列车自动控制系统、瑞典铁路的EBICA900系统等。

这些系统都可以实现自动连续监督列车运行速度,可靠地防止人为错误操作所造成的恶性事故的发生,保证列车的高速安全运行。它们的主要区别体现在对高速列车超速后的控制方式以及车—地间信息传输方式有所不同。

1. 法国U/T系统

法国高速铁路TGV区段均采用带速度监督的TVM300型或TVM430型机车信号,地面信息传输采用UM71或UM2000轨道电路,简称U/T系统。

机车信号带有列车速度监督是法国U/T系统的一个特点,它是保证行车安全、防止列车超速运行的有效手段。U/T系统对速度的控制是采用分段(每个轨道电路区段)制动的列控模式,司机按照每一个轨道电路地面信息给出的速度值运行时,速度监督设备将不干预司机正常操作,当司机违章操作或列车速度超过规定的允许速度时,速度监督设备就将自动实施制动。

法国U/T系统大多采用UM71无绝缘轨道电路。该轨道电路是法国1997年为防止电气化牵引电流谐波干扰而研制的一种移频轨道电路。它分为1 700 Hz、2 000 Hz、2 300 Hz、2 600 Hz四种类型。它在两个相邻的轨道电路间采用电气分隔接头，实现了无机械轨缝的电气隔离。为解决地面向机车传递多种信息，在TVM300系统中，采用UM71轨道电路向机车发送18种低频调制信息，以实现速差式机车信号及带阶梯型速度控制曲线的速度监督。

1993年开通的法国第三条北方线高速铁路，列车运行速度已达320 km/h，为此，法国有关公司对原由模拟电路构成的U/T系统进行了全数字化的改造，投入使用的有TVM430系统，其在继承原UM71轨道电路基本特性基础上，通过对设备器材的数字改造，低频数量增加到27种，并且进行编码处理，使其信息传输量由TVM300的18种变为221种，为提高列控系统的性能创造了条件。

2. 日本ATC系统

日本于1964年即交付使用了世界上第一条高速铁路—东海道新干线。它每天以开行200多次列车的高密度，至今已有40多年的历史。

随着电子数字技术的发展，日本铁路公司新开发了多种数字式ATC系统，不仅对装置实施微电子化，而且使通过轨道电路向列车传送的信息数字代码化。数字ATC分地面设备和车载设备两部分。地面轨道电路检查列车出清或占用，并将线路状况信息传输给列车；车载设备根据该数据确定能保证列车安全运行的速度，控制机车运行。

3. 德国LZB系统

德国LZB连续式列车运行控制系统由阿尔卡特SEL公司和西门子公司联合开发的。1995年，LZB系统在慕尼黑—奥斯堡区间投入运用，目前在德国已经装备了数千公里铁路线。1992年开通的西班牙马德里—塞维利亚471 km高速铁路已成为LZB系统应用的典范。

LZB系统突破了传统闭塞区段分段控制的概念，首次将列车连续速度控制的列控模式用于对高速列车的实际控制。

LZB系统主要由地面列控中心、车—地双向信息传输设备、车载列控设备三部分组成。

地面列控中心是LZB系统的核心，它负责实时、确定所管辖范围内各列车的安全运行速度，并通过车—地双向信息传输系统将速度控制命令传送给相应的车载列控设备，控制列车安全运行。

LZB系统在移动列车与地面列控中心之间的信息传输媒介有两种。

(1)轨道电缆。按一定方式铺设在轨道内的LZB专用电缆。

(2)无线设备。GSM数字移动铁路专用无线通信网。

车载设备主要包括中央计算机、快速制动组合、自动运行和制动控制设备、测距测速设备等。

通过LZB车一地双向信息传输系统，LZB车载列控设备将列车的精确位置、实际速度、机车及列车工作状况(如：设备状态、轴温、供电、故障)等信息送到LZB地面列控中心，LZB地面列控中心的计算机对列车运行线路状况信息(坡道、曲线半径、限速要求、线路安全防护信息等)、相邻联锁中心传送来的列车进路信息、采集的列车实时运行信息等经计算、比较处理后，确定出在保证列车行车安全的前提下使列车运行间隔最小的列车运行速度，并立即通过LZB地—车双向信息传输系统将这一速度命令传给机车上的LZB车载列控设备，由此实现对列车运行速度的控制。

（二）车载列控系统的分类

1. 根据人机分工和自动化程度分类

(1)列车自动防护系统(ATP)。ATP可对列车运行速度进行实时监督，当列车运行速度超过最大允许速度时，自动控制列车实施常用全制动或紧急制动，使列车停在显示禁止信号的信号机或停车标前方。

(2)铁路列车运行自动控制系统(ATC)。ATC可根据行车指挥命令、线路参数、列车参数等实时监督列车运行速度，通过控制列车多级常用制动，自动降低列车运行速度，保证行车安全。是比列车超速防护系统高一级的列车自动控制系统，它可替代司机的部分操作。

2. 按人—机设备优先等级分类

(1)设备优先的列控系统。设备优先的列控系统在列车速度高于目标速度后立即进行制动控制，当列车速度低于目标速度后自动缓解，不必司机参预。日本新干线ATC采用设备优先控制的方式。

(2)人控优先的列控系统。人控优先的方式只有在列车速度超过安全运行所允许的速度，设备才自动介入实施制动，列车正常运行时设备不干预司机操作。法国TVM300/430以及德国的LZB系统即采用司机控制优先的方式。

3. 按控制模式划分

(1)阶梯控制方式。阶梯控制方式，在一个闭塞分区内只控制一个速度等级。在一个闭塞分区中只按照一种速度判断列车是否超速。阶梯控制方式又可分为：出口检查方式(滞后式控制)及入口检查方式(提前式控制)两种。

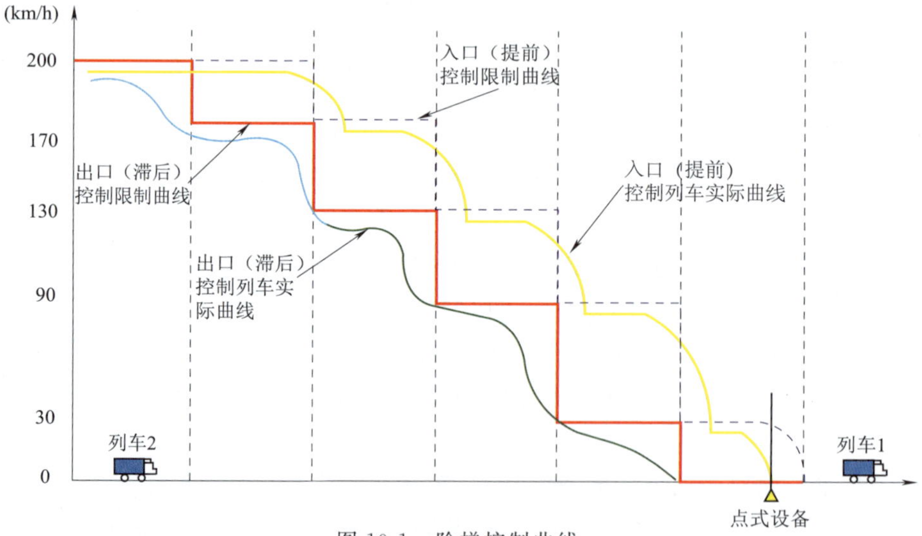

图 10-1　阶梯控制曲线

图10-1中出口检查方式要求司机在闭塞分区内将列车运行降低到目标速度，ATP车载设备在闭塞分区出口检查列车运行。如果司机按照允许速度操纵列车，ATP设备不干预司机正常操作，当司机违章操作或列车运行超过允许速度时，列控设备将自动实施制动。属于滞后控制模式，列车制动后需要走行一段距才能减速(或停车)，因此，在禁止信号后方需要设置一

段防护区段实现过走防护。法国 TVM300 就采用这种控制方式。

图 10-1 中入口检查方式就是列车在闭塞分区入口处接收到允许速度后立即依此速度进行检查，没有目标速度指示，一旦列车速度超过允许速度，则列控设备自动实施制动使列车运行降低到目标速度以下。入口检查方式中本区段的入口速度就是本区段的允许速度。日本新干线 ATC 就用这种方式，较滞后式控制方式可有效提高间隔能力。

阶梯控制方式的系统主要优点是简单，需要地车传输的信息量小，不需要知道列车的准确位置，只需要知道列车占用哪个区段即可。

(2)速度—距离模式曲线控制方式

速度—距离模式曲线控制是根据目标速度、线路参数、列车参数、制动性能等确定的反映列车允许速度与目标距离间关系的曲线，速度—距离模式曲线反映了列车在各点允许运行的速度值。列控系统根据速度距离模式曲线实时给出列车当前的允许速度，当列车超过当前允许速度时，设备自动实施常用制动或紧急制动，保证列车能在停车地点前停车。因此，采用这种控制方式的列控系统不需要设置安全防护区段，具体有以下两种控制方式。

①分段速度—距离模式曲线控制

分段速度—距离控制模式是将轨道区段按照制动性能最差列车安全制动距离要求，以一定的速度等级将其划分成若干固定区段。一旦这种划分完成，每一列车无论其制动性能如何，其与前行列车的最小追踪距离只与其运行速度、区段划分有关，这对于制动性能好的列车其线路通过能力将受到影响，TVM430 就采用这种控制方式，如图 10-2 所示。

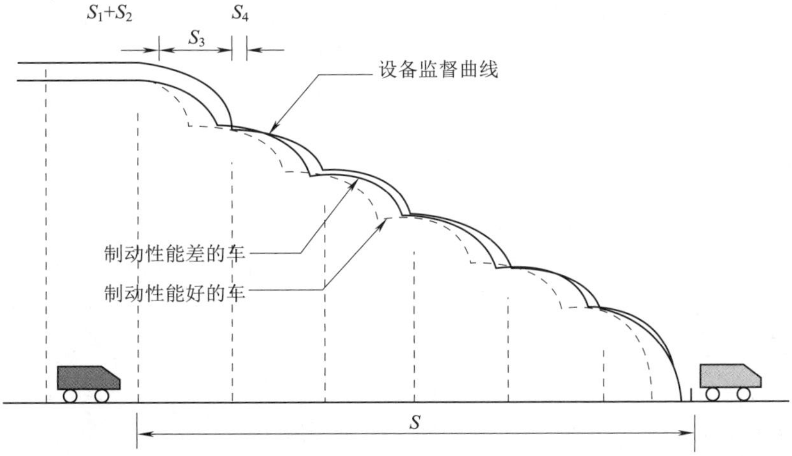

图 10-2　分段速度—距离控制模式示意图

分段速度—距离控制模式时，列车最大安全制动距离为 S：

$$S=(S_1+S_2+S_3+S_4)n \tag{10-1}$$

式中　S——列车最大安全制动距离；

S_1——ATC 车载设备接收地面列控信号反应时间距离；

S_2——列车制动响应时间距离；

S_3——列车制动距离；

S_4——过走防护距离；

n——列车从最高速度停车制动所需分区数。

②连续速度—距离模式曲线控制

连续速度—距离模式曲线控制的制动模式是根据目标距离、目标速度的方式确定的速度—距离模式曲线，该方式不设定每个闭塞分区速度等级，采用一次制动，故又称为一次速度—距离模式。以前方列车占用闭塞分区入口为目标点，通过地车信息传输系统向列车传送目标速度、目标距离等信息。连续速度—距离模式曲线方式更适于高中速混跑的线路。图 10-3是连续速度—距离模式曲线控制模式示意图。

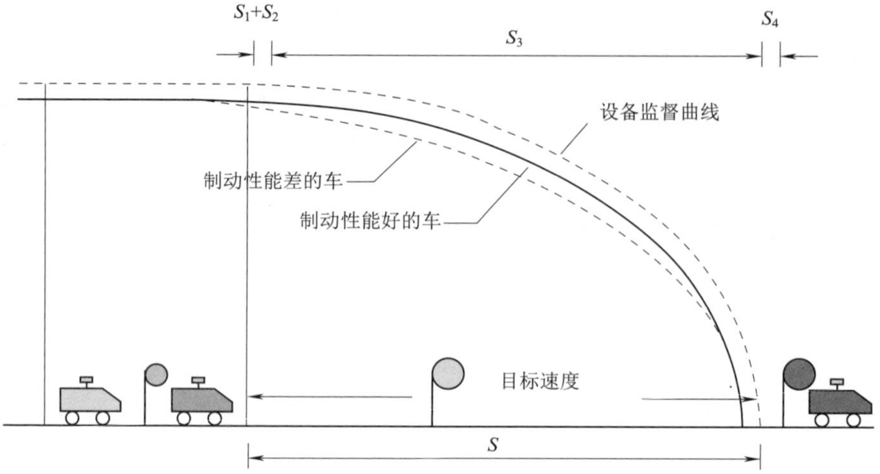

图 10-3 连续速度—距离控制模式示意图

连续速度—距离控制模式列车最大安全制动距离 S 为：

$$S=S_1+S_2+S_3+S_4 \tag{10-2}$$

其中：式(10-2)中的 S_1、S_2、S_4 与式(10-1)基本相同，在计算一次连续速度模式最大安全制动中由于为一次制动，因此在制动过程中它们只考虑一次。而在分段模式中由于在整个制动过程中要多次制动、缓解，这三个参数要考虑 n 次。另外，连续速度控制模式列车最大安全制动距离 S_3 采用的是每一列车的实际最大安全制动距离，列车制动性能好的列车 S_3 的数值小，性能差则 S_3 的数值就大。因此，在连续速度控制模式中，列车的运行间隔距离，各尽其能，有助于提高运行效率。同时其所具有的一次性制动的性能也与列车实际制动方式相吻合，一次连续速度距离模式是各国铁路尤其是高速铁路列车运行控制系统的发展主流。

连续式一次速度控制模式若以前方列车占用的闭塞分区入口为追踪目标点，则为准移动闭塞；若以前方列车的尾部为追踪目标点，则为移动闭塞。

4. 按照地—车信息传输方式划分

(1)点式列控系统

点式列控系统是一种点式传递信息，用车载计算机进行信息处理，最后达到列车超速防护目的的系统。它采用高信息容量的地面应答器、地面轨道环线或其他感应设备进行地面对车载设备的信息传输，其主要功能是实现列车超速防护，又称为点式超速防护(点式 ATP)系统。具有结构简单，安装灵活，可靠性高等优点。

(2)连续式列控系统

鉴于点式列控系统的主要缺点是信息传递的不连续性，有时会对列车的精确定位或高效运行造成影响，西方工业国家的铁路信号公司相继研制开发了采用连续交叉轨道交叉环线、音频轨道电路、GSM-R、漏泄交叉环线、无线或波导管等方式作为信息传输通道的连续式列控系统，实现了连续信息传递。

连续式列控系统是适应高速铁路干线与高行车密度的地铁、轻轨交通而发展的信号技术。

(3)点连式列控系统

我国的列控系统采用点连式列车运行控制系统，点式应答器作为线路数据的输入，连续轨道电路信息作为列车前方轨道空闲数量的传输媒介。这种方式有效利用了轨道线路和点式设备，典型的应用就是目前 CTCS-2 级的控制方式，如图 10-4 所示。

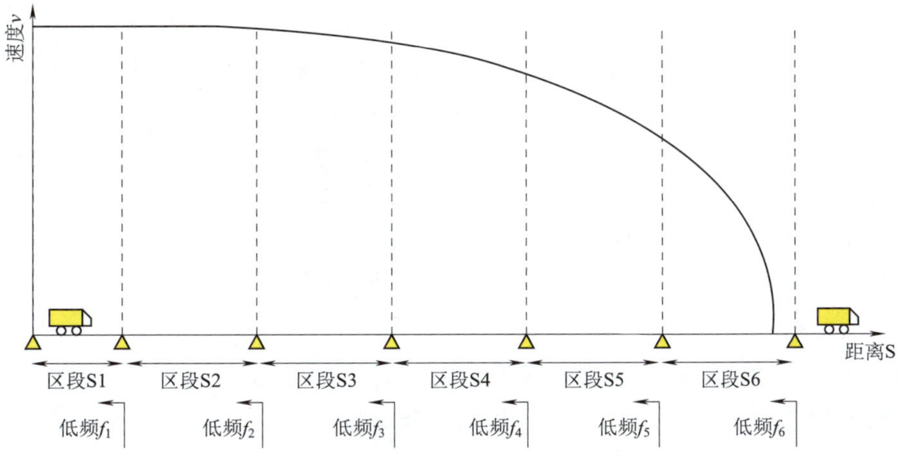

图 10-4　点连式列控系统的控制原理

在点连式列控系统中，轨道电路作为连续信息传输的通道，分别采用低频信息代表列车运行前方闭塞区段的空闲数目，在每个区段或间隔几个区段设置的应答器向列车传送线路参数信息，车载 ATP 设备将接收到的点式应答器数据与轨道电路接收的连续信息进行综合计算，则计算出列车目标点的目标距离和限制速度，实时比较列车的实际速度和限制速度，实现对列车的安全控制。

四、列车自动防护系统(ATP)

$CRH_{380A(L)}$系列动车组主要采用列车自动防护系统，简称“ATP”。$CRH_{380A(L)}$系列动车组的两头车各装有 1 套 ATP 车载设备，以接收到的地面信息为基础，由车载设备生成速度控制曲线，并经常与实际速度相比较，如果实际速度超过了速度控制曲线，车载设备自动实施制动。ATP 系统采用分段速度—距离模式曲线控制模式。

ATP 系统的主要功能分为基本功能、安全功能以及其他功能。

(一)基本功能

1. 列控系统的车载信号是列车运行的凭证。

2. 按列车安全制动距离，自动调整列车运行追踪间隔。

3. 防止列车运行速度超过线路允许速度、道岔侧向规定速度以及列车构造速度，保证列车行车安全，超速时由列控设备自动实行减速或制动停车。

4. 防止列车冒进关闭的禁止信号机(或点)。

5. 监督列车以低于 30 km/h 的速度进行出入库作业。

6. 与机车自身速度控制系统结合，实现对列车减速、缓解、加速的自动控制。

7. 与列车调度系统结合，实现对列车简单的自动操作。

8. 由车载测速单元获取列车走行速度和列车的位置。

9. 根据接收地面中心信息以及车载设备实时处理，车载设备应连续向司机显示下列行车内容：目标速度、目标距离、允许速度、实际速度。

10. 辅助报警显示：超速、制动、缓解、故障。

(二)安全功能

1. 为保证高速铁路列车的运行安全，还设有下列检测设备和安全防护措施，并纳入列控系统进行统一管理，构成完整的列车安全运行体系。

2. 环境状况监督强风、雨、雪检测器及立交处防落物检测器产生的报警信号，被传输给车站和区段调度所。列控系统根据这些信息发出限速或停车指令。

3. 列车状态检测轴温检测装置产生的报警信号传到车站和区段调度所。列控系统根据这些信息处理，通过点式传输，将轴温报警信息传送给列车。

4. 人员和设备防护在施工或发生事故时，通过局部操作、车站或区段调度所控制，使列控系统发出各种防护或限速命令，对设备或人员进行安全防护。

(三)其他功能

1. 列控系统不仅具有列车速度控制功能，根据需要，其控制中心还应对所辖区间内渡线、道岔及中间小站道岔进行控制，实现信号基础安全设备一体化。

2. 设备维护功能。对列控地面设备状态进行监督管理，存储设备故障的信息。设备状态的故障及报警信息传到区段调度所或车站操作员处。

(四)系统组成

ATP 系统主要由主机柜、显示器(DMI)、车下 BTM 天线(通号/庞巴迪 ATP 系统称为 CAU 天线)、TCR 天线、速度传感器、车顶无线天线等设备组成。另外，通号/庞巴迪 ATP 系统还包括雷达天线。

主机柜安装在头车一位侧 ATP 柜内，如图 10-5 所示。

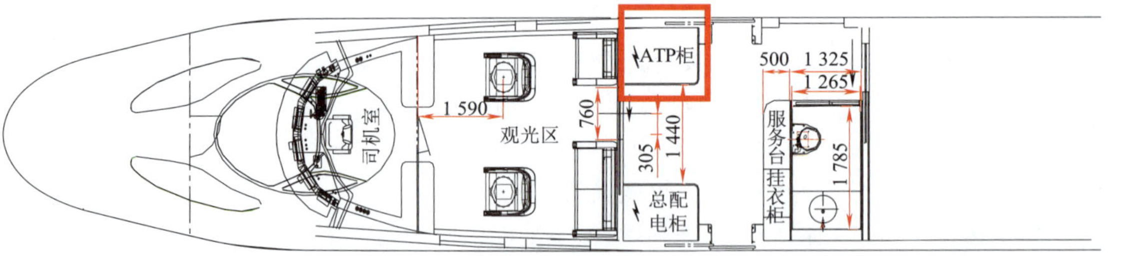

图 10-5　ATP 主机柜安装示意图

DMI 安装在头车司机室操纵台上，每个操纵台上分别安装一个主屏和一个副屏。DMI 将速度信息、模式信息、显示信息通过图像、声音输出，并允许司机室进行操作，接受司机指令。DMI 安装位置如图 10-6 所示。

BTM 天线是欧洲应答器信号传送环节中的一个部件，BTM 天线将从 Balise 地面应答器接收到的 Balise 信号传给车上的 BTM 模块，BTM 模块对其信号进行解调并将检出的信号传至 ATP 主机。

TCR 系统由 TCR 主机以及接收线圈与接线盒等构成。TCR 接收线圈接收轨道电路信息，并将信息传送给 TCR 主机。动车组车下天线安装位置如图 10-7 所示。

图 10-6　DMI 安装位置示意图

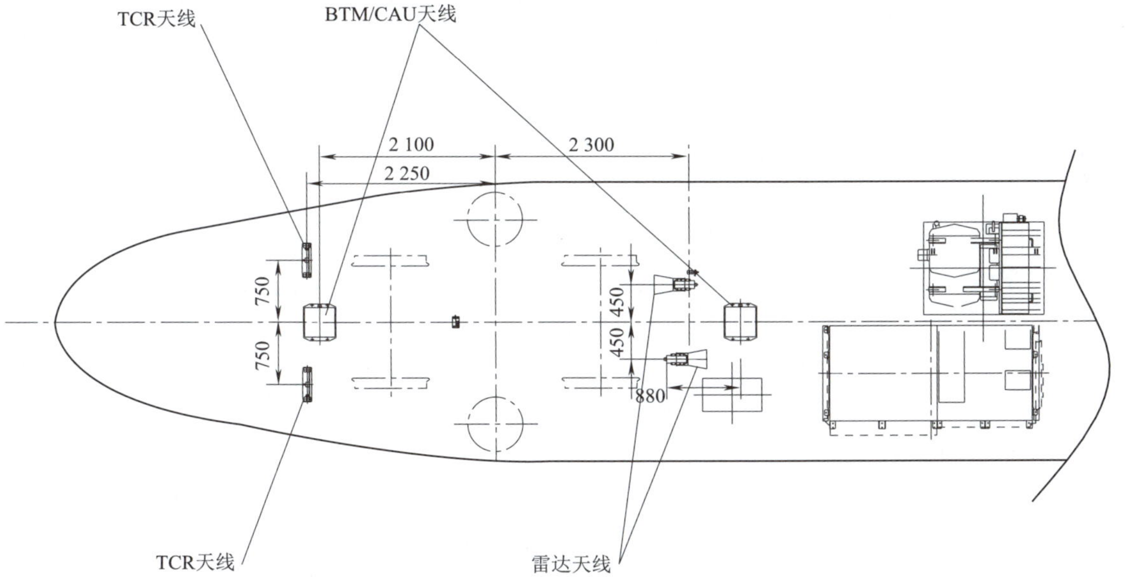

图 10-7　车下 ATP 天线示意图

速度传感器安装于测速端盖上，用于检测轮轴的转速、线速度、加速度和车辆运行方向，并将其传递给 ATP 系统。安装位置如图 10-8 及图 10-9 所示。

ATP 系统无线天线安装在头尾两车顶部，如图 10-10 所示。

五、DMS 系统

列控设备动态监测系统（以下简称 DMS）由列控设备动态监测装置（以下简称 DMS-T）地面数据中心及查询终端组成。DMS-T 安装在动车组上，在列车运行中完成对列控车载设备的状态及故障信息、地面应答器状态及报文数据、轨道电路电气特性的实时采集。DMS 系统通过 GPRS 网络传回地面数据中心，采取安全防护措施后接入铁路办公网。铁路总公司监督终端、铁路局管理终端、电务段运用终端及动车所数据终端可通过铁路办公网浏览、下载、分析监测及检测数据，行车调度部门可通过铁路办公网查看动车组运行信息。

系统结构如图 10-11 所示。

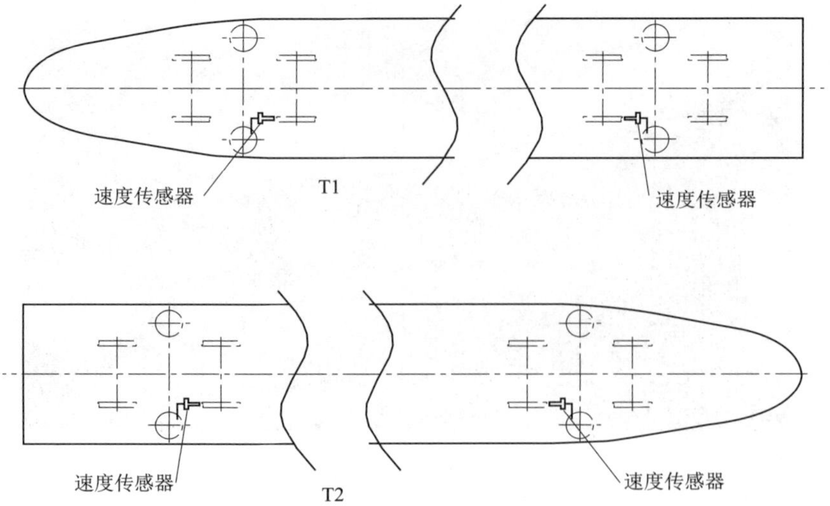

图 10-8 通号/庞巴迪、和利时/日立速度传感器安装示意图

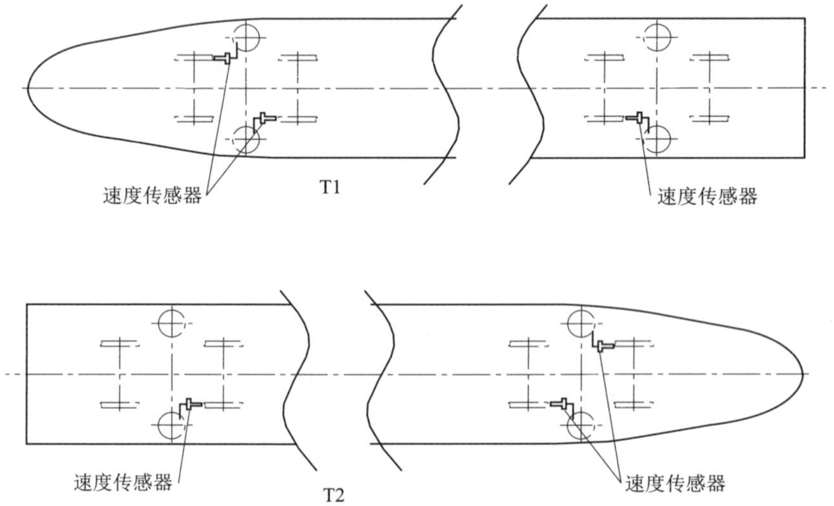

图 10-9 和利时/安萨尔多速度传感器安装示意图

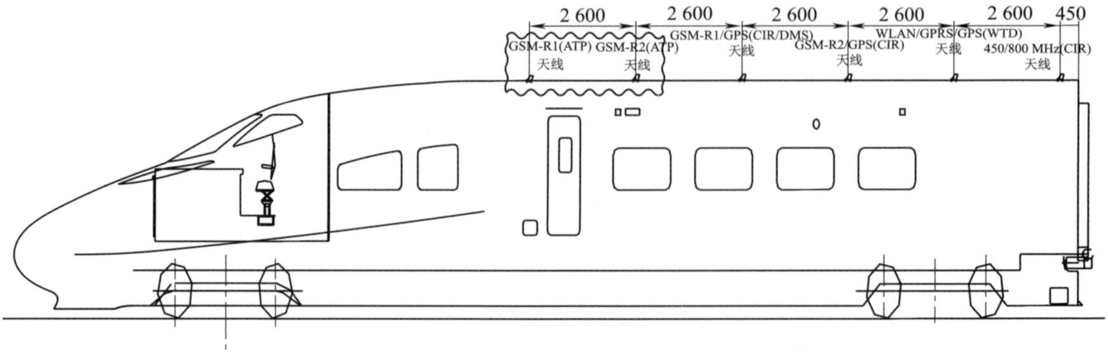

图 10-10 ATP 系统车顶天线安装位置示意图

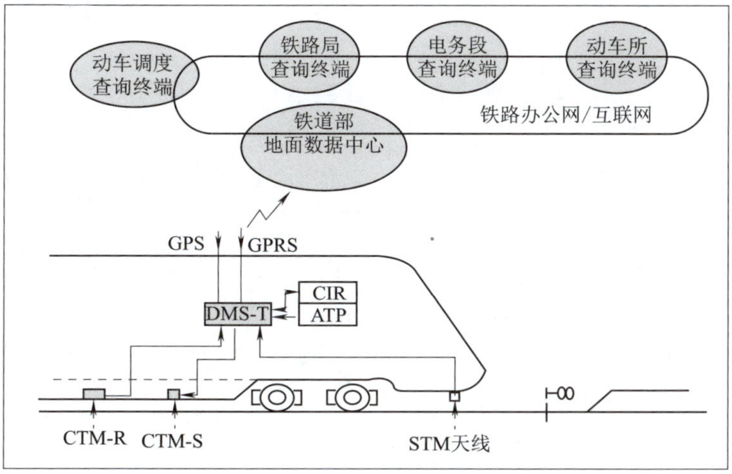

图 10-11　DMS 系统结构示意图

第二节　机车无线信息传输系统

CRH380A(L)、CRH2C 型动车组无线信息传输系统主要指机车综合无线通信设备(CIR)。

(一)CIR 概述

列车调度通信是重要的铁路行车通信系统，负责列车的位置和运行方向，是保证铁路运行安全的重要系统。主要问题是解决“大三角”和“小三角”通信，“大三角”是指列车调度员、车站值班员和机车司机之间的通信；“小三角”通信是指车站值班员、机车司机和运转车长之间的通信。

机车司机与其他用户之间的通信主要靠机车综合无线通信设备(CIR)完成，CIR 设备设置在两头车的司机室内。

机车综合无线通信包括话音、数据等业务，随着通信技术的发展和业务需求的不断增加，机车无线通信的内容也得到了完善与发展，并形成了机车综合无线通信平台。

根据实际运用需求要求进行功能模块配置，机车综合无线通信设备(CIR)可覆盖 450 MHz调度通信系统(包括话音通信、调度命令、列尾、无线车次号等)、800 MHz 列尾和 800 MHz列车安全预警及二次防护系统、GSM-R 数字移动通信系统(话音通信、数据通信)、高速数据传输等。

(二)设备主要功能

1. 具有 450 MHz 通用式机车电台的话音调度通信功能。

2. 具有 450 MHz 通用式机车电台承载的列车尾部风压、车次号校核、调度命令等数据信息的无线传输功能。

3. 具有 GSM-R 话音调度通信功能。

4. 具有 GSM-R 通用数据传输功能，根据承载业务的需要可提供 GPRS 或 CSD 电路方式数据传输链路。

5. 具有《列车防护报警和客车列尾系统技术条件(V1.0)》中规定的车载电台的功能。

6. 具有无线宽带数据传输功能。

7. 具有工作模式自动、手动转换功能和语音提示功能。

8. 具有上、下行线路分别设定工作模式转换点的功能。

9. 当卫星定位信息无法确定唯一的运行线路时,具有弹框提示并手动选择运行线路的功能。

10. 卫星定位单元失效时,具有手动转换工作模式和选择运行线路的功能。

11. 具有输出卫星定位原始信息、公用位置信息的功能。

12. MMI 具有调度通信、通用数据传输所需的操作、状态显示以及语音提示功能。

13. 具有主、副 MMI 之间通话功能。

14. 具有话音、数据业务和状态信息记录及转储功能。

15. 具有整机自检功能和故障定位功能(故障定位到单元模块),包括 450 MHz 机车电台单元、800 MHz 车载电台单元、GSM-R 话音单元、GSM-R 数据单元、记录单元、卫星定位单元、MMI、机车数据采集编码器、电池单元,并可将自检结果发送到库检设备。

16. 具有人工复位功能。复位重启后自动进入原注册状态。

17. 主机关机时,具有电池单元放电电压检测功能。

(三)设备组成

1. 设备组成连接示意图,如图 10-12、图 10-13 所示。

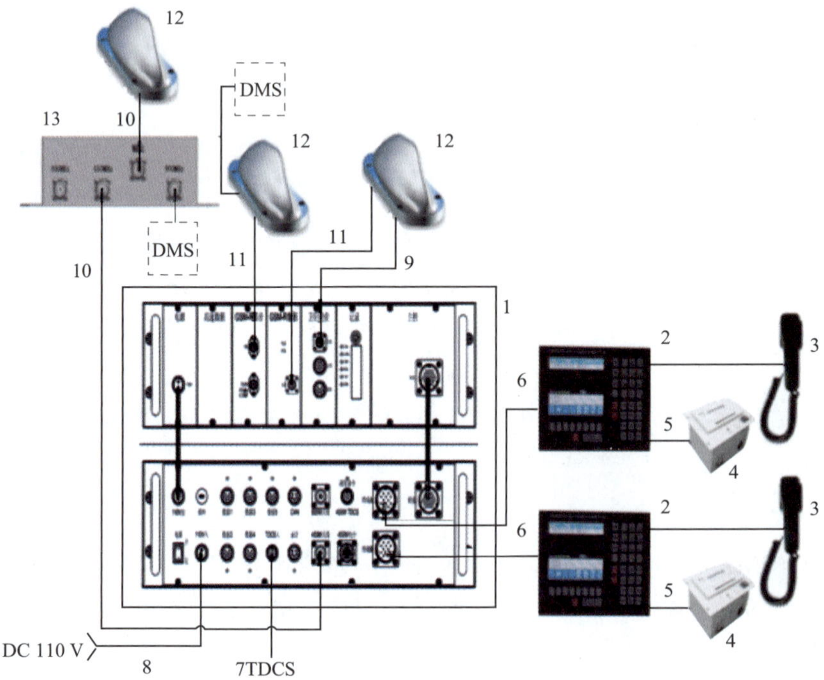

图 10-12　CIR 与车载设备连接示意图

CIR 包含的设备详见表 10-1。

表 10-1　CIR 设备清单

序　号	设 备 名 称	数　量
1	主机	1
2	操作显示终端(简称 MMI)	2
3	送受话器(含连线)	2
4	打印机	2
5	打印机连接电缆	2
6	操作终端与主机连接电缆	2
7	TDCS 连接电缆(422 接口)	1
8	电源电缆(默认 110 V)	1
9	GPS 天线馈线(TNC-TNC)	1
10	通用天线馈线(N-N)	2
11	天线转接线(TNC-N)	2
12	天线	3
13	多频合路器(3 合 1)	1

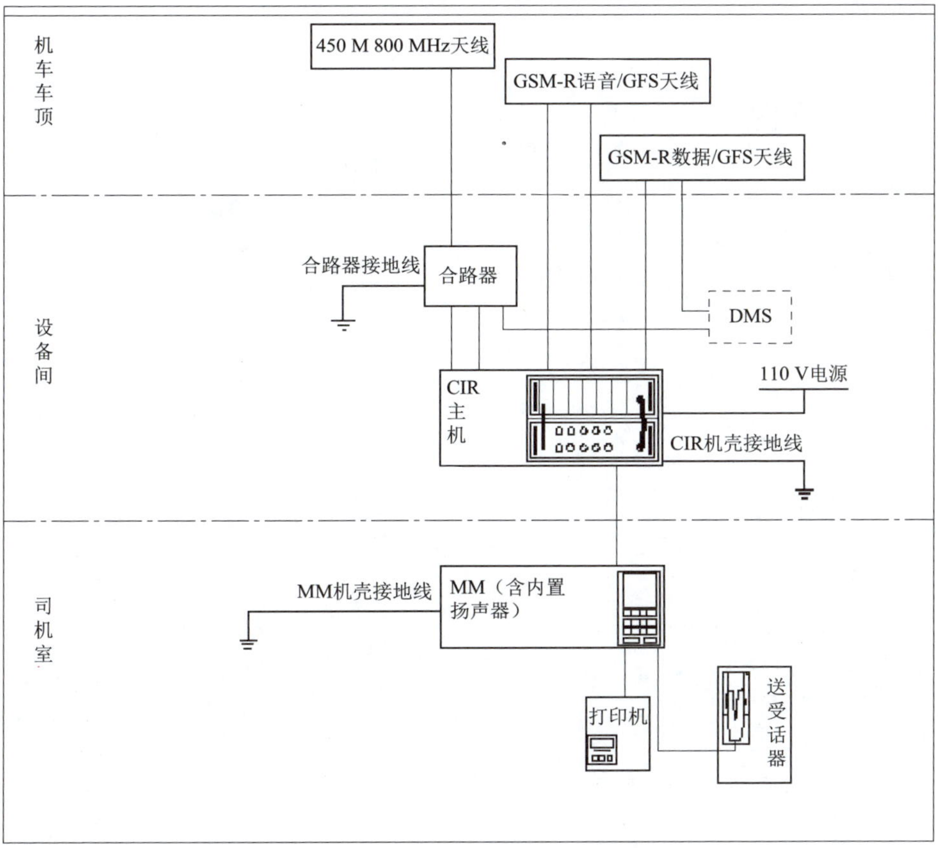

图 10-13　CIR 与车载设备连接示意图

2. 各单元模块的功能

对各单元模块的功能说明如下：

(1)MMI 单元提供人机信息交互提示和操作。

(2)打印终端在 MMI 的控制下打印输出纸质调度命令等信息。

(3)主控单元实现对各模块单元的控制。

(4)接口单元连接设备内部有关单元并为数据、话音应用业务提供接入和输出接口。

(5)电源单元为设备提供供电电源。

(6)电池单元在外界直流供电切断后为 CIR 进行功能号注销和网络注销提供备用电源。

(7)卫星定位单元为 CIR 的其他单元提供公用位置信息和时钟信息,其中时钟信息作为设备的标准时钟,设备的时钟校准周期不大于 10 min。在 GSM-R 区段,当卫星定位信息有效时,卫星定位单元能输出前方、后方车站值班台的 ISDN 号码和本调度区段调度台的 ISDN 号码。

(8)GSM-R 话音单元在主控单元的控制下完成 GSM-R 话音调度通信功能和功能号注册注销功能。

(9)GSM-R 数据单元在主控单元的控制下完成数据信息的接收和发送。

(10)记录单元具有对话音、承载业务信息及操作过程等记录和话音回放的功能。

(11)450 MHz 机车电台单元在主控单元的控制下完成 450 MHz 调度通信所规定的机车电台功能及承载的数据传输功能。

800 MHz 车载电台具有《列车防护报警和客车列尾系统技术条件(V1.0)》中规定的车载电台的功能。

复习思考题

1. 简述列车自动防护系统的组成及功能。
2. 简述列控设备动态监测系统(DMS)的功能。
3. 简述机车综合无线通信设备(CIR)的主要功能。

第十一章　车体、车内设施及转向架检修

本章主要介绍动车组车体日常检查及维护保养的步骤、另外介绍车内服务设施及转向架检修的内容和步骤。

第一节　车体检查及测试

一、侧拉门的维护保养

(一)检查侧拉门外侧外观

检查侧拉门外观，确认不变形、油漆不脱落，如图 11-1、图 11-2 所示。

图 11-1　动车组侧门外侧

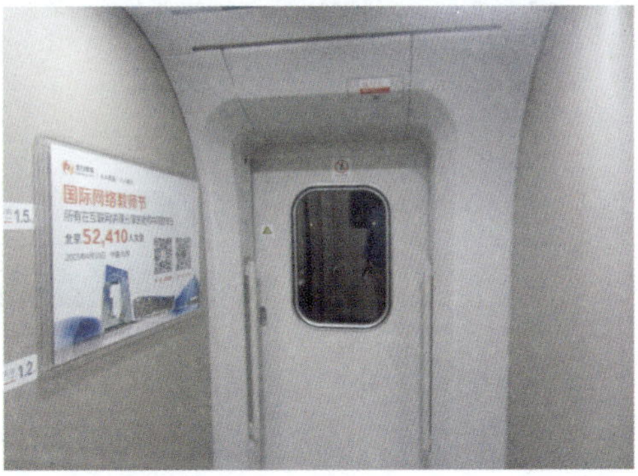

图 11-2　动车组侧门内侧

(二)检查侧门装置内各机构

1. 用一字螺丝刀将门罩的两个安装螺栓卸下，打开侧门门罩(图 11-3)，清除杂物。

2. 确认门罩内(图 11-4)连接金属件、上滑轮、导轨无异常。

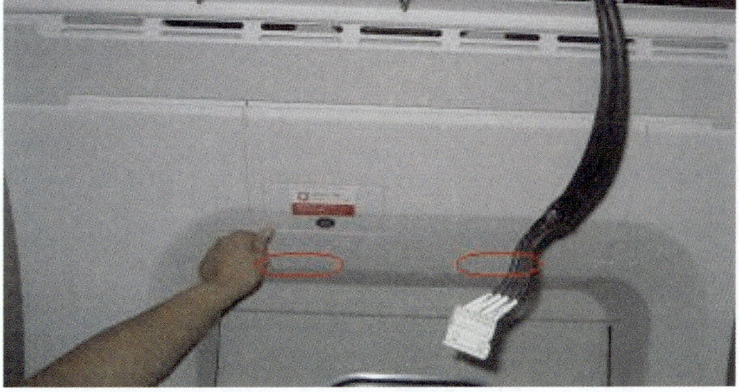

图 11-3　侧门罩

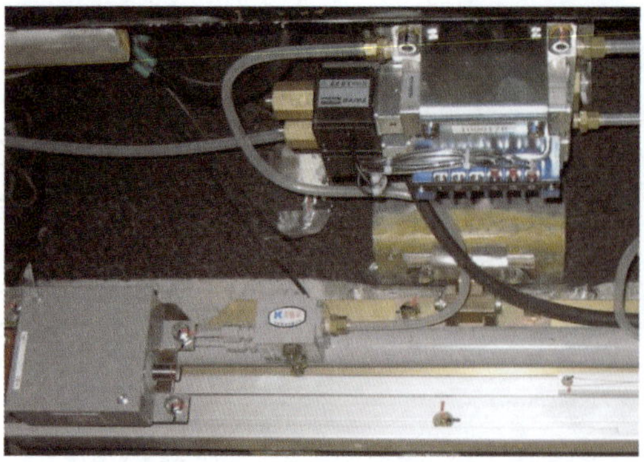

图 11-4　侧门罩内部

3. 确认关门开关的安装状态无异常。

4. 确认侧门的机械安装状态无异常。

5. 确认侧门供气管路无泄漏现象。

6. 确认电磁阀的安装状态无异常。

7. 确认压紧气缸的安装状态及压紧作用无异常。

8. 对侧门机构驱动气缸的活塞杆进行润滑(图 11-5)。

(三)检查侧门附属装置

1. 确认门窗玻璃、侧门内侧的外观无异常。

2. 手动打开侧门,确认门板胶条、门前胶条无异常。

3. 确认车侧显示灯的性能无异常。

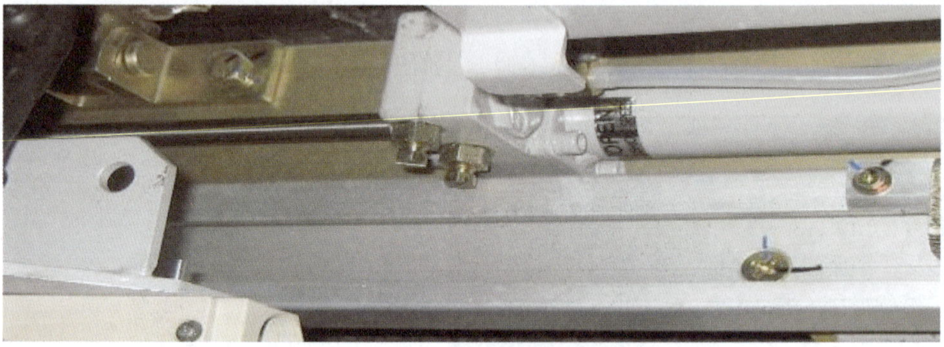

图 11-5　侧拉门机构驱动气缸的活塞杆

二、自动车钩、半永久车钩、过渡车钩的维护保养

(一)自动车钩

1. 打开头罩:

(1)进入司机室,按下操作台连挂准备按钮,车下确认该端头罩打开动作良好。

(2)进入司机室前舱,关闭头罩开闭机构供风管路截断塞门。

2. 检查车端连接装置:

(1)检查车端连接装置各部螺栓紧固状态,确认良好。

(2)清扫电气连接器导杆前面的滑动处,上润滑油,然后手动按压导杆开启盖子,确认导杆及防尘盖的开启、关闭动作良好,无变形、卡滞。

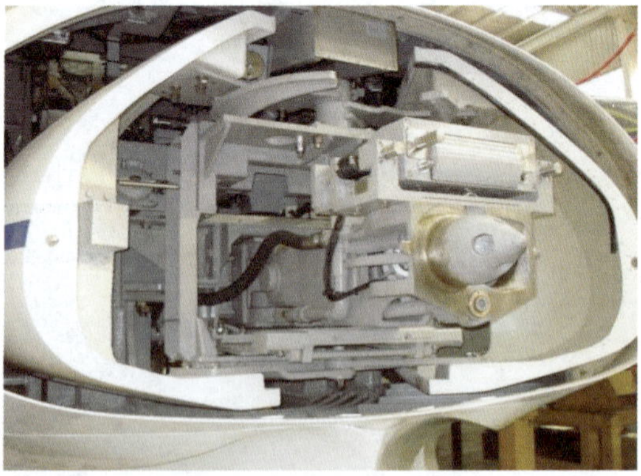

图 11-6　自动车钩

(3)用手推动推杆或向上推前盖,使前盖开启,取下定位夹,拧入盖锁定螺栓直至无法转动。

(4)检查电气连接器外观,用高压风吹或用洁净的干布擦拭清扫积尘,确认各可动插针及插孔无折损、变形、变色、电蚀、脏堵等现象,若有电蚀受损,则应进行更换。

(5)上述内容检查完毕后,按住前盖的同时拧紧锁定螺栓直至无法转动,然后放开压住前盖的手,前盖闭合,插入定位夹,拧紧锁定螺栓,确保牢固。

(6)清理车钩连接面、钩舌和钩舌腔,去除杂物,在钩舌和钩舌腔表面涂抹摩力克 1 000 润滑脂,车钩连接面涂抹 2 号极压锂基润滑脂;扳动密接式车钩解锁手柄,确认车钩锁闭机构动作良好。

(7)检查密接式车钩、车钩托板、缓冲装置,确认各部无裂纹、变形,各部螺栓紧固无松动,橡胶件无老化、变形、龟裂。

(8)检查距离检测仪、反射板,确认外观良好,紧固无松动,并清扫除尘。

(9)车头罩开闭机构中的滑动部位、转动部位须涂抹摩力克 1 000 润滑脂。

(10)头车车钩中心线到轨面高度范围应为(1 000±10)mm。头车车钩中心高度由于钩体倾斜超差,可通过增减车钩托架上的调整垫片进行调整,安装配合螺纹处的力矩如图 11-7 所示。头车车钩中心高度由于车钩整体超差,可通过空气弹簧进行调整。

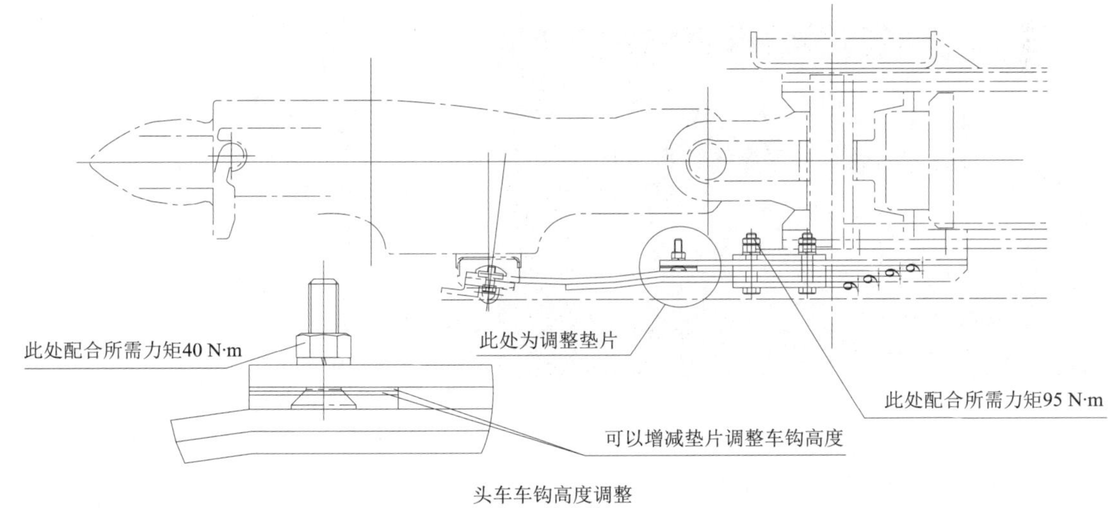

头车车钩高度调整

图 11-7 头车车钩安装配合螺纹处的力矩

3. 关闭头罩:

(1)进入司机室前舱,恢复头罩开闭机构供风管路截断塞门。

(2)断开司机室背面 NFB 联解限位空气开关,将司机室分并配电盘“闭锁解除强制合”开关、“罩关强制合”开关,确认头罩关闭动作良好。

(3)复位司机室背面联解限位空气开关及司机室分并配电盘“闭锁解除强制合”开关、“罩关强制合”开关。

(二)半永久车钩(密接车钩,图 11-8)

主要检查内容是确认密接车钩及电气连接器下部连接状态良好,密接钩、缓冲器托板安装螺栓无松动,车钩接头、接头缓冲器、底架框架支架、支座、支座弹簧箱、滑板、释放手柄没有弯曲、裂缝、损伤。

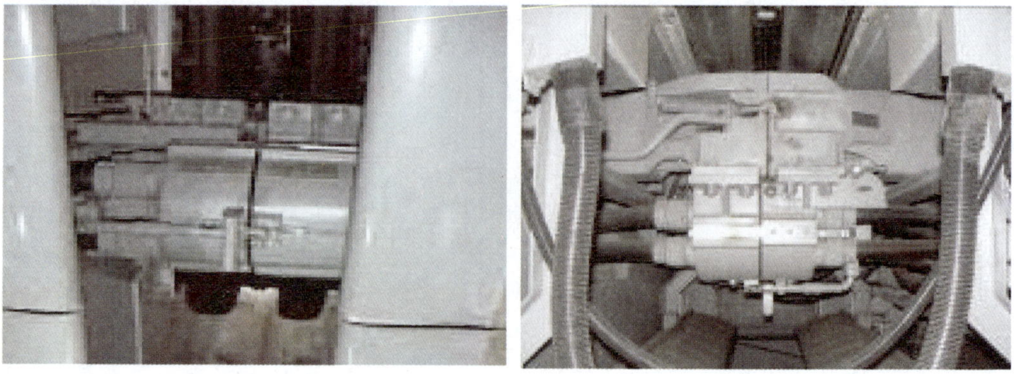

(a) (b)

图 11-8 半永久车钩

三、头罩开闭机构检查

1. 进入司机室，按下“连挂准备”按钮，车下确认该端头罩打开动作良好。

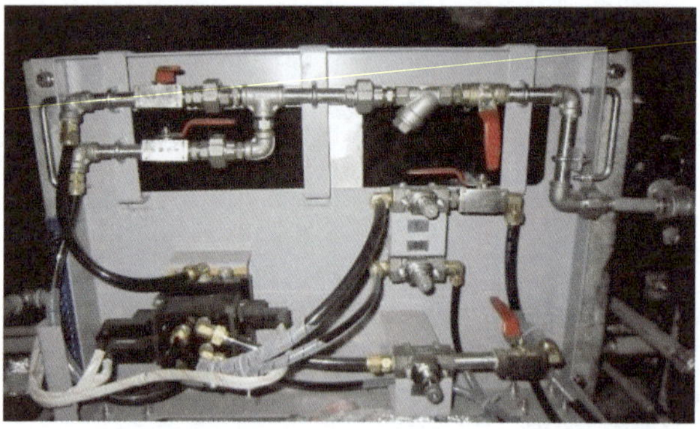

图 11-9 司机室前舱

2. 进入司机室前舱，关闭头罩开闭机构供风管路截断塞门。

3. 检查头罩开闭机构：

(1)检查头罩开闭机构机械部分各部螺栓紧固情况，确认状态良好。

(2)清扫头罩内各部，清除杂物。

(3)检查头罩开闭机构机械部分磨耗部位润滑情况，并对磨耗部位用通用锂基润滑脂(ZL-3)进行润滑。

4. 关闭头罩：

(1)进入司机室前舱，恢复头罩开闭机构供风管路截断塞门。

(2)断开司机室背面 NFB“联解限位”空气开关，合上司机室分并配电盘“闭锁解除强制合”、“罩关强制合”开关，车下确认头罩关闭动作良好。

(3)复位司机室背面“联解限位”空气开关及司机室分并配电盘“闭锁解除强制合”、“罩关强制合”开关。

四、风挡装置、车端电气连接及空气管路的维护保养

(一)内风挡(图 11-10)

1. 检查内风挡护板无变形、破损，护板移动滚珠无损坏，磨耗胶皮无脱落、破损。

2. 拆下渡板上 4 个沉头螺栓，卸下渡板固定螺栓，取出渡板(图 11-11)，清除内风挡底部积水、杂物。

3. 内风挡无破损，拉簧无松弛、脱落、折损。

4. 恢复安装渡板。

图 11-10　内风挡底部

图 11-11　渡板

(二)外风挡(图 11-12)、车端电气连接及空气管路

1. 车钩及连接器(图 11-13)连接良好。
2. 车体各跨接连接线连接良好,外观无异状。
3. 内、外风挡及防雪风挡状态良好,安装牢固,无破损,锁紧装置锁闭良好。
4. 空气管路无损伤,橡胶空气软管无老化、鼓泡、漏气。
5. 两车端各线卡、管卡及各部状态良好无异常。
6. 车体间油压减振器无漏油且外观状态良好,安装无松动,减振器座无裂纹。

图 11-12　外风挡

图 11-13　车钩、风管及连接器

五、受电弓导流罩(图 11-14)检查

1. 目测检查受电弓导流罩玻璃钢,要求无开裂、破损,破损需修复。

图 11-14　受电弓导流罩

2. 受电导流罩玻璃钢与车顶安装座之间螺栓连接紧固，防松标记清晰，无错位。

3. 受电弓导流罩罩体平整，不得有明显的局部凹凸，若出现则很可能是内部肋板与外罩体之间产生了开裂，需更换导流罩。

第二节　车内设施检查及测试

一、司机室的维护保养

1. 检查牵引手柄(图 11-15)、换向手柄无损伤、卡滞、脱挡，安装无松动。

2. 检查制动手柄锁机构作用良好，制动手柄(图 11-16)无损伤、卡滞、脱挡，安装无松动。试验完毕后将制动手柄置于“快速”位。

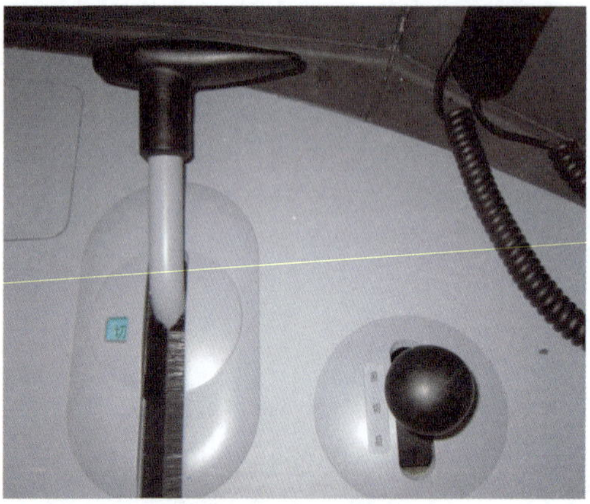

图 11-15　牵引手柄

图 11-16　制动手柄

3. 驾驶台电压表读数正常。

4. 遮光板无损伤，作用良好。监控显示器外观状态及显示良好。

5. 检查司机座椅安装牢固，升降状态良好。

6. 踏下汽笛脚踏，汽笛工作正常。

7. 室内空调、电加热、照明良好。

8. 室内玻璃无破损。旋转刮雨器功能选择开关到开位，调节刮雨器速度选择开关，并按压刮雨器喷淋按钮，观察刮雨器动作良好，喷水正常。雨刷的动作无打滑，雨刷的橡胶无破损。检查刮雨器水箱水位不低于 1/2。

9. 检查司机室前舱，头罩开闭控制机构、刮雨器驱动装置、车内压力释放阀等外观安装状态良好，舱内无漏气和漏水现象。

10. 前罩门锁紧、开启灵活，检查头罩动作机构、头罩锁、风管路安装状态良好，无漏气现象。

11. 检查空气管开闭器及配气管路，开闭器处于关闭位，气路无漏泄。检查重联分并装置，分并装置处于分割位，气路无漏泄，气路截断塞门处于开启位，电线插头无松动。

12. 检查司机室配电盘，各开关处于正确位置。打开配电盘下方柜门，确认各刀闸开关位置正确，安装无松动。检查柜内接线端子排、电阻排防松标记良好，制动换读器内开关位置设置正确。

二、内端门、座椅及内装的维护保养

(一)内端门(图 11-17)的检修

1. 门框上部开关置于手动位。

2. 拉出内端门。

3. 检查内端门面板、玻璃、门板橡胶无破损变形。

4. 检查红外检测开关安装牢固。

5. 检查内端门运动机构护罩安装牢固,螺栓齐全不松动。

6. 反复拉动内端门 3 次,确认动作顺畅无卡滞。

7. 门框上部开关置于开位,远离内端门。

8. 确认内端门达到全关闭状态。

图 11-17　动车组内端门

9. 靠近内端门后确认内端门能够自动打开。

10. 在内端门故障时,如需更换电机或控制器,则进行程序设定:

(1)把开关设定到开位时门被低速打开,全打开之后关闭。

(2)确认门是全关闭。

(3)在用手遮住红外检测开关,使门打开(注:初期设定开始)。

(4)手离开红外检测开关,全开之后把门关上。

(5)确认门是全关着的。

(6)将上面所记的(3)～(5)的操作重复做 6 次(注:初期设定完了)。

(7)在初期设定完后即变为正常动作。开门时间约为 3 s,关门时间为 3.5～4 s。

(8)如果出现开门速度过低、到全开之后关门的情况,需按照(1)～(6)所记的程序重新进行初期设定。

(二)客室座椅的检修

检查客室一、二等车座椅(图 11-18、图 11-19):

图 11-18　一等车座椅

图 11-19　二等车座椅

1. 检查客室座椅外观良好,确认座垫、靠背无破损。

2. 操作客室座椅靠背的调整按钮,确认靠背调整动作正常。

3. 操作座椅转动开关,确认座椅转动灵活、转向到位后有可靠定位。

4. 操作脚踏,确认靠背及靠背后踏板正常恢复原位。

5. 操作二等车座椅靠背后小桌板,确认能正常使用。

6. 操作一等车座椅扶手小桌板,确认能正常使用。

7. 检查一等车座椅耳机插孔、按钮外观良好,功能正常。

(三)驾驶室座席的检修

1. 确认司机室座椅座垫、靠背、靠枕外观良好。

2. 操作司机室座椅的前后侧旋钮、手把外观良好,确认座席高度调整、前后移动调整、转动调整、靠枕高度调整、扶手调整动作正常。

3. 检查驾驶室侧门处的辅助座席外观及折叠、乘坐作用良好,安装无松动。

(四)乘务室员室、餐饮区座椅的检修

1. 确认乘务员室转椅(图 11-20)外观良好,蒙面无污渍、无破损。

2. 确认餐饮区座椅(图 11-21)外观良好,无破损。

3. 转动乘务员室转椅,动作无卡滞。

图 11-20 乘务员座椅

图 11-21 餐车座椅

(五)VIP 座椅的检修

1. 检查 VIP 座椅(图 11-22)外观及安装状态良好,蒙面无污渍、无破损。

2. 检查按键外观良好,按键功能正常,运动时无异常噪声。

3. 检查扶手内藏电视外观良好,定位良好,功能正常。

4. 检查扶手内小桌板外观良好,打开状态良好。

5. 检查 VIP 座椅旋转功能正常,定位良好。

(六)沙发的检修

1. 检查沙发(图 11-23)外观及安装状态良好,蒙面无污渍、无破损。

2. 检查沙发扶手内小桌板外观良好,打开状态良好。

3. 检修时,需要给脚踏板的固定销部位、座椅转盘与底架固定部分的相接面进行润滑。

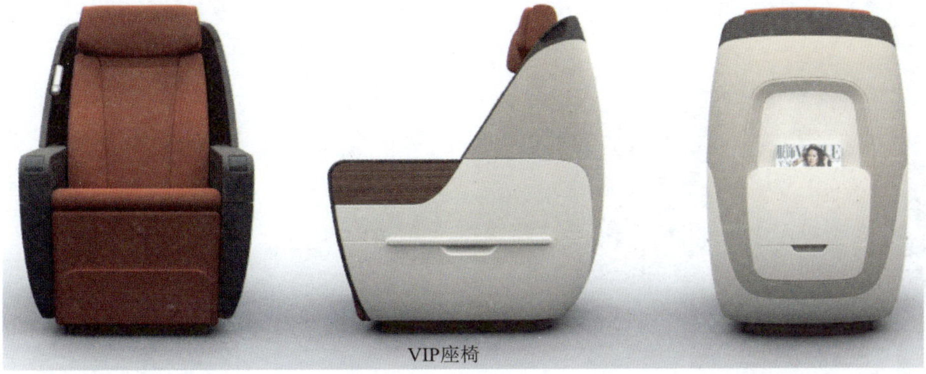

图 11-22　VIP 座椅

(a)单人沙发

(b)双人沙发

图 11-23　沙发

（七）内装（图 11-24）的检修

1. 地板、顶板、装饰板、窗帘、茶几、行李架、垃圾箱等外观及安装状态良好，车窗玻璃外观良好，无破损。

2. 座号牌、衣帽钩、小桌外观及安装状态良好。

3. 信息显示屏外观无异常，显示正常。紧急、火灾报警开关外观良好。

4. 各灯灯具外观及安装状态良好，灯色一致，无熄灯。灯具外表无灰尘。

三、餐饮设施的维护保养

1. 柜子各拉门外观状态良好、锁闭良好。

2. 微波炉、电茶炉、冷藏柜、冷冻柜、展示柜、保温柜、烤箱、消毒柜、售货小车等无破损，外观良好。

3. 洗池清洁、无脏堵。

4. 餐桌、餐椅无破损，靠吧、靠垫、扶手无破损、松动，吧台（图 11-25）无破损。

图 11-24　客室内装

图 11-25　动车组餐车吧台

图 11-26　盥洗室

四、给水卫生设施的维护保养

(一)盥洗室(图 11-26)

1. 盥洗装置(按压延时水阀、皂液器、洗面盆)外观良好,无漏水。

2. 镜子等外观良好,无破损。

3. 检查门开启灵活,锁闭可靠。

4. 垃圾投放口开启灵活,关闭可靠。

5. 检查门内管路无泄漏,接水盘无积水。

(二)卫生间(图 11-27)

1. 便器、洗手盆、按压延时水阀、便纸架、婴儿床、冲洗按钮等设施外观良好。

2. 检查门内管路无漏水,接水盘内无积水;便器用软管固定牢固无松脱,检查门锁闭状态良好。

3. 卫生间内无异味。

4. 检查卫生间门开关、锁闭作用良好。

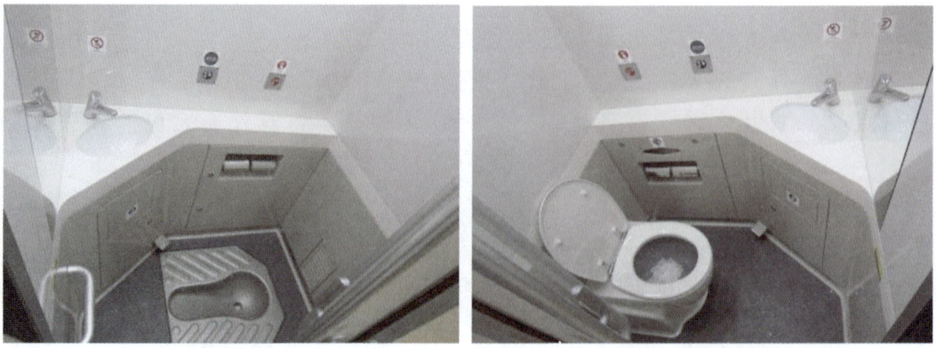

(a) 蹲式卫生间　　(b) 坐式卫生间

图 11-27　卫生间

（三）电茶炉（图 11-28）

设备安装牢固，指示灯显示正常，无漏水，接水托盘无脏堵。

（a）吧台电茶炉　（b）客室电茶炉

图 11-28　电茶炉

（四）影视系统

1. 通电前的检查

（1）清洁 LCD 屏幕，清洁风扇，清理机柜内的灰尘，机壳表面沾有灰尘时，用柔软的干布擦拭（注：严禁使用酒精或以石油为基料的清洁剂）。

（2）检查影视系统各设备及主机柜内产品安装紧固，各插头无错接、松动，符合要求。

（3）检查影视系统车端连接器是否松动。

（4）初始点检：当系统长期不使用时，应定期（如每周/每月）对系统进行点检。在列车运行之前的准备工作时，也可以进行点检。

2. 系统上电

（1）开通总电源，系统中全部设备正常上电。

（2）全部设备电源指示灯工作正常，自检测指示工作正常，全部设备正常完成复位功能。

（3）视频显示正常，音频输出正常。

（4）关闭影视系统总电源，全部设备断电。

（5）重复试验准备步骤（1）～（4）三次，系统工作状态正常。

3. 影视系统通电后的检查

（1）检查主机柜风扇正常运转。

（2）检查电源输入/输出在允许的波动范围之内。

（3）系统中全部设备正常上电。

（4）从打开电源到系统开始播出节目，响应时间不大于 5 s。

（5）本车厢内全部 LCD 播放一体机正常播放，画面清晰。

（6）相应车厢的音频输出正常。

（7）全系统只播放 1 路视频节目，系统的视频及其伴音做到同步播出。

（8）一等座车座椅耳机各频道音频输出正常。

（9）影视主机可以进行播放、暂停、快进，快退，节目选择、功放具有音量的调节功能。

（10）模拟插播广播，视频伴音、音频自动转为暂停，广播结束后，音视频自动切换为原来的状态。

(11)关闭影视系统电源,系统正常断电。

第三节 转向架检查及测试

(一)构 架

1. 构架无裂纹。
2. 转向架各安装管线状态良好。
3. 差压阀无漏风,安装牢固。
4. 转向架失稳检测装置外观状态良好。

(二)轮 对

1. 踏面擦伤,踏面剥离不过限。
2. 轮缘无缺损,磨耗不过限。
3. 轮对各部尺寸不过限。
4. 制动轮盘螺栓安装牢固,盘面裂纹不过限。
5. 定期进行空心车轴探伤,LU 探伤,对车轮进行修形。

(三)轴 箱

1. 轴箱油压减振器无漏油,外观状态良好;减振器座无裂纹。
2. 轴箱弹簧无断裂,橡胶护套无破损。
3. 轴箱外观状态良好,无漏油,螺栓无松动。橡胶防尘盖无破损安装不松动,轴箱盖、呼吸器、链配置齐全。
4. 传感器安装牢固,接线无松动、破损。
5. 转向架排障器及辅助排障器安装牢固。
6. 轴箱定位装置(图 11-29)外观状态良好,橡胶节点无开裂,螺栓无松动。

(四)悬挂装置的维护保养

1. 空气弹簧外观状态良好,无漏风。
2. 高度调整阀无漏风,调整杆无变形,配件无缺失;锁紧装置紧固,塞门正位,管路无漏泄。
3. 抗蛇行油压减振器(图 11-30)无漏油及外观状态良好,安装无松动;减振器座无裂纹;橡胶套无破损,卡子无松动。
4. 各阀门无漏风、位置正确,安装牢固。

图 11-29 轴箱及定位装置

图 11-30 抗蛇行减振器

(五)机械传动装置的维护保养

1. 驱动装置

(1)齿轮箱油量符合限度要求,无漏油;悬吊部件配件齐全,安装牢固;橡胶垫无老化,齿轮箱温度传感器(图 11-31)、通气装置、注油塞、排油堵等安装牢固。齿轮箱温度传感器及引线没有损伤,定期进行换油作业。

(2)挠性联轴节外观及安装状态良好。检查轴毂与外筒张口处无砂粒、污垢堆积物。检查螺栓、螺母无松动,检查联轴节无漏油或油脂泄漏。

(3)牵引电机(图 11-32)外观良好,电机电源线、传感器及配线无破损,安装螺栓无松动、各部无裂纹,电机注油孔堵安装良好,定期进行注脂作业。

(4)牵引电机冷却风道(图 11-33)无破损,安装牢固,排风口良好。

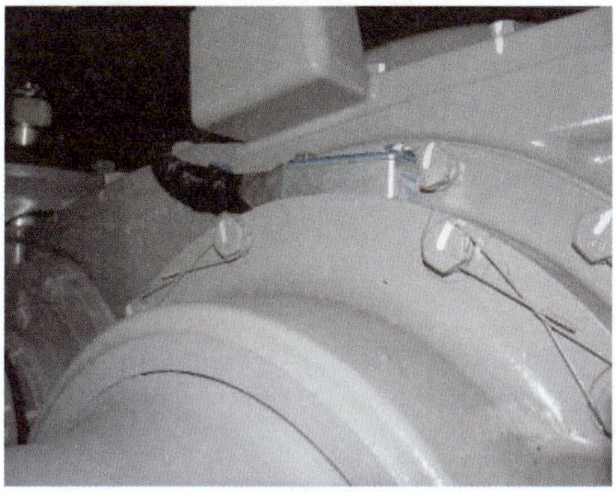

图 11-31　齿轮箱温度传感器

图 11-32　牵引电机

(5)接地装置和碳刷(图 11-34)外观及安装状态良好,接地线无松动。通过观察窗检查碳刷磨耗和压紧状态,电刷长度符合限度要求。

图 11-33　牵引电机冷却风道

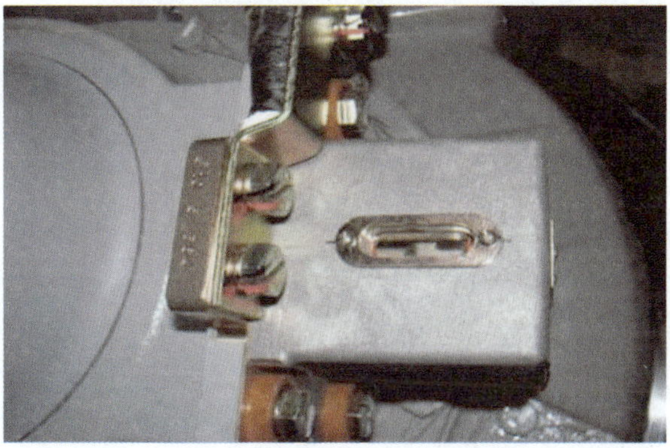

图 11-34　接地装置和碳刷

(6)速度传感器外观及安装状态良好,配线无损伤。

2. 牵引拉杆

(1)外观及安装状态良好。

(2)牵引座无裂纹。

(3)牵引杆橡胶节点无开裂、老化、破损；橡胶挡无老化、变形、开裂、缺失。

(六)附属装置的维护保养

1. 制动装置

(1)悬吊螺栓紧固，各部件无裂纹。

(2)制动夹钳外观良好，管路无泄漏。

(3)闸片(图 11-35)外观状态良好，厚度符合规定。

(4)空气管路和车端总风软管无损伤、泄漏。

(5)制动盘外观状态良好，厚度符合规定，摩擦面裂纹不过限，无贯穿裂纹；各部安装螺栓无松动；制动盘偏磨、凹形磨耗不过限。

2. 踏面清扫装置

检查确认踏面清扫装置(图 11-36)状态良好，配件齐全，悬吊部件无裂纹，研磨块厚度符合规定，确认动作良好。

3. 抗侧滚扭杆装置(图 11-37)

各个部件的安装状态以及各紧固件的紧固状态良好。

4. 空气管路(图 11-38)

空气管路无损伤、漏泄。橡胶空气软管无老化、鼓泡、漏气。橡胶空气软管与其他部件无相磨现象。

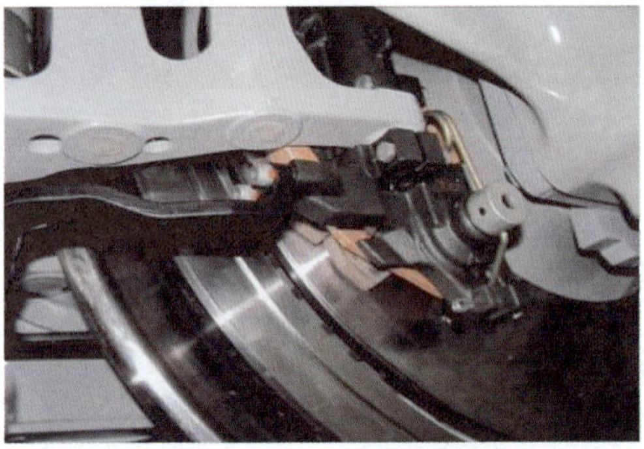

图 11-35　制动闸片

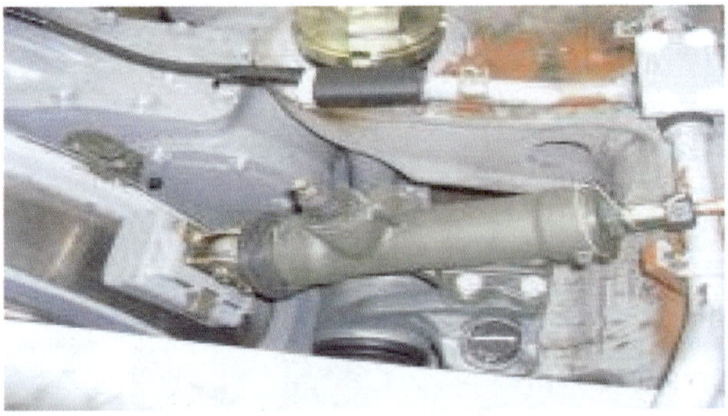

图 11-36　踏面清扫装置

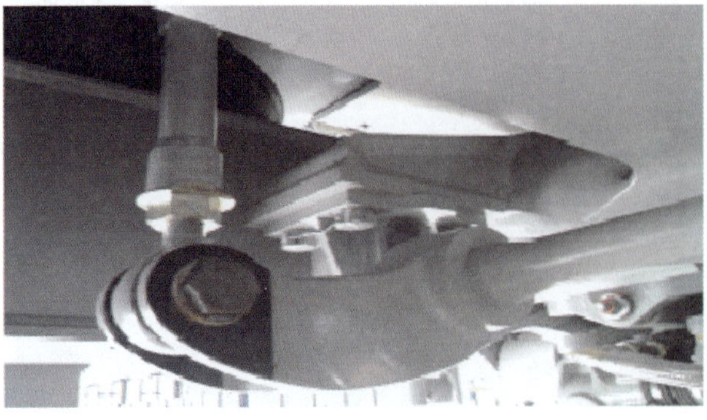

图 11-37　抗侧滚扭杆装置

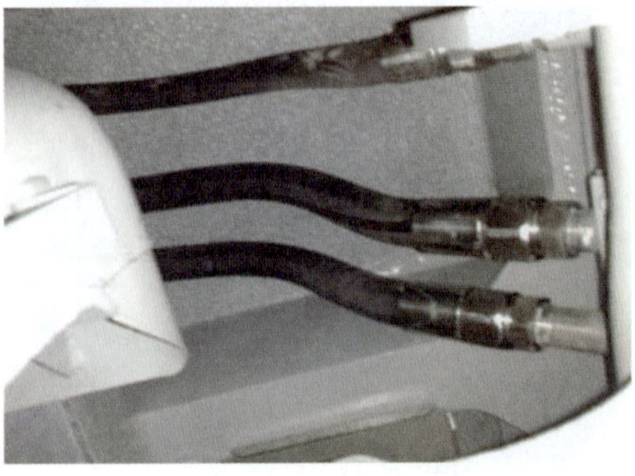

图 11-38　空气管路

（七）相关更换作业

1. 齿轮箱润滑油更换作业

（1）观察齿轮箱（图 11-39）外观状态。

（2）齿轮箱排油。

①清洁放油堵周围的区域，清除放油口防松标记。

②剪断防松铁丝，拆除放油堵。排净齿轮箱内的润滑油，将报废润滑油装入容器中。

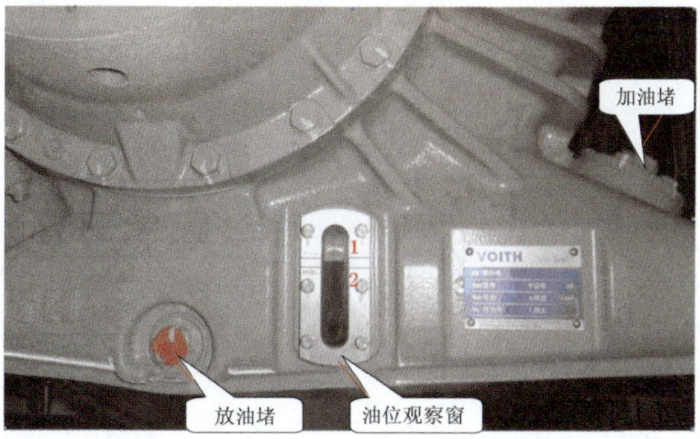

图 11-39 齿轮箱

③使用新密封圈，再次旋入放油堵，螺纹 M 30，扭矩 130 N·m，做好防松标记。

④用 ϕ1.2 的低碳铁丝固定放油堵。清洁齿轮箱上溅落的油。

（3）齿轮箱加油：

①清洁加油堵周围的区域，清除注油口防松标记。

②拆除加油堵，在此过程中，请检查吸附在加油堵上的磨损颗粒。

③通过加油口向齿轮箱加注大约 6.5 L 的润滑油，具体油量根据油位视窗的油面而定，一直加到油位观窗的最高注油量处（上刻度线）。注油时须做到小心轻缓，防止灰尘混入。

④再次拧入加油堵，螺纹 M 36，并使用新的密封圈，施加规定扭矩 150 N·m，做好防松标记。

⑤清洁齿轮箱上洒落的油。

⑥注油 20 min 后重新检查齿轮箱油位，必要时进行更正。

（4）齿轮箱最终检查。清洁齿轮箱表面油迹，检查齿轮箱外观状态良好，各部位无漏油，紧固部件无松动，铁丝防松紧固到位。

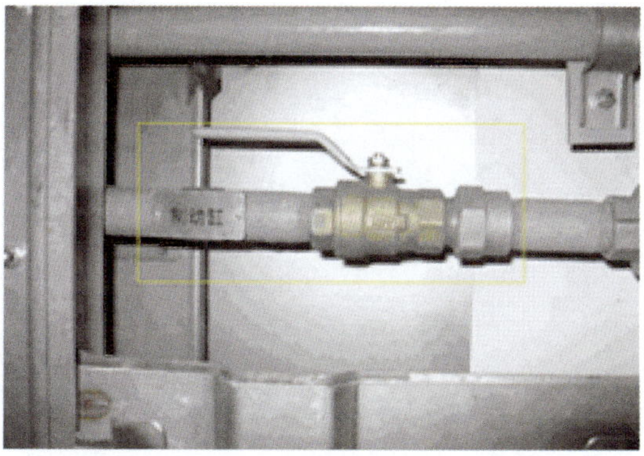

图 11-40 转向架侧（制动缸）截断塞门

2. 闸片更换

（1）拆卸闸片

①关闭相应转向架侧（制动缸）截断塞门（图 11-40），排风缓解。

②拆掉闸片托架下方的开口销。

③打开锁簧，并用螺栓刀或用手将其向外拉。

④将锁簧别在锁紧凸台上，从闸片托架上取下闸片。

⑤关闭时，将锁簧从锁紧凸台上挑下来，使其扣入槽内。

（2）安装闸片

①通过转动重置螺母来使制动夹钳张开最大的距离。

②将锁簧使用螺栓刀或用手拔起，使其别在支撑凸台上。

③闸片放到闸片托架的导轨中并沿弧形推到头。

④用合适的工具将锁簧从支撑凸台上挑下，使锁簧侧边自行弹回制动闸片托架中的 U 形

开口中。销钉应能够灵活地进入闭锁位置,并将闸片固定住。在闭锁之后,进行下列检查。

⑤闸片更换完毕,打开相应转向架侧制动缸截断塞门,关闭检查盖。

3. 研磨块更换作业

(1)拆卸研磨块

①关闭相应车厢踏面清扫截断塞门。

②用手拉出踏面清扫装置止动销,排尽踏面扫清装置气缸筒内残留压缩空气,研磨块完全复位后放开止动销(若气缸筒内残留压缩空气还未排干净,研磨块未完全复位,须将止动销拉出2～3次进行排气,如手拉不动止动销时可用克丝钳适当用力夹住止动销向上挑)。

③研磨块完全复位后,使两侧卡销处于闭合状态,用手将研磨子移向转向架外侧卸下研磨块。

(2)研磨块安装

①将新的研磨块从转向架外侧,与安装板相配合后用力嵌入研磨块。

②确认锁紧研磨块两侧卡销已打开。

③用手转动研磨子来确认其不会脱落。

④打开踏面清扫截断塞门。

复习思考题

1. 更换研磨子的步骤是什么?
2. 更换闸片的步骤是什么?
3. 如何检查车端连接装置?

第十二章　供风及制动系统检修

本章主要介绍动车组供风及制动系统检修及试验方法，包括在检修过程中的检修标准和操作步骤，以及该系统所涵盖的关键设备检修，主要包括调压器、主空压机、辅助空气压缩机、制动控制装置和各风管路的检查，以及制动相关的功能试验。

第一节　供风系统检查及测试

一、调压器(CMGV)、排水阀检测

1. 牵引手柄至“切”位。

2. 方向手柄至“关”位。

3. 将制动手柄投至“快速”位。

4. 右旋配电盘上“受电弓升起”开关，保持 3 s。

5. 确认受电弓升起后，右旋配电盘上的“VCB”开关。

6. 右旋配电盘上的“停放”开关。

7. MON 显示器切换至司机⇒车辆信息⇒下一页面菜单，确认相应各车的 CMP 停止。

8. 将制动手柄在“运行”⇔“快速”位间来回动作，密切观察司机室双针压力表红色指针的压力(也可以观察另一个 MON 显示器上司机⇒制动信息⇒制动的相应各车 MR 压力)，MR 管压力降至(780±10)kPa 时，MON 显示器上相应各车的 CMP 同时由黑变红，两台空气压缩机同时工作。

9. 将制动手柄放至“快速”位。

10. 在一位侧确认压缩机驱动电机(M)启动。

11. 双针压力表红色指针(MR 管压力)需在 1 min 内上升至(880±10)kPa，同时两台空气压缩机停止工作，MON 显示器上相应各车的 CMP 同时由红变黑。

12. 在主空气压缩机停止的瞬间，观察 Y2、Y3、Y4 连动排水阀、排油阀、排污阀向大气排气、排水、排污。

13. 相应各车主空气压缩机调压器(CMGV)及排水阀动作确认方法相同。

二、主空压机(图 12-1)检查、清洁及润滑油取样

(一)主空压机润滑油取样

1. 在受控司机室断开 VCB。

2. 降下受电弓。

3. 将制动手柄至“拔取”位，在制动手柄上挂好“禁动牌”。

4. 打开主空气压缩机相应的裙板及底板，并对其周边卫生进行清理。

5. 将盛废油容器放至曲轴箱废油管下方。

6. 通过将注油口螺塞旋松一圈，释放压力，以使油路系统降压。

7. 取下放油塞，取样 200 mL。排油后重新旋紧放油塞。

图 12-1　空气压缩机

8. 取样后，打开注油口螺塞，注入新油至空压机规定的最小到最大刻度线之间，如图 12-2 所示。

图 12-2　空压机油位

9. 安装好注油口螺塞(FC)。

10. 擦净废油管周边的残油。

11. 安装好主空气压缩机相应的裙板及底板，螺栓力矩符合要求。

12. 发现油质异常时，应立即更换。将取的油样送有资质的机构进行检测，换油基准见表 12-1。

表 12-1　更换润滑油基准

项　目	换油基准	备　注
黏度	新油的±15%	指变化范围
总酸值	1.0 mgKOH/g	
水分	容积的 0.5%	指容积的 0.5%
不溶解量(树脂量)	重量的 0.1%	指重量的 0.1%

（二）主空压机检查及清洁

1. 打开主空气压缩机相应的裙板或底板。（裙底板扭力标准为 25 N·m）

2. 清扫空气压缩机周围卫生，检查主空压机各组件安装良好，管路无泄漏。

3. 松开空压机罩板。

4. 将冷却器罩板内灰尘清除干净。

5. 用纤维刷去除冷却器（图 12-3）上任何污物。切勿使用钢丝刷或金属物清除。也可以用压缩空气吹气清扫，采用压缩空气吹气清扫，风压要求在 685 kPa 以下，空气喷嘴和冷却器的距离要超过 50 mm 以上。

图 12-3　空压机冷却器

6. 检查空气压缩机油位在规定范围内，油脂颜色无异常。

7. 装上冷却器罩板。安装好主空气压缩机旁相应的裙板及底板，螺栓力矩符合要求（裙、底板扭矩标准为 25 N·m）。

（三）主空压机旋风式过滤器（图 12-4）滤芯清洁

1. 打开主空气压缩机旁相应的裙板或底板（裙、底板扭矩标准为 25 N·m）。

2. 清扫空气压缩机周围卫生。

3. 松开搭扣并卸下过滤器盖。

4. 旋松螺母，并取出滤芯（图 12-5）。

5. 将过滤器罩盖内灰尘清除干净。

6. 将滤芯外表面的杂物清干净，可以用水或者中性清洗溶剂兑水进行清洗，清洗时请避免使用酸性/碱性清洗剂，使用中性溶剂清洗时，清洗之后要用水清洗干净，不能采用高压喷水，清洗后不能立即吹气（让其自然干）；也可以用压缩空气吹气清扫，采用压缩空气吹气清扫，风压要求在 685 kPa 以下，空气喷嘴和滤芯材料的距离要超过 50 mm 以上，滤芯由内侧向外侧，沿着滤材的褶皱清扫（注：请按照脏的程度采用水浸渍清洗或吹气清扫，滤芯破损或污损严重应进行更换）。

7. 再装上过滤器盖。按照标识“此端向上”。

8. 安装好主空气压缩机旁相应的裙板及底板，螺栓力矩符合要求。

图 12-4　空压机油滤

图 12-5　油滤滤芯

三、辅助空气压缩机检测

(一)辅助空气压缩机(图 12-6)检查

1. 拆卸辅助空气压缩机相应的裙板，并对其周边卫生进行清理。
2. 箱体安装牢固、无松动，安装底梁及各安装座无裂纹。
3. 正面上、下盖板及侧面盖板无变形，盖板应和箱体密贴、无松动，门搭扣及侧板门紧固螺栓活动正常。
4. 打开辅助空气压缩机正面上、下及右侧的盖板。
5. 箱内各部件安装紧固，无松动，配线无损伤，各接线端子紧固无松动。

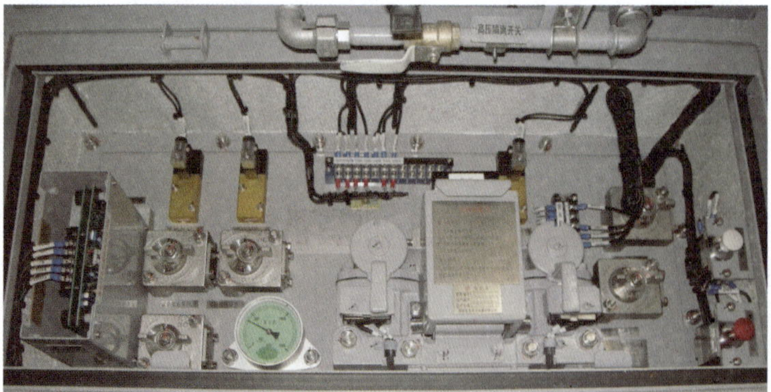

图 12-6　辅助空气压缩机

6. 电磁阀无漏气以及配线无损伤。
7. 调压器无漏气以及接触部接触良好。
8. 钥匙箱外观、安装状态以及锁闭功能良好。
9. 截断阀无漏气。
10. 辅助风缸、配管无损伤无漏气。
11. 排水阀无损伤。

(二)辅助空气压缩机动作测试

1. 关闭 MR 管至辅助空气压缩机的截断塞门，如图 12-7(a)所示。

2. 将制动手柄移动至“快速”位。

3. MON 显示器切换至司机⇒配电盘信息⇒4/6 车厢菜单。

4. 打开辅助气缸排水塞门[图 12-7(b)]及油水分离器排水塞门[图 12-7(c)]排水、排气。

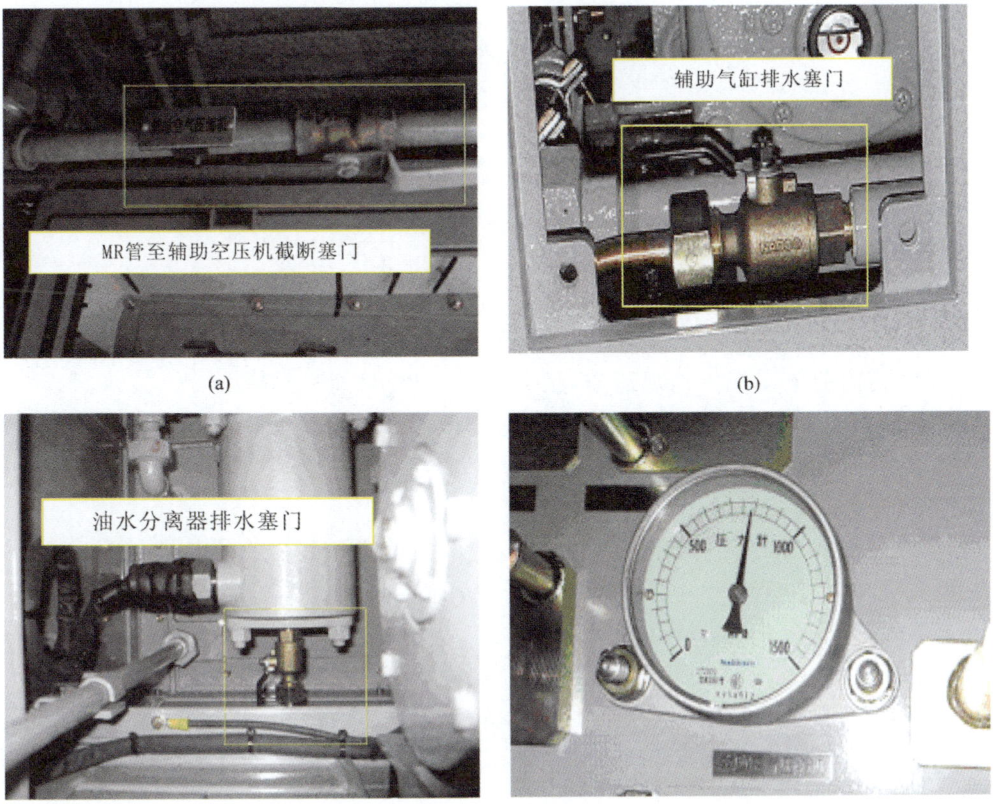

图 12-7　辅助空气压缩机各塞门及仪表

5. 排气时压力表[图 12-7(d)]指针至(640±10)kPa。

6. 司机室前台准备未完成显示灯点亮。

7. MON 显示器司机⇒配电盘信息⇒4/6 车厢菜单，辅助空压机由白变红。

8. 右旋“辅助空气压缩机控制”开关 3 s，启动辅助空压机，运转时确认各部无异响。

9. 约 2 min 后，确认辅助空气压缩机压力表指针至(780±10) kPa，辅助空气压缩机停止运转，停止时各相关管系及阀无漏风。

10. 司机室驾驶台前准备未完成显示灯灭。

11. MON 显示器配电盘信息⇒4/6 车厢菜单辅助空压机由红变白。

12. 关闭辅助空气压缩机正面及侧面盖板，打开 MR 管至辅助空气压缩机的截断塞门。

13. 安装相应裙板，螺栓力矩符合要求。

（三）辅助空气压缩机排水

1. 拆卸辅助空气压缩机相应的裙板（裙底板扭矩标准为 25 N·m）。

2. 打开辅助空气压缩机正面下部盖板。

3. 打开辅助空气压缩机右侧盖板。

4. 打开辅助气缸排水塞门及油水分离器排水塞门排水、排气。

5. 确认水排尽,关闭辅助气缸排水塞门及油水分离器排水塞门。

6. 关闭辅助空气压缩机各盖板。

7. 安装辅助空气压缩机相应的裙板,螺栓力矩符合要求。

第二节　制动装置检查及测试

一、制动控制装置检查

1. 拆卸制动控制装置相应位置的裙板或底板(裙底板扭矩标准为 25 N·m)。

2. 制动控制装置进行检查:

(1)制动控制装置外观及安装状态良好,配管无漏气。

(2)配线外观及连接器的外观及安装状态良好。

(3)BCU 箱内各电器配件外观清洁,状态良好,配线紧固,无异常。

(4)踏面清扫电磁阀外观及安装状态良好,连接器外观良好。

(5)阀类、调压器、气压开关的外观、安装状态良好无漏气。

(6)车轮直径的设定方法:

根据第三轴轮径值对动车组制动控制装置内的数值进行设定。操作:旋钮,SW3,SW4 进行设定;设置完成后将 SW1=A,SW2=2 进行轮径值设定确认;查看各车制动控制装置 LED [2][3][4]显示(轮径单位为:mm)。

3. 风缸的检查:

(1)主储风缸、供给风缸、控制风缸本体、配管无损伤、无漏气。

(2)排水阀无损伤。

(3)将各风缸排水。

(4)安全阀铅封状态良好。

4. 防滑阀自检:

(1)投入制动手柄,给 BCU 供电。

(2)BCU 上拨码开关 SW1=4、SW2=0 时 SW6 向上,实行滑行防止阀输出回路自行检测。判定:1 至 4 轴防滑阀应依次排风,动作两个周期。

(3)检查闸片动作情况。

(4)自检完成后拨码复位:SW1=0、SW2=0。关闭制动控制装置盖板。

(5)安装好相应的裙板及底板,螺栓力矩符合要求(裙、底板扭矩标准为 25 N·m)。

二、常用、快速制动缓解功能检查

1. 插入主控钥匙右旋解锁,制动手柄移至“B7”位。

2. 合上“空挡”开关。

3. 对夹钳、踏面清扫装置进行检查。

4. 踏面清扫装置的相关风管路不得漏风。

5. 各夹钳装置压紧轮盘、轴盘。

6. 断开“空挡”开关,制动手柄投至“运行”位,对全车进行缓解。

7. 检查夹钳与制动盘间缓解(采用手拉方式检查)。

8. 研磨块离开踏面。

9. 换端操作，程序同上。

三、紧急制动功能检查

1. UBS 紧急制动开关测试：

(1)牵引手柄至“切”位。

(2)方向手柄至“关”位。

(3)将制动手柄至“运行”位。将 UBS“紧急制动”开关(图 12-8)拉出，再复位。

(4)切换 MON 显示器至司机⇒制动信息⇒制动菜单，确认各车 BC 压力上升。

(5)确认驾驶台前紧急制动设备显示灯点亮。

(6)制动手柄投至“快速”位，按下“紧急复位”按钮，确认驾驶台前紧急制动设备显示灯灭。

图 12-8　监控室、乘务员室 UBS 开关

(7)制动手柄投至“运行”位，MON 显示器司机⇒制动信息⇒制动菜单上确认各车的 BC 压力下降至 0。

(8)各相应车 UBS 紧急制动开关分别实施以上测试。

2. MR 管用气压开关继电器[(590±10)kPa]动作确认(注：统型车静止状态下继电器无法动作)。

(1)在 MON 显示器上远程切除所有空气压缩机。

(2)将制动手柄在“运行”⇔“快速”位来回动作，将 MR 管风压降至(590±10)kPa，确认紧急制动设备显示灯点亮。

(3)在 MON 显示器上恢复所有空气压缩机，待总风压力恢复至 780 kPa 以上。

(4)制动手柄投至“快速”位，按下“紧急复位”按钮，紧急制动设备显示灯灭。

3. 换端操作，程序同上。

四、停放制动功能试验(CRH_{380A} 统 01、03、07、00 车)

1. 制动手柄置“快速”位，右旋司机室操纵台停放制动旋钮(图 12-9)至“施加”位。

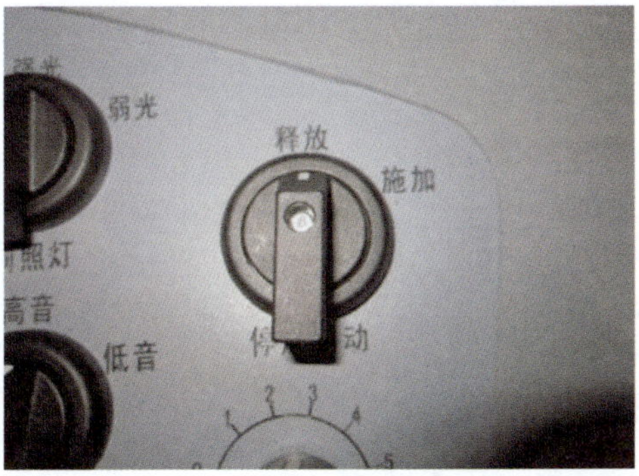

图 12-9　停放制动旋钮

2. 确认动车组产生紧急制动，操作“紧急复位”按钮，紧急制动不能缓解。确认 MON 屏制动信息画面(图 12-10)显示“紧急”、“停放”，制动气缸压力界面(图 12-11)确认 1、3、7、8 车均显示“停放”。

3. 左旋操纵台停放制动旋钮至“释放”位，确认 MON 屏制动气缸压力界面 1、3、7、8 车“停放”显示消除(图 12-12)。操作“紧急复位”按钮，MON 屏制动信息界面“紧急”、“停放”显示消除(图 12-13)。

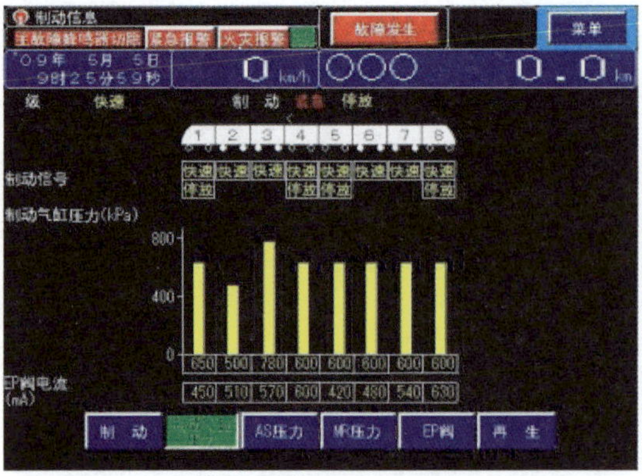

图 12-10 MON屏制动信息画面

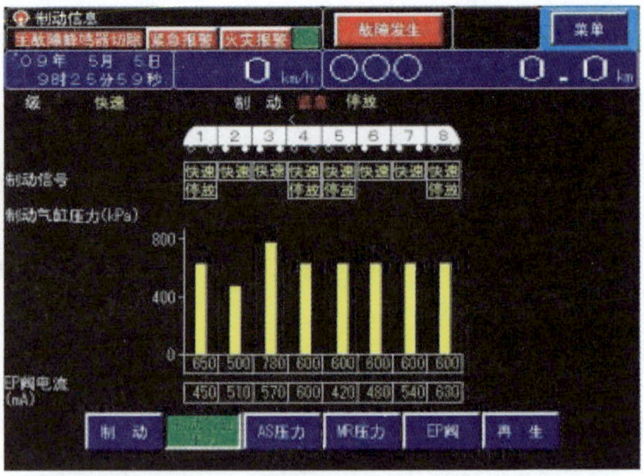

图 12-11 制动气缸压力画面

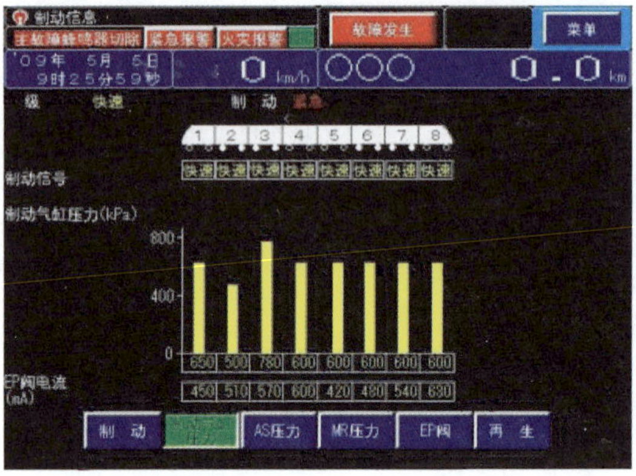

图 12-12 “停放”缓解

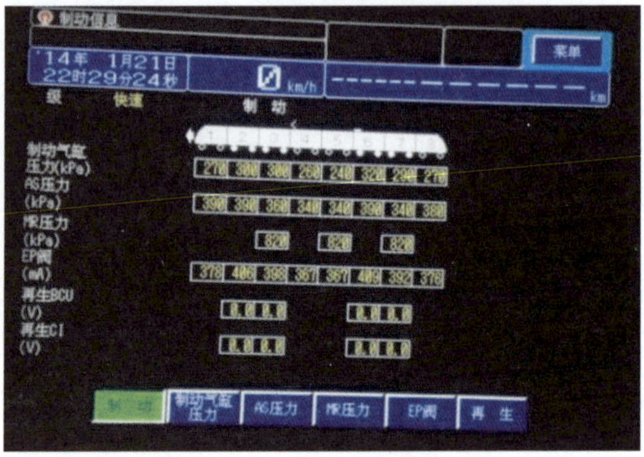

图 12-13 “紧急”、“停放”均缓解

五、制动管路状态及空气软管外观检查

1. 保压试验

(1)确认各塞门均置于正常工作位。

(2)升弓送电,将总风缸压力充至(880±10)kPa。

(3)总风缸压力充至(880±10)kPa,空压机运转停止,用风设备停用,开始保压;通过MON信息画面中观察靠近主控端的总风压力值,保压5 min,确认总风压力下降不得大于20 kPa(整个编组只做一次,用风设备停用)。

(4)进行制动试验,查看监控显示器BC压力画面,在各挡位上制动控制装置的BC压力符合规定,色标正常。试验完毕后,将制动手柄置于“拔取”位。

(5)换端,重复(1)~(4)步操作。

2. 泄漏检查

(1)降弓断电,放电并做好安全防护。

(2)进行地沟及车体两侧检查,检查供风管路、用风设备无漏气或异常排气声音,检查各塞门均置于正常工作位,管路接头无松动,如图12-14所示。

(3)如发现可疑漏风部位,可通过肥皂水或外接压力表进行确认。

3. 空气软管外观检查

(1)作业人员穿戴好劳保用品,进入地沟作业。

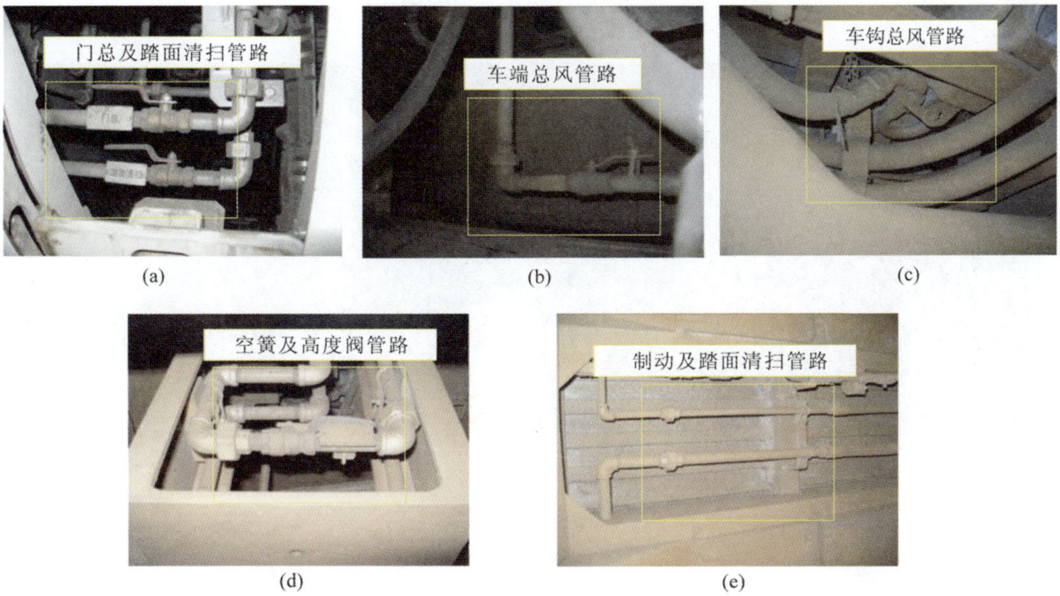

图 12-14　供风管路

(2)主空压机软管检查需拆卸相应裙板及底板。

(3)检查时,须用抹布将软管外表擦拭干净,确认软管表面无缺陷、鼓泡、裂纹、破损;连接器、接头表面无气孔、裂纹、毛刺,垫圈槽无变形,连接状态良好;压套铆压均匀一致、端正。

(4)表面有裂纹时,若裂纹深度达到第一层(从外表面数起)帘子线时须更换;若裂纹深度未达到第一层(从外表面数起)帘子线,但裂纹长度超过 20 mm 时须更换。表面有鼓泡时,须更换。

(5)软管、软管接头、箍紧带腐蚀时,损伤修复或更换。

(6)需检修软管,如图 12-15 所示。

图 12-15　供风软管

(7)软管异常如图 12-16 所示。

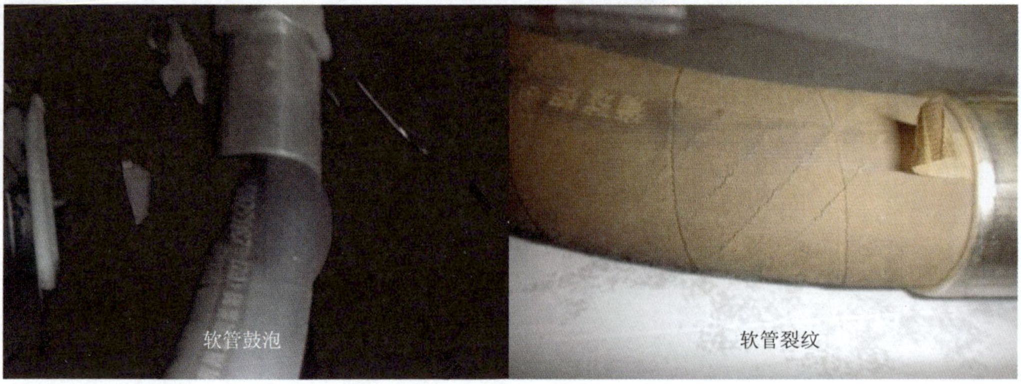

图 12-16 软管异常

复习思考题

1. 简述辅助空气压缩机排水的操作步骤。
2. 简述动车组常用、快速制动缓解功能检查作业内容。
3. 简述保压试验的操作步骤。

第十三章　高压及牵引系统检修

本章主要介绍牵引系统及高压设备的检修，主要包括牵引变压器的检查及清洁、送风机的检修、油冷却散热器的检修、牵引变流器的检查及清洁、牵引电机的检查、受电弓的检修及高压设备附件的检修。

第一节　牵引变压器检查及测试

一、牵引变压器检查及清洁

1. 拆卸设备对应位置处的裙板和底板，并对其进行清理，进、出口格栅无松动、变形（裙底板扭矩标准为 25 N·m）。

2. 检查牵引变压器及附属装置外观以及安装状态良好，悬挂部件安装状态良好，紧固螺栓防松标记清晰、无松动。

3. 检查牵引变压器本体无漏油且出线、套管没有污损，电动油泵无漏油，检查确认冷却油在对应的刻度范围。

4. 接地线连接状态良好，高压电缆线无异常，各传感器连接线无异常。

5. 压力释放阀的状态无异常。

6. 送风机外观状态良好，电源线安装牢固、无损伤。

7. 外接电源连接座安装状态良好，无松动、变色。

8. 电流互感器安装牢固、无损伤，电缆外观状态良好，无破损、变色。

9. 拆卸送风机滤网、连接波纹管，用毛刷清理送风机和风道灰尘。

二、送风机扇叶灰尘清理

1. 采用高压风（风压约 0.2 MPa）从进风口沿从上到下、从左至右的顺序对送风机进行冲扫。

2. 采用高压风（风压约 0.2 MPa）从出风口沿从上到下、从左至右的顺序对送风机进行冲扫。

3. 清洗送风机的内部结构件表面没有可见堆积灰尘存在为检验标准。

三、清理油冷却散热器

1. 用毛刷去除油冷却器的入风口冷却片部位积聚的灰尘。

2. 将冷却器进风口侧用塑料布包扎好，防止污水乱溅，同时用塑料布防护送风机整个外壳，防止污染送风机及电机、接线盒进水。

3. 用洗车设备清洗油冷却器散热片，方法如下：

(1)采用高压水清洗，水压力要小于 0.2 MPa，喷枪喷嘴要距离油冷却器表面100～120 mm。

(2)喷枪对准油冷却器出风口侧,喷射的高压水应与油冷却器翅片、整风栅栏叶片垂直(防止栅栏叶片翻卷)。然后从上至下,从左至右缓慢移动喷枪,并保持垂直状态,直到清洗干净油冷却器。

(3)冷却器用水清洗干净后,立即从出风口侧吹入压缩空气(0.2 MPa),使冷却器栅栏叶无水分。作业办法与高压水清洗办法相同。

4. 清洗完毕后,安装连接波纹管和送风机滤网,固定螺栓紧固到位。

5. 安装相应位置的裙板和底板,确认安装状态良好。

6. 升弓送电后,确认变压器及其附属装置工作状态,送风机运转正常,无异音,油泵工作正常。

第二节 牵引变流器检查及测试

一、牵引变流器检查及清洁

1. 拆卸牵引变流器对应位置处的裙板和底板,并对其进行清理,进、出风格栅无变形、裂纹(裙底板扭矩标准为 25 N·m)。

2. 检查牵引变流器外观状态良好,悬挂部件安装状态良好,固定螺栓防松标记清晰、无松动。

3. 配线管路无损伤、碰磨、变色,接线紧固。

4. 拆卸变流器滤网,对滤网和散热器进行清理,散热器清理方法是用刷子清理散热器表面吸附物,并用高压风或者吸尘器进行清理。

5. 安装变流器过滤网,并确认安装状态良好。

6. 安装相应裙板或底板,车下各底板和裙板安装紧固、无松动,确认各部状态良好。

7. 通电后,确认牵引变流器及其冷却风机工作状态良好,风机无异音。

二、牵引变流器裙板滤网清洁

图 13-1 牵引变流器滤网

1. 打开滤网(图 13-1)相应位置的活动裙板,松开滤网安装螺栓,沿车长方向将过滤网从安装槽中抽出。

2. 检查进风口侧的换热器,有积污时用吸尘器对其进行清洁。

3. 清除过滤网周边底板上的灰尘、杂物。

4. 检查过滤网,如有框架变形无法使用的更换新过滤网。

5. 用吸尘器对各过滤器框架及网进行彻底除尘;如除尘效果不好时用中性清洗剂溶液清洗。

6. 滤网清洗干净后,放料架上晾干或用高压风吹干。

7. 确认过滤网充分干燥后,或使用备用滤网按以上相反步骤安装,确认状态良好。

8. 检查活动裙板锁闭机构和安全吊带状态良好,不良时进行检修。

9. 安装好活动裙板吊带,再将活动裙板锁闭到位。

10. 确认裙板锁闭状态良好。

第三节　牵引电机检查及测试

一、牵引电机冷却风机驱动电机排水

1. 打开牵引电机冷却风机驱动电机对应位置的底板，对电机进行排水（底板扭矩标准为 25 N·m）。

2. 排水操作规程如下：

（1）用平口螺栓刀插入橡胶塞和电机接触面中间，轻轻用力撬起橡胶塞，然后用手将其拔出，开始排水（图 13-2）。

（2）排水完毕，将橡胶塞塞入排水孔，用手按压橡胶塞，直至塞紧。

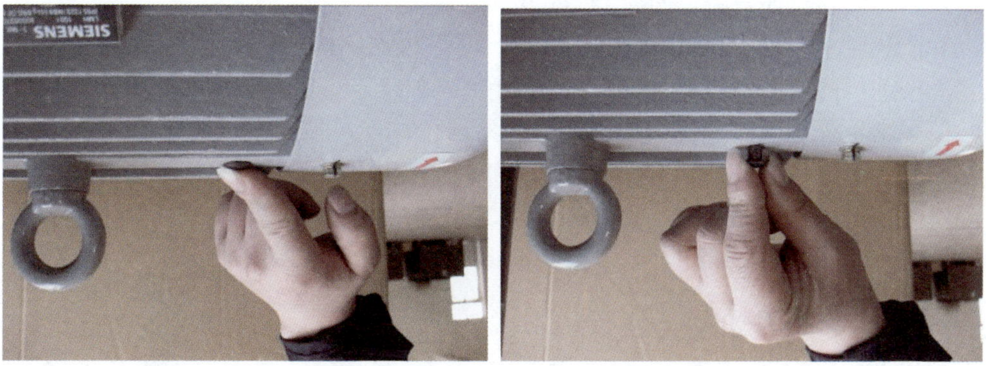

图 13-2　牵引电机排水孔橡胶塞安装

（3）按反顺序安装底板，并检查确认安装紧固、无松动，螺栓力矩符合要求。

二、牵引电机检查及清洁

1. 拆卸设备对应位置处的裙板或底板，并对其进行清理，裙板和底板无变形、破损（裙底板扭矩标准为 25 N·m）。

2. 检查确认牵引电机外观及安装状态良好，悬挂部件状态良好，固定螺栓防松标记清晰、无松动。

3. 检查确认电源线和速度传感器安装牢固、无碰磨，外观状态良好。

4. 检查确认电机冷却风机安装牢固，固定螺栓防松标记清晰、无松动，电源线安装牢固、无碰磨。

5. 检查滤网无破损、脏堵，安装牢固，若脏堵对其进行清理，电源线固定牢固，连接状态良好。

6. 检查确认牵引电机冷却风道无破损，电机进风口滤网无脏堵，安装牢固。

7. 安装裙板或底板，螺栓力矩符合要求，并确认安装状态良好。

8. 通电后，试验冷却风机工作状况良好，送风正常，无异常振动。

三、牵引电机冷却风机滤网清洁

1. 打开相应位置的裙板和底板，并对其进行灰尘清理，格栅无变形（裙底板扭矩标准为25 N·m）。

2. 用 1 500～2 000 W 吸尘器对滤网进行彻底除尘。若用硬质尼龙刷时，则沿垂向轻轻清扫，清扫下来的垃圾必须清除出设备舱。

3. 清除滤网周边底板上的灰尘、杂物。

4. 清理冷却风机自冷却风扇滤网。

5. 安装相应裙板和底板，螺栓符合力矩要求。

四、牵引电机轴承加注油脂

1. 加注要求

牵引电机传动端及非传动端各 20～25 g。

2. 油量检查

(1)对注油枪的内腔进行添加润滑油脂，要求添加量至少为内腔容量的 2/3。

(2)对注油枪进行试喷，要求在喷射流量稳定时，喷射 10 次，并将这 10 次的油脂进行秤重，从而得出每次喷射的数量(记为 A)，该数量 A 值≤1 g。

3. 注油作业

(1)对注油枪的内腔进行补加润滑油脂，要求添加量至少为内腔的 2/3。

(2)使用电子秤对已添加润滑油脂的注油枪进行秤重，并记录。

(3)拆卸牵引电机的传动端及非传动端注油堵。

(4)牵引电机加注油脂作业。

通过注油孔对传动端及非传动端的轴承加注油脂，要求两处各加 20～25 g。加注油脂过程中，要求按照：①数值 A×喷射次数≤10 g；②对注油枪秤重；③对注油孔继续注油 1 次；④对注油枪秤重。按照③和④循环作业，直到注射前与注射结束的注油枪质量差满足 20～25 g。

(5)使用乐泰 755 及白布对注油口外漏位置进行清理，要求手摸无油迹。

(6)紧固注油堵，并手动检查注油堵不松动，涂打防松标记。

(7)做好加注油脂的相关记录。

图 13-3 牵引电机软风道

五、牵引电机进风口滤网清洁

1. 松开牵引电机进风口软风道(图 13-3)螺栓，松开滤网紧固栓，取出滤网。注意抽出过程中不要将滤网上的垃圾刮落到风道。

2. 用硬质尼龙刷清扫，1 500～2 000 W 吸尘器对滤网进行彻底除尘。

3. 检查密封胶条无破损、老化，安装滤网。

4. 检查滤网、软风道安装到位，螺栓力矩符合要求。

六、油冷却器金属过滤网清洁

1. 打开相应位置的裙板(裙板扭矩标准为 25 N·m)。

2. 脱开固定在电动送风机的金属网过滤器法兰部的三个夹子的卡扣，取出过滤网。

3. 用 1 500～2 000 W 吸尘器对过滤网进行彻底除尘。

4. 清除过滤网周边底板上的灰尘、杂物。

5. 安装过滤网。

6. 安装相应裙板，螺栓齐全，力矩符合要求。

第四节　受电弓、其他高压装置检查及测试

一、受电弓检测及清洁

(一)受电弓检查

1. 目视检查碳滑板外观状态，使用钢板尺垂直测量滑板基板到碳条上边面残存厚度。当受电弓碳滑板出现下列情况时，必须进行更换：

(1)正常磨耗到限(碳条残高小于 5 mm)。

(2)超过 1 处长度方向的裂纹并连续到了滑板基板(当此裂纹接近碳滑板端部 200 mm 时，有 1 处裂纹的碳滑板必须更换)。

(3)裂缝导致滑板漏气，受电弓无法正常升起(ADD 紧急降弓装置作用)。

(4)纵向贯穿性裂纹。

(5)接头或接缝处漏气。

(6)边缘处磕碰导致滑板大面积掉块(接近宽度的 1/2)。

(7)铝托架严重烧损(铝托架烧穿 5 mm 以上)。

(8)滑板变形。

(9)两碳滑板高度差>3 mm。

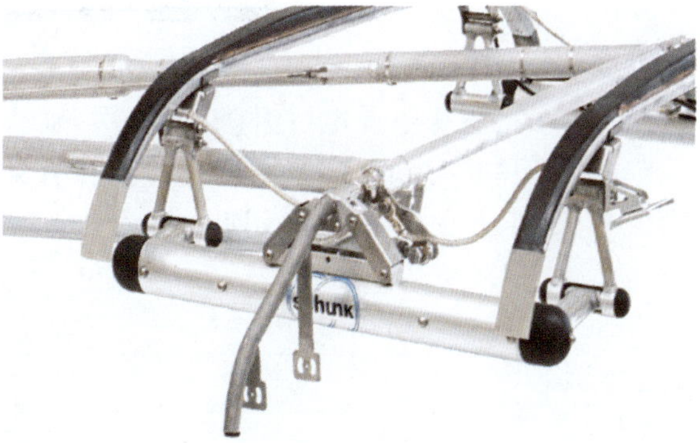

图 13-4　受电弓弓头

2. 滑板边缘掉块，使用粗锉进行修整，过渡平滑。

3. 目测同一受电弓前后滑板表面磨耗情况，发现有偏磨情况时，应通过上拉杆进行水平调整。

4. 目视检查弓头(图 13-4)支架等零件无变形、脱落、裂纹等现象。

5. 检查弓角涂层无损伤。

6. 目视检查下导杆两端的关节轴承以及升弓装置销轴处保持润滑，转动灵活，没有缺损，轴关节如图 13-5 所示。

7. 目视检查底架橡胶堆无老化变形，安装应水平；橡胶气管无破损。

8. 目视检查升弓装置(图 13-6)气囊无破损现象，裂纹深度≤2 mm，长度≤10 mm。

9. 目视检查阻尼器(图 13-7)无漏油现象。

10. 目视检查钢丝绳无断股现象，在降弓位置，两侧钢丝绳的张紧程度应一致。

11. 目视检查各部软连接线无破损，连接螺母紧固，接触良好，PU-4 气管无破损。

12. 检查各部紧固零部件无松动。

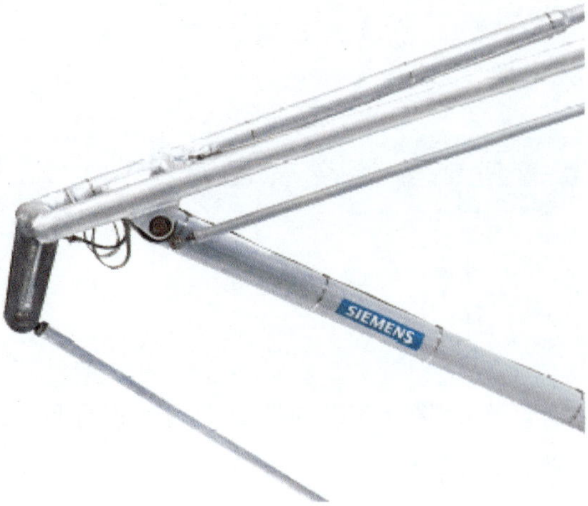

图 13-5　受电弓轴关节

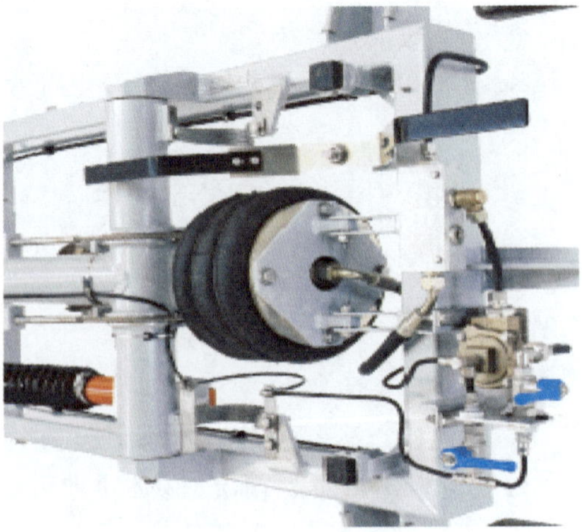

图 13-6　升弓装置

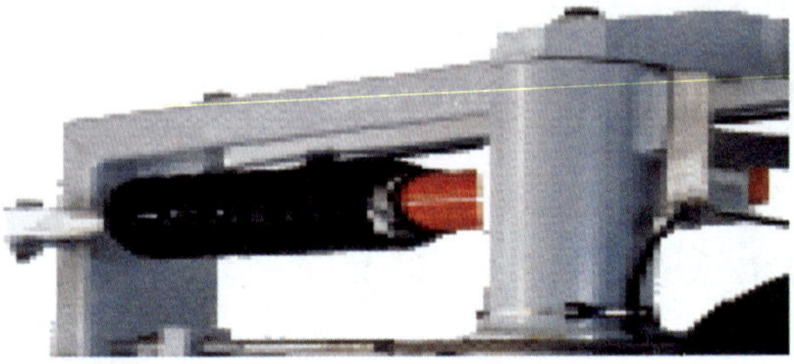

图 13-7　阻尼器

13. 在司机室操纵受电弓升降 2～3 次，确认受电弓各部无漏气现象。

14. 在升弓状态到相应车厢通过目测和听觉检查受电弓控制阀板(图 13-8)，应安装牢固，无漏气现象，压力表在检定有效期内。

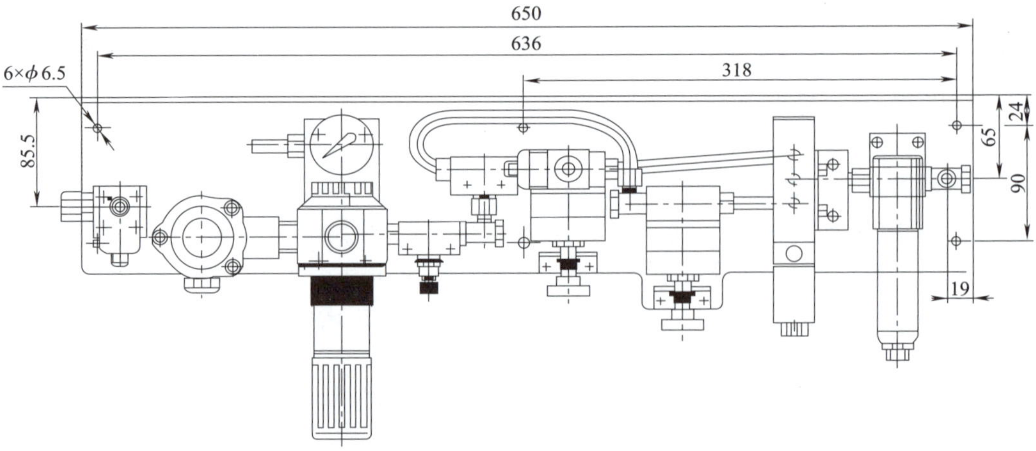

图 13-8　受电弓控制阀板

15. 清扫空气过滤器(图 13-9)：

(1)在降弓状态，确认受电弓压力空气已切断。

(2)逆时针或顺时针推动过滤器上的锁扣，直到滤清器上的一个记号到达另一个记号时，拆下过滤器。

(3)用白湿布清洁滤清器，如果发现有残余油脂，应找出原因及时解决。

(4)检查滤清器的橡胶垫，如损坏就更换。

(5)安装滤清器回原位，安装完后，将滤清器向上锁止。

图 13-9　空气过滤器

(二)受电弓静态调整和测试

1. 检查和调整静态接触压力

(1)检查受电弓静态接触压力：

升起受电弓，确认受电弓压缩空气压力在额定范围内 340～420 kPa(3.4～4.2 bar)。用轻弹簧秤连接顶管弓的中间，在升弓高度从 0.5～2.4 m 范围内慢慢向下移动中测量接触压力，下降速度最大不超过 0.1 m/s；升弓高度从 0.5～2.4 m 范围内慢慢向上移动测量接触压力。

(2)调整受电弓静态接触压力(压力达不到要求时进行)：

关闭电磁阀，没有空气源通过控制阀，关闭控制阀(旋出手动轮)；受电弓系统控制启动后，系统应该没有空气压力，受电弓处于降弓位置，空气压力通过打开控制阀慢慢提高(旋进手动轮)，受电弓带着弓头向上移动，它可以通过设置手动轮保持在不同的高度。

(3)受电弓保持在 0.5～2.4 m 高度范围内，用弹簧秤与受电弓进行连接测量接触压力，在接触压力调节到 80N 时，使用沉头螺母固定控制阀。

(注意：不允许使用空气压力值作为调节接触压力的依据)

2. 检查和调整升弓和降弓时间

(1)检查受电弓升降弓时间：

升起受电弓，测量受电弓从降弓位升起至绝对位移 900 mm 处的时间 t，$t<4$ s；降下受电弓，测量受电弓从绝对位移 900 mm 处下降至降弓位的时间 t，$t<4$ s。

(2)调整受电弓升降弓时间(时间达不到要求时进行)：

静态接触压力和气囊压缩压力均正常时，反复操作受电弓上升与降下，通过 4 或 6 车内控制阀的节流阀调节如下：升降弓时间增加时顺时针旋转；升降弓时间减少时逆时针旋转。

注意：升降弓时间调节是同时的。升弓时不允许受电弓有任何回跳；降弓时应有缓冲，上框架顶管应落在 2 个橡胶减振座上，允许降弓时，在降弓位弹跳。

3. 受电弓不上升测试

(1)转动“EGCS”开关旋钮至闭合位，确认车顶 EGS 接通。

(2)将“受电弓上升”开关扳至闭合位，确认受电弓不上升。

(3)将“接地保护断开”扳键开关扳至闭合位，确认 4 和 6 号车车顶 EGS 断开。

(4)按下“VCB 合”按钮，将“受电弓上升”扳键开关扳至闭合位，确认受电弓不上升。

(5)按下“VCB 断”按钮。

4. 受电弓上升测试

(1)将“受电弓上升”扳键开关扳至闭合位，确认受电弓上升。

(2)按下“VCB 合”按钮,通过显示器(MON)确认 VCB 接通。

(3)按下“降弓”按钮开关,确认 VCB 断开且受电弓降下。

5. 受电弓绝缘检测

用 1 000 V 兆欧表测量受电弓框架和大地(EGS 盘)之间阻值在 25 MΩ 以上,测量时需将高压互感器接地线拆掉。

(三)清洁绝缘子和绝缘管

1. 清洁绝缘子,可用水加常规的清洁剂。如污垢较大时,可用清洁溶剂,最后用干净、干燥的纯棉布擦干绝缘子。

2. 用干净、干燥的纯棉布清洁绝缘管。

3. 确认车顶 EGS 断开。

二、高压隔离开关检查及清洁

1. 目视检查高压隔离开关组装外观状态良好,各部紧固螺栓紧固良好,各风管接头无漏风现象。

2. 在 MON 上显示出远程控制切除画面,打开隔离开关。

3. 检测刀夹在自由状态下两弹簧片(图 13-10)间的距离≤7.5 mm,闸刀接触部分厚度≥9 mm。

4. 清洁绝缘子,可用水加常规的清洁剂。如污垢较大时,可用中性清洁溶剂(白猫牌家用清洁剂),最后用干净、干燥的纯棉布擦干绝缘子。

5. 用润滑油润滑簧片。

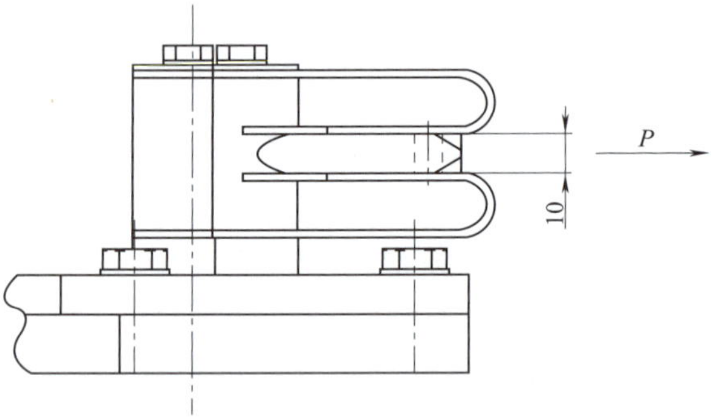

图 13-10 簧片示意图

6. 在 MON 上远程控制切除画面,闭合隔离开关,并在车顶确认隔离开关恢复到位。

三、接地电阻(图 13-11)检查及清洁

1. 打开相应位置处底板,并对其进行清理(底板扭矩标准为 25 N · m)。

图 13-11 接地电阻器

2. 检查接地电阻安装状态,固定装置紧固、无松动,外观状态良好。

3. 打开电阻防护板，清扫电阻表面灰尘。

4. 断开 2 500 和 2 500 A 线，测量接地电阻阻值，阻值矩(0.5±0.05)Ω，测量完毕后，紧固接线端子，检查无松动。

5. 安装电阻防护板，紧固到位，确认安装状态良好。

6. 安装底板，螺栓紧固力矩符合要求，确认安装状态良好。

四、高压机器箱检查及清洁

1. 拆卸相应车辅助空压机控制柜和高压机器箱处裙板和底板，并对其进行清理(裙底板扭矩标准为 25 N·m)。

2. 检查箱体本体的外观状态良好，各部悬挂件状态良好，固定螺栓防松标记清晰、无松动，柜门密封良好、无变形。

3. 接通 DC 100 V 电源，打开辅助空压机控制柜，按下接地保护按钮，取出高压机箱钥匙。

4. CRH380A 取钥匙方法如下：

(1)从 6 号车辅助空压机取出的钥匙可以直接打开 6 号车的高压机器箱。

(2)从 4 号车辅助空压机取出的钥匙需打开 4 号车下的联锁盒，从联锁盒中取出 2 把钥匙后方可打开 2 号、4 号车的高压机器箱；取出的两把钥匙完全一样。

5. CRH380AL 取钥匙方法如下：

(1)将辅压机控制柜钥匙箱两侧把手打至水平位置，拉下钥匙盖板，按压钥匙上方黑色按钮取出钥匙。

(2)拆卸 5 车、13 车相应安全联锁装置盖板的安装螺栓，打开安全联锁盖板。

(3)从辅压机内取出的钥匙插入相应车安全联锁钥匙处，按标识旋转后取出两把一样的高压箱钥匙(1 号用 5 车钥匙打开 02、04、06、08 车的高压设备箱；13 车钥匙用来打开 10、12、14 车的高压设备箱)。

6. CRH2C 取钥匙方法如下：

(1)接通 DC 100 V 电源，打开辅助空压机控制柜，按下接地保护按钮，取出高压机箱钥匙(图 13-12)。

(2)确认高压机器箱显示灯显示正常，打开高压机器箱(图 13-13)，箱体无损伤。

(3)清理高压机器箱及过滤器灰尘。

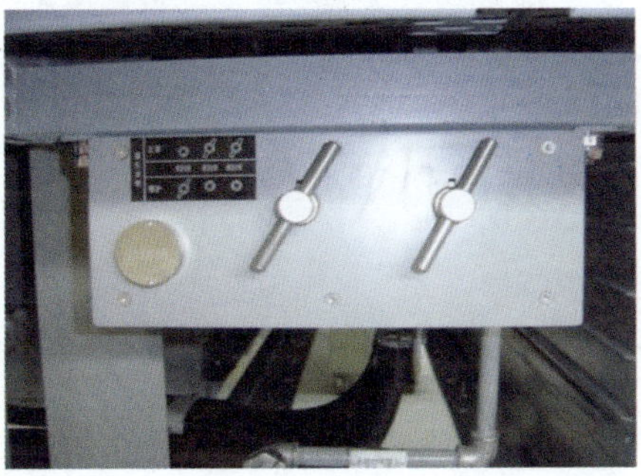

图 13-12　高压机器箱钥匙

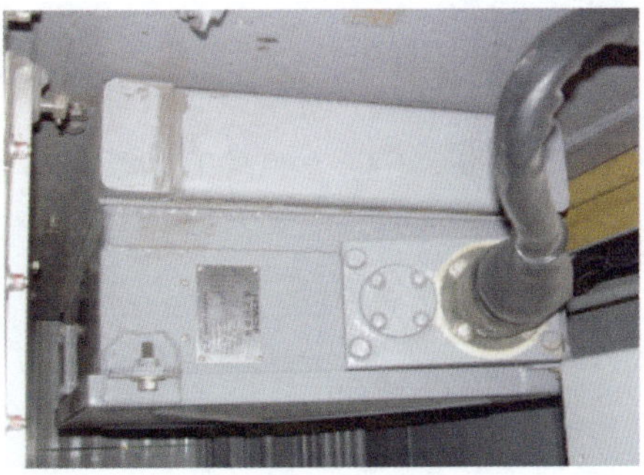

图 13-13　高压机器箱

7. 检查真空断路器、避雷器、车底电缆外观状态良好，安装牢固、无松动，瓷瓶无损伤。

8. 真空断路器操作机构无污损、配管无漏气，并对瓷瓶进行清灰。

9. 检查完毕后，锁闭高压机器箱柜门。
10. 将高压机器箱钥匙放回辅助压缩机控制柜内，接地保护按钮复位，关闭控制柜柜门。
11. 安装裙板和底板，螺栓紧固力矩符合要求，并确认其安装状态良好。
12. 断开车上 DC 100 V 电源。

五、特高压连接电缆、绝缘子、保护接地装置检查

1. 特高压连接电缆检查(图 13-14)
(1)特高压连接电缆盒无破损变形，外观及安装状态良好。
(2)特高压保护橡胶套磨损不过限。
(3)各电缆接头外观及安装状态良好。
2. 各绝缘子检查
(1)表面清洁，无破损、变形；本体无裂纹。
(2)同一绝缘子的损伤在 7 处以下。
(3)同一褶边的损伤在 2 处以下。
(4)损伤的大小、沿着周长长度在 60 mm 以下。
(5)同一褶边在有 2 处损伤情况下，任何一处的损伤在 30 mm 以下。
(6)绝缘子体部分没有裂纹，直径的减少在 20 mm 以下。
3. 保护接地装置检查(图 13-15)
(1)各接线牢固无破损，管卡接头无松动。
(2)刀座及闸刀无烧蚀等异常。
(3)接地线无磨损断股，连接器插接到位可靠。

图 13-14 车顶高压电缆

图 13-15 保护接地装置

复习思考题

1. 简述高压系统包含哪些配件。
2. 简述受电弓检修作业的主要检查项点。
3. 简述高压机器箱取用的方法。

第十四章　电气装置及控制系统检修

本章主要介绍电气装置及控制系统的检修，包括辅助电源装置的检修、辅助整流器的检查及清洁、蓄电池的检查及清洁、接触器箱的检查及清洁、配电柜的检查及清洁、换气装置的检查及清洁、空调装置和相关附件的检修、过分相装置的检测以及烟火报警系统的检修。

第一节　辅助供电系统检查及测试

一、辅助电源装置（图 14-1）检查及清洁

1. 确认无电后，拆卸辅助电源装置处对应的裙板和底板，并对其进行清理，检查进、出风口格栅无松动、损坏。

2. 检查箱体外观及安装状态良好，悬挂部件状态良好，固定螺栓防松标记清晰、无松动。

图 14-1　辅助电源装置

3. 拆卸辅助电源装置滤网及单元模块柜门，并对其进行灰尘清理；检查辅助电源线外观状态无异常，无碰磨，密封泥无脱落，密封良好。

4. 清理辅助电源装置散热器上的杂物，用高压风或者吸尘器清理。

5. 打开相应配电柜，检查辅助电源装置接触器及控制模块外观状态良好，安装紧固，接线端子无松动、变色，接插件插接到位、无松脱。

6. 安装各部柜门和滤网，紧固到位，确认安装状态良好。

7. 安装辅助电源装置对应位置处裙板和底板，并对安装状态进行确认，裙板固定螺栓紧固扭力符合要求。

8. 升弓供电或连接外接电源线。

9. 在车下设备位置处确认设备工作状态正常，风机运转正常，无异音。

二、辅助整流器(图 14-2)检查及清洁

1. 打开辅助整流器装置对应位置处的裙板和底板，并对其进行灰尘清理(裙、底板扭矩标准为 25 N·m)。

2. 检查设备外观及安装状态良好，固定螺栓防松标记清晰、无松动，悬挂梁无裂纹。

3. 清理辅助装置表面杂物，用高压风管或吸尘器清理装置内部灰尘。

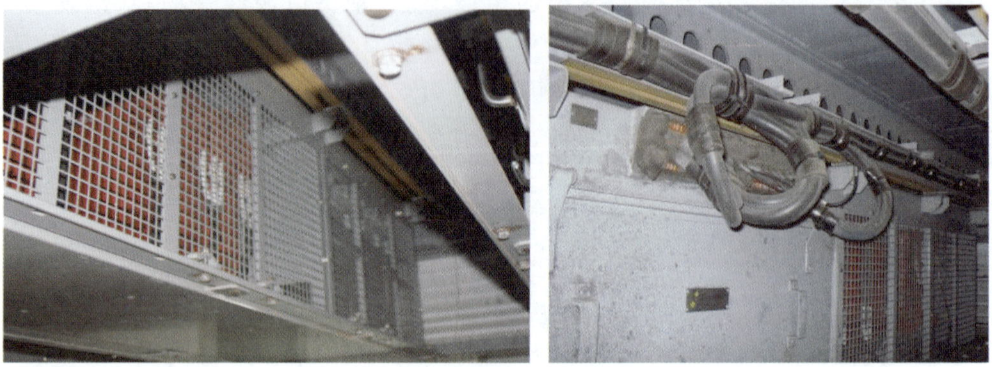

图 14-2 辅助整流器

4. 各部件无异样、无变色，安装牢固，外部配线无破损。

5. 安装裙板和底板，并确认安装状态，紧固力矩符合要求。

三、蓄电池装置(图 14-3)检查及清洁

图 14-3 蓄电池装置

1. 断开相应车配电盘蓄电池接触器 NFB。

2. 打开蓄电池箱安装部位的裙板和底板，并对其进行灰尘清理(裙底板扭矩标准为 25 N·m)。

3. 检查蓄电池箱外观及安装状态良好，悬挂部件状态良好，固定螺栓防松标记清晰、无松动。

4. 用干布来清理蓄电池箱及蓄电池。

5. 检查蓄电池固定良好，确认蓄电池无破裂、变形、漏液。

6. 检查接线端子无腐蚀、发锈、碰磨；连接线无挤压、连接牢固，连接线内芯线露出或断线时更换连接线。

7. 使用负载表测定蓄电池电压，不带负载时总电压不低于 87 V。

8. 检查蓄电池电解液液面，低于最底液面时进行补液(两个刻度对应最高和最低线)，以下情况时必须要进行换液：

(1)蓄电池内进入不纯物或杂质的情况下。

(2)活性化充放电满足不了规定值的情况下。

9. 蓄电池部件的更换：蓄电池液口栓盖的 O 形圈有裂缝或劣化时进行更换。

10. 将相应车蓄电池轻轻推入蓄电池箱内，固定牢固，连接线无挤压。

11. 用扭矩扳手安装对应位置处的裙板和底板，螺栓力矩符合要求，确认安装紧固。

12. 在相应车配电盘合上蓄电池接触器 NFB，电压表电压显示不低于 87 V。

13. 按下电压表切换开关(VCgS)，显示电压表(图 14-4)V3 电压应为 90 V 以上。

14. 作业完毕后，恢复各开关。

15. 操作司机室配电盘上的应急蓄电池合自复位旋转开关(EVCS)，观察应急通风系统是否启动，正常启动后再旋转应急蓄电池切除自复位旋转开关。

图 14-4　电压表

四、接触器箱(图 14-5)检查及清洁

1. 拆卸接触器箱对应位置处的裙板和底板，并对其进行清理(裙、底板扭矩标准为 25 N·m)。

2. 检查接触器箱外观及安装状态良好，悬挂部件状态良好、无裂纹，固定螺栓防松标记清晰、无松动。

3. 外部配线外观状态良好，无破损、碰磨，清除配线表面灰尘，捆绑紧固、无松动。

4. 检查柜门安装状态良好。

5. 安装接触器对应位置处的裙板或底板，紧固力矩符合要求，并确认其安装状态。

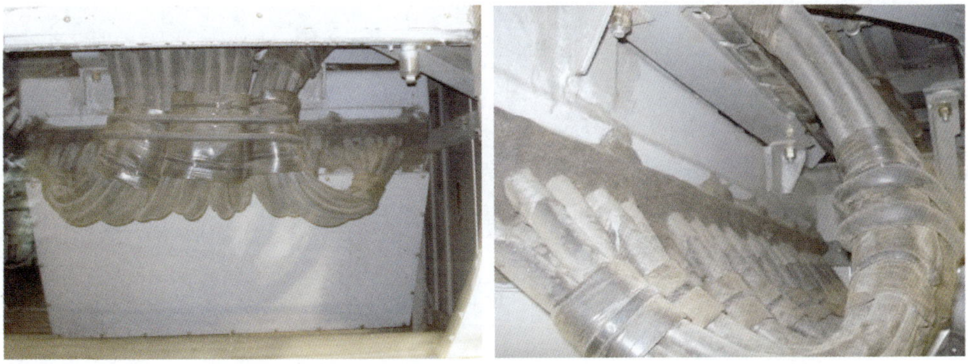

图 14-5　接触器箱及配线

第二节　车内电气设施检查及测试

一、运行配电柜检查及清洁

1. 打开运行配电柜门的门锁。

2. 确认无电后，清扫运行配电柜内各部件。

3. 无电检查：

(1)各接触器、继电器、电磁阀安装状态良好。

(2)各线号清晰，配线正确、状态良好，各接线端子及接点无损坏、变色，线卡紧固，密封胶泥密封良好。

(3)各车故障复位及切除开关按钮动作灵活，无卡滞，安装牢固。

(4)各标志牌显示正确,字体清晰,说明书粘结牢固。

(5)各管路阀门位置正确,标记清晰,管路无泄漏,各螺栓紧固、无松动。

(6)各配电盘内洁净,无异物,无积水,隔热层良好,无破损。

(7)柜门锁作用良好,柜子各拉门外观状态及动作良好。

4. 有电检查:

(1)各车故障指示灯外观状态良好,显示正确。

(2)相应车蓄电池电压表无破损,安装牢固,读数正确,按期校验。

5. 锁闭配电柜门。

二、服务配电柜检查及清洁

1. 打开服务配电柜门的门锁。

2. 确认无电后,清扫配电柜内各部件。

3. 无电检查:

(1)各线号清晰,配线正确、状态良好,接线端子和插接线无损坏、变色,安装牢固,线卡紧固。

(2)相应车接触器安装状态良好。

(3)相应车刀片式闸刀位置正确,动作灵活,无卡滞,所用工具配置齐全;相应车车端解除开关位置正确,动作灵活,无卡滞。

(4)各接地开关盘安装状态良好,线排插拔到位,动作灵活,接线端子无损坏、变色,密封胶泥密封良好。

(5)各标志牌显示正确,字体清晰,说明书粘结牢固。

(6)各配电盘内洁净,无异物,无积水,隔热层良好,无破损。

(7)柜门锁作用良好,柜子各拉门外观状态及动作良好。

4. 有电检查:

(1)空调显示设定器外观检查良好,显示正确。

(2)各显示灯外观良好,显示正确。

5. 锁闭配电柜门。

三、组合配电柜检查及清洁

1. 打开配电柜门的门锁。

2. 确认无电后,清扫配电柜内各部件。

3. 无电检查:

(1)各线号清晰,配线正确、状态良好,接线端子和插接线无损坏、变色,安装牢固,线卡紧固。

(2)各车接触器、继电器安装状态良好。

(3)各接地开关盘安装状态良好,线排插拔到位,动作灵活,接线端子无损坏、变色,密封胶泥密封良好。

(4)各标志牌显示正确,字体清晰,说明书粘结牢固。

(5)各配电盘内洁净,无异物,无积水,隔热层良好,无破损。

(6)柜门锁作用良好,柜子各拉门外观状态及动作良好。

4. 通电检查：

(1)空调显示设定器外观检查良好，显示正确。

(2)各显示灯外观良好，显示正确。

(3)相应车蓄电池电压表无破损，安装牢固，读数正确，按期校验。

5. 锁闭配电柜门。

四、温水污物、继电器配电柜检查及清洁

1. 打开配电柜门的门锁。

2. 确认无电后，清扫配电柜内各部件。

3. 无电检查：

(1)各线号清晰，配线正确、状态良好，各接线端子及插接线无损坏、变色，线卡紧固，密封胶泥密封良好。

(2)温水污物配电柜内坐式厕所故障复位按钮动作灵活，无卡滞；DTC 外观状态良好。

(3)各标志牌显示正确，字体清晰，说明书粘结牢固。

(4)各配电柜内洁净，无异物，无积水，隔热层良好，无破损。

(5)终端装置指示灯外观状态良好，连线无损坏、变色、松动。

(6)柜门锁作用良好，柜子各拉门外观状态及动作良好。

4. 有电检查：

(1)主机指示灯外观状态良好，连线无损坏、变色、松动。

(2)DTC 功能正常。

(3)各联络电话外观性能良好。

(4)各显示灯外观、状态良好。

5. 锁闭配电柜门。

五、吧台/厨房配电柜检查及清洁

1. 打开吧台/厨房配电柜门。

2. 确认无电后，清扫配电柜。

3. 无电检查配电盘内部各部件。

(1)各线号清晰，配线正确、状态良好，接线端子和插接线无损坏、变色，安装牢固，线卡紧固，密封胶泥密封良好。

(2)配电盘内洁净，无异物，无积水。

(3)各标志牌显示正确，字体清晰，说明书粘结牢固。

(4)柜子拉门外观状态及动作良好，门作用良好。

4. 通电检查配电盘故障指示灯动作正常。

5. 锁闭吧台/厨房配电柜门。

六、接地继电器检查及清洁

1. 无电状态时，检查相应车继电器配电盘，端子外观状态良好，接线端子无松动，清扫配电盘。

2. 升弓供电后，测量接地继电器 GR3(图 14-6)的 701C～700A 间输入电压，应为 AC 5 V 以下。
3. 作业完毕后恢复配电柜状态。

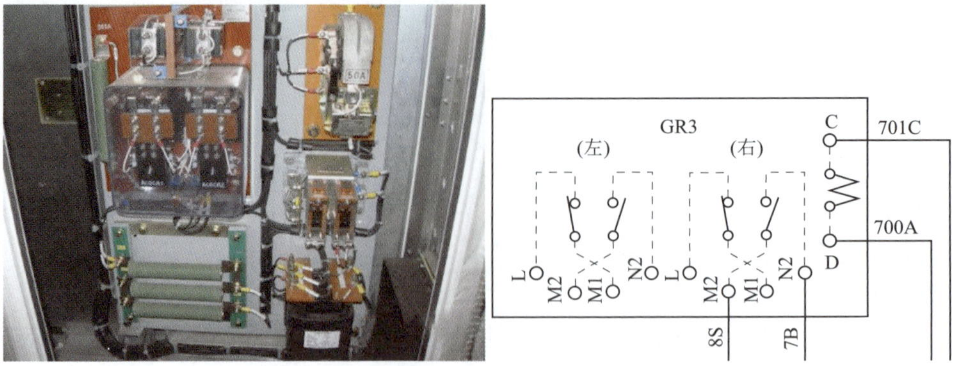

图 14-6　接地继电器

第三节　空调系统检查及测试

一、司机室空调装置(图 14-7)检查

1. 打开驾驶室空调装置室外处底板、裙板，并对其进行灰尘清理。

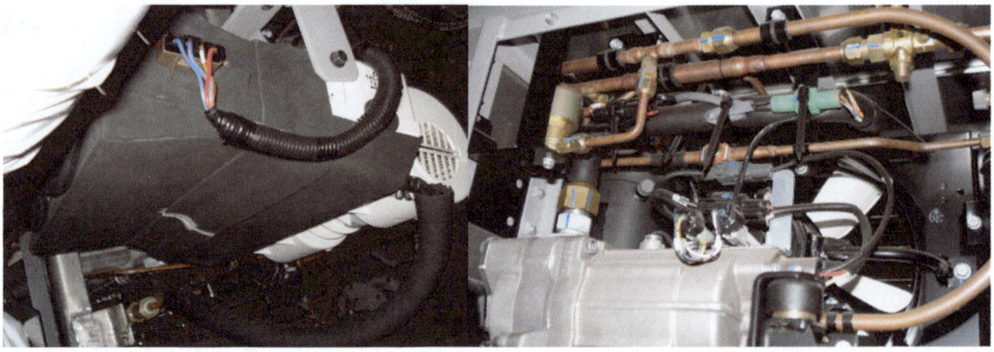

图 14-7　司机室空调装置

2. 检查空调装置室外机外观及安装状态良好，固定螺栓防松标记清晰、无松动。
3. 检查管路无泄漏，配线无破损。
4. 检查冷凝器无脏堵；如脏堵，对其进行清理或中性洗涤剂清洗。
5. 手动转动冷凝风扇，转动平稳、无异音。
6. 检查室内机外观及安装状态良好，排水管路畅通。
7. 配线管路无松动、碰磨，端子无变色。
8. 安装相应底板或裙板，螺栓齐全，力矩符合要求。
9. 通电后，设备工作正常，风机转动无异音，送风状态良好。

二、客室空调机组检查及清洁

1. 拆卸空调机组对应部位处的裙板和底板，并对裙板和底板进行清理，进、出风口格栅无松动、损坏。

2. 检查空调机组箱体外观及安装状态良好，悬挂件状态良好，固定螺栓防松标记清晰、无松动，各柜门安装状态良好。

3. 拆卸空调机组冷凝器和蒸发器过滤网，并进行清理，如有破损或变形时更换。

4. 打开蒸发器排水盘底部螺堵排水，再松开排水盘并清理排水泵吸水口污物（制冷季节进行）。

5. 检查空调机组冷凝器和蒸发器无脏堵，对堆积脏物进行清理，管路无泄漏。

6. 检查外温传感器外观状态良好，接线状态良好、无松动。

7. 打开冷凝风机（图 14-8）相应位置的裙板，检查空调机组冷凝器风机状态，转动平稳，无异音，表面如有积尘时进行清理，各固定螺栓防松标记清晰、无松动。

8. 确认空调附近底板调风板和端板辅助进风口设置状态是否正确。

9. 安装各部滤网、排水盘，并确认状态良好，螺栓扭力符合要求。

10. 安装对应位置处裙板和底板，并确认其安装状态。

11. 整车通电。

12. 确认本车服务配电盘盒上空调机组空气开关处于闭合状态。

13. 在车体两侧对空调机组进行状态试验，设备工作正常，转动部件无异常振动。

图 14-8　空调机组冷凝器风机

14. 检查车内空调的温度传感器，打开外罩清理灰尘，探头安装牢固。

15. 将空调打到“强冷”位，工作 10 min 后，通过空调控制器确认工作电流为 30～80 A。

三、客室空调机组冷凝进风侧底板调风板和端板辅助进风口调整方式

1. 各车空调机组冷凝进风口侧的底板分为两种，如图 14-9 所示。

2. 远离空调机组的底板 2 上设置了调风板（图 14-10），调风板部分设置为可抽拉结构，根据需要可以调整开/关。

3. 调风板开/闭操作：

空调底板 2 上的进风口的调风板在夏季应处于开位，冬季处于关位，如图 14-11 所示。调风板的开关可以通过调整固定螺栓 M6×16 实现，如图 14-12 所示。拆下固定螺栓，平移调风板到开位，如图 14-13 所示。

图 14-9 底板(空调机组冷凝进风侧部位)安装图

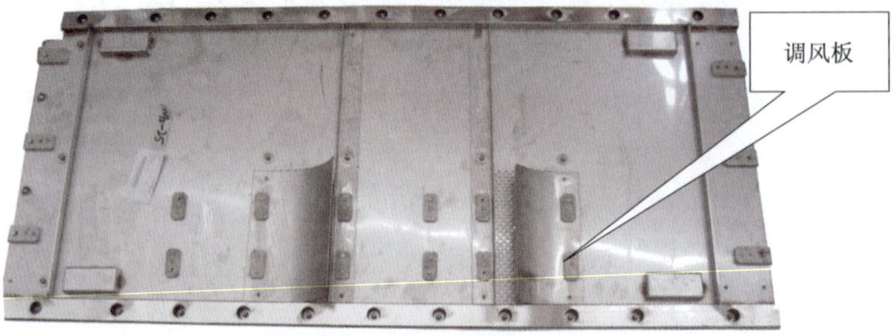

图 14-10 调风板

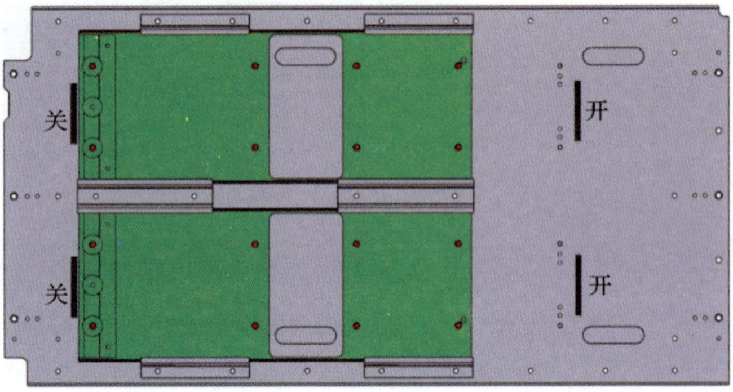

图 14-11 关位

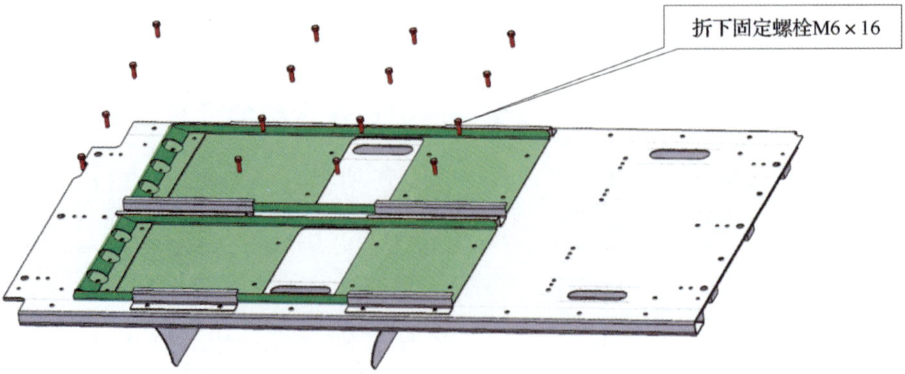

图 14-12 拆下固定螺栓

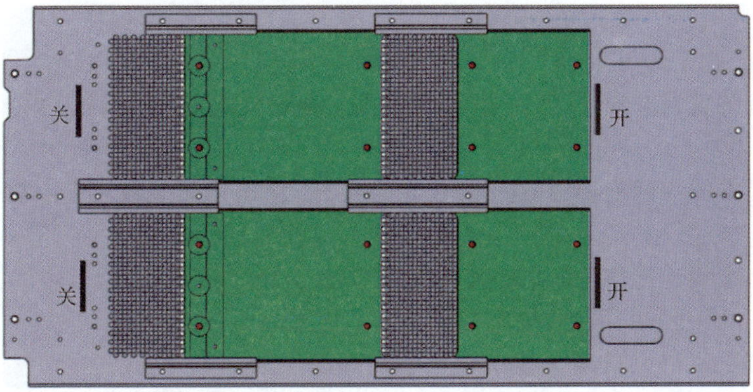

图 14-13　开位

4. 在车端枕内的空调机组侧端板上设置有空调机组辅助进风口。在夏季应处于开位，冬季处于关位（进风口的开和关可以通过摆页把手外露的长短判断，摆页外露短说明摆页处于关位，反之处于开位）。端部辅助进风孔的开关可以通过调整进风口摆页的固定螺栓实现，松开摆页的锁紧螺母，拉动把手到相应位置，然后再紧固锁紧螺母。若开关过程中拉动把手时出现卡滞现象，有可能是摆页转轴有灰尘，此时不要强制拉动把手，可把端部进风口拆卸下来对摆页连接轴周围的灰尘进行清洗，然后调整摆页到相应位置。摆页操作如图 14-14、图 14-15 所示。

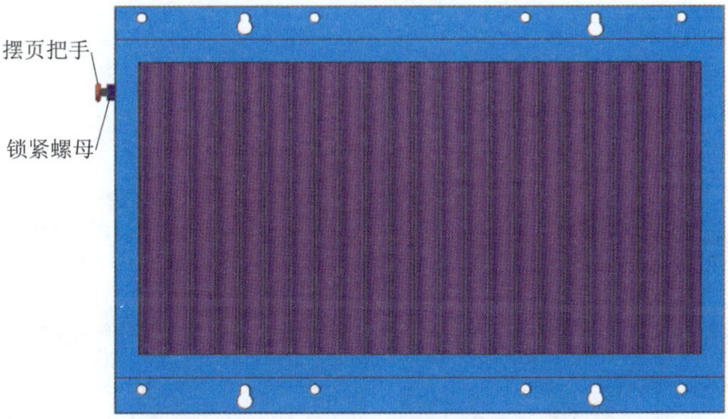

图 14-14　进风口处于关位

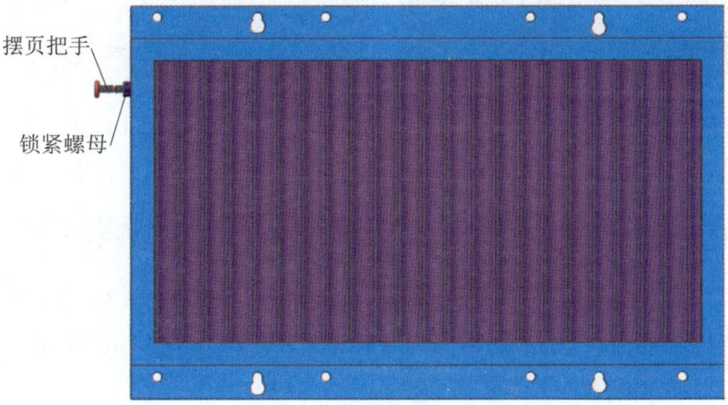

图 14-15　进风口处于开位

四、换气装置本体及逆变器检查及清洁

1. 拆卸换气装置对应部位处的裙板和底板，并对其进行清理，进、出风口格栅无松动、损坏。

2. 换气装置本体和逆变器外观及安装状态良好，悬挂梁无裂纹，固定螺栓防松标记清晰、无松动。

3. 检查外部配线连接牢固、无破损、碰磨。

4. 逆变器滤网无脏堵、破损，安装牢固。

5. 检查废排出风口风量调节板安装状态良好。

6. 安装对应位置处裙板和底板，螺栓齐全，力矩符合要求，并确认其安装状态。

7. 检查车辆端部新风道罩板及安装螺栓，状态良好，无变形、松动。

8. 供电。

9. 在车下设备位置确认设备工作状态正常，风机运转正常，无异音。

五、客室空调机组排水泵(图 14-16)及管路清洁

1. 卸下空调机组底部排水盘上排水堵(图 14-17)，排净底板存水。

2. 打开空调机组底部排水盘。

3. 对排水泵吸水口滤网、水泵进水管进行清洗疏通。

4. 清理底板及周边杂物。

5. 安装相应底板，螺栓力矩符合要求。

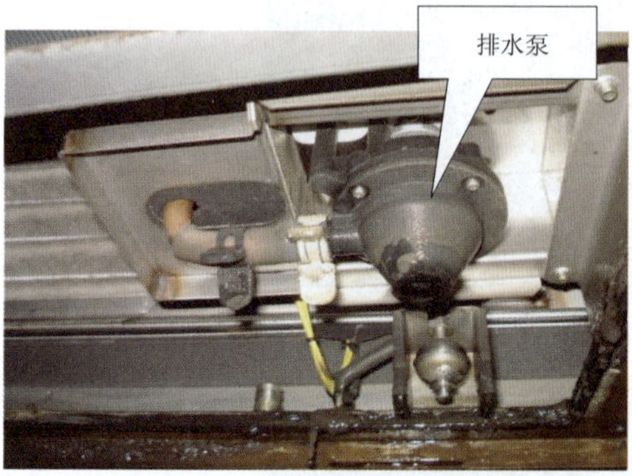

图 14-16　排水泵

图 14-17　排水堵

六、室内回风口(图 14-18)、卫生间废排口(图 14-19)滤网清洁

1. 用 1 500～2 000 W 吸尘器对各车厢座席下回风口、通过台处配电柜旁回风口、监控室内回风口、乘务员室内回风口、厕所废排口、司机室边柜处回风口滤网进行清扫。

2. 滤网破损或变形无法使用的更换。

3. 清扫滤网时空调装置需在停止时进行。

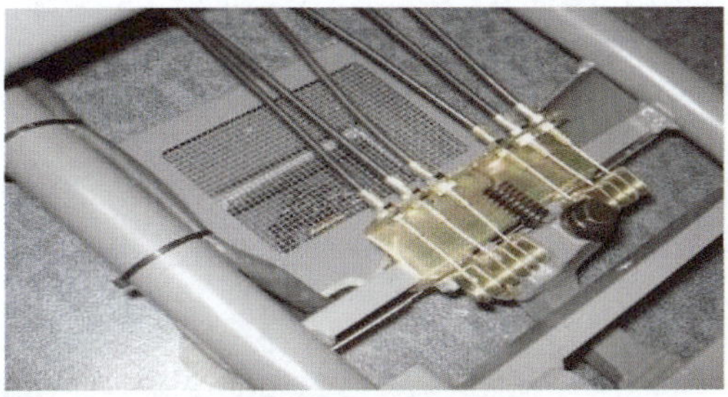

客室座椅下回风口

配电柜回风口

餐车座椅下回风口

乘务员室回风口

图 14-18　室内回风口

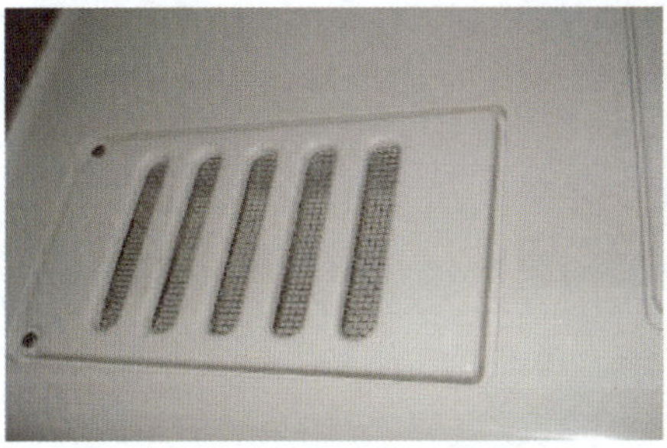

图 14-19　厕所废排口

七、换气装置逆变器滤网清洁(图 14-20)

1. 卸下换气装置逆变器滤网相应位置的底板,打开滤网卡子,取出滤网。

2. 将取出的滤网用吸尘器或压缩空气清理干净。

3. 清除过滤网周边底板上的灰尘、杂物。

4. 安装滤网。

5. 安装相应底板,螺栓齐全,力矩符合要求。

6. 相关螺栓规格及扭矩值见表 14-1。

表 14-1　相关螺栓规格及扭矩值

部位描述	螺栓规格	扭矩值(N·m)	备注
底板安装	8.8 级　M10×20	22.5～26.2	

图 14-20　换气装置逆变器滤网

八、应急通风装置检查及清洁(图 14-21)

1. 打开端部新风车内部分的格栅。
2. 用毛刷清扫格栅及应急通风机叶片。
3. 恢复格栅。
4. 闭合服务配电盘内应急通风电源开关。
5. 开启应急通风系统,确认通风状况良好。

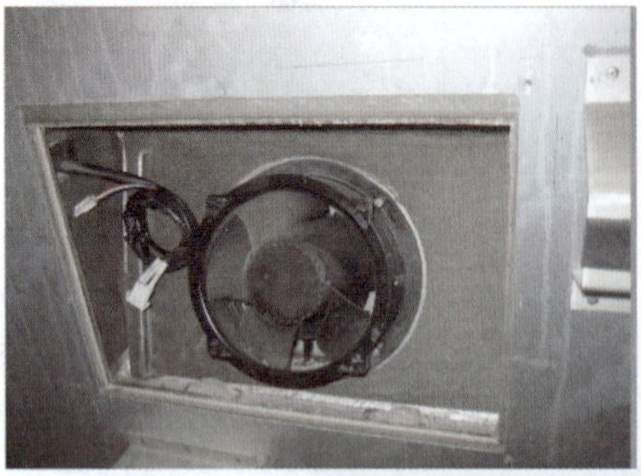

图 14-21　应急通风装置

九、空调机组冷凝器滤网清洁

1. 打开空调机组滤网对应位置的底板(图 14-22),取下过滤网(图 14-23)。

2. 检查进风侧的冷凝器,有积污时用吸尘器对其进行清洁或用水(中性洗涤剂)进行清洗。

图 14-22　冷凝器底板

图 14-23　冷凝器滤网

3. 清除过滤网周边底板上的灰尘、杂物。如有框架变形、损坏时更换新品。

4. 更换过滤材料。

5. 用 1 500～2 000 W 吸尘器对各过滤材料进行彻底除尘；如除尘效果不良，用中性清洗剂进行清洗。

6. 安装干燥的过滤网，并确认状态良好。

7. 安装相应底板，螺栓力矩符合要求。

十、空调机组蒸发器滤网清洁

1. 打开蒸发器排水盘排水堵排水，再打开排水盘，并清理底板。

2. 检查进风侧的蒸发器，有积污时用吸尘器对其进行清洁或用水(中性洗涤剂)进行清洗。

3. 清除过滤网周边底板上的灰尘、杂物。如有框架变形、损坏时更换为新品。

4. 更换过滤网。

5. 用 1 500～2 000 W 吸尘器对各过滤器框架进行彻底除尘；如除尘效果不良，用中性清洗剂进行清洗。

6. 安装干燥的过滤网，并确认状态良好。

7. 安装相应底板，螺栓力矩符合要求。

第四节　控制系统检查及测试

一、自动过分相装置检测

1. 外观检查各感应接收器不得丢失、损坏，连接电缆不得断裂破损，转接插头连接紧固状况良好。

2. 外观检查各感应接收器及安装支架、信号处理器的紧固状况，各紧固件安装螺栓不得松动、断裂。

3. 测量感应接收器安装位置应满足感应接收器的底面中心位置距离钢轨面高度 110^{+20}_{0} mm，距离钢轨中心(300±20) mm。

4. 将信号处理器的连接插头 X1 松开，用万用表分别测量其插孔 1 和 2、3 和 4、6 和 7 以及 19 和 20 之间的直流电阻，观测其电阻值是否在正常范围 550～650 Ω 内。

5. 检查完毕后，恢复各接插头，确认安装状态良好。

6. 接通 DC 100 V 电源，检查信号处理器的指示灯和开关是否能正常工作。

7. 过分相系统的综合性能测试，其中包括系统的自检、试验按钮试验以及划磁铁试验。

(1)系统通电自检(核对)：

打开信号处理器电源，面板指示灯指示见表 14-2。

表 14-2　面板指示灯

序　号	内　容	状态显示		
		长亮	不亮	闪亮
1	T1			
2	T2			

续上表

序　　号	内　　容	状态显示		
		长亮	不亮	闪亮
3	T3	/	/	
4	T4	/	/	
5	故障	/	/	
6	前	/	/	
7	后	/	/	
8	工作		/	/
9	预告/恢复	/		/
10	强迫	/		/

(2)试验按钮试验：

①强迫状态试验：

a. 打开信号处理器电源，在 0 号车司机室插入主控钥匙，制动手柄置“快速”位，方向手柄置“前”位，输入“Ⅱ端向前”信号。

b. 按下信号处理器上的试验按钮，过分相强迫信号输出(1 s 脉宽)。然后，动车组进行强迫自动过分相动作。

c. 再按下试验按钮，过分相恢复信号输出(1 s 脉宽)，动车组进行恢复动作。

d. 延时 2 min 后，再进行下一步试验或重新开机自检后测试。

②预告状态试验：

a. 打开信号处理器电源，在 1 号车司机室插入主控钥匙，制动手柄置“快速”位，方向手柄置“前”位，输入“Ⅰ端向前”信号。

b. 按下信号处理器上的试验按钮，过分相预告信号输出(1 s 脉宽)。然后，动车组进行预告自动过分相动作。

c. 再按下试验按钮，过分相恢复信号输出(1 s 脉宽)，动车组进行恢复动作。

d. 延时 2 min 后，再进行下一步试验或重新开机自检后测试。

(3)划磁铁试验：

①强迫状态试验：

a. 打开信号处理器电源，在 1 号车司机室插入主控钥匙，制动手柄置“快速”位，方向手柄置“前”位，输入“Ⅰ端向前”信号。

b. 用试验磁铁快速、一次性划过 T1 感应接收器表面，T1 感应接收器有信号输入。同时，过分相强迫信号输出(1 s 脉宽)。然后，动车组进行强迫过分相动作。

c. 再次用试验磁铁快速、一次性划过 T3 感应接收器表面，T3 感应接收器有信号输入。同时，过分相恢复信号输出(1 s 脉宽)，动车组进行恢复动作。

d. 延时 2 min 后，再进行下一步试验或重新开机自检后测试。

②预告状态试验：

a. 打开信号处理器电源，在 1 号车司机室插入主控钥匙，制动手柄置“快速”位，方向手柄置“前”位，输入“Ⅰ端向前”信号。

b. 用试验磁铁快速、一次性划过 T2 感应接收器表面，T2 感应接收器有信号输入。同时，过分相预告信号输出（1 s 脉宽）。然后，动车组进行预告过分相动作。

c. 再次用试验磁铁快速、一次性划过 T4 感应接收器表面，T4 感应接收器有信号输入。同时，过分相指示恢复信号输出（1 s 脉宽），动车组进行恢复动作。

d. 延时 2 min 后，再进行下一步试验或重新开机自检后测试。

8. 试验完毕后，恢复各按钮。

二、火灾、紧急蜂鸣器功能检查

1. 司机室将蜂鸣器切断开关（BZS）打到常位，确认单元显示灯及事故显示灯没有亮灯、蜂鸣器不鸣响。

2. 报警用开关测试：

（1）按下车厢火灾、紧急报警用开关，确认 MON 信息提示正常，单元表示灯“火灾”亮灯，蜂鸣器鸣响。

（2）按下车厢运行配电盘用应急、火灾用蜂鸣器复位开关。

3. 完成各车火灾、紧急报警用开关测试。

4. 一端司机室全列试验完毕后按以上步骤换端试验。

5. 试验完毕后，各部复位。

三、烟火报警系统检查

（一）烟火主机检查

1. 正常升弓送电。

2. 目视检查监控室烟火报警显示屏表面是否有灰尘，如有灰尘，需要毛刷清理干净。

（二）烟火报警系统功能性检查

1. CM4. 3-试灯

（1）按下“菜单”键，进入主菜单，如图 14-24 所示。

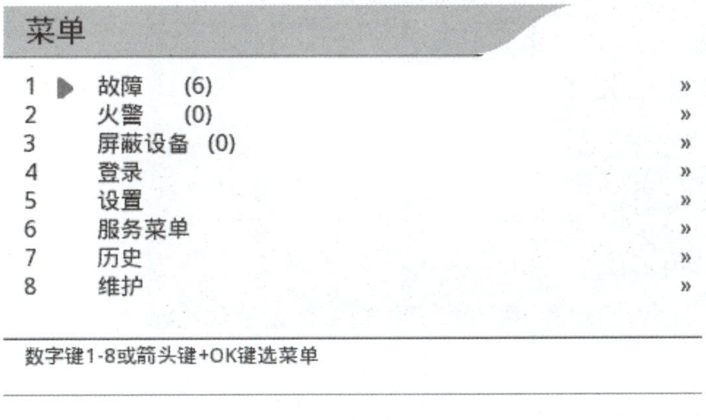

图 14-24　主菜单

（2）按下数字键 5，进入设置菜单，如图 14-25 所示。

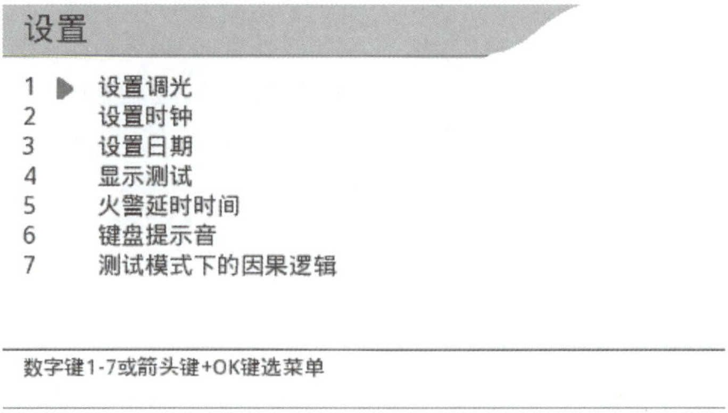

图 14-25　设置菜单

(3)按下数字键 4,选择“显示测试”,看到图 14-26 画面并听到蜂鸣器响。

图 14-26　选择“显示测试”后画面

(4)该画面会持续 5 s,在此期间同时检查所有的 LED 是否点亮。

2. 烟火报警系统探测器污染状态检查

第一步:按菜单键进入“菜单”选项,如图 14-27 所示。

图 14-27　进入“菜单”选项

第二步:在菜单页面中通过上下键或直接使用数字键盘(按 8)选择“维护”,如图 14-28 所示。

第三步:在维护菜单页面中通过上下键或直接使用数字键盘选择轻度及重度污染方式,按“OK”键,如图 14-29 所示。

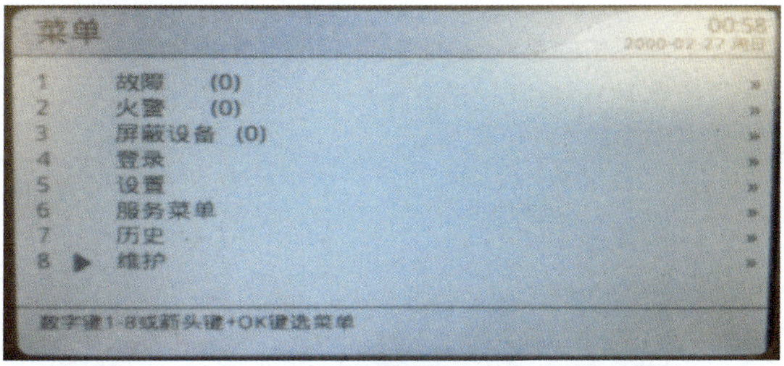

图 14-28　选择“维护”

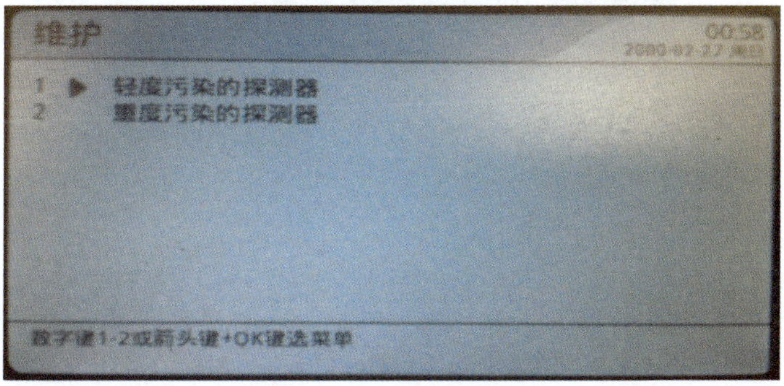

图 14-29　选择污染方式

第四步:进入选择的探测器后按“OK”键选择创建污染探测器清单,如图 14-30 所示。

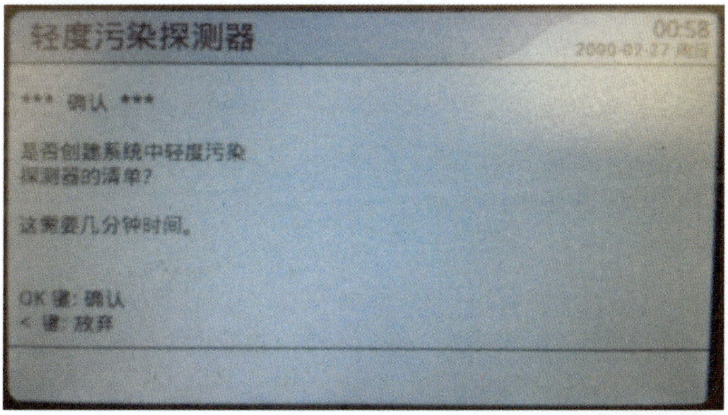

图 14-30　创建污染探测器菜单

第五步:更换清单中所列探测器过滤棉并清洗探测器。

注意:烟火报警系统运行 30 min 以后才能进行上述操作。

3. 更换过滤棉

卫生间回风口探测器过滤棉更换方法:

第一步:将回风口通道的格栅打开。

第二步:逆时针旋转探头,将探测器头从底座上拆下。

第三步:将旧过滤棉(罩)从探头上取下(过滤棉与探头之间用尼龙搭扣连接),对探头进行清洗,清洗完成后,更换新过滤棉。探头取下后,显示单元上显示探测器故障,无需理会。

4. EV-PP 探测器清洗方法

使用洁净的压缩空气对探测器进行清洗(图 14-31),清洁方法如下(压缩空气选择约 6 L,压缩空气中不含润滑油的颗粒或液体。请注意,一旦油性颗粒进入探测器则探测器完全报废):

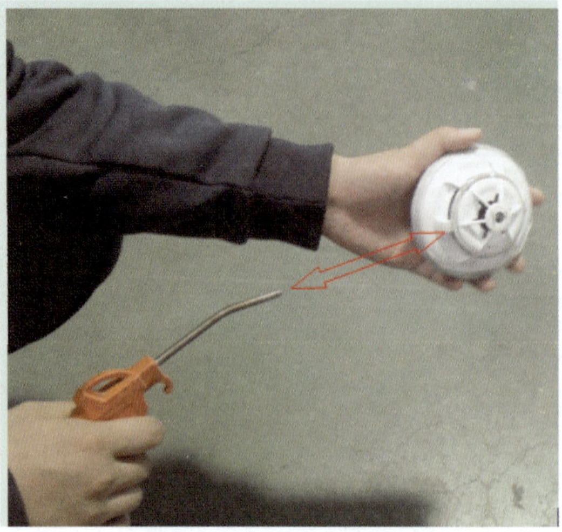

图 14-31　探测器清洁

第一步:先使洁净的压缩空气距离探测器 10～20 cm,将探测器表面灰尘吹掉。吹扫约30 s。

第二步:洁净的压缩空气距离探测器 1～2 cm,吹洗探测器内部灰尘,吹洗时,间隔性的旋转探测器,吹扫约 3 min。

5. EV-PP 探测器功能确认

对探测器或吸气式探测器的吸气管口喷试烟雾发生剂或者释放烟雾,当烟雾浓度达到报警值后,探测器发出报警,探测器功能正常,如图 14-32 所示。

使用气罐和电加热发烟液体的试验程序(烟雾发生剂为例):

图 14-32　探测器功能确认

(1)将气灌轻摇,使气罐喷嘴对准点型探测器或吸气式探测器,距离 5～10 cm。

(2)喷射测试气 3～5 s。

(3)等待 10 s。直到点型探测器的红色指示灯指示报警,对于吸气式探测器需要从操作盘上得知火警是否产生。

(4)如未报警,重复上述动作 3 次。

(5)检查列车监视系统或列车管理系统的显示器和火灾报警系统的控制盘上是否显示了正确的探测器报警信息。

(6)对测试过的探测器进行记录。

复习思考题

1. 动车组配电柜分为哪几种?
2. 简述动车组空调装置冷凝器风机检修要求及注意事项。
3. 简述客室空调风口的调节方法。

第十五章　检修工具、设备及仪器仪表使用

第一节　工具使用

一、轮径尺

轮径尺是用于测量动车组轮对直径差的专用量具。轮径尺的测头可调，当测头在使用中磨损时，需调整可调测头，轮径尺测量精度满足现行车辆检修规程。轮径尺结构如图15-1所示。

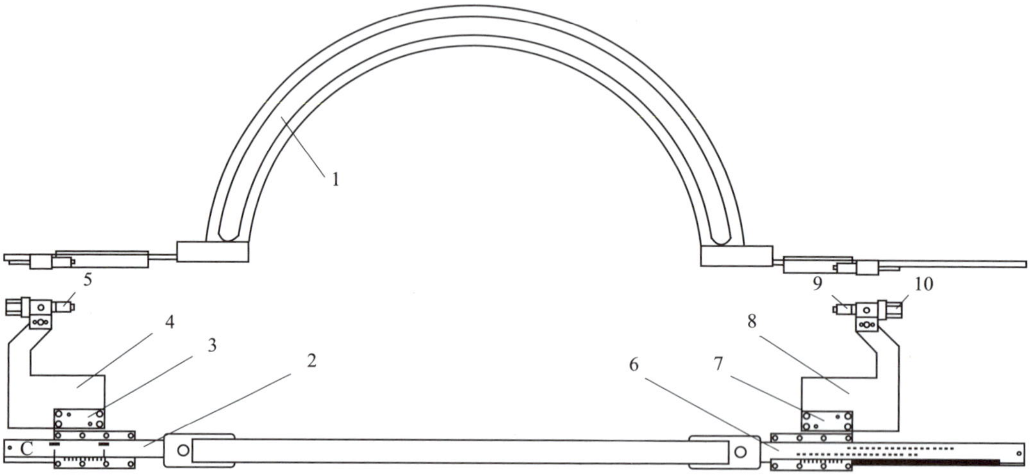

图15-1　车辆轮径检测器

1—尺架；2—左主尺；3—左尺框；4—左定位板；5—固定测头；6—右主尺；7—右尺框；8—右定位板；9—可调测头；10—螺母

轮径尺由尺架，左主尺，左尺框，左定位板，固定侧头，右主尺，右尺框，右定位板，可调测头，螺母等组成。

轮径尺分度值：0.1 mm。

测量范围：750～950 mm。

使用方法：使用前取出校对棒，根据校对棒标定的尺寸，校对所用检查器的准确性，如符合公差+0.15 mm，即可使用。在测量轮径时，根据动车组车轮径大小，将左尺框上零位固定在左主尺上的800 mm处，然后以右主尺上800 mm固定点为起点在右游标上读数。

测量车轮时，先用紧固螺钉将左主尺框零位固定在800 mm位置处，再将检查器定位板与轮缘内侧面紧靠，平移测尺，使左测头紧靠滚动圆中心处，移动右尺框，使可调测头靠紧滚动圆中心处，然后拧紧右尺框紧固螺钉，开始读数，以右主尺上下排数800 mm位置处为起点，在游标上直接读数，即为轮径值。

二、轮对踏面检查器(第四种检查器)

第四种检查器是测量车轮轮缘踏面相关尺寸及缺陷的一种专用检测量具。其一车轮踏面滚动圆(即车轮内侧面 70 mm 处的基线)为测量基准,符合相关规定及国际通用测量方法。车辆车轮踏面检测器结构如图 15-2 所示。

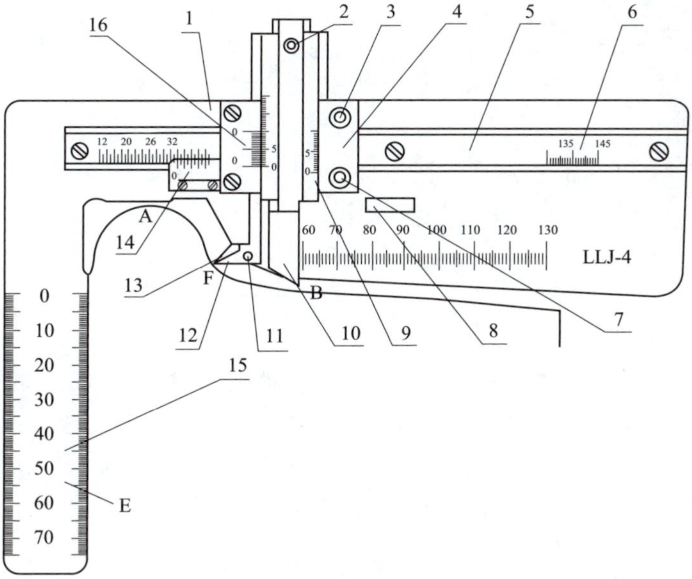

图 15-2　车轮踏面检测器

1—底板;2—螺钉;3—水平紧固钉;4—尺框;5—导板;6—轮辋宽度测尺;7—垂直紧固钉;8—定位块;9—锥型踏面 70 mm 处磨耗刻度尺;10—踏面磨耗测尺;11—垂直磨耗样板紧固孔;12—轮缘厚度测尺;13—卷边测量线;14—轮缘厚度游标;15—轮辋厚度测尺;16—踏面磨耗游标

第四种检查器具有测量车轮踏面圆周磨耗、轮缘厚度、轮缘垂直磨耗、轮缘高度、轮辋宽度、轮辋厚度、踏面擦伤深度和长度、踏面剥离深度和长度、车钩闭锁位钩舌与钩腕内测距离等 11 种测量功能。

常用测量方法:

测量车轮踏面圆周磨耗、轮缘厚度及轮缘垂直磨耗、轮缘高度、轮辋厚度、轮辋宽度、踏面擦伤及剥离深度等项目时,均须将尺身平面与车轮半径相重合,并将轮缘厚度测尺紧紧贴靠在车轮内侧面上,轮缘顶点接触检查器的轮缘高度测量定位面,在根据不同的测量内容进行相应调整。

1. 踏面圆周磨耗测量

推动踏面圆周磨耗测尺,使其测头接触车轮踏面,读取踏面圆周磨耗测尺上面刻度线与踏面圆周磨耗尺框刻度线相重合的数值,即为踏面圆周磨耗轮缘厚度数值。

测量范围:−5～10 mm。

分度值:0.10 mm。

2. 轮缘厚度

测量踏面圆周磨耗的同时,推动轮缘厚度测尺,使其侧头接触轮缘,读取轮缘测尺上面主刻度线与轮缘厚度尺框刻度线相重合的数值,即为踏面圆周磨耗数值。

测量范围:15～40 mm。

分度值:0.10 mm。

3. 轮缘高度

用标准轮缘高度数值(27 mm)加上踏面圆周磨耗正、负数值,即为实际轮缘高度数值。

4. 轮辋厚度

读取轮辋内侧边缘与轮辋厚度测尺内侧刻度线对应数值,再减去踏面圆周磨耗数值,即为轮辋厚度。

测量范围:0～75 mm。

分度值:1 mm。

5. 垂直磨耗

测量轮缘厚度的同时,推动垂直磨耗测尺,读取器上刻度线与垂直磨耗刻度线相重合的数值,如果数值小于0,说明车轮轮缘垂直磨耗到限。

测量范围:−3～3 mm。

分度值:1 mm。

6. 踏面擦伤深度

移动踏面圆周磨耗尺框和踏面圆周磨耗测尺使踏面圆周磨耗测头对准踏面擦伤部位最深处,并紧固踏面圆周磨耗尺框紧固螺钉,读取踏面圆周磨耗尺上刻度线与踏面圆周磨耗尺框刻度线相重合的数值,做好记录,然后沿车轮圆周方向移动主尺,测量同一圆周未擦伤部位的踏面圆周磨耗深度,两个量值得差值,即为踏面擦伤深度。

测量范围:−5～10 mm。

分度值:0.10 mm。

7. 踏面擦伤长度

用车轮检查器的轮辋厚度测尺的外刻度线,沿车轮圆周方向测量擦伤部位的长度,即为踏面擦伤长度。

测量范围:0～75 mm。

分度值:1 mm。

8. 踏面剥离深度

测量方法与踏面擦伤深度的测量方法相同。

9. 踏面剥离长度

测量方法与踏面擦伤长度的测量方法相同。

三、扭矩扳手

扭矩扳手是动车组检修作业中常用和必不可少的工具,常用的扭矩扳手有预置式扭矩扳手、表盘式扭矩扳手、数显扭矩扳手等。扭矩扳手的外观及结构如图15-3所示。

扭矩扳手的使用

1. 根据工件所需扭矩值要求,确定预设扭矩值。

2. 预设扭矩值时,将扳手手柄上的锁定环下拉,同时转动手柄,调节标尺主刻度线和微分刻度线数值至所需扭矩值。调节好后,松开锁定环,手柄自动锁定。

3. 在扳手方榫上装上相应规格套筒,并套住紧固件,再在手柄上缓慢用力。施加外力时必须按标明的箭头方向。当拧紧到发出信号"卡嗒"的一声(已达到预设扭矩值),停止加力。一次作业完毕。

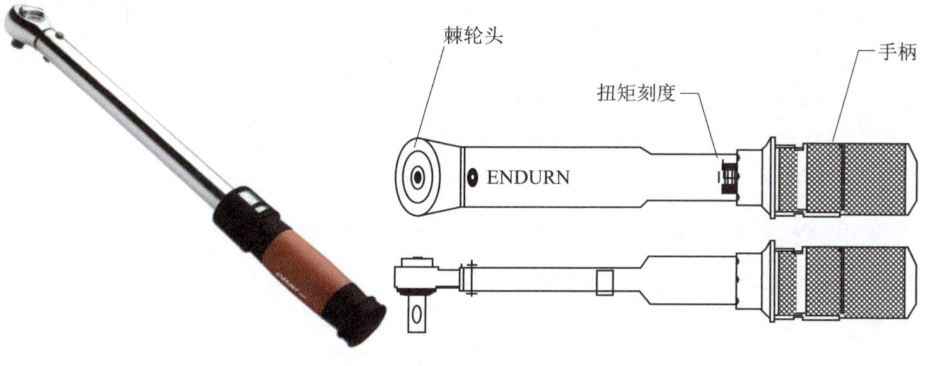

图 15-3　扭矩扳手外观及结构

4. 使用大规格扭矩扳手时，可外加接长套杆以便操作省力。

5. 如长期不用，调节标尺刻线退至扭矩最小数值处。

扭力扳手使用注意事项：

1. 所选用的扭力扳手的开口尺寸必须与螺栓或螺母的尺寸相符合，扳手开口过大易滑脱并损伤螺件的六角，在维修中，应注意扳手公、英制的选择，各类扳手的选用原则，一般优先选用套筒扳手，其次为梅花扳手，再次为开口扳手，最后选活动扳手。

2. 为防止扳手损坏和滑脱，应使拉力作用在开口较厚的一边，这一点对受力较大的活动扳手尤其应该注意，以防开口出现"八"字形，损坏螺母和扳手。

3. 扭力扳手是按人手的力量来设计的，遇到较紧的螺纹件时，不能用锤击打扳手，除套筒扳手外，其他扳手都不能套装加力杆，以防损坏扳手或螺纹连接件。

4. 注意公、英制单位的选取。

5. 使用扭力扳手时，当听到"啪"的一声时，此时是最合适，不应继续加力。

第二节　仪器、仪表使用

一、万用表

万用表可以用来测量电阻、交/直流电压和电流等，是现场检修作业中的常用工具。数字式万用表使用方便，读数直观，且内阻大、对被测电路影响小，在检修作业现场得到广泛应用。下面介绍使用数字万用表(图 15-4)测量电压、电阻、电流、二极管等常用方法。

图 15-4　数字式万用表

(一)电压的测量

1. 直流电压的测量，如电池、随身听电源等。首先将黑表笔插进"COM"孔，红表笔插进"V Ω"。把旋钮选到比估计值大的量程（注意：表盘上的数值均为最大量程，"V－"表示直流电压挡，"V～"表交流电压挡，"A"是电流挡)，接着把表笔接电源或电池两端；保持接触稳定。数值可以直接从显示屏上读取，若显示为"1."，则表明量程太小，那么就要加大量程后再测量工业电器。如果在值左边出现“—”,则表明表笔极性与实际电源极性相反,此时红表笔接的是负极。

2. 交流电压的测量。表笔插孔与直流电压的测量一样,不过应该将旋钮打到交流挡“V～”处所需的量程即可。交流电压无正负之分,测量方法跟前面相同。无论测交流还是直流电压,都要注意人身安全,不要随便用手触摸表笔的金属部分。

(二)电流的测量

1. 直流电流的测量。先将黑表笔插入“COM”孔。若测量大于 200 mA 的电流,则要将红表笔插入“10 A”插孔并将旋钮打到直流“10A”挡;若测量小于 200 mA 的电流,则将红表笔插入“200 mA”插孔,将旋钮打到直流 200 mA 以内的合适量程。调整好后,就可以测量了。将万用表串进电路中,保持稳定,即可读。若显示为“1.”,那么就要加大量程;如果在值左边出现“—”,则表明电流从黑表笔流进万用表。

2. 交流电流的测量。测量方法与 1 相同,不过挡位应该打到交流挡位,电流测量完毕后应将红笔插回“VΩ”孔,否则会造成万用表烧毁。

(三)电阻的测量

将表笔插进“COM”和“VΩ”孔中,把旋钮打旋到“Ω”中所需的量程,用表笔接在电阻两端金属部位,测量中可以用手接触电阻,但不要把手同时接触电阻两端,这样会影响测量精确度(人体是电阻很大但是有限大的导体)。读数时,要保持表笔和电阻有良好的接触;注意单位:在“200”挡时单位是“Ω”,在“2 K”到“200 K“挡时单位为“KΩ”,“2 M”以上的单位是“MΩ”。

(四)二极管的测量

数字万用表可以测量发光二极管,整流二极管等。测量时,表笔位置与电压测量一样,将旋钮旋到二极管挡;用红表笔接二极管的正极,黑表笔接负极,这时会显示二极管的正向压降。肖特基二极管的压降是 0.2 V 左右,普通硅整流管(1N 4000、1N 5400 系列等)约为 0.7 V,发光二极管约为 1.8～2.3 V。调换表笔,显示屏显示“1.”则为正常,因为二极管的反向电阻很大,否则此管已被击穿。

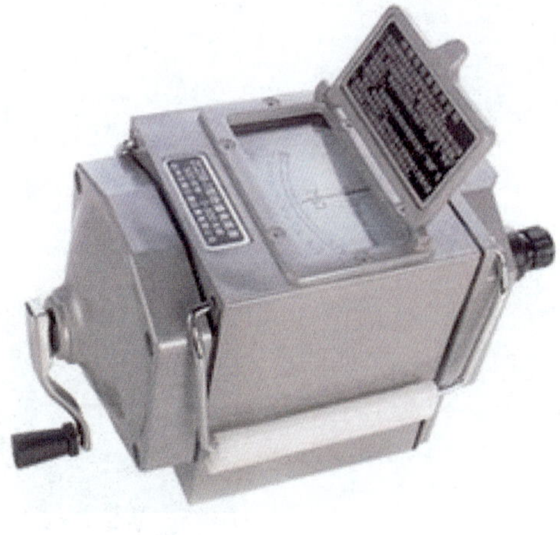

图 15-5 兆欧表

二、兆 欧 表

兆欧表俗称称摇表,是用来测量被测设备的绝缘电阻和高值电阻的仪表,它由一个手摇发电机、表头和三个接线柱(即 L:线路端、E:接地端、G:屏蔽端)组成。兆欧表的外形如图15-5所示。

兆欧表的选用根据绝缘电压值选择,对于额定电压 500 V 以下的设备,选用 500 V 或 1 000 V的兆欧表(兆欧表),额定电压在 500 V 以上的选用 1 000 V～2 500 V 的兆欧表。

兆欧表的使用方法

兆欧表(兆欧表)有三个测量端钮,一个线路端钮(L),另一个是接地端钮(E),还有一个为屏蔽端钮(G)。一般测量照明或电力线路对地的绝缘电阻时,只用 L 和 E 端。L 端接到被测设备的“火”或“相端”,E 端接到被测设备的“地”端。在测量电缆对地绝缘电阻时或被测设备的漏电流严重时，使用 G 端钮。如图 15-6 所示为测量电缆绝缘电阻接线图。

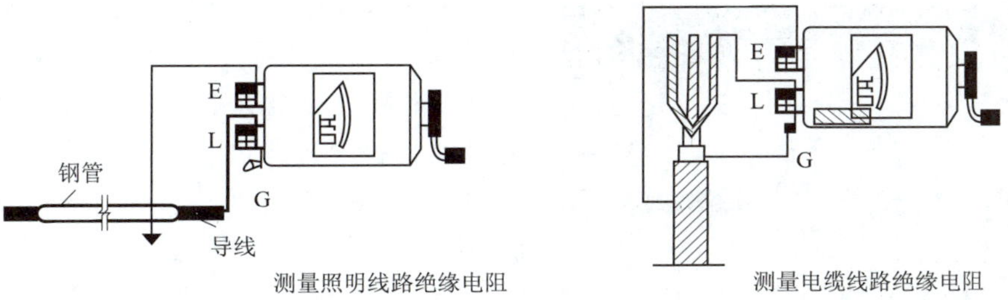

图 15-6　兆欧表使用示意图

线路接好后，可按顺时针方向转动兆欧表的发电机摇把，使发电机转子发出的电压供测量使用。摇把的转速应由慢而快，当转速达到一定值时，要保持转速均匀稳定。（一般普通兆欧表转速为 120 r/min 左右），当兆欧表的发电机转速稳定后，表盘上的指针也稳定下来，这时表针指示的数值就是所测得的绝缘电阻值。

注意事项

1. 测量前应先将兆欧表（兆欧表）进行一次开路和短路试验，检查兆欧表是否良好。若将两连接线开路，轻轻摇动手柄，指针应指在"∞"处，这时如再把两连接线短接一下，指针应在"0"处，说明兆欧表是良好的，否兆欧表有误差。

2. 被测设备应断开电源，对于电容设备还应充分放电，以保证人身安全和测量准确。

3. 遥测过程中，被测设备上不能有人工作。

4. 测量电容较大的电机、变压器、电缆、电容器时，应有一定的充电时间，且容量越大，充电时间越长，一般以兆欧表转动 1 min 后的读数作为标准。测量完成要立即进行放电，以保安全。放电的方法是将测量时使用的地线，由兆欧表上取下来，在被测量物上短接一下即可。

5. 禁止在雷电时或附近有高压导体的设备上测量绝缘。只有在设备不带电又不可能受其他电源感应而带电的情况下才可测量。

6. 兆欧表未停止转动之前，切勿用手触及设备的测量部分或兆欧表接线柱。拆线时，也不可直接触及引线的裸露部分。

7. 兆欧表应定期校验：校验方法是直接测量有确定值的标准电阻，测量它是否测量误差，是否在允许范围以后。

三、钳形电流表

当我们电工需要在不断开电路的情况下测量电流的场合，便需要使用到钳形电流表。钳形电流表就是一种用于测量正在运行的电气线路中电流大小的仪表，是电工们很常用的测量工具。钳形电流表分为钳形交流电流表和钳形交直流表两大类，有的还可以测量交流电压。

钳形交流电流表实质上是由 1 个电流互感器和 1 个整流系仪表所组成，被测量的载流导线相当于电流互感器的原绕组，在铁芯上的是电流互感器的副边绕组，副边绕组与整流系仪表接通。根据电流互感器原、副边绕组间一定的变化比例关系，整流系仪表的便可以显示出被测量线路的电流值。

钳形交直流表是一个电磁系仪表，放置在钳口中的被测量载流导线作为励磁线圈，磁通在铁芯中形成回路，电磁式测量机构位于铁芯的缺口中间，受磁场的作用而偏转，获得读数。因其偏转不受测量电流的影响，所以可测量交直流电流。

图 15-7 钳形表使用方法

钳形电流表的使用方法简单，如图 15-7 所示，测量电流时只需要将正在运行的待测导线夹入钳形电流表的钳形铁芯内，然后读取数显屏或指示盘上的读数即可。不过现在数字钳形电流表的广泛使用，给钳形表增加了很多万用表的功能，比如电压、温度、电阻等，可通过旋钮选择不同功能，使用方法与一般数字万用表相差无几。对于一些特有功能按钮的含义，则应参考对应的说明书。

此外使用钳形电流表时应注意以下几个问题：

1. 选择合适的量程挡，不可以用小量程挡测量大电流，如果被测电流较小，可将载流导线多绕几个圈放入钳口进行测量，但是应将读数除以绕线圈数后才是实际的电流值。测量完毕后要将调解开关放在最大量程挡位置(或关闭位置)，以便下次安全使用。

2. 不要在测量过程中切换量程挡。

3. 注意电路上的电压要低于钳形表额定值，不可用钳形电流表去测量高压电路的电流，否则，容易造成事故或引起触电危险。

四、点 温 仪

便携式红外点温仪对准被测目标的温度稳定位置或需检测的特定位置，按下点温仪的采温(ON)按钮，仪表上显示温度即为所测温度，因点温仪的灵敏度较高，应在被测位置的小范围区域内多取几组温度值，取平均值为佳。点温仪如图 15-8 所示。

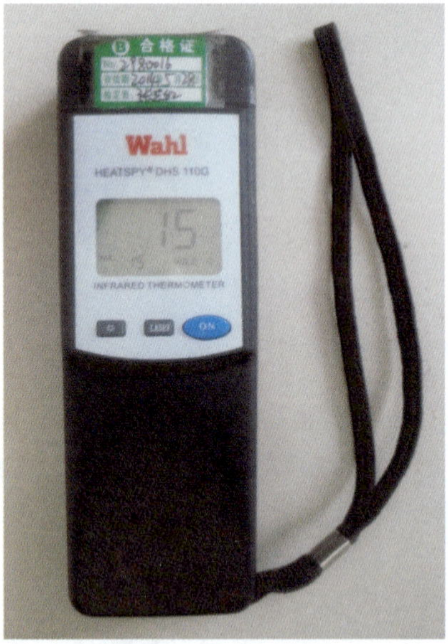

图 15-8 点温仪

点温仪的使用注意事项

1. 对于便携式的红外点温仪，在使用时必须处于“热稳定状态”，即要求当仪器从包装箱中取出时，或使用场所环境变化时，应先将仪器在现场环境下放置一定时间，以消除仪器本体与环境温度产生热交换而使机体内温度不稳定而造成的测量误差。一般塑壳仪器约需 30 min 左右，金属壳仪器约需 10 min 左右。

2. 用于在线监测固定安装的红外点温仪，要防尘、防潮、防震、防过热。

3. 防止环境介质的影响。由于红外点温仪是进行非接触测温的，在仪器与被测目标之间，即红外辐射的传输路途中(尤其在工业现场)，往往可能存在水蒸气、SO_2、CO、CO_2 等各种气体和烟尘的选择性吸收和散射，将使目标辐射衰减或引入外来辐射，造成测温误差。

4. 注意消除环境辐射的影响。当被测物体周围有其他高温物体、光源和太阳的辐射时，会造成测温误差。

5. 正确进行发射率的修正。根据被测目标的具体情况，选取合适的发射率是极其重要的。已有的经验和资料中选出与被测目标材料、表面状况和温度范围相应的发射率值，以此来进行发射率的调节修正，也可以自行测定目标实际的发射率值。

第三节　检修专用设备介绍

一、转向架更换设备的操作及使用

转向架更换设备(图 15-9)主要用于高速动车运用所和动车段进行列车检修时，为了提高工作效率，在列车不解体情况下，在线更换有故障的转向架。

图 15-9　转向架更换设备外观

转向架更换设备是动车运用所或动车段高速动车组检修的关键性设备之一，设备结构比较复杂，设备的操作使用和设备的性能直接关系到被检修车辆的安全。设备结构组成主要包括：车体支承装置、活动轨道桥、轨道桥升降装置、轨道桥定位锁紧装置、转向架横向移出牵引传动装置、转向架存放线活动盖板升降装置、液压站、电气控制及微机工作站等组成。

二、转向架更换工艺

1. 准备工作

(1)按规定穿戴好劳动保护用品。

(2)清除设备上各种杂物。

(3)检查液压站的油位状态是否正常，液压系统有无漏油现象。

(4)检查设备各部联接件、紧固件有无松动；传动、走行部润滑是否良好。

(5)检查电气元器件表面有无烧损。

(6)检查各电缆及接插件状态是否良好，连接是否紧固。

(7)确认各部位状态，单步手动空车试运转。

2. 转向架更换过程

(1)微机工作站通过局域网接受调动命令，确定被更换转向架车次、车种和车位，通过操作面板和微机显示屏置入车种，列车限速进入临修线，操作人员站在设备两侧龙门架旁，指挥列车将被更换转向架停在指定位置，并做好定位标记。

(2)根据车型手动或自动调整顶车托架至顶车位，两侧可同时动作，亦可分别控制。

(3)顶车位确认后，分解转向架与车体相连接的零部件。

(4)轨道桥升降装置升起并确定到位。

(5)轨道桥锁紧油缸松开并确认。

(6)轨道桥下降，横向移动小车落入地面轨道。

(7)横向移动小车连同转向架横向牵出至转向架临时存放线。

(8)转向架存放线托架油缸升起。

(9)存放线盖板锁紧油缸松开，存放线托架油缸下降(横向移动小车连同转向架一起下降)。

(10)转向架推入存放线。

(11)被更换转向架推入横向移动小车。

(12)存放线托架油缸上升，将横向移动小车连同转向架托起，存放线盖板锁紧，存放线托架油缸下降。

(13)横向移动小车将转向架牵入更换线上。

(14)检查空气弹簧上进气口与车体锥孔位置或转向架与车体中心销孔位置，并调整转向架定位。

(15)活动轨道桥升降装置将转向架托起。

(16)活动轨道桥锁紧油缸锁紧，待车钩高调整后紧固各连接螺栓，连接与车体相连其他零部件。

(17)车体顶车托架复位，轨道桥升降装置下降，转向架更换完毕。

三、轮对故障动态检测系统

轮对故障动态检测系统安装在机车车辆入库线路上，采用光截图像测量技术和电磁超声探伤技术(EMAT)，在线动态自动检测轮对外形尺寸、踏面缺陷、车轮擦伤和不圆度状况。适用于 CRH 各系列动车组、客车车辆和机车。

1. 设备功能

(1)轮对外形尺寸自动检测：踏面磨耗、轮缘厚度、QR 值、车轮直径、轮对内距。

(2)踏面缺陷自动探伤：踏面剥离、裂纹。

(3)车轮擦伤及不圆度自动检测。

(4)车号及端位自动识别。

(5)绘制轮对外形检测曲线、车轮不圆度曲线。

(6)检测结果存储、查询、统计、超限报警显示、打印及数据联网管理。

(7)通过综合分析检测数据，对轮对的技术状态进行综合评价，预测轮对运用到限时间，给出优化的综合维护保养方案。

(8)提供数据输入/输出接口：动车组基本信息输入接口；走行公里数输入接口；人工反馈信息输入接口；向轮对维修设备提供传输数据接口(如不落轮旋轮车床，数控车轮车床)以优化其车削方案；运用所和检修基地网络访问接口(以进一步复测检测数据)；与用户的动车组信息化管理系统的接口。

2. 设备特点

(1)采用在线动态检测方式，不需停车，不需解体轮对，检测速度快、效率高。

(2)安全性好：非接触检测，不影响列车正常运行，安全可靠。

(3)自动化程度高：检测过程自动完成，可全天候工作。

轮对故障动态检测系统由基本检测单元、设备间、控制室，如图 15-10 所示。

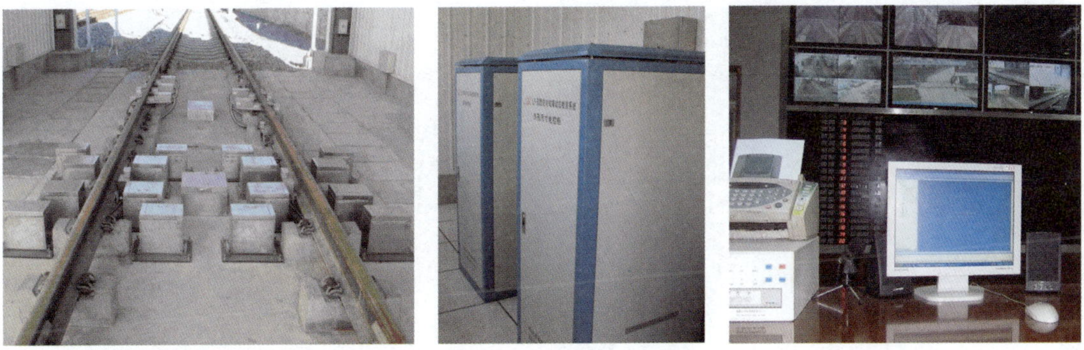

(a)基本检测单元　(b)设备间　(c)控制室

图 15-10　轮对故障动态检测系统组成

1. 基本检测单元

包括车号识别模块、轮对外形轮廓及内侧距检测模块、车轮直径检测模块、车轮擦伤及不圆度检测模块、踏面裂纹探测模块五个基本检测模块。基本检测单元的主要作用是获取轮对外形和踏面缺陷的原始检测数据。

2. 设备间

设备间主要作用是实时采集处理基本检测单元的测量信号，形成检测结果，并以一定的格式与控制室内的主机通信(通过光纤和网线)，接收控制室主机的控制命令，向控制室主机发送状态信息和检测结果。另外，设备间还负责控制现场监控设备的工作，处理监控信号。设备间内包括现场控制系统、数据采集系统、数据处理系统、监控系统主控机。

3. 控制室

控制室主要作用是控制轮对故障动态检测系统的启停，观测现场设备运行状况的监控视频，管理最终的检测结果，提供用户访问界面、数据输入/输出接口，实现数据联网管理。控制室内包括操作控制台、监控系统、数据库、数据综合分析及管理软件。

四、尺寸检测系统检测流程

尺寸检测系统检测流程如图 15-11 所示。动车组、机车或车辆以限定速度驶入并触发列车接近检测传感器 D1 时，车号识别系统启动，识别出车号及端位信息后上传至尺寸检测主机；当列车接近检测传感器 D1 触发时，尺寸检测主机根据识别出的车号信息决定是否检测，如需检测则启动现场检测设备；当轮对通过外形尺寸检测区间时，图像采集系统自动采集车轮外形光截曲线，经图像分析处理，获得轮对外形尺寸数据和外形曲线；当列车离去检测传感器检测到最后一个轮对通过后，结束检测，并自动将轮对外形尺寸检测数据及外形曲线上传至轮对故障动态检测系统数据库(控制室内)供相关部门查阅及分析，并在客户终端上以报表形式显示检测结果。

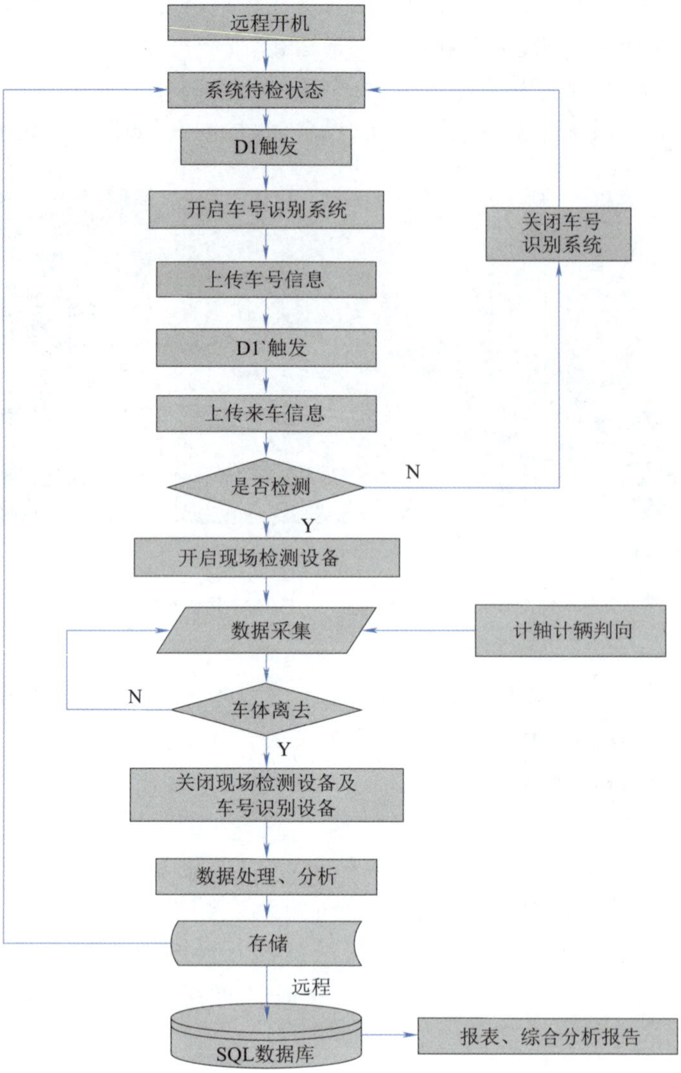

图 15-11　尺寸检测系统检测流程

五、安全连锁监控系统的功能介绍

动车组运行回段后，在日检库内进行作业前，必须确保登上车顶的检修人员的人身安全和设备安全。作业区是被隔离的无电区，应通过隔离开关将额定电压为 27.5 kV 的接触网断开并连接地线。在整个作业过程中，还需对日检库大门的开闭、隔离开关的操作、机车顶部作业人员的动向、作业区之外机车的移动等状态进行全程安全监控。监护员需对以下工作过程全程安全监控：

1. 整备机车(动车组)一度停车，鸣示要求进入作业区信号。
2. 监护员根据作业区状况决定是否准许进入并显示手信号。
3. 整备机车根据准许信号进入作业区。
4. 司机降弓后停电登记。

5. 操作员穿戴绝缘用具。
6. 监护员确认机车(动车组)状态(停车位置、机车数量、受电弓状态等)。
7. 操作员打开隔离开关手柄锁,将隔离开关置断开位,隔离开关手柄加锁。
8. 操作员挂接地线。
9. 监护员将车顶盖锁匙交与司机。
10. 司机打开机车顶盖锁,上车顶作业。
11. 车顶作业完毕后锁闭机车顶盖。
12. 司机交还机车顶盖锁钥匙,送电登记。
13. 操作员穿戴绝缘用具。
14. 监护员确认全部作业人员撤离车顶,受电弓在降弓位置。
15. 操作员撤销接地线。
16. 打开隔离开关手柄锁,将隔离开关置开通位,隔离开关手柄加锁。
17. 作业机车(动车)驶离作业区。

根据国、内外动车段作业的监控技术的现状,结合国内动车所安全作业的要求,研制的动车所安全联锁监控系统主要包括 PLC(可编程序控制器)网络控制系统、计算机控制系统、门禁系统和视频监视系统构成,充分利用检测手段、计算机逻辑处理、电器联锁等控制方法,防止由于工作人员的疏忽、精神疲倦、联系不周等人为因素造成事故,实现人机联控确保安全的目的。

(一)设备布置及系统构成

1. 设备布置

一线一列位(尽头库),即每股道可以进行一列短编组动车组的检修作业。设备布置图如图 15-12 所示。

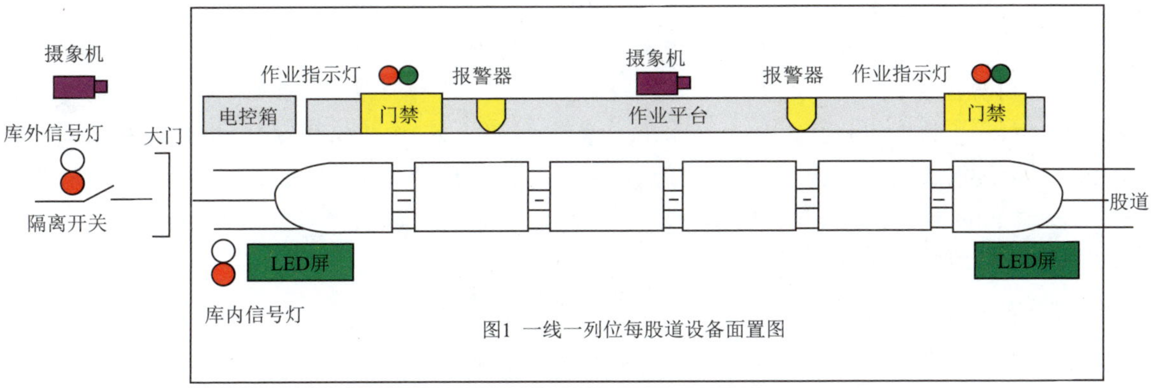

图 15-12　一线一列位每股道设备布置图

一线两列位(尽头库),即每股道可以同时进行两列短编组动车组的检修作业。设备布置图如图 15-13 所示。

一线两列位(贯通库),即每股道可以同时进行两列短编组动车组的检修作业。设备布置图如图 15-14 所示。以下就以此为例,对安全联锁监控系统做简单介绍。

2. 系统构成

尽管检查库配置分为三类,但各个动车所安全联锁控制系统均主要由 PLC 网络控制子系统、计算机显示控制子系统、门禁控制子系统和视频监视子系统四个部分构成。其中 PLC 网络控制子系统是整个系统的核心。

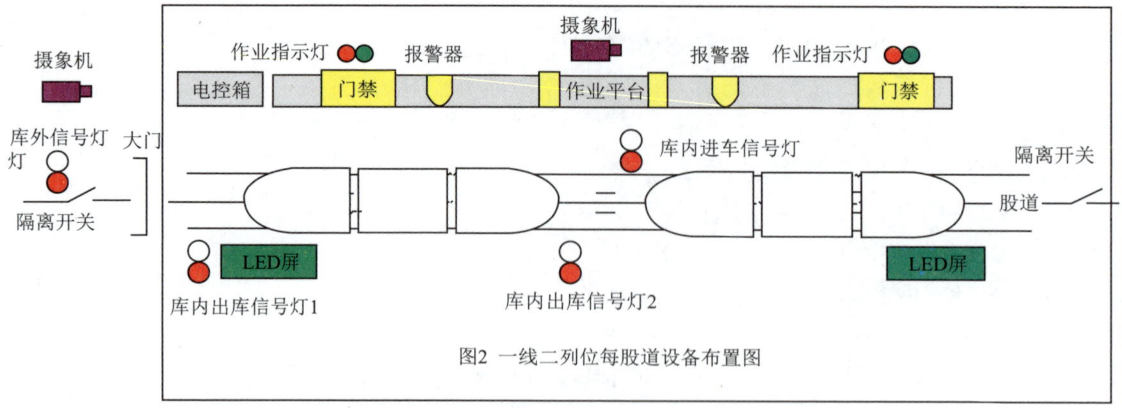

图 15-13　一线二列位每股道设备布置图

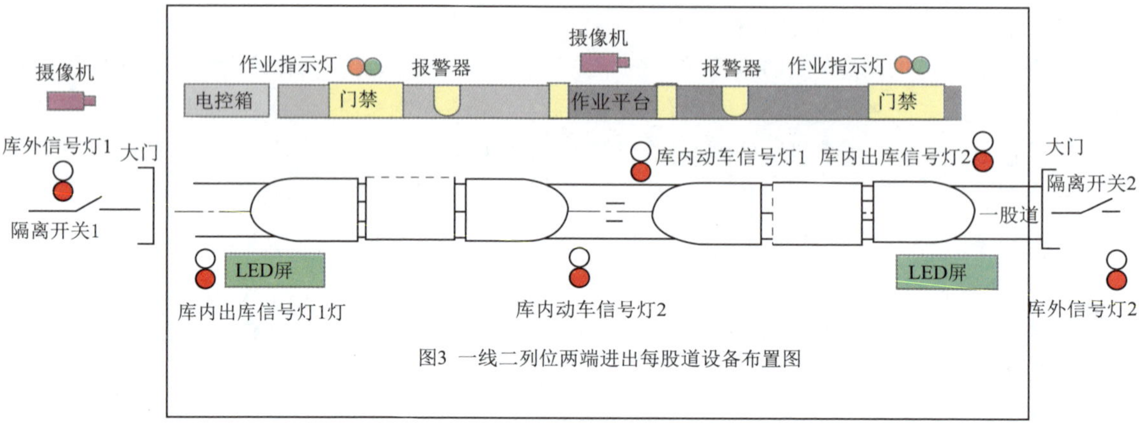

图 15-14　一线二列位两端进出每股道设备布置图

3. 人机界面

图 15-15 直观地显示了库内外信号灯、库大门开关状态、作业门指示灯、接触网有无电、三层作业平台渡板收到位等状态。用鼠标点击两个检修台位的初始位、进库位、检修位、试验位、出库位、动车位、连挂入库、连挂出库等工位切换控制按钮，可以实现与按钮控制相同的控制效果。点击下一股道按钮即可显示下一股道有关状态。

(二)适用范围

动车组在检查库进行检查检修作业，须确保登上车顶检修人员的人身安全和设备安全。作业区通过隔离开关将额定电压为 27.5 kV 的接触网断开并连接地线，确保作业区接触网无电。在作业过程中，还需对检查库大门开闭、隔离开关操作、动车组顶部作业人员动向、作业区之外动车组移动等状态进行全程安全监控。隔离开关的操纵及安全监护由人工与机控联锁作业方式完成。

动车组运用所安全联锁监控系统主要包括 PLC(可编程序控制器)网络控制系统、计算机控制系统、门禁系统和视频监视系统构成，充分利用监测手段、计算机逻辑处理、电器联锁等控制方法，防止由于操作人员无法监控现场作业情况，误操作等因素造成人身伤害事故，实现人机联控确保作业安全。

检库外地面设有红、白两色信号机，红色灯亮表示动车组不能入库，白色灯亮表示动车组可以入库；库内入库端墙上设有红、白两色 LED 信号灯，红色灯亮表示动车组不能出库，白色灯亮表示动车组可以出库。

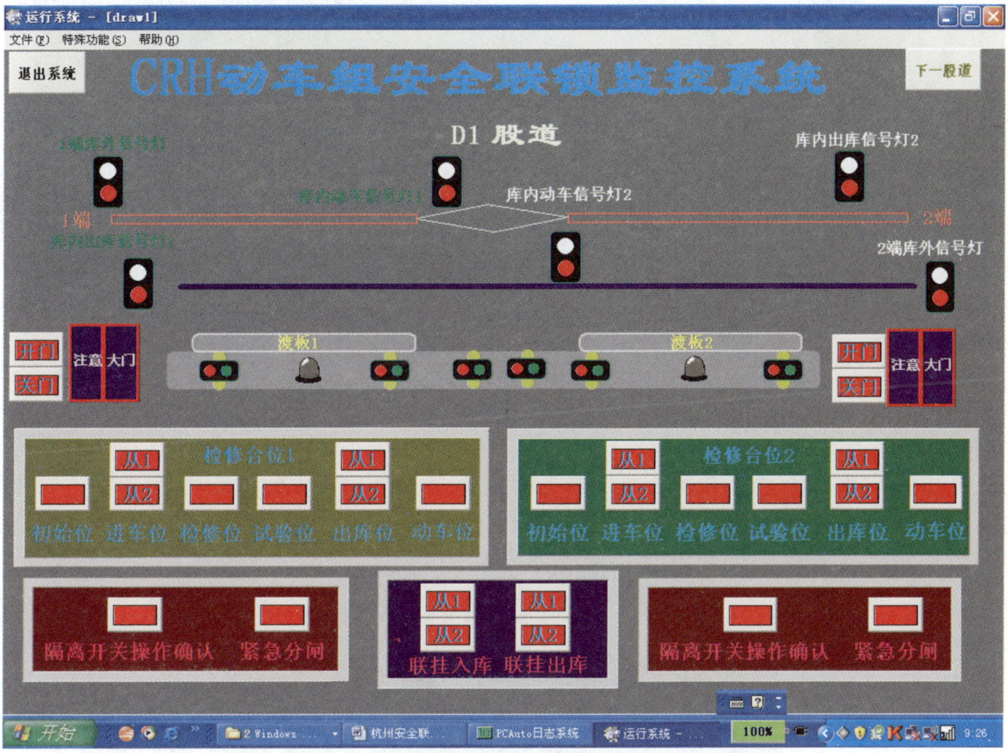

图 15-15 人机界面

（三）使用方法

每条股道都设有登上车顶检修作业的三层作业平台。在作业平台从二层上三层处设有安装有门禁装置的作业门(图 15-16)。各作业门处设有红、绿两色指示灯，红色指示灯亮表示禁止作业人员通过作业门，同时，门禁装置电磁锁自动锁闭作业门。绿色指使灯亮表示允许作业人员打开作业门，门禁装置自动解锁作业门处的电磁锁，作业人员通过刷卡可以进出作业门，此信息通过通信总线输入调度室计算机进行记录(图 15-17)。

库内两端墙设有接触网状态 LED 显示屏，以红色“有电”和绿色“无电”显示接触网是否有电。每股道每 50 m 远设 1 个警示用声光报警器，闭合隔离开关前按下报警器启动按钮，报警器声光报警 30 s 后自动停止报警。

每股道对应设置一台电气控制柜，可以进行对应股道的电动隔离开关分合闸操作和合闸之前的报警操作，并设置指示灯指示有关状态。

安全监控调度中心控制台面板上设有库内作业股道的工位状态切换控制按钮，操纵台上设有指示灯显示相应股道大门开闭状态、隔离开关分合闸状态、库外信号机状态、库内信号灯状态、作业门指示灯状态。操纵台上的计算机系统以图形动画的方式实时显示各股道有关状态信号。

通过快速球形摄像机和枪形摄像机将日检库整个场景及库外隔离开关状态传输到操纵台的计算机监视系统，通过等离子监视器实时监视各部位作业情况。

图 15-16　门禁装置

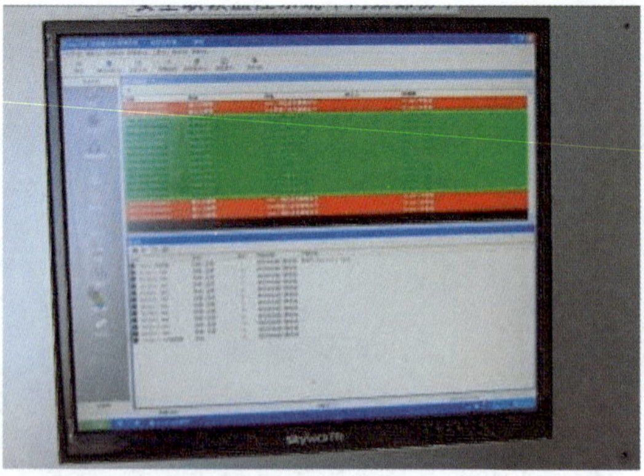

图 15-17　刷卡记录

六、受电弓监测系统

受电弓及车顶状态动态检测系统(图 15-18)安装在机车、动车组或地铁车辆入库线路上，采用高速、高分辨率、非接触式图像分析测量技术，实现了对受电弓滑板磨耗、中心线偏移、工作压力等关键特性参数的动态自动检测和车顶异物及关键部件状态的室内可视化观测。系统无需停车，无人值守，动态自动检测，广泛适用于国内各型机车、动车组、地铁车辆。

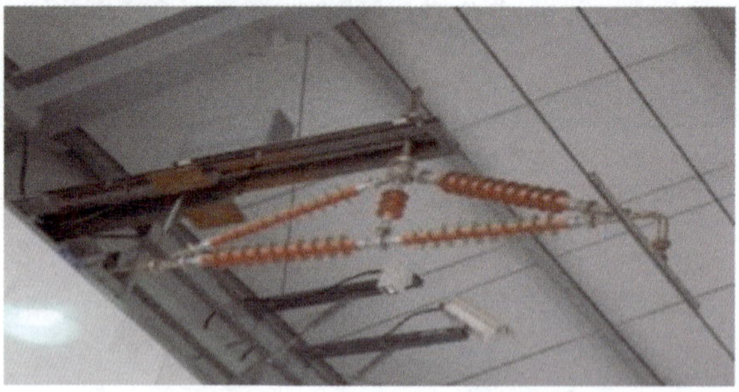

图 15-18　受电弓检测系统

其系统功能包括：

1. 采用动态非接触式图像测量技术分析处理并记录受电弓滑板磨耗值。
2. 采用动态非接触式图像测量技术分析处理并记录受电弓中心线偏差值。
3. 自动动态检测并记录受电弓工作位接触压力值。
4. 车顶监控视频大屏幕实时显示、存储及不同速度回放。
5. 车顶异物及车顶关键部件状态室内可视化观测及判断。
6. 车号和端位自动识别。
7. 提供检测项目的图像及数据报表输出。
8. 提供检测结果的查询、统计、综合分析、打印、故障预警及网络共享管理。
9. 具有对检测出的数据进行分析、判断、整理的能力：

(1)通过对历史数据的综合分析，总结受电弓的磨耗规律，绘制磨耗趋势图，预测受电弓滑板运用到限时间。

(2)通过数据的综合分析比较(按时间段、运行公里数对同类型受电弓检测数据进行综合分析比较)对受电弓的技术状态做出综合评价,给出优化的综合维护保养方案,以指导受电弓的检修。

(3)提供丰富的数据接口:基本信息输入接口、走行公里数输入接口、人工反馈信息输入接口、相关部门的网络访问接口等。

(一)工作流程

受电弓及车顶状态动态检测系统由磨耗和中心线检测子系统、压力检测子系统、车顶状态监控子系统、车号识别系统、安防系统等协同工作,完成系统检测功能。

1. 子系统开机并初始化。初始化工作主要有打开设备连接、部分现场设备上电、加载配置参数、各个子系统建立网络连接等。

2. 系统在初始化过程中,对硬件和软件设备进行自检。如发现软硬件故障,通过软件界面进行报警。

3. 自检完成后,系统进入待检状态,自动对入库的动车组、机车或地铁车辆进行检测。

4. 当动车组、机车或地铁车辆以限定速度驶入设备检测区时,系统进入工作状态,各子系统开始工作。

5. 当动车组、机车或地铁车辆驶离设备检测区时,一次检测完成。各子系统工作完成,生成检测数据并汇总。

6. 系统保存检测数据,同时将车顶状态监控录像从现场控制中心传输到远程控制中心。系统重新进入待检状态。

7. 系统对检测数据进行分析,如发现有超限情况则进行报警。

8. 操作人员通过远程控制中心的控制程序或安装在段、局的客户端,可以对检测数据进行查看、分析、统计、报表,回放车顶状态监控视频。

七、三层作业平台

(一)概　　况

三层作业平台满足 CRH 各系列动车组一、二级检修工艺要求,并兼顾 K25 型客车的检修功能。即对各系列动车组的长、短编组情况下,完成一、二级修程包括的。对车下行走制动、传动电器和悬挂减振等装置的状态进行检查,对车体内外各种装备的检查及车辆运用整备作业,完成对动车组受电弓、空调等车顶设备状态检查检修等工作。

立体作业平台能与库内配套设备协调一致;本设备控制系统可与库内安全监测系统对接,三层翻板状态电气信号可与库内微机控制系统实现通信联络,满足对动车组实现安全进出检查库,完成快速安全检查作业要求。

(二)设备结构组成及技术标准

1. 平台几何尺寸适应车体三层工作面要求,符合 GB 146.1 机车车辆限界要求。平台边缘距股道中心为 1 750～1 770 mm。

2. 轨道桥采用标准钢轨及标准铁路配件组装而成,可承受动车组轴重 170 kN,调车机车最大轴重 230 kN;允许动车组行驶速度最大不大于 30 km/h,调车机车行驶速度不大于 5 km/h。轨道桥工程符合《动车组运用所检查库轨道桥技术条件》的各项要求。

3. 设备使用环境基本要求(三层平台使用工作要求)

(1)温度应为－5～＋40 ℃,北方冬季库内有采暖装置。

(2)最高相对湿度约 95%。

(3)电源电压:AC 220 V,每股道信号控制系统,用电约 5 kW;

(4)三层翻板风动系统风压≥500 kPa,每股道耗风量<0.5 m^3。

(5)库内高压滑线标高≥+6 m(轨面以上),长编组检查库中部设高压断路接地开关,以满足动车组短编组时工作要求。

(三)设备使用

1. 设备使用前的调整和整备

(1)动车组进库试验和停车位置确定。

(2)检查库作业平台使用的配套条件。

2. 检查库工作人员上岗管理

(1)对检查库各层工作人员和物资运输人员、现场工作调度和其他辅助人员进行相关安全技术培训。取得安全操作合格证后上岗。

(2)对各工作岗位根据检查工作量和临时修理项目需要安排人员计划,减少现场闲杂人员流动是保证效率和安全的重要措施。

(3)建立人员岗位负责制,明确各类工作人员的工作分工和配合。

(4)非工作人员到访应有专业人员陪同,并要求穿戴必要防护服装和安全帽,到三层平台参观要经领导批准同意并与电气工作人员同行。

3. 辅助设备、工位器具和物品管理

(1)应确定运输车辆、叉车和手推小车的作业范围和指定行走路线,

划定非工作时的停放场地,保持一二层通道畅通。

(2)工位器具管理

保持库房清洁的垃圾箱、运送物品的托盘、车顶常用电器配件的存放托架、二层新旧整备物品的存放等要确定地点,作出标记进行定置管理,有利于提高工作效率。

(3)检查使用的工具、物品要妥善携带和保管。

(4)对一层给水、排污管路及试验电缆、风管等使用后进行整理挂放到指定位置,保持环境清洁,为一层检查作业提供方便。

4. 根据 CRH 各系列动车组一、二级修的工作要求,研究和制定各层面作业的检查工艺流程,确定人流和物流的方向;检查项点、作业要求和检查内容处理程序等;并充分利用现代化手段和方法,通过信息管理对运用中发生应急问题提前进行配件和技术准备,加速对反馈问题的处理。

复习思考题

1. 简述如何使用第四种检查器测量踏面擦伤情况。
2. 简述兆欧表测量电阻的操作步骤及注意事项。
3. 简述使用转向架更换设备更换转向架的步骤。
4. 简述受电弓动态故障检测装置的功能。
5. 简述轮对动态检测系统的尺寸检测流程。